CSSCI集刊

国家语言文字工作委员会　学术指导
中国语言学会语言政策与规划专业委员会　学术支持

中国语言战略

陈新仁　〔加〕徐大明　主编

Volume 11
Number 1 (2024)

CHINA LANGUAGE STRATEGIES

国家"双一流"建设学科"南京大学中国语言文学"资助项目
江苏省2011协同创新中心"中国文学与东亚文明"资助项目

南京大学出版社

图书在版编目(CIP)数据

中国语言战略 / 陈新仁,(加)徐大明主编.
南京：南京大学出版社,2024.6. — ISBN 978 - 7 - 305
- 28153 - 2

Ⅰ. H1 - 01

中国国家版本馆 CIP 数据核字第 2024C9P929 号

出版发行 南京大学出版社
社　　址 南京市汉口路 22 号　　　　　邮　编 210093
　　　　　ZHONGGUO YUYAN ZHANLUE
书　　名 **中国语言战略**
主　　编 陈新仁　〔加〕徐大明
责任编辑 荣卫红　　　　　　　　编辑热线　025 - 83685720
照　　排 南京紫藤制版印务中心
印　　刷 江苏凤凰数码印务有限公司
开　　本 787mm×1092mm　1/16 开　印张 15.75　字数 354 千
版　　次 2024 年 6 月第 1 版
印　　次 2024 年 6 月第 1 次印刷
ISBN 978 - 7 - 305 - 28153 - 2
定　　价 45.00 元

网址:http://www.njupco.com
官方微博:http://weibo.com/njupco
官方微信号:njupress
销售咨询热线:(025)83594756

出版说明

　　《中国语言战略》以语言规划为主题,由教育部语信司指导,教育部语信司—南京大学中国语言战略研究中心主办。中国语言战略研究中心成立于 2007 年,以推动和发展中国的语言规划研究为宗旨。

　　语言规划有助于引导语言生活向健康、和谐的方向发展,有助于保障个人或群体语言使用权益的充分实现,有助于促进国家统一、民族团结、社会稳定、经济发展和文化进步,对于像我国这样的多民族、多语言国家来说,意义尤其重大。

　　语言规划学是一门新学科,但语言规划的实践活动却历史悠久。在我国,语言规划的实践可以追溯到秦始皇的“书同文”政策,其后各朝各代在社会语言文字使用方面也不断进行引导或干预。新中国成立后,语言文字工作成为政府工作的一个重要组成部分。改革开放以来,特别是 21 世纪以来,语言文字工作进入了一个新的阶段。与此同时,我国的语言规划研究也逐步开展起来。

　　世界范围内,现代科学意义上的语言规划研究始于二次世界大战以后,我国学者紧跟时代步伐、顺应社会需要,开展了一系列具有划时代意义的语言文字工作。老一辈语言学家罗常培、王力、吕叔湘、周有光等,肩负起知识分子的历史使命和社会责任,在推动、促进文字改革,推广普通话和现代汉语规范化方面发挥了重要的作用,为我们树立了优秀的榜样。通过几代人的不断努力,语言规划研究已经初步形成了一个学科体系。

　　语言规划学是一门学术性和政策性、理论性和应用性兼重的学科,它的研究融语言学研究成果与国家、民族和社会的发展于一体,不仅进行理论研究,而且力图影响国家和政府的语言政策和语言文字工作。目前,国际上语言规划的研究已有重要的发展,也创办了一些有影响的专业期刊,如:1977 年创刊的《语言问题和语言规划》(*Language Problems and Language Planning*),2000 年创刊的《语言规划的当前问题》(*Current Issues in Language Planning*)和 2002 年创刊的《语言政策》(*Language Policy*)等。随着中国社会的发展,创办一种以中国语言规划为主要研究对象、以中文读者为主要读者群的专业集刊也成为迫切的需求,《中国语言战略》就是对这一需求做出的反应。

　　遵循中国语言战略研究中心的宗旨,《中国语言战略》积极推动语言规划和语言政策的理论研究,促进适应中国国情的语言规划理论和语言规划学科的产生。在研究内容方面,《中国语言战略》主要关注中国社会所面临的种种语言问题,以及这些语言问题在政治、经济、教育、文化等领域中产生的影响。《中国语言战略》强调运用科学的方法,对语言现象和语言生活进行描写、分析和解释,在引进和借鉴国外的理论和经验的同时,以中国语言规划的实践和研究丰富和发展语言规划学的理论和方法。

　　在语言规划研究领域,语言战略研究是中国学者率先开展的新研究方向,是语言学与战略研究的结合,体现了应用驱动的理论创新。《中国语言战略》因此着重展现语言战略研究的新成果。我们热切地邀请海内外的学界同仁一起开展语言战略研究;让我们放眼世界、展望未来,为建设中国和世界的语言新环境而努力。

　　《中国语言战略》2012 年卷由上海译文出版社出版,自 2015 年卷本起,出版工作由南京大学出版社承担。《中国语言战略》在组稿和审稿过程中得到了海内外学者的热情支持和帮助,在此表示诚挚的谢意。

目　　录

1

区域与国别语言政策

语言治理

书　　评

Contents

2

中国语言学学科建设三问

【编者按】设置这样一个专栏或访谈活动的目的旨在引导学者深入思考中国语言学学科建设的关键点,针对中国语言学在学科体系中的定位、发展方向、面临的挑战等问题展开探讨,激发集体智慧,凝聚共识,进而有效推进中国语言学的学科体系建设与话语建构,推动一级学科乃至独立学科门类的建立。

中国语言学最缺五种人才

冯志伟(教育部语言文字应用研究所)

问题一:目前中国语言学最缺什么样的人才?

冯志伟:我认为中国语言学最缺如下五种人才:

第一,精通中国古代典籍,熟悉文字、音韵、训诂的人才。这样的人才应当是饱读诗书、学富五车之大才。我国是文明古国,有光辉灿烂的语言文字宝藏,需要这样的人才去研究、挖掘,使之发扬光大,并且把中国语言学推向世界。

第二,熟读现代国外语言学原著、熟悉国外语言学发展历程、通晓国外语言学流派和理论的人才。这样的人才不是通过第二手的翻译材料来了解国外语言学的发展,而能真正从现代国外语言学原著中来理解语言学的理论与方法。

第三,精通多种语言、熟悉国外语言和少数民族语言的人才。这样的人才精通多种语言,可以从不同的角度获得对于人类语言的全面而深刻的认识,避免主观性和片面性。

第四,精通语言学、又懂得数学的人才。语言具有精妙的数学结构,这样的人才既懂得语言学又懂得数学,就可以用数学的逻辑之美揭示语言的结构之妙,从而揭开语言的数学面貌。

第五,精通语言学、又懂得计算机技术的人才。计算机自然语言处理已经是当代人工智能的重要领域,是人工智能皇冠上的璀璨明珠。这样的人才兼通语言学和计算机技术,可以使用精湛的计算机技术来进行自然语言处理,使得人工智能的这颗皇冠上的明珠更加灿烂。

问题二:中国语言学怎样才能对整个中国哲学社会科学提供方法论的变革或创新?

冯志伟:语言学方法论的变革或创新与语言知识生产范式(paradigm of language knowl-edge production)有着密切的联系。按照语言学科发展的顺序,语言知识生产范式的发展大

作者简介:冯志伟,男,计算语言学家,教育部语言文字应用研究所研究员、新疆大学天山学者、大连海事大学讲座教授、黑龙江大学俄罗斯语言文学与文化研究中心兼职研究员、中国计算机学会高级会员,主要研究方向为计算语言学、理论语言学、术语学、语言规划。电子邮件:zwfengde2010@163.com。

国家语委重大委托项目"新文科背景下的语言学学科建设研究"(ZDA145-7)。

致可以分为如下四个阶段：

第一阶段，基于规则的语言知识生产范式。这样的范式以语言学家的"内省"（introspection）为主要手段，靠语言学家本人的语言直觉和聪明才智来研究语言。当语言学家感到自己的知识不足的时候，还可以通过实地调查或问卷的方式，从别人那里"诱导"（elicitation）出他们感兴趣的语言知识，进行语言知识的生产；这时语言学家不再充当语言数据的提供者，而需要通过他人的诱导才可以获取语言知识。通过"内省"和"诱导"两种方式，语言学家数十年如一日地探讨语言规律，洞察各种语言现象，取得了辉煌的成果，而且这些语言规律对于各种语言现象具有很强的解释力。但是，这样的范式往往会受到语言学家本人的主观意识的影响，可能具有主观性和片面性，这些规律对于纷繁复杂的语言现象的覆盖面不强，难免产生以偏概全或以蠡测海的弊端。

第二阶段，基于统计的语言知识生产范式。这样的范式从大规模的（large scale）、真实的（authentic）语料库中，通过机器学习（machine learning）的方法获取语言知识，不再依靠语言学家的"内省"或"诱导"，避免了知识获取方法的主观性和片面性，提高了语言知识的可靠性和科学性。机器学习的方法又可以分为无监督机器学习（un-supervised machine learning）、有监督机器学习（supervised machine learning）、半监督机器学习（semi-supervised machine learning）3 种，巧妙地把人的主观知识与语料库的客观知识结合起来，大大地提高了语言知识的可解释性，也显著地扩充了语言知识的覆盖面。但是这种传统的人机结合的机器学习方式需要通过人工来研究语言特征，耗时而又耗力，是一项非常艰巨的"语言特征工程"（language feature engineering）。

第三阶段，基于深度学习和神经网络的语言知识生产范式。近年来，随着大规模并行计算和 GPU（Graphic Processing Unit）设备的普及，计算机的计算能力得到大幅度提高，可供机器学习的数据资源的规模也越来越大。在计算能力和数据资源规模的支持下，计算机已经可以通过"深度学习"（deep learning）方式，训练大规模的"神经网络"（neural network），进行全自动的语言知识生产，不再需要艰巨的语言特征工程。由于语言知识是从大规模真实的语料库中获取的，这样的范式覆盖面大，知识获取的效果超过了基于规则的语言知识生产范式和基于统计的语言知识生产范式。但是，这样的语言知识生产范式的解释力不强，研制出来的自然语言处理系统尽管性能优异，还是一个"黑匣子"（black box）。

第四阶段，基于生成式人工智能的语言知识生产范式。2022 年 11 月，以 ChatGPT 为代表的"大语言模型"（large language model）从语言大数据中获取了丰富的语言知识，在语言生成任务上达到了相当高的水平，在人工智能领域掀起了一场史无前例的海啸。ChatGPT 采用了一种基于"生成式人工智能"（generative artificial intelligence）的语言知识生产范式。ChatGPT 的训练语料高达 100 亿个句子，包含约 5000 亿个词元（tokens）。ChatGPT 可以通过使用大量的训练数据来模拟人的语言行为，生成人类可以理解的文本，并能够根据上下文语境，提供恰当的回答，甚至还能做句法分析和语义分析，进行机器翻译，帮助用户调试计算机程序，写计算机程序的代码，做数学题，而且能够通过人类反馈的信息，不断改善生成的功能，已经达到了很强的自然语言生成能力，计算机的语言知识生产产品可以与人类的语言知识生产产品媲美。基于生成式人工智能的语言知识生产范式深刻改变了过去的语言知识生产方式，呈现出语言学的研究主体从单一的个体钻研到团体的群智协同，语言学的研究过程从经验积累到数据分析,语言学的研究形式从原理形态转向交叠形态,这是语言知识生产范式在方法论上的剧烈变革和重大创新,这样的变革和创新将会推动整个中国哲学社会科学的发展。

问题三:在中国的学术体制中,中国语言学应不应该成为一级学科?

冯志伟:传统的中国学术体制认为文学是语言的艺术,语言学是为文学服务的,因而把语言学作为文学之下的分支学科。在人工智能时代,语言学研究除了为文学服务之外,还与计算机自然语言处理有着密切的关系,语言既是社会现象,同时也是一种自然现象,语言具有声学物理特性,具有精妙的数学符号特性,语言学研究除了与文学有关,还与数学、计算机科学、生物学、神经科学有关。李宇明先生提倡"大语言学",我完全支持他的主张,提升语言学的学科级别,升格成为一级学科。

要把思潮和问题"语言学化"

李宇明(北京语言大学)

问题一:您认为中国语言学最缺什么样的人才?

"中国语言学"是个歧义结构,可做两种结构分析:A. 中国语言＋学;B. 中国＋语言学。

A 的意思是对"中国语言"进行研究的语言学,其外延主要是中文、民语两个学界,我国的学科设置、学会活动等反映的基本上就是这种情况。

B 的意思是中国人进行的语言研究之学,其外延传统理解为 B1,即中文、民语、外文三学界,国家社科基金的语言学科,就是三界一家;但是语言问题不仅这三个学界感兴趣,不仅这三个学界有研究,教育学、心理学、社会学、传播学、广告学、哲学、法学、逻辑学、病理学、神经学、脑科学、认知科学、人工智能等,都将语言作为重要的研究对象,而且在研究方法、研究理论上都有独特贡献,因此 B 的外延也可以是 B2,即中国的所有研究语言问题者。

当今讨论中国语言学,视野理应是 B2,否则都显得狭隘。但是,为了使回答较有针对性,本文将视野聚焦在 B1,即中文、民语、外文三学界。

中国语言学最缺什么样的人才,也就是中国语言学的发展最需要什么样的人才。我觉得最需要专业基础扎实的创新人才。语言学是一个需要专业资质的学科,没有扎实的专业基础,难以进行高水平的语言学研究。在专业基础中,最为重要的是对某种语言现象进行调查、描写和分析的能力。这种语言现象可以是某种自然语言现象,亦可是某种社会语言现象,抑或是网络语言现象。调查地点或在田野,或在社会,或在文献中,或在互联网上。研究方法或是观察法、统计法、实验法等。通过调查、描写和研究,能够发现和认识某种新的语言现象,培养语言敏感性和语言分析能力。

创新人才是具有学术追求、批判精神、跨学科意识和充分想象力等品质的人才。学术追求就是要以学术为业,以学术为乐,以学术为是,追求学术最为本真的东西。虽然学者也生活在人世间,需要谋稻粱,甚而谋声誉,但不能将学术作为敲门砖。批判精神就是"什么都问

作者简介:李宇明,男,北京语言大学教授,主要研究方向为理论语言学、语法学、心理语言学和语言规划学。电子邮箱:p55066@ blcu.edu.cn。

一个为什么"的追根究底精神,这是创新的基本品性,有时还是一种学术勇气。跨学科意识之重要,是因为语言学问题多数都是"复杂问题",需要从其他学科中汲取营养并获得帮助,甚至需要多学科联袂解决。创新是"无中生有"或是"由一生二"的活动,行走在人类思想的"无人区",故而需要无拘无束的想象力。

创新的目标是:突破本领域前沿,领跑前行,对本学科具有提升力;或是在学科交叉点上有所创造,借鉴他学科,也为他学科提供给养,使语言学具有学科穿透力;或是敏锐发现语言生活的问题与需求,将这些问题与需求"学术化",开拓语言学研究的新空间,设置学术新赛道,使语言学具有社会影响力。

专业基础扎实的创新人才,一般难以用一般模式"培养"出来,而主要是年轻学者在学术生活中自觉历练,有所觉悟,不断成长;这当然也需要学界和社会提供宽容的学术生态。

问题二:中国语言学怎样才能对整个中国哲学社会科学提供方法论的变革或创新?

语言(口语和书面语)在知识的创造、记录、整理、传承、传播等方面起着至关重要的作用,是科学发展的基础,更是哲学社会科学发展的基础。但是语言学未必是科学发展的基础。语言学在学科体系中的地位和作用,需要语言学去努力争取。

历史上和国际上,语言学曾经在哲学社会科学中发挥过重要作用。古希腊语言学在古希腊哲学中有重要地位。历史比较语言学、结构主义语言学的方法和成果,都对相关学科发生了重要影响,有人把语言学形容为哲学社会科学的领先学科。乔姆斯基转换生成语言学更是影响了哲学、心理学和计算机科学等多个学科。这都表明,语言学,包括中国语言学,是可以在哲学社会科学中发挥重要作用的,包括提供方法论的变革或创新。

科学是一个共同体,每一门科学都是共同体的成员,都应该为共同体做出应有贡献。中国语言学要对中国哲学社会科学发生影响是可能的,也是必需的。第一,中国语言学需要有科学共同体意识。关注科学共同体的追求、思潮和要解决的科学问题,尽量把这些追求、思潮、问题"语言学化",并利用语言学优势加入到解决共同体面临的问题之中。

第二,要注意交叉学科建设。语言学已经与许多文理工的学科交叉结缘,而今还要特别注意新兴学科,与新兴学科交叉结缘。在学科交叉中与相关学科相互借鉴、相互影响、共同发展。

第三,要把语言生活作为语言学的重要研究内容。关注中国乃至世界上语言生活的问题与需求,在解决语言生活问题、满足语言生活需要中发展语言学,同时也发挥语言学的社会作用,建立起学术与社会的"旋转门"。

第四,语言学要在结构研究的基础上向应用研究发展,再进一步向"社会言说"发展。言说的本质是对言说事物有认识,言说的作用是传播新思想,是影响社会,影响言说者和被言说者,是语言学影响语言生活乃至社会发展的重要学术行为。语言应用要涉及、要适应语言之外的许多领域,言说要有一定的话题和情景,也需要进入领域语言学,因而也都有利于形成交叉学科。

语言学的发展需要理念、方法和材料,其中研究方法、研究手段十分重要。几百年来的语言学发展,都非常注意向相关学科借用研究方法和手段,特别是由于语言的符号性质,也向自然科学、工程科学借鉴了一些研究方法和手段。值得特别提出的是,这些方法和手段通过语言学的运用又有所整合发展；特别是在大语言模型等语言智能的框架下来处理语言数据，语言学一定能够产生新的研究方法和研究手段。如果语言学注意对研究方法、研究手段的总结整合和方法论提升，语言学产生的、向其他学科借用且有所发展的方法、手段、方法论等，一定可以向哲学社会科学的其他学科输出，进而或可引发整个哲学社会科学方法论的变革或创新。

问题三：在中国的学术体制中，中国语言学应不应该成为一级学科？

中国现有的学术体制对学科的划分并不一致。在图书馆学的学科分类中，早有语言学一目。在中国社科基金立项系统中，语言学（中文、民语、外文等）也早成一支。《研究生教育学科专业目录（2022 年）》将学科划分为 14 个大门类，语言学不仅不是一级学科，而且分属于文学门类的"中国语言文学""外国语言文学"，新设立的一级学科"国际中文教育"放在教育学门类。语言学应不应该成为一级学科，是在《研究生教育学科专业目录（2022 年）》的框架下提出的学科设置问题。

语言学应该不应该成为一级学科，可以从三个方面来看：其一，学科体量。根据李宇明《语言学是一个学科群》（《语言战略研究》2018 年第 1 期）的不完全统计，语言学及其交叉学科有 70 余个名目，涉及语言结构、语言功能、语言应用、人类语言学习、机器语言学习、语言与生理、语言与认知等七大研究领域，横跨人文科学、社会科学和自然科学（包括工科）。根据《中国教育统计年鉴（2018）》及其他一些来源的数据，我国语言研究者、语言（语文）教师等专门的语言职业者有 500 万众，大学的语言（语文）教师都有研究任务，中小学的语言（语文）教师也要求有越来越高的语言学素养。没有任何一个学术领域的从业人数，可与语言学相比。

其二，学术力量。语言学是历史悠久的学科，国际上早在古希腊时期已经发轫。经古罗马和古印度语言学、历史比较语言学、结构主义语言学、转换生成语言学、功能语言学、类型语言学及相关交叉学科的发展，语言学已经是科学共同体中的重要成员。中国传统语言学是世界三大语言学源头之一。《马氏文通》1898 年出版，标志着中国语言学进入科学阶段，一百多年来，中国语言学也取得了长足进展。一个例证是我国的"双一流"学科建设。据刘海涛《中国语言学建设两大要务：成果国际化和方法科学化》（《语言战略研究》2018 年第 1 期）的数据，2017 年 9 月 21 日教育部等部委公布的"世界一流大学和一流学科建设高校及建设学科名单"中，一流大学建设高校有 42 所，一流学科建设高校有 95 所。其中，"中国语言文学"一流学科建设高校有 6 所，"外国语言文学"一流学科建设高校有 6 所，"语言学"一流学科建设高校有 2 所，"现代语言学"一流学科建设高校有 3 所。与语言学有关的学科是那次入选"双一流"建设最多的学科。

其三，学科价值。语言是人类信息的主要载体，是思维的主要工具，是文化最重要的创建者、负载者、阐释者和传播者，同时语言能力是劳动力的重要构成要素，语言产品是社会赖以存在的基础产品和高新科技商品，语言数据是数字经济的关键生产要素。由于语言在人类群体和个体的发展中都具有举足轻重的地位，所以语言研究对社会发展具有重要意义，因此引来众多学科开展语言问题研究。语言学是语言研究的主学科，其研究对社会发展、对相关学科的发展理应具有重要意义。特别是在数字化和语言智能到来的时代，语言学的社会红利和学科红利更为显著。

在现实学术生活中,语言学不仅发挥着事实上的一级学科的功能,而且也在发挥着一个学科门类的功能。它在汉语言文学、少数民族语言文学、外国语言文学、国际中文教育四个一级学科中,都具有基础性的学术地位;在其他学科,包括新设立的"交叉学科"门类中,都可以找到语言学的活跃身影。语言学不能作为一级学科设置,不仅使语言学的发展受到极大损失,许多与语言学相关的学科发展也会受到影响,国家的许多方面的发展也会受到影响。希望更多的有识之士、有权之士能够看到这一点。

中国语言学最缺的是理论语言学方面的高素质人才

冉永平(广东外语外贸大学)

问题一:您认为中国语言学最缺什么样的人才?

在人工智能、数字人文、交际网络化等繁杂多样的外部语境,以及学科发展不断呼吁交叉融合、学术研究要创新话语体系等内部语境的影响下,与很多人文学科一样,我国的语言学面临着前所未有的挑战与发展困境,其发展滞后于社会期待与需求,亟待广大学人共谋语言学学术共同体的发展之道。

对中国语言学存在的一些突出问题,吕叔湘、张志公等已故前辈学者于垂暮之年就多次进行过反思,甚至批评,比如西方语言学理论借鉴的利与弊、汉语语法体系研究与建构的不足等,这些问题至今仍是大家争论的一些焦点。就"中国语言学最缺什么样的人才"的问题,基于担任外国语言文学学科领域语言学期刊主编十多年的经历与体会,我发现一个明显的变化趋势就是音系学、形态学、语义学、语言哲学等基础研究的稿源日渐稀少,甚至一年也没有什么投稿,更不用说优质稿件了;不仅如此,不少高校语言学专业方向的类似研究生课程都找不到合格的任课教师,句法学方面的情况可能好一些,但从事句法学研究的高校师生也在大幅减少。更多教师和研究生转向了认知语言学、二语或语言教学、语言习得或学习、话语研究、翻译研究等应用性强的学科方向,国内各大语言学类期刊的刊文情况便可见一斑。这些趋势预示着,我国语言学的现在以及未来最缺的仍会是理论语言学方面的高素质人才,这方面的人才匮乏将会越发严重。这是涉及语言学学科根基的核心问题,必须引起我们的高度重视并采取有效措施。

我想起两位大名鼎鼎的国际学者:日常语言哲学家格莱斯(H.P. Grice)和奥斯汀(J. Austin),他们分别创建了会话含意理论和言语行为理论,对语言哲学、意义、语言使用等的理论创新贡献巨大,也为语用学奠定了重要基石,但他们的共同点都是生前成果很少,信奉并践行少而精的学术原则,长时间专注于语言的基础问题探究,最后实现了理论创新与突破。比如,格莱斯于1957年在《哲学评论》上发表的论文《意义》(Meaning)早在1948年就写好了,但他并不急于发表,而是不断修改、提升完善,最后成为意义研究的精品;同时,格莱斯和奥斯汀的成功都离不开蒯因等同行学界伯乐对他们的发掘和提携,助力他们成为真正的世

作者简介:冉永平,男,教授,博士生导师、博士后合作导师,广东外语外贸大学外国语言学及应用语言学研究中心、教育部人文社科重点研究基地研究员,《现代外语》主编,主要研究方向为语用学、话语研究、会话分析等。电子邮箱:ranyongping@hotmail.com。

国家哲学社科基金重点项目"社会-语用共同体视域下网络和谐话语体系建构及引导机制研究"(21AYY011)。

界一流学者。这就不难回答为什么我国语言学或与语言有关的从业者众多,但却缺乏具有国际影响力的语言学大家。近年来,我国语言学界,尤其是外语界学者在国际语言学期刊上刊发的成果数量越来越多,但被国际语言学界公认与普遍采用的突破性理论成果还十分匮乏。这对当下我国语言学人才的培养与成长具有重要启示,亟须改变以论文成果多寡论英雄的人才评价机制,要重视语言学人才培养的质量。

问题二:中国语言学怎样才能对整个中国哲学社会科学提供方法论的变革或创新?

就研究方法而言,问卷调查、田野调查、语料分析、实验法、对比法等都是语言学领域的常见方法,近红外脑成像(fNIRS)、磁共振功能成像(如 fMRI)等新技术手段支持下的现代实验方法也得到了应用,有助于揭示语言使用与认知的复杂性,并凸显语言学研究的科学性和研究结论的有效性。因此,现代科技的发展必然触发语言学研究方法的诸多改变,包括对传统研究范式和思辨性研究的影响。

我国的语言学研究,包括较多的哲学社科研究,经验性或内省式的研究居多,就难免主观性,或认识的自我狭隘了。为此,我们要提倡使用更为科学的研究方法和技术手段,更要重视基于语言使用和交际过程,去研究人类语言的语词、意义和话语问题,尽量避免从单一的语词出发去研究语言问题。近年来,西方语言学特别重视"话语过程法"(discursive approach)的研究方法,也就是,强调基于语言使用的交际语境与动态变化过程,去看待语言使用的语词选择、意义表达、功能表现等,这体现了现代语言学在研究方法上的一些典型变化,对我国语言学研究具有重要启示与借鉴,有助于更好地描写、发现和揭示汉语使用的语词选择、句法特征、意义建构、语用功能等。

在类似研究方法的变化与驱动下,西方语言学中的话语分析、语用学等得到了快速发展,包括语言使用的句法—语用、句法—语义、认知—语义、语义—语用、认知—语用、社会—语用等界面问题研究,而相比之下,我国汉语言研究中类似分支方向的发展则显得较为滞后。语言学的研究除了受到研究方法的影响外,如何选择理论视角也很关键,这涉及我们持有什么样的语言观、语境观、语言使用观等,往往会制约研究方法的选择,并影响研究结果。作为哲学社会学科的重要构成,语言学要实现"我为主"的创新发展,不能闭门造车,更不能相互隔离,要善于吸收国际语言学界的前沿性方法和理论创新成果。在历史演变中,语言学发展出现的多次重大潮流和研究转向都是西方学者引起的,如结构主义语言学、转换生成语言学、功能主义语言学、认知语言学等,它们也影响着我国语言学的研究与发展。从现代语言学的发展趋势看,多视角的互鉴融合、多元化与多模态的研究方法已成为必然,从形式到功能、认知,更加重视体现以用为基础(use-based)的语言研究,包括语言描写,从而揭示语言使用的多元性和复杂性特征。

另外,我国语言学的力量还包括很大一部分外语界同仁,他们在吸收和借鉴西方哲学社会科学的理论成果、研究方法,以及在汉语言成果的对外交流、传播等方面,可与汉语界学人形成优势互补,相互协同,共同推动中国哲学社会科学在方法论创新、理论体系建构等方面的更好发展,甚至变革,因为哲学社会科学视域下的人类文明与知识体系创建是互融互通的,不应人为割裂并划分各自的属地范围,否则有百害而无一利。为此,汉语界与外语界的学人们应打破壁垒桎梏,进行更广泛的交流与融通,分享基于不同语言资源、中西合璧的研究成果与过程,共同推进我国语言学学科的整体发展与创新。

问题三:在中国的学术体制中,中国语言学应不应该成为一级学科?

毫无疑问,如果能独立为一级学科,语言学的学科地位将会得到彰显,并迎来更多的发展机遇。语言政策与规划、语言应用与语言服务等必然会得到更全面、更合理的发展;同时,语言学一级学科的整体建设有助于消除汉语语言学与外国语言学之间长期形成的"两张皮"鸿沟,避免英语与小语种之间的"多张皮"现象,民族语言、边疆语言等也会进一步受到重视。这不仅是语言学学科建设与发展的必要,还关涉国家的语言战略与安全,以及更好地发挥语言学在国际政治、外事外交、国际经济商贸、国际交流与传播、中国文化"走出去"等方面的作用。语言既是一种策略性工具,更是一种沟通与理解的桥梁,建构人类命运共同体也必定离不开语言学的学科贡献。

如果语言学能够成为一级学科,语言学的学科建设与规划要避免根据是否涉及应用,简单将语言学各分支方向划分为(理论)语言学和应用语言学的类别,更不能分而建之,否则有违学科规律,会引发更多误解,不利于语言学一级学科的健康发展和人才培养,因为音系学、句法学、语义学等语言学的基础性方向也涉及它们在二语或母语习得、语言教学、语言信息处理、语料库语言学等方面的实际应用;相反,二语或母语习得、语言教学、语言测试、语料库语言学、神经语言学、病理语言学、临床语用学等应用性强的语言学分支方向本身也离不开理论语言学,需要理论基础和理论指导,也需要理论建构。

无论是对语言现象的描写、理论建构,还是研究方法的检验与创新,我国语言学都需加强植根于多语言、复杂语境基础上的语言对比、语言功能、语言理论建设等,利用好汉语等本土化的语言资源,才能为国际语言学做出应有贡献,并形成具有中国特色的语言学流派。在这一点上,欧美语言学研究就值得我们学习与借鉴,比如为什么能够形成布拉格学派、哥本哈根学派、伦敦语言学派、结构主义学派、转换生成语法学派、功能主义语言学学派、认知语言学学派等,并出现各自流派的代表性语言学家,比如,结构主义语言学的开创者索绪尔、描写语言学派的布龙菲尔德、转换生成语法学派的乔姆斯基等,类似问题很值得我们深思。

如果语言学能够成为一级学科,我们还应加强新兴学科的建设,如病理语言学、临床语言学、临床语用学、媒体话语研究、政务话语研究等,以更好地发挥语言学服务社会、解决社会问题等的功能,这也是语言学一级学科存在的重要理据。其实,这些语言学的分支学科在国外已取得了相当多的成果,甚至出现了针对特殊群体(如自闭症患者、老年痴呆患者等)的句法问题研究、语用能力障碍研究、语言矫正与康复等服务,实现了语言学走进社会,让社会感受到了语言学学科的社会价值。此外,语言学学科建设与发展要能体现时代特征,做到与时俱进,比如要重视网络化交际、人工智能语境下的大数据处理等给传统语言学研究带来的诸多挑战,这些当然也是语言学学科建设的重要机遇,要推动网络语言学等新兴学科分支的发展。多年前,国外就已出现网络语用学及其系列研究成果,这些都是基于"用"语境下当代哲学社会科学创新发展的很好例证。所以,语言学一级学科的建设内容十分丰富,前景广阔,是新质生产力视域下我国哲学社会科学发展之必需。

当然,在现行学术体制下,语言学一级学科建设与发展必将任重而道远。

我的语用人生

何自然

（广东外语外贸大学　外国语言学及应用语言学研究中心　广东　广州　510420）

语言的应用是很能引起人们兴趣的，语言运用中的奥妙、神奇，常常让人们感到意外。在理解语言时，一些表达方式会让人时而困惑不解，时而拍案叫绝。学习语言的人都很注重语言的使用和理解。我学语言，为了提高语言使用技巧和语言理解能力，除了加强语言实践、不断积累使用和理解语言的经验之外，还努力掌握语言的语法规则和修辞知识。其实，我真正想学的是后来才出现的语用学，按许国璋先生的说法，是语言本体诸相中语用分相涉及的内容。[①]

一、学术研究始于"语法＋修辞"，曲径通幽皆语用

我记得少年时代习惯使用的学习方法就是背诵、强记。为了不让我们成为"好读书，不求甚解"的五柳先生，语文老师总是提醒我们熟背之外还需深刻理解文意，强调要学会同一说法的不同表达方式。每学一词、一语都要尽力寻求这些词语的各种同义表达。这样的好处是，当老师要求复述或写作时，我们除了能够熟练地引用范文的现成词语之外，还能够运用其他的一些表达方式。结果，老师满意，学生也满意——做学生的因此而得到较高的分数，自然乐此不疲。

多少年来，只要是学习语文，无论是汉语还是外语，我总喜欢追求一个意思多种表达。直到我当上了外语教师，我还把这个自认为颇为成功的学习语言的经验介绍给我的学生。可是，随着语言理论学习的深入和外语能力的提高，我发觉总让学生不分场合地一味追求一个意思多种表达的方式来学外语是行不通的，因为学生无从掌握在什么场合要用哪种表达方式才算恰当、得体，从而取得最好的交际效果。

美国语言学家 Bolinger 在他的专著《意义和形式》的前言里说，语言本身可以做到"一种形式表达一个意义，一个意义使用一种形式"[②]。Quirk 在为这本书写的序言中也指出："没有意义上的差异就没有形式上的不同。"这意味着不存在所谓一话多说，即不可能做到同一意

作者简介：何自然，男，广东外语外贸大学教授，博士生导师，主要研究方向为语用学、社会语言学、语言模因论。电子邮箱：gwzrhe@qq.com。本文成稿前曾得到周建安、陈新仁两位教授的帮助，特此致谢。

① 参见《语言学系列教材》（第一辑）（许国璋所作总序），湖南教育出版社 1987 年版。

② Bolinger, D. *Meaning and Form*. Longman, 1977.

思多种表达,因为语言形式不同,意思就不会完全相同。在这些论说的启迪下,我开始注意语言理解和应用的场合,注意到要"在不同的山上唱不同的歌"的问题。于是我开始注意在不同的上下文中如何选择恰当的词语,也注意到交际双方的心境和状况如何影响词语的理解和使用等问题。我是学外语的,所以我认定,在研究语法结构的同时,更要涉猎一些修辞的理论和实践。我相信"语法+修辞"会提高我理解语言、运用语言的能力和技巧,因而对语用语法和语用修辞有浓厚的兴趣。可以说,我是在学习"语法+修辞"的基础上学习语用学的。

所谓语用语法,是从语用的角度看语法,或从语法的角度看语用;语用修辞则是从语用的角度讲修辞,或从修辞的角度讲语用。语法规则是人们在不断使用语言的过程中形成的,因此要注意不同语境中如何选择准确得体的语言结构,这正是语用语法的研习对象;除了注意不同结构的使用场合,还要注意遣词造句的技巧,也就是注意语言的表达手段,注意做到表达意图和表达效果的一致,这正是语用修辞的内容。

例如,在学习英语语用语法的时候,我们要注意如何因应语境的变化来选择语言结构。张道真先生曾在《实用英语语法》中提出,类似下面的三个英语结构所表达的意思是一样的,但实际上这三个不同结构有三个不同的使用场合,或者说分别具有三个不同的语用意义:

(1) a. It is right for you to do so.

　　 b. It is right of you to do so.

　　 c. You are right to do so.

当我们想在语用上强调对行为作出评价,即:"(你)做这件事是正确的"时,我们就用(1)a 型句式。其中 right 修饰 it,即修饰整个不定式短语 for you to do so,句意为:For you to do so is right. 如果我们要强调当事人 you 的特性,表示"(做这件事)你是正确的",我们最好使用(1)c 型句式,这里的主语 you 是不定式短语 to do so 的主体,语用上主要强调的是当事人的特性。三个句式中最有意思的是(1)b 型。它的 right 有双重的修饰作用:语用上既对行为作出评价(it is right,即 to do so is right),也表达了当事人的特性(right of you,即 you are right)。这样一来,这个句式就表示两层意义:"你正确;做这件事正确。"

语用语法研究中还有一个很吸引人的领域,这就是语用的语法化:我们要研究语法与语用的相互依存关系。语用语法表明,静态的语法现象有别于动态的语用现象,但语用现象有时会固化而成为语法现象。语用语法化过程中最常见的现象是词类或结构的功能代谢(functional metabolism),它指语法、语义和语用功能三者之间的相互补偿:[①]在一定的语境中,语句中某成分本身的功能消失,充当了具有另一功能的成分,从而出现功能之间的代换、固化,最终形成新的语法现象。

最常见的是词类功能代谢:交际中因应语境的要求,人们的语用会有名词用作动词(名→动)、名词用作形容词(名→形)等变化,这些词类变化现象通过语法化过程而最终被归入原来没有归属的词类范畴:

(2) a. 李连杰和张学友也曾青春过,也曾偶像过并且如今还在偶像着。(2008-9-7 雅
　　　虎娱乐:盘点娱乐圈淡泊名利的那些明星)(名→动)

　　 b. 越来越多的明星不介意拿自己的隐私出来贩卖,只是在"禁令"之下,他们做得更

---

① 徐盛桓:《语法离我们有多远——从语义、语用看语法》,《外语与外语教学》1999 年第 10 期。

加巧妙,更加"擦边球"而已。(《新快报》2009-4-29)("擦边球"＝与政策、法规轻微抵触。名→形)

在语用中以名物充当施为和描述特性,名词临时"合法"地变成动词或形容词,这种功能代谢就是一种常见的语用语法化现象。

词类功能代谢之外,还有结构功能代谢。我们看一组英语的例子:

(3) a. Children are pleased when they are in the sun.

　　 b. Cats are lovely when they have green eyes.

在这些句子中,when 从句引导的不是时间从句,它的功能有时是顶替一种条件从句(如 Children are pleased if they are in the sun. Cats are lovely if they have green eyes.);而有时又是顶替一种限制性定语从句(Children who are in the sun are pleased. Cats that have green eyes are lovely.)。语用上这种"另类"的 when 从句用于把主句描述的情况限制在 when 从句所描述的特定条件之中。[①] (3)a 的 Children are pleased 是在 they are in the sun 这种条件下才会出现的;(3)b 中的 Cats are lovely 也只有在 they have green eyes 的情况下才会这样。

这种固化为兼具条件从句和限制性定语从句功能的 when 句,可以看成一种结构功能代谢,是语用语法化的又一个例子。

下面我再谈谈语用修辞。不同的社会语境会影响到语言的使用。所谓社会语境,指的是使用某种语言的人在主观上和客观上对环境的认知。由于人们对社会语境存在认知差异,同样是汉语,实际语用习惯是不一样的。用"老人"来称呼年长的人应该没有问题吧,但香港人却认为如此说法不够尊重,主张称之为"长者"。于是,我们内地用的"老人优待证",他们就主张改为"长者优待证"。同样,他们会尊称"聋哑人"为"失聪人士"。正因为这样,港澳和海外同胞对国内官方和媒体把国际上称为 Para Games 的由肢障人士参与的运动会称为"残运会"、把在我国召开的亚洲肢障人士运动会缩略为"亚残运会",就很不以为然,总觉得我们的修辞过于生硬、直率,让人听后或读后感到尴尬。当今汉语的缩略词似乎用得比较随便。如果我们说宣传"创卫"还能勉强捉摸到是"创建全国卫生城市",感到还可以理解的话,那么宣传"创文"就肯定会让人困惑一阵子的。人们还以为"创文"这个缩略词与文字、文学、文化等有关,谁料到竟然是"创建全国文明城市"的缩略语! 这就令人摸不着头脑了。

二、初识语用学结不解之缘,尽绵薄之力引介普及

事实正是如此。我的"语法＋修辞"语言学习法,不但在实践中帮助我学好语言,而且在理论上还让我认识到,学习语言既要注意语言的形式表现,又要注意语言的功能变化。从 20 世纪 70 年代末起,我陆陆续续接触到有关语用学的论述,如 Austin 的《论言有所为》[②]、

---

① 何自然:《语用学探索》,世界图书出版公司 2000 版,第 12—20 页。

② Austin, J.L. *How to Do Things with Words*, edited by Urm son, J.O. OUP, 1962.

Lyons 的《语义学》第 II 卷①、Grice 的《逻辑与会话》②,开始注意语言的功能问题。我注意到修辞学和语用学这两个学科的目标不尽相同,但研究对象却有许多相似之处。

英语的 pragmatics 汉译为"语用学",据我所知,此译名始于日本。毛利可信用日语说的"語用論"就是 pragmatics。语用,顾名思义,讲的是语言的使用。但使用和理解是一个铜钱的两面,所以,语用不但讲语言的使用,而且讲语言的理解。正在这个时候,我从美国著名学刊 Language 上看到关于日本学者毛利可信写的一本名为《英语语用学》③的介绍。我发觉我学习的语法和修辞内容在那本书里都有所涉及,于是我立即托友人从日本带回这本新著,开始系统地接触语用学这门学问。

80 年代初,我有机会到加拿大学习语言学,师从国际知名学者 Steven Davis 教授,他是语言哲学和语用学方面的专家。从此,我就和语用学结下了不解之缘,我的兴趣几乎完全转向当时还方兴未艾的语用学。回国之后,我给研究生上语言哲学、句法学、语用学和实践修辞,但更心仪于语用学。我发表与语用学有关的论文、撰写语用学教材和专著,决心在国内做些普及语用学的工作,让更多有兴趣的人参与学习和研究。

为了普及语用学,我除了给当时国家教委委托广外举办的两年制研究生班及硕士班开设语用学专题课程,指导硕士班语用学方向的学生撰写语用学方向的学位论文,还在广外语言学及应用语言学研究所连续多年举办的语言学暑期讲习班里开设语用学讲座。1985 年,湖南教育出版社廖世英编辑来广外组稿,桂诗春教授和我共同建议并支持他们出版语言学系列教材,以满足正在兴起的语言学教学的需要。策划中的教材共 10 种,分两辑从 1986 年起陆续出版,我撰写的《语用学概论》④作为第一辑的第三本于 1988 年与读者见面。这部著作是最早用中文撰写的语用学专著,也是中国语用学发展的奠基之作,将语用学理论从国外系统地介绍到国内,为国内学者了解和学习语用学打开了一扇窗,让中国的语言学界了解这个新兴学科,从而开展我们自己语言的语用学研究。

90 年代中期我去英国访学时,与原先研究二语习得、后来从事语用学研究的 Peter Grundy 共事,我们都有普及语用学的心愿。他把当时正准备出版的一本语用学专著取名为 Doing Pragmatics⑤,其中就有让大家都来研习语用学的意思。我写的《语用学概论》也是一本让大家都来"do pragmatics"的入门书,引导大批学子走上语用学研究的道路,也成为学界引用率最高的著作之一,至今已修订出版三次,重印若干次,从第二版开始扩大了篇幅,第三版更名为《新编语用学概论》⑥,增添了近十多年来语用学发展的新成果。

与此同时,我还发表了多篇介绍语用学以及国外相关著作、教材的论文,如《语用学研究及其在外语教学上的意义》(《现代外语》1984 年第 2、4 期连载)、《什么是语用学》(《外语教学与研究》1987 年第 4 期)、《〈语用学读本〉补充介绍》(《国外语言学》1994 年第 4 期)、《国外近

---

① Lyons, J. *Semantics*, Vo l. II, Cambridge University Press, 1977.

② Grice, H .P. *Logic and Conversation*, in Cole P. and Morgan, J.(Eds.), *Syntax and Semantics 3: Speech Acts*. Academic Press, 1975.

③ 参见美国语言学会机关刊物 Language 介绍毛利可信 1980 年版《英语语用学》(英語の語用論)。

④ 何自然:《语用学概论》,湖南教育出版社 1988 年版。

⑤ Grundy, P. *Doing Pragmatics*, 3rd edition, Hodder Education, 2008.

⑥ 何自然、冉永平:《新编语用学概论》,北京大学出版社 2009 年版。

年出版的语用学教科书概述》(《外语研究》1995 年第 2 期)、《近年来国外语用学研究概述》(《外国语》1995 年第 3 期)、《什么是语际语用学?》(《国外语言学》1996 年第 1 期),等等。毫无疑问,这些教材及论文的发表对普及语用学研究起到了至关重要的作用。在《语用学概论》发行 10 年之后,受上海外语教育出版社的邀约,我又为"21 世纪英语学习丛书"撰写了一本《语用学与英语学习》[①],这是我的第二本语用学普及读物。2003 年,为满足语言学研究生学习语用学的需要,我把平时给研究生讲授语用学的英文讲稿整理成 *Notes on Pragmatics*[②](《语用学讲稿》)一书交南京师范大学出版社出版。该书是国内出版的第一本用英语撰写的语用学教材。

我还大力推动语用学研究团队建设,加强国际学术交流。1989 年,我在广外组织召开了全国第一届语用学研讨会(与第一届国际语用学大会同步),邀请了国际语用学会(IPrA)的秘书长 Verschueren 和我国著名学者北京大学胡壮麟教授、中山大学王宗炎教授等出席大会。此后中国的语用学就以广外为基地,每两年由国内高校向国家教育部门申报,组织一次全国性语用学研讨会,交流我们的研究心得,讨论中国语用学的未来发展。到如今,已经召开了 18 届研讨会,成为中国语用学发展的关键推手。2003 年,中国的语用学者正式宣布成立"中国语用学研究会",推举我为创会会长,之后换届时连任第二届会长。研究会做了大量的工作,包括与高等教育出版社合作,出版研究会会刊《语用学研究》;与《浙江外语学院学报》合作,开辟语用学发表园地,连续组织语用学研究论文专栏;与暨南大学出版社合作,出版"语用学学人文库"系列专著,并计划组织编写"语用学与学语用"系列语用学通俗读物,从 2012 年开始至今已有近 20 部专著问世,在学界产生了一定的影响,此项举措目前仍在继续施行。我们的学术活动和研究成果也从国内走向国际,日益受到国际同行的关注,我国的语用学学者出国参加 IPrA 国际学术活动的人数越来越多,成为这个国际学术团体的中坚力量,在国际上获得了更多的话语权。

如果说我为发展我国的语用学曾经一尽绵力,能聊以自慰的是通过多年的引介和普及工作,今天几乎可以让每一位学习中外语言文字的学者只要谈到语言的使用和理解,都会提及语用学,语用学已经成为我国外国语言学及应用语言学学科中的一个主流学科,成为各高校外国语言学及应用语言学专业研究生的必修课,同时中国的语用学研究队伍也日益壮大,吸引着越来越多的青年学者。

三、倾力诠释"语用三论","语言模因论"推动语用学理论本土化创新

1993 年,应英国著名外语教育家麦考尔·拜伦(Michael Byram)教授的邀请,我再次出国访学,作为高级访问学者到英国杜伦大学(Durham University)从事认知语用学研究,接触了关联论和顺应论。我很早就和提出关联理论的丹·斯波伯(D. Sperber)和戴·威尔逊(D. Wilson)以及提出语言顺应论的耶夫·维索尔伦(Jef. Verschueren)等国际知名语用学家有电邮往来,读过斯波伯和威尔逊早在 20 世纪 70 年代就初步写成并被看成认知语用说的关联

---

① 何自然:《语用学与英语学习》,上海外语教育出版社 1997 年版。
② 何自然:*Notes on Pragmatics*(《语用学讲稿》),南京师范大学出版社 2003 年版。

理论原始打印稿复印件;此外,还读过维索尔伦最初在 IPrA 文献中发表的有关顺应论的观点。

回国后,我就有一个心愿,希望将关联论和顺应论编成教材式的论著,供从事语用学研究的同仁学习和参考。也正是在那个时候,我从桂诗春先生那里第一次听到 meme 和 memetics。他用"文革"年代的流行语和现代社会的广告与炒作作为例子,指出 meme 的存在和影响。我觉得这种现象可以很好地解释语言的运用,可以纳入语用学的研究视角。我对模因论也产生了兴趣,总想把国外这方面的成果引进来,作为社会语用现象加以研究。① 我当时考虑编一本集关联论(relevance)、顺应论(adaptation)、模因论(memetics)三种语用理论在一起的入门书,恰巧在这个时候,上海教育出版社策划一套译介西方最新语言学理论的丛书。他们对我说,沈家煊先生拟向我约写一本介绍关联论的专著,这与我想写《语用三论》的愿望相近。于是我仿照 20 世纪赛尔斯(Peter Sells)编写的三种句法理论讲义合集(我称之为"句法三论")(*Lectures on Contemporary Syntactic Theories*,1985,CSLI)将著述从原定为单一的《关联论》扩充为《语用三论:关联论·顺应论·模因论》(2007)。为了给读者全面介绍语用三论和我们对三论的研究心得,我们刻意把那时期发表的与论题相关的成果也综述进来,充实了该书的内容,让读者较清晰地了解我们所说的"语用三论"。

不过,"语用三论"中的模因论只是一个初步的论述,我们没有按西方的路子从文化进化的广阔角度去研究模因论,而是从语用的角度研究语言中的"模因论"。三论中前二论基本上是引介,而模因论则渗有我们自己的一些分析和体会,但随之而来的"语言模因论"就有我们更多的独立见解在其中了。早在 2003 年,我和我的博士生何雪林就着手这方面的研究,完成了一篇综述文章《模因论与社会语用》,作为当时《现代外语》的"前沿研究"新辟专栏的首篇,在该刊 2003 年第 2 期发表。文章介绍了模因与社会语用,重点论述了模因与语言、模因与社会,特别是与社会语用的关系。

此文发表后引起了学界的广泛兴趣,我也越发觉得这个领域大有可为,于是继续深入研究下去。2005 年我又在《语言科学》第 6 期发表了《语言中的模因》一文,正式将"语言模因论"引入语用学,将它作为语用学和模因论结合的界面来研究。在接下来的 10 多年里,虽然我已退休,但对语言模因的兴趣不减,希望能将语言模因的认识和汉语话语进化相结合,在解释汉语语用现象方面取得一些新成果。为此,我曾召集我指导过的博士生和博士后研究人员、现在国内高校任教并在语言教学与研究上取得一定成就的学者,组织起语言模因研究小组,每月开展一次线下聚会或线上交流,学习和讨论与语言模因论有关的课题。我和小组成员合作发表文章,组织讲座和研讨会,开展语言模因的讨论,合作出版相关译著、专著。2007 年上海教育出版社出版的《语用三论》正是我与我的学生陈新仁、谢朝群两位教授合作取得的成果之一。

此后,为介绍国外模因论的最新研究动向,我还邀请曾在广外进修语用学的吉林大学珠海学院李冬梅副教授主持翻译了凯特·迪斯汀(Kate Distin)的《自私的模因》和《文化的进化》两部颇有学术影响的文献,分别于 2014 年和 2015 年由北京世界图书出版公司出版。

与此同时,我还组织撰写了专著《语言模因理论与应用》,作为"语用学学人文库"丛书之

---

① 何自然、谢朝群、陈新仁:《语用三论:关联论·顺应论·模因论》,上海教育出版社 2007 年版,第 123—186 页。

一于 2014 年由暨南大学出版社出版。该书是国内外学界第一本从理论到应用系统研究语言模因的专著;它是模因论自 2003 年引入中国语言学特别是语用学领域的研究总结,也是对国内学者今后在更多层面开展语言模因理论与应用研究的一个指引。该书从语用学角度对语言模因现象给予系统的梳理和拓展,从理论和实践两方面探讨语言模因在社会、文化、教育、翻译、心理、认知等领域的语用表现。这种跨界研究有助于从多角度发展语言模因理论,更深入地考察语言模因现象的形成和传播。《语言模因理论与应用》付梓前,桂诗春教授为书稿作序,认为"这是一本体系完备而又组织严密的著作:它涉及语言模因的各个领域,既有理论,也有实例;用通俗易懂的语言娓娓道来,引人入胜……是一本很值得向读者推荐的好书"。《语言模因理论与应用》出版次年便荣获第四届中国大学出版社图书奖优秀学术著作一等奖。

模因论是由生物学家道金斯提出来的[①],他认为基因是一种复制因子,而基因之外还有另一种复制因子,那就是模因。基因通过遗传来复制传播,推动着我们星球上生物界的进化进程;模因也像基因那样通过模仿来复制传播,促进社会文化的进化。不过它并非通过遗传,而是通过模仿;它促进的并非生物的进化,而是社会的进步和文明。这里要指出的是,模因是一个很广泛的概念,举凡语言、文化习俗、观念和社会行为等一些可以不断模仿、复制、变异、更新并传播的现象都是模因现象。语言的使用正好说明模因的存在,因为人们交际中使用的语言尽管千变万化,但都是在前人使用语言的基础上模仿进化而来,我们从别人那里学来的单词、语句以及它们所表达的信息在交际中又被模仿、复制、变异、更新并传播给另外的人。当这些信息在不断地模仿、复制、变异、更新和传播的时候,新的模因就形成了。

在人们日常生活交际中,或者通过各种媒介产生的语言不计其数,然而其中能够形成语言模因的则有强弱的不同。模因可以因应宿主感受到的语境而具有选择性,不同的语言信息传播能力因而有所差异。有些信息更容易被记住从而在适当语境中流传下去,成为强势模因;而另一些信息因得不到多次模仿复制而呈弱势,甚至未被模仿而不能成为模因。可见,语言模因的传播需要语境的触发。语言信息在未获得复制传播前只处于一定的语用潜势(pragmatic potential)中。这里的语用潜势指存在于某种特定语境里的某种语言信息被讲话人为迎合语境而选来表达其语用意图时,就会被其他有同感的宿主高频复制传播而成为语言模因。所以我们说,语言模因的复制传播是需要引发的。触发和形成语言模因的外部环境是一系列的语境,它们是语言模因的主要触发因素。语言模因可以被一种或多种语境的诱导或刺激而开始其模仿、复制、传播的行程。这些语境包括情景语境、语言语境、认知语境和社会语境。

语言模因的传播主要基于两方面的动力:其一是语言模因本身的规律,它要千方百计地在宿主的大脑里存储,并从一个宿主进到另一个宿主那里复制和传播自己;其二是语言模因宿主的能动作用,它要带着意向顺应特定的社会语境,有效地使用语言。可见,模因的传播与语境的关系十分密切。模因宿主根据交谈过程中得到的信息和自己模拟的情景范围相对照,有选择地做出意向性的顺应,为语言交际目的创建一个语境化表达方式。这样,语言模因的传播就同语境结合在一起了。有些表达方式或内容甚至代代相传,源远流长,表现为强

① Dawkins, R. *The Selfish Gene: 30th Anniversary Edition*. OUP, 2006, p.191.

势的模因。一种语言或语言中的某种说法如果没有经过模仿、变异、更新,它就无法得到传播;这种语言或它的表达形式和内容就会是一种弱势的模因,逐渐被弃用以致消亡。

人民群众所热爱的成语和歇后语,其中精华语句如"欲速则不达""言必信,行必果""和尚打伞——无发(法)无天""高射炮打蚊子——大材小用"等,至今广为流传和应用,体现为一种强势模因。有人以为模因只讲模仿,不讲创造,其实不然。有些名言、诗句,在模仿、传播过程中会出现变异和更新,成为与时俱进的新词新语,其精妙之处,往往令人拍案叫绝。如曾一度出现的江铃牌汽车广告"千里江铃一日还",大众因熟悉李白名句"千里江陵一日还"而对该广告留下深刻印象。当然,有些在某个时期曾经广为流行的说法,会因一时变得时髦而被大量仿用、传播,但也有些会因时境变迁而不复听闻。例如,2010 年的流行语"给力",甚至得到《人民日报》的头版头条复制传播;而"文革"时期的"走资派""牛鬼蛇神"之类的陈词滥调,却早已变为弱势模因而默默淡出历史了。

据统计,从 2003 年至今,在我与团队的大力推动下,国内外语类学术期刊上发表的以模因为主题的文章和专论已有 2000 多篇,我们团队发表的有关论著被引也高达数千次,从中可见语言模因论在我国学界的影响。但是,语言模因论无论从理论上和实践上都还不够成熟,研究的深度和广度也须拓宽,还有很多尚待解决的问题。例如,模因作为一种社会文化语用现象是怎么产生的?什么样的机制让它得以复制和传播?什么条件或原因导致语言模因有强势和弱势的区分?语言模因对语言学习、外语翻译有些什么帮助?既然语言模因是研究语言中的模因,那么它也应该探讨它与语言学本体各个分相的关系,如如何利用语言模因的原理去认识语言的语用规律。

语言模因论为语言进化引入信息复制的观点、为语言交际研究提供新的思路都是值得研究和论证的;语言模因具有强大的解释力和概括力等都是无可争辩的事实。中国学者应该有文化自信、理论自信,将模因原理放到语言、文化的研究范畴,特别是放在我们自己的语言领域去研究种种语用现象,从语言生活、语言政策、社会语用、公共话语、语言生态、网络语言、翻译与语言教学等视角去研究我们自己的语言模因,这些正是我们自己的创新。语言模因的研究大有可为,现有的成果还远未能将语言模因构建成一个完整、成熟的理论,对模因感兴趣的学者应当继续关注和发展模因理论,争取把语言模因论发展成一个系统的、由中国学者提出和发展的本土语用学理论。

四、关注社会语用问题,建言国家语言政策

研究语言使用和理解的学问当然还包括语言学其他的一些学科,它甚至与语言哲学、社会学、心理学以及认知科学中的一些学科分支、分相有关。由于语用学涉及的范围广,我们不一定要给语用学下一个严格的定义,人们从不同的角度研究语用学就会对"什么是语用学"这个问题给出不同的答案:有从说话人的角度研究语用学的,有从听话人的角度研究语用学的,也有从语境的角度研究语用学的,还有从动态交际的角度研究语用学的,亦有将语用学看成语言功能的综观的,如此等等,不一而足。

不同的研究角度自然产生不同的研究面:有的注重研究语言本身,研究语词和结构特定的语用属性;有的以交际作为平台,研究说话人表达的意义和听话人理解及应对的意义;也

有人以动态语篇作为研究面进行会话分析,研究各种类型的话语,分析其中的标记、结构、层次、策略、态度等等。① 随着语用学这门学科的发展,它的研究面越来越广泛,人们甚至不把语用学看成语言学的分相或分支,而把它看成与语言的使用和理解有关的一门独立的综合性学科了。我始终认为,当代的语言学不能只限于研究语言的本体,必须将语言学扩大到语言与文化、语言与社会、语言与心理、语言与认知等方面,要从多角度去研究语言使用与理解。这一思想实际上就是后期发展起来的宏观语用学以及把语用学作为研究语言学一个视角的思想,也就是欧陆学派的语用学主张。

基于这一思想,我坚信社会语用学是学科前沿方向,特别关注社会语用问题,对社会语言现象高度敏感,着眼于社会用语存在的各种问题,研究当代社会中的语言变化和语用法,从店铺命名到高校更名,从新词新语到词语缩略,都从社会语用的视角对它们认真审视。香港回归祖国,产生了新的用词、用语问题,我敏感地抓住这些变化,用语言学的理论来分析这些新的问题,发表了论文《内地与香港的语言变异发展》(何自然,吴东英 1999)、《香港与内地社会媒体语用变异分析》(何自然,吴东英,陈瑞端等 1999)。

内地的社会语用问题同样进入了我的观察视野。我在上课时经常会捕捉一些新鲜的社会用语来进行点评,如针对当时到处流行的"××是我家,卫生靠大家"进行了风趣的评议,这些社会公示语是人们耳熟能详的,但普通人很少关注它,同时也没有引起语言研究者的注意。但是我特别关注这些社会公示语,认为这关乎我们的社会生态,比如上面这条公示语中,"大家"既可以包括说话人,也可以不包括说话人,如果是后一种理解,即"卫生靠你们",这个口号就变成是一种典型的长官意志,充满了指使色彩。再如,对报刊用例"OK,本店的黄金十分 OK",某酱油产品的宣传词"酱油 XO",我幽默地说它们是"零 K,一文不值",XO 其实是 extra old 的意思,常指窖藏 10 年以上甚至长达 40 年的白兰地酒,而酱油放了 10 年以上还能食用吗? 这类议题在《社会语用问题》(何自然 1997)、《语用与社会》(何自然 1997)、《来自香港的时尚词语》(何自然 2001)等著述中均有探讨。1997—1999 年,我承担了广东省高教厅人文社会科学研究规划项目"广东社会语用建设",带领团队在广州、珠海、深圳等地开展实地调研和课题研究,取得丰硕成果,召开了由各方专家参与的语用建设研讨会,主持编写了《广东社会语用建设论文集》,产生了较大的社会反响。

今天的语用学是在语言学研究的基础上不断拓展宽度和广度发展的一门学问,是关于语言整体的、功能性的综观学科。它已大大超越语言学本体的传统范畴,与人文、社科中的多门学科结合,形成各种"语用学＋"的界面。近年来,我更是关心语言与社会的宏观问题,发表了论文《社会及公共话语和国家的语言政策》(何自然 2016),在文章中,我从语言战略的高度对我国的语言政策制定提出了以下建议:

(1)多做社会语用规范的指引者,少做左右语言使用的"警察"。对待公共话语,我们的语言政策需要正面引导,关注语言模因及其变体的复制传播,使之合乎社会语用规范。用"警察"的手段左右语用的复制传播往往不会成功,而正面引导可以是示范、鼓励和提倡。只要社会大众的认识提高,形成正确的语用习惯,一些粗俗词语就会没有市场,不良的用法及其变体就会成为弱势模因而最终消失。

---

① 何自然、陈新仁:《导论》,载何自然、吴亚欣《当代语用学》,外语教学与研究出版社 2004 年版,第 1—22 页。

（2）容许群众语言与时俱进，丰富汉语表达，适应国际交流。当今社会，国际国内的语言交流十分频繁，方言借用、外来语借用都在所难免。以英语为例，作为国际通用语的英语已不是纯英国英语，也不是纯美国英语，而是夹杂着非英语民族使用英语交际时使用的英语。同样，随着我国国际地位的提高和经济的高速发展，学习和使用汉语的人越来越多，外来语与汉语标准语出现交叉融合是大势所趋。在这样的背景下，过度追求汉语的纯洁性必将阻碍汉语的发展。只有海纳百川，才会有语言的多样性，才能不断丰富汉语的表达。讲语言纯洁并非要完全排斥外来词语，也不是要求外来词语绝对汉化。只要有需要，能在使用中正确引导，外来词语不仅不会影响本族语言的纯洁性，反而有助于中国文化和汉语言走向现代化、国际化。

（3）讲究语言的得体性，恪守"在什么山上唱什么歌"的语用修辞原则。在公共话语交际中，以恰当的社会称谓来说话，尊重双方的社会身份，即所谓"在什么山上唱什么歌"。我们的语言政策和语言规划必须有所指引，强调庄严的场合要说端庄得体的话，在特定的山上须唱出特定、合适的歌。

五、探析翻译本质，倡导语用翻译观

我一直强调语用学研究的应用性价值。基于多年的翻译实践经验，我对制约翻译实践和反映翻译本质的多个问题开展了探讨、研究，认真思考和试图回答了影响翻译实践的五对矛盾，即译者与译者、形式与功能、客体与主体、语言与文化、理解与表达的矛盾问题。

（1）译者与译者的矛盾问题。这里讲的不是对同一源语，译者之间哪个译得好哪个译得不好的问题，而是讲不同母语背景的译者，对同一源语进行处理的过程中各自的取向问题。关于这一问题的讨论，我与王建国教授合作，撰写了《重过程，还是重结果？——译者的母语对英译文本的影响》一文，发表在《上海翻译》（2014 年第 2 期）上。我们的研究发现："汉语为母语的英译者，其英译文本的语用取向往往着重事态的过程，而英语为母语的英译者，因英译文本正是他们的母语文本，其语用取向则重行为的结果。此外，通过对各种汉译英的文本作进一步的检验，证实了重结果是操英语人士习惯的语用特点。研究还根据英语语用重结果的特点，推导出一种汉英翻译原则：译者须设定译文文本的读者对象是操英语的本族人，要在译文文本中体现出重结果的语用取向。为此，译文效果必须讲究客观、求实。"

（2）形式与功能的矛盾问题。翻译中，形式与功能如何取舍？这是一直烦扰翻译工作者的问题。我提出了翻译中的语用学方案，比如在《语用学与英语学习》（1997）中指出，语用翻译"可以通过两种语言的对比，分别研究语言等效和社交等效的问题"，并指出"语用语言等效翻译近似奈达（Nida，1964）提倡的'动态对等翻译'（dynamic equivalence translation）"。换言之，就是要将目的语与母语进行对比，语用对等是翻译追求的最高境界。面对"when in Rome, do as the Romans do"这一句子，我认为"如果要为中国读者将这句谚语译成汉语，就不宜直译。这时，用人们通常说的'入乡随俗'意译出来固然稳妥；但根据语用等效的原则，换个形象，译成中国读者熟悉的俗语'上什么山，唱什么歌'则会更生动"①。

---

① 何自然：《语用学与英语学习》，上海外语教育出版社 1997 年版。

（3）客体与主体的矛盾问题。相对于译者而言,源语文本是客体,译者是主体。如何处理好主体和客体的矛盾？这个问题亦长期困扰译界同人。对于这一对矛盾,强调主体的重要性,倡导主体主观能动性的发挥,鼓励主体的决策作用。我以名称翻译和"另类"翻译为例,论证了主体的特殊意义。我首先指出:"名称的翻译不同于文本翻译,它可以是一个重命名的过程,是一种兼顾原文、译文和译文对象(读者)三元关系的语用翻译手段。正因为考虑到翻译中的三元关系,译者可能认为名称的着眼点需要变化,不能或不宜直接搬用原文的名称。为了设法表现出原文名称的含义,照顾到读者的文化背景以及他们对原文文化差异的接受度,或确保译文的经济意义或社会意义,译者就会另辟蹊径对译文重新命名。……语用翻译过程中对译文的重新命名是一种比直译、意译要深刻得多的翻译行为,是译者主体性介入翻译过程的体现。"①我继而指出:"'另类'翻译指在翻译过程中犯难、困惑,感到需要做特殊处理。""没有广博的知识、深邃的文化修养、灵活的应变能力和熟练的语言活用能力,这些翻译中的'另类'是很难处理好的。""要研究'另类'及其相关场合中哪些应该用英语标示而无须使用汉语,哪些应该有汉英对照,哪些不应使用方言,哪些只应用汉语标示而无须使用双语,要研究如何处置跨语言交际中一种事物在不同语言有不同命名的现象。""建议认真研究'另类'的翻译,不只是研究其翻译技巧,而且是寻找出一条语用翻译的理论红线,指导我们从事这方面的翻译实践。"②

（4）语言与文化的矛盾问题。语言与文化有着千丝万缕的关系,表现在有时候语言决定文化,有时候语言反映文化;至于文化对语言的影响,则可以从词汇、短语、句子、段落、语篇等层面以及语用策略等方面体现出来。这些结论,都是基于对同一语言和文化的观察。如果把语言和文化的关系放到今天的跨文化交际背景下讨论,我们的认识则会更加深刻。实际上,作为跨文化交际的特例,翻译实践可以源源不断地为我们提供民族文化自我中心论（ethnocentrism）、文化偏见（cultural prejudice）等造成的这样或那样的语用失误（pragmatic failure）或交际卡壳（communication breakdown）实例。对此,我非常敏感③。这里要特别提到,我在《中国高等院校英文校名问题刍议》④一文里,从翻译的角度进一步阐发了自己的主张和建议。我指出:"随着改革开放的深入和中国经济的不断发展,中国高校跟外界交流的机会越来越多。因此,很多高校就在其中文校名的基础上,增加了英文校名,以便于对外交流。但是,由于没有相应法律规章的指引,所以高校英文校名的命名就由高校自行决定;由于没有相应的命名标准,我国高校的英文校名也就五花八门,很容易产生歧义,引起误解和产生不必要的尴尬。我们的研究就中国高校英文校名所存在的问题进行分析,并提出一些修改的建议。"

（5）理解与表达的矛盾问题。说"翻译就是交际""翻译的过程就是交际的过程",大概没有谁有异议。我给语用学下的定义就是"话语理解和表达的学问"。那么,按照语用学定义,说"翻译涉及理解与表达""翻译就是一种特殊的语用形式",恐怕是最直接、最贴切不过

---

① 何自然、李捷:《翻译还是重命名——语用翻译中的主体性》,《中国翻译》2012年第1期;何自然、刘家凤:《品牌名称翻译中的重命名——再论语用翻译的主体性》,《中国翻译》2015年第2期。

② 何自然:《"另类"翻译的困惑》,《中国翻译》2003年第2期。

③ 何自然、阎庄:《中国学生在英语交际中的语用失误——汉英语用差异调查》,《外语教学与研究》1986年第3期。

④ 何自然、麦胜文:《中国高等院校英文校名问题刍议》,《外语教学》2005年第3期。

的了！实际上,我一直在引导大家这样去理解翻译。在《英语语篇中有定名词短语隐性照应对象的推理与汉译》①一文里,我就明确指出:"话语的前后照应关系有显性和隐性之分,要确认这种关系就要进行推理。然而,语篇中隐性照应的推理和确认以及隐性照应中有定名词短语的翻译在实践中没有得到充分的研究。在翻译过程中,应从读者的角度出发,根据汉语的习惯通过添加衔接成分、指示成分或释义词语等手段使原文中的隐性推理对象在译文中显性化,从而达到翻译准确释义的目的。"

上述关于翻译实践的理解,根植于实践,着眼于交际,得益于语用。比如说,我发现,语用学中的关联理论对翻译实践就有三条重要启示:第一,"要翻译,首先要理解原文。根据关联理论,要准确理解原文必先重视原文的语境,通过对语境的分析,寻找出原文与语境间的最佳关联,从而取得理解原文的语境效果"。第二,"寻找关联,要靠译者的百科知识、原文语言提供的逻辑语义信息和与原文文意(包括语境和文化意义)相关的一些对理解原文有用的信息。因此,寻找关联的过程就是提取各种各样有效信息的推理过程"。第三,"由于原文作者和译者的认知环境不同,作者力图实现的语境效果同译者从原文和语境中寻找关联而获得的语境效果毕竟是两回事。这样一来,原文信息和译文传达的信息就不可能完全一致。此外,译文传达出来的信息内容是由译文的读者去理解的。于是形成这样的局面:原文作者的认知不可能等同于译者的认知,而译者的认知也不可能完全等同于读者的认知;译事是一种三元关系(作者—译者—读者),而不仅仅是作者和译者的二元关系"。

我的语用翻译观有着明确的内涵,主要关注两个具体问题:一是译什么;二是怎么译。不难发现,这两个问题都是最实用的问题。关于"译什么",我认为翻译要译意思。在我看来,翻译的任务就是要翻译源语的意思,或者是说话人的意思和意图。意思可以直接说出,也可以不直接说出。翻译时就不能简单和盲目直译,而要根据语境,该直译的就直译,该意译的就意译。"现在的问题比直译、意译的讨论更深入一步:什么时候能直译,什么时候能意译? 难道只是因形式之变换发生困难时才意译吗? 翻译要译什么? 如果我们注意研究翻译中的语用学问题,我们会对上述问题有一个新的答案。"需要进一步指出的是,"'翻译要译什么?'的意思是问:我们在翻译的时候,应该直译原文的字面意思呢,还是要译出原文作者要表达的意图? 遇到字面意思和原作者意图不一致的情况时,可不可以既译出字面意思,同时又能让读者领会到原文作者的意图? 如果一定要舍此留彼的时候,到底该保留原文字面意思,还是力求表达出原文作者在字里行间的本意?"

从语用翻译的角度看,这些问题是比较容易解决的,因为语用翻译会给译者留有较大的自由处理的余地。"在原文和译文之间,因文化差异而出现不能通达的情况下,为了使读者有一个正确的认知,译文才考虑更换形象,甚至放弃形象,只求译意。"我主张"翻译要译出语用力量"。像汉语里"高高兴兴上班去,平平安安回家来"这句话,"它最早是用来表达人们对汽车驾驶员出车上路的一种良好祝愿"。可是,如果我们把它译成"Go to work happily, and come back home safely","外国人听到或读到这样的译文,他们准会百思不得其解,甚至会困惑地问一句:'So what?'(那又怎么样?)"。其实,"我们只要译出短短的一句话:'Good

---

① 何自然、唐电弟:《英语语篇中有定名词短语隐性照应对象的推理与汉译》,《解放军外国语学院学报》2014 年第 6 期。

luck!'这就足够了"。"这样译,原文的字面意思的确被忽略了,但原文当时的语境和要表达的用意却得到充分而准确的体现。"

　　同时,翻译还要译出文化习惯。译者要有对译文读者的接受环境和目的语语言文化环境的正确评估与认识,对源语和目的语之间差异的评估,翻译符合目的语文化习惯,读来自然易懂。换言之,翻译的目的是向读者传达源语的信息和意图,能否实现这个目标是衡量翻译最重要的标准。因此,在翻译"A:你这件毛衣真漂亮! B:漂亮什么! 穿了好几年了。"这个对话时,就应该考虑同样场景中英语人士的应对习惯,使用符合英语的文化原则,把对话译成:"A:You look smart in your sweater. B:Thank you."否则,固守汉语里对恭维与赞扬的反应"自贬"或"否认"的做法,把"漂亮什么! 穿了好几年了。"翻译成"No, no, no! It doesn't look nice anymore; I have worn it several years!",操英语的本族语人士就会对译文感到怪异和莫名其妙! 再者,翻译还要译出语境意思(contextual meaning)。换言之,就是要在语境中翻译,用语境来帮助理解和确定说话人的意思和意图,再在语境中准确表达出这种意思和意图。我们知道,语言使用是讲究语境的,如果放到语境里,"Lights, please!"这个例子,就不能只译为"灯光!",因为这样的翻译处理"就远不及按照语境将它分别译为'请开灯'或'请关灯'来得恰当"。[①] 虽然我的研究领域为语用学,对翻译颇为关注,重点思考和回答了烦扰翻译实践的五对矛盾问题,我的翻译研究涉及的内容和覆盖的话题虽然说不上系统和面面俱到,也没有用专著的形式来系统阐发,可是一系列论文似乎使所倡导的语用翻译观变得越来越明晰了。

六、语用研究助力外语学习,融通英汉语言学两张皮

　　我的研究注重理论联系实际,强调结合中国国情,以语用学观照当代现实,希望为中国语用学研究的开展和发展找准着力点与前进方向,研究内容总与社会生活以及普通大众最关心的问题相关,被学界评价为是有着强烈社会责任感、很接地气的研究。在引介、推广、补充和质疑西方语用观点过程中,我对语用学的应用价值笃信不移,认为语用学能够为外语学习与教学实践、翻译实践等提供理论指导。从一开始,我对英语语法尤其是英语用法特别敏感和关注,注重语用学在外语学习、外语教学等领域的应用,撰写和发表了多部著作与大量论文,如《语用学与英语学习》[②]、《英语语用语法》[③],为中国外语教学提供了一些新的理论视角和养分,带动了学界及教师群体对语用能力发展的关注。

　　我曾经对中国学生在英语交际中的语用失误进行调查,发现问题,分析问题,进而就话语教学、语法教学和词汇教学等提出新思路。我还发现中国英语使用者身处何地是个至关重要的因素。比如,在中国本土跨文化交际中,运用英语时"离格"语用现象不能一闷棍打死。我和我的研究生曾收集大量实例,让"老外"感受,竟然获得英语本族人很高的容忍度和顺应性。这一调研的意义不容小觑——中国英语学习者平时与"老外"面对面用英语交流的

---

　　① 何自然:《翻译要译什么?》,《外语与翻译》1996年第2期。
　　② 何自然:《语用学与英语学习》,上海外语教育出版社1997年版。
　　③ 何自然、陈新仁:《英语语用语法》,外语教学与研究出版社2004年版。

机会并不多,提高英语口语水平最现实的路径还是在英语专业同学间和同事间开口说英语。到了英语国家,只要积极运用语用学的顺应论说,自然就能用英语进行成功的跨文化交际。

我还一直有感于汉语界和外语界教学与研究"两张皮"的现状,提出了打通汉语界和外语界的主张,并付诸自己的教学和研究实践。我力主兼招汉语和外语背景的两类博士生,将他们放在一起培养,让两类学生取长补短、相互促进。注重引导研究生毕业论文研究汉语事实,利用外国理论来观察解释汉语的现象。这样的做法成就了人才培养的丰硕成果,培养的弟子研究视角锐利,揭示汉语事实充分,影响日益广泛。

我自己的科学研究也是着力于打通汉语界与外语界的界线,在给弟子李军的《话语修辞理论与实践》一书的序言中,我提出"要努力沟通汉语和外语两个语言学界的樊篱,在学科建设上努力打造一个统一的既能尊重汉语语言学界的传统,又能迎合国际语言学界潮流的中国的语言学"。只要看一看我国的学科门类目录,我们就发现有"语言学及应用语言学"和"外国语言学及应用语言学"两个二级学科,分别隶属于中国语言文学和外国语言文学这两个一级学科。其实,语言学及应用语言学是不应另有个什么外国语言学及应用语言学的。韩礼德(MAK Halliday)①就说过,分出英语语言学、汉语语言学等学科是会阻碍语言学作为一个统一学科的发展的。反过来说,不论从事汉语还是外语研究的学者,如果都在一个统一的语言学学科下工作,必然有助于我国语言科学研究的发展。融通汉语界和外语界,这是我的理想,我也实实在在地行动,实践会证明这样的视野会有益于未来语言学研究的发展,引领一批批学者产出更多的优秀学术成果。

七、我的学术心路:知之者不如好之者,好之者不如乐之者

子曰:"知之者不如好之者,好之者不如乐之者。"这是学习的三层境界:从"知"到"好"到"乐"。纵观自己几十年的语言学探索,展现的学术道路和心路历程正是如此:从"知"开始,以"好"提升,到"乐"定格。我的学术研究就是探讨因何而知、为何而知,因何而好、为何而好,因何而乐、为何而乐,做个快快乐乐的研究者。

我在大学期间就培养了从事科研和教学的兴趣。大学三年级时,在老师的指引下,我常常将自己观察到的语言现象,写出一些短文,投到哈尔滨的《卫星》俄语小报和北京的《中华俄语》和后来的《俄语学习》;或者尝试翻译一些散文、小说,投到当时的报刊,初步尝到做学问的艰辛和欢乐。1959年我从西安外国语学院毕业后留校任教,就一直在高等学校从事外语教学和研究。1973年6月我调回广州执教于广州外语学院(今广东外语外贸大学),得益于广外良好的学习和工作气氛,我能够专注于教学和研究。悠长岁月,回顾数十年走过的学术道路,我有如下几个感悟:

第一,从实际生活中增长见闻和学识。我从出生直到少年时代,都处于战火纷飞的动荡年代,过着颠沛流离的生活,为求安宁,从香港逃难到广州,又从广州流落乡下,接着回到香港,再辗转于香港、澳门,最后才定居广州。因此,我的早年求学经历很不完整,除了一纸小学毕业文凭,我没有受过完整的中学教育。因家境不济,失学在家,年纪小小就走向社会,为

---

① 参见韩礼德为《当代国外语言学与应用语言学文库》(外语教学与研究出版社2000年版)写的序言。

求知识,我经常蹲在地摊的旧书堆中浏览书刊,站在书店陈列的书橱旁贪婪地阅读和思考,有时,会用省下的早餐钱来搜购自己心仪的折价书刊。中华人民共和国成立后,我回到内地才有机会上了大学。今天的青少年有完整的学历是幸福的,但学历不是成功的绝对保证,最终要靠自己的努力。我们那个年代很少有机会从课堂吸收知识,更多的见闻和学识都是从实际生活中获得的。

第二,要学成一样东西,兴趣很重要。有兴趣就有追求,有追求就会激发一种无形的力量去实现自己的愿望。入读职校年代,我代贴招生广告换取学音乐和学俄语学费的经历就是兴趣所驱使;大学时代从学俄语到转学英语的过程中,也是兴趣和追求才让我克服困难,达到成功。我对语用学产生兴趣亦是对不同语境下语言形式和意义竟能发生种种变化的好奇而激发的。当我将自己的研习方向定在语用学后,就将兴趣放在话语交际和社会语用中的理解、表达上。我领悟到言语交际的精要就是要学会"在什么山上唱什么歌",也就是按语境来使用与理解语言,关注"where and what to say"(何处说话与说什么话)的问题。

第三,做学问必须了解自己的长处与不足。我从小接触过简单的国学,不知不觉地对语言产生了一些好感,接触外语后,更产生了一种痴迷,总觉得学会了语言就能学会一切。当然那只是一种因偏爱而生的错觉。我因学历不完整,没有数理基础,而对语言的偏爱,更让我失去对数理的兴趣。我读会计中专时最怕学不好的课程是"成本会计""数学"和"统计",因此,当得悉 1955 年高校招生可以接收财会中专毕业生,而且不必限报财经专业,报文史专业的还可以免考数学,我毫不犹疑立即填报俄语和中文作为我的第一和第二志愿。不懂数理,当然不是好事。这方面的不足阻碍了我拓展和深化自己的研究思路。当我研习语言学时,看到桂诗春先生补修微积分,兼学电脑编程,并从事语言测试方面的研究,我深知难以望其项背,只好将我的研究路向定在语言的实用性方面:研究语用学、社会语言学和人与人之间的公共话语。后来,当我将精力放在模因论的研究上时,我也深感自己不谙生物进化,无法从遗传学、分子生物学、心理生物学等学科中去分析研究模因形成的触发机制和心理因素,目前只能从语用学的角度,结合社会、文化、心理和生态环境等方面去探讨语言模因的传播在现实的语言生活和语言教学中的作用。

第四,要研究语言,必须有现实生动的语料。在自己国家研究语言,最方便和最实际的是研究我们日常使用的母语。因此,现代汉语应该是我们最主要的研究对象。我们是国内从事西方语言学教学与研究的学者,我们的外语能力使我们能方便地了解西方相关的学科前沿,但是我们很少注意结合自己的语言历史和现状来思考;相反,国内从事汉语研究的学者,往往因外语能力的限制,只能间接地了解和接受西方的语言研究信息。为了弥补这方面的缺陷,从事外语研究的学者须考虑的是,一方面,我们要借鉴西方语言学研究的方法来研究自己的语言,所谓"借窝下蛋",即窝是人家的,蛋是自己下的;另一方面,要借鉴西方语言学研究的路向,自引事实,自下结论,建立我们自己的理论学说,即所谓"自筑窝自下蛋",从形式到内容力求具有原创性。

我的求学和治学之路是不平坦的,受制于环境和自己本身的知识、能力。我曾说过,我这一生只做了三件事:第一件事是结合我们的汉语和外语教学,为语用学的普及做了一些开拓性的工作,让越来越多的语言工作者了解语用学,从事语用学的研究,发展了我国的语用学队伍,让我国从事汉外语言教学,研究汉外语言使用和理解的语用大军得以不断壮大、成长;第二件事是大力开展了语用学的学科研究;第三件事是结合汉语和网络语言的变异、传播,研究语言中的模因,初步创建了语言模因理论。我已步入耄耋之年,若假以时日,自当继续扬鞭奋蹄,力求有所发现、有所进步,但我更希望年轻的语用学研究者能实现我的心愿,继续深入探索语言模因理论,让它成为我国语用学研究中的一个新领域,为发展我国的语言科学做出贡献。

我十分欣慰地看到,现在这三件事已得到年轻一代学者的深化和发展。语用学已成为我国语言研究领域的显学:只要有语言使用和理解的地方都会讲究语用;我国的语用学研究已经从国内扩展到国外,在国际学界有了一席地位并且不断得到加强。至于语言模因论,它正在襁褓中慢慢地发育成长,我国语言模因理论的研究队伍亦正在壮大。我希望语用学学科同人能看到语言模因对语言的使用和传播规律的强大解释力,进一步深入研究这个具有创新性的社会语用理论,让它更健康地发展。近年来流传着这样一个说法"己所欲,施于人",用来表达"把自己想要的东西给别人"的意思。从语言模因论角度看,这个源自《论语》的"己所不欲,勿施于人"的说法是一个模因变体。"文革"年代,"己所不欲,勿施于人"被看成剥削阶级宣扬"仁慈"和"恕道"而受到批判。随着社会生态环境的变化,今天这个成语的变体"己所欲,施于人"已经有了新的解读:"己所欲"可以宏观地用来指国家改革开放的奋斗目标;"施于人"是指要努力将目标付诸实践并恩泽百姓。我们在社会主义各条战线上的改革举措,在教育特别是外语教育方面的进步,无一不是国家的"己所欲,施于人"精神的体现。40多年来,我和我的学生、我的学术团队所取得的一点一滴的成绩,都是改革开放政策带来的。就我个人而言,我幸运地赶上了"末班车",也一直希望能将语用学特别是语言模因论这平生之所求与所爱,尽施于我的学生乃至广大学人,作为对祖国恩情的一种报答。

在我走过的道路上,有一些东西也许因为自身遭遇而体会得更深,这就是:一要通过自己的实践对自己所从事的外语专业培养出浓厚的兴趣;二是学外语最重要的是语言训练,要通过"重复、联想、归纳",打下扎实的基本功;三是要勤奋,多读书、多思考,培养观察和分析语言现象的习惯,并将领悟与心得记录下来,写出有理、有据的论文;四是英雄莫问出处,要谦虚谨慎,不慕虚荣,多出实际成果。通过艰苦努力而获得的实力,必能获得社会对自己的承认。

语言研究与其他学科研究一样,有基础研究和应用研究,有语言的本体研究,也有与语言有关的其他学科之间的界面研究。语言研究涉及的范围很广,研究人员的兴趣也不一样,对研究课题意义和价值的认识也不尽一致。但对语用学研究者说来,我们的研究目标还是比较容易掌握的,因为"语用、语用,讲究语言的使用",这门学科本身就要求我们将研究重点放在语言的运用和理解方面。在语用综观论的引领下,如果说当前的语用学研究范围宽广,那是因为它与语言其他分支或与其他邻近的学科都涉及语言的理解和使用。因此我们不能只局限于语用学本体的研究,而要具备更广阔的视野。我认为,当今的语用学研究者必须具备的基本素养应该是:一要对语言现象有较高的敏感度,要时刻注意观察语言的表现和人们在不同的时空使用语言和理解语言的特点;二要广泛阅读,了解当前各种语言学理论的前沿动态,对语用学研究者来说,特别要了解语言和社会、心理关系以及当前语言现代化的手段和特征;三要善于运用各种方式收集语料,并与语言学各有关学科界面结合起来思考,完善自己的设想,拟定自己的研究方向。

对于语用学的具体研究领域,我有以下体会和建议:首先是有关公共话语的研究。众所周知,公共话语是活的语言,存在其使用之中,所以描写语言学主张客观描述语言所展现出来的特征。在社会语用中,我们无法强制人们使用哪种说法或不使用哪种说法,话语的存亡其实也是一个"优胜劣汰"的结果;当然,从语用的角度看,在现实语言生活中,使用不同说法的人数有多有寡,使用的范围有大有小,被接受的程度也有高有低,诸如此类的因素就决定了话语的不同命运。

此外,近年来值得关注的是正逐渐成为研究热点的人际语用学研究。我认为,人际语用学的研究尤其应该与我们的语言生活紧密结合。受中国传统文化的影响,中国社会人际关系的建立与维系有着自身根植于本土的显著特点,有些特点是基于西方文化的语用学理论无法解释的。在这一前提下,我们就应该专注于与本土文化相关的人际语用的话题,比如称谓的变化、语码的转换、语言生态的顺应、语用移情、虚言应酬等处理人际关系的语用方式和策略。这方面具体的例子见我在《外语教学》2018 年第 6 期发表的有关人际语用学的文章。人际语用学还要与语言生态关联起来,把人际语用学的研究与建立健康的语言生态环境及维持和谐的人际关系结合起来,这样我们的研究不仅具有理论价值,而且具有社会价值。

对于生命,我的感觉是处于青少年时代的日子特别漫长,到了中老年,日子似乎越过越迅速:一晃就是一年、两年、五年、十年……如今我不觉已到"八零后"(注:今年本人已经 87 岁)迟暮之年了!我敬爱的学长桂诗春先生曾说,"奔八"的人仅可以看作老年之始,是年轻的老人。这是勉励之言罢了。我的希望是,年轻的语用学家们能接过我们这辈学人的传承之棒,将语用学与更多的邻近学科坚实结合,创出更多的语用学研究界面与视角,产出更加丰硕的成果,让中国的语用学在国际相同领域占有重要的一席之地。

法语在国际组织中的推广与传播策略分析

刘洪东[1]，魏进红[2]

（1. 山东大学　外国语学院　山东　济南　250100；

2. 西北农林科技大学　葡萄酒学院　陕西　咸阳　712199）

提　要　17 世纪末，法语成为世界第一外交语言，面对 20 世纪英语的迅速崛起，法语在国际上的地位逐渐被边缘化，其作为国际通用语的角色也愈加淡化。目前，法语是世界上仅次于英语的第二大国际关系和外交用语，这与其在国际组织中的推广传播策略密不可分。本文简要梳理了法语在国际关系中的地位发展演变以及 20 世纪以来其在国际组织中的推广与传播，并对 2008—2020 年法语国家组织针对《法语在国际组织内部的使用推广手册》所发布的七版《追踪监测报告》进行数据统计与分析，探讨国际组织法语推广与传播策略的成效和不足之处，以期为推动中文在国际组织的应用提供现实参考，进一步提升中文的国际影响力和话语权。

关键词　法语；国际组织；推广与传播

Analysis of French Promotion and Communication Strategies in International Organizations

Liu Hongdong, Wei Jinhong

Abstract　At the end of the 17th century, French became the first diplomatic language in the world. In the face of the rapid rise of English in the 20th century, the status of French in the world began to be marginalized, and its role as an international lingua franca was increasingly weakened. By far, French is the second most popular language of international relations and diplomacy in the world besides English, which is inseparable from its promotion and communication strategy in international organizations. The study summarizes the development and evolution of the status of French in international relations and its promotion and communication strategies since the 20th century and conducts data statistics and analysis on the 7th edition of the *Tracking and Monitoring Report* issued by the *Promotion Manual of the Use of French in International Organizations* from 2008 to 2020, to explore the effectiveness and shortcomings of French promotion and communication strategies in international organizations, so as to provide reference for promoting the application of Chinese in international organizations and enhance its international influence and discourse power.

Key words　French; international organizations; promotion and communication

　　作者简介：刘洪东，男，山东大学外国语学院副院长、教授、博士，国家语言资源监测与研究有声媒体中心研究员，主要研究方向为语言政策与语言规划、语言与文化传播。电子邮箱：liuluc@sdu.edu.cn。魏进红，女，西北农林科技大学葡萄酒学院讲师，主要研究方向为法国语言政策。电子邮箱：17854160032@163.com。

　　教育部语合中心重大项目"推动中文进入国际组织官方语言与应用研究"（21YH06A）和重点项目"世界主要语言文化推广机构线上教学的实践与启示"（22YH55B）。

国际组织,亦称超国家组织,初创于 19 世纪中期,是国家间为实现特定的目的和任务根据共同的国际条约而成立的常设性组织(蓝明良 1983;饶戈平 2005;Schiavone 2008)。根据国际协会联盟(UIA)官方网站 2019 年的统计数据,目前世界上共有 75000 多个国际组织,且每年约有 1200 个新型组织接续成立。作为当今社会仅次于国家的"重要行为体"(Schiavone 2008),国际组织越来越成为国际合作的重要形式,也是进行大国博弈和抢占国际话语权高地的重要场所。而语言作为一种权利和资源,在外交事务中发挥着日益重要的作用,代表着一个国家在国际上的政治地位和国际影响力(文秋芳 2015)。因此,推动国家通用语言在国际组织这一语言政策场域中的传播与应用,已成为国家提升国际话语权和大国影响力、感召力以及塑造力的重要组成部分。

法语在国际组织的发展演变与传播推广策略是国家制定国际组织语言政策的生动缩影。法语遍布全球五大洲,根据《全球法语现状概览》,截至 2022 年,全球法语使用人数达 3.21亿,相较于 2018 年增加了 7%。联合国数据预测显示,到 2050 年,法语将在世界上拥有 8 亿使用者,成为仅次于中文的世界第二大语言。此外,法语还是 32 个国家与地区的官方语言,另有 36 个国家与地区的约 9300 万人将法语作为教学语言。[①] 面对具有部分自主性、多语种、跨文化等特性(方小兵 2022)的国际组织,法语之所以能够在众多语言中脱颖而出,成为仅次于英语的第二大全球通用语,除历史因素外,还与法国和以法语国家组织(OIF)[②]为代表的全球法语国家网络的语言推广政策密不可分。为此,本文拟系统梳理法语在国际关系中的发展演变及背景缘由,总结 20 世纪以来法语在国际组织中的推广和传播举措,并基于法语国家组织针对《法语在国际组织内部的使用推广手册》发布的七版《追踪监测报告》进行数据可视化分析,探讨其取得的成效和存在的不足,从而为推动中文在国际组织中的应用提供现实参考和经验借鉴。

一、法语在国际组织中地位的历时演变

法语在国际组织中的发展史是一部与其他国际语言不断竞争的历史,经历了从取代拉丁语成为世界第一外交语言到逐步被英语"边缘化",成为继英语后的第二大国际组织语言的发展历程。

(一)拉丁语衰微,法语成为强盛的第一外交语言

自中古时期到 17 世纪,拉丁语一直是欧洲学术界和外交界使用的唯一语言。1648 年的

---

① 参见法语国家组织编《全球法语现状概览》,2022,https://www.francophonie.org/la-langue-francaise-dans-le-monde-305。

② 法语国家组织(Organisation Internationale de la Francophonie)是致力于促进法语和法语国家文化传播的全球性组织,其前身是 1970 年成立的文化与技术合作局(ACCT)。1997 年,文化与技术合作局更名为法语国家组织,首要目的是提升法语作为国际语言的地位和保护世界的语言多样性。发展到今天,法语国家组织自身作为一个国际性组织,共有 88 个成员国和观察员国,超过联合国成员国的三分之一,涵盖全球 12 亿人,占据世界经济财富的 16%,为维护法语在国际组织中的官方语言地位发挥了至关重要的助推作用。

《威斯特伐利亚条约》是最后一个用拉丁文起草的国际条约,自此,拉丁语的欧洲通用语言地位迅速衰微,法语"打开了通向全世界的大门"(让- E.昂布莱等 1985)。而法语之所以能够取代拉丁语,主要得益于此时法国在世界范围内强大的经济、政治、军事实力以及文化影响力。

15 世纪晚期,法国经济复苏,经过"地理大发现"和新航路的开辟,法国工商业迅速发展繁荣,为君主专制制度的确立以及军事的对外扩张奠定了坚实的经济基础。因此,法国的外交在 15 世纪得到了强有力的发展,成为欧洲最重要的国家之一,在众多重要城市均设有驻外代表(此时英国只在巴黎、维也纳和君士坦丁堡设有大使馆,而美国直到 1893 年才开设其第一个大使馆),这为法语在欧洲外交领域的推广应用提供了良好的外部环境条件。经过早期的军事殖民扩张浪潮,移民的大量流动伴随着法国语言与文化的入侵,推动法语在各殖民地的普及以及法语使用人口的持续增加;加之文艺复兴与启蒙运动的洗礼,18 世纪的法国文化受到欧洲宫廷贵族的青睐,流利的法语表达成为权力的象征,法语在欧洲乃至西方世界盛极一时。

发展到 17 世纪末、18 世纪初,法语的普及性前所未有,被用于整个西方宫廷,甚至在法国未曾直接参与的领域也被作为一种外交语言使用。如 1775 年俄国大使在与苏丹会面时,用法语进行了演讲;荷兰使馆用法语跟英国、西班牙和撒丁岛国王通信;英国在给俄国起草的决议中也使用了法语。1714 年的《拉什塔特和约》是第一个完整用法语写成的国际条约,这并非完全是法国当时在政治上占优势的结果,更是对法国法语文化影响力的充分认可。奥地利政治外交家克莱门斯·文策尔·冯·梅特涅(Klemens Wenzel von Metternich)曾解释道:"外交工作需要一种通用语言,而法语很好地发挥了这一作用。"[①]虽然此时真正意义上的国际组织尚未成型,但法语作为强盛的世界第一外交语言,迎来了辉煌的发展期。

(二) 英语崛起,法语沦为第二大国际组织语言

语言的发展与传播自始至终贯穿着政治的影响,法语发展的起伏与法兰西帝国的变迁并行不悖(Hagère 1996)。1815 年拿破仑战败,使得法国国际影响力遭受重创,法语也随之迎来在国际关系史上的"滑铁卢"。英美国家的崛起、对外扩张以及工业革命的发展,使得英美商业潮流开始替代法语文学文化,英语逐步登上国际舞台。英美国家开始拒绝使用英语以外的语言进行外交交涉,国际上出现了法语与英语并行的时代。

1919 年在巴黎和会《凡尔赛合约》的起草过程中,英语被用作与法语平等的外交语言,标志着法语作为外交语言的正式衰落。法语不再是唯一的外交语言,而是与其他语言尤其是英语配合使用,但其仍然保留了"仲裁者"的角色,即在法令条例出现分歧的情况下,以法语解释为准。

"二战"后,作为国际政治经济发展到一定阶段的产物,为解决某一领域的世界性或区域性难题,众多国际组织纷纷成立。由于工作人员来自不同国家和地区,接触的语言与文化各异,选择何种语言作为其官方或工作语言成为组织内政策制定的重要组成部分。而作为欧洲老牌强国,法国在"二战"后赢来了发展史上的"光辉三十年"(1945—1975),是众多国际组

---

① 参见加拿大《义务报》官网,2016,https://www.ledevoir.com/opinion/idees/478351/le-francais-langue-de-la-diplo-matie。

织的创始国和重要成员国。国际协会联盟网站最新数据统计显示,法国目前是 14000 多个国际组织的成员国,总部设于法国的有 3342 个,占比 23.9％,其中位于首都巴黎的达 1552 个,占比 46.4％。因此,法语也自然作为通用度较高的官方语言,活跃在国际组织舞台之上,是联合国、欧盟、国际奥委会、万国邮政联盟等重要国际组织的官方语言和工作语言。根据相关学者(张治国 2019)对全球九大类国际组织官方语言使用情况的统计分析,法语是目前国际组织官方语言平均使用率第二高的语言,占比达 44.2％(中文仅占 0.9％);张慧玉等(2022)对 2019 年《国际组织年鉴》中 6694 个主要国际组织语言使用情况进行了分析,发现有 2061 个国际组织将法语作为官方或工作语言,使用率达 30.79％;而在中国外交部官方网站所列的 85 个主要国际组织中,就有 32 个将法语作为官方语言或工作语言。庞大的法语使用群体以及较高的国际组织使用率,显然让法语成为国际组织及国际关系中除英语外的"超级中心语言"(Hamel 2010)。

但不可否认,在英语成为全球"超超中心语言"(艾布拉姆·德·斯旺 2008)的时代和强势单语主义背景下,法语有名无实的窘境也日益显现,且难以在短时间内扭转,国际组织内部的日常事务主要以英语进行。如何采取有效行动,捍卫法语在国际组织中的地位,成为 20世纪法国面临的新难题。

二、法语在国际组织中的推广与传播举措

经过早期的殖民扩张和语言文化传播,法国在国际上逐渐构建起由法语内圈(法语作为国家母语)、外圈(法语作为殖民地唯一或共同官方语言)以及拓展圈(法语作为国家重要外语或教学用语)组成的同心圆传播态势(Kachru 1986)。面对英语的强势崛起以及世界语言文化多样性的发展潮流,法语之所以能够在国际组织和世界语言等级系统(Calvet 2002)中始终保持第二层级"超中心语言"的重要地位,离不开法语各圈层之间的相互协调以及以法语国家组织为代表的机构网络为提升法语国际组织话语权所采取的行动举措。通过梳理分析,本文认为法语在国际组织中的推广与传播主要体现在以下几个方面。

(一)以多语制之名,促法语发展之实

斯波斯基(2011)认为,语言政策包括语言信仰、语言实践与语言管理三个组成部分。语言信仰是指人们对语言本身和语言使用的信念,它可以成为语言政策制定者开展语言管理的充分佐证,而语言政策也可以用以加固和确保语言信仰(李铁 2020)。20 世纪 70 年代特别是 21 世纪以来,多语主义及语言多样性越来越为国际社会所提倡和重视(Gal 2012),多语制成为捍卫、维护世界语言和文化多样性的有力手段,从而有效促进国际理解的统一。为顺应这一发展潮流,获得国际组织和各国的广泛认可与支持,法国联合法语国家组织采取隐性语言政策,推崇国际组织的语言多元化,实则借多语制之名促法语发展之实,同时抵制英语的霸权地位。它们致力于培养国际组织公务员的多语和法语意识形态,大力开展语言培训,重视教育对语言信仰和语言传承的作用。

1997 年,法语国家组织在河内首脑会议上正式通过《国际组织中的法语复兴紧急计划》,并在 1999 年蒙克顿首脑会议后制定出新的战略目标:对国际组织公务员开展法语培训、向国

际组织借调年轻专家、支持法语公务员招聘、提供笔译和口译支持等,以恢复法语在国际组织中的使用。2002 年在第九届法语国家组织首脑峰会上通过的《贝鲁特宣言》明确表示,"支持法语在国际组织中的官方语言地位,承诺支持并发展语言多样性政策"。此外,法语国家组织还在一些重要国际组织内部创建多语种观察和保护委员会,设立多语种协调员,负责提出有效执行多语制的战略行动计划,以确保国际组织内部各种工作语言的使用。在 2018 年国际法语日(3 月 20 日),法国总统马克龙发表演讲,提出"法语与多语愿景行动计划",从"学习""交流"和"创造"三个方面提出 33 条举措,促进法语在国际组织中的推广和全球语言多元化战略的实施。①

以地区性组织欧盟为例,法国积极对欧盟公务员的选拔考试进行干预,提议将欧盟官员的晋升与语言培训密切挂钩。2004 年欧盟扩大后,引入新的《工作人员条例》,规定官员在晋升前需证明其除母语外,还能够掌握另外两种欧盟官方语言。2017 年以来,欧洲人事选拔办公室(EPSO)也对语言选拔制度进行了修改,要求来自不同国家的候选人进行母语申报登记,并从中选择申报数量最多的五种语言之一,作为候选人的第二语言测试。在此竞争机制下,法语经常被排在第二位,居于德语、西班牙语和意大利语之前。这种多语要求大大增加了对法语课程培训的需求,提升了公务员学习掌握法语的意识,也正是法国提倡多语制的目的所在。据统计,2004 年 5 月至 2009 年 12 月,欧盟共收到 13394 份语言培训申请,其中法语占比 43%—53%,其次是英语。② 2020 年,法语国家组织秘书长路易丝·穆斯基瓦博(Louise Mushikiwabo)向欧盟委员会主席提议,要求国际组织公务员在应聘时至少要熟练掌握三种语言,并界定以英语以外的语言起草文件的比例,从而扭转英语一语独大的"垄断"局面。

(二)凝聚合力,构建以法语国家组织为主线的国际组织内部支持网络

语言实践是人们所表现出来的语言行为和语言习惯(张治国 2022)。语言信仰来源于语言实践,并作用于语言实践(斯波斯基 2011),但二者并非完全一致,有时甚至会存在冲突和博弈。虽然法国强制规定国际公务职员和驻外代表在承认法语为工作语言或官方语言的国际组织中必须使用法语,但时至今日,这一原则已不被遵守。互相理解的需要超越了对法语和语言多样性的尊重,出于效率的考量,法国代表团有时也会选择使用英语进行交流,法语的地位面临严峻挑战。基于此,法国充分借助法语国家组织的力量,凝聚共识,在国际组织内部构建起一系列群体组织网络,提高法语在国际组织中的实践应用,以此增强其法定地位基础上的使用功能。

1986 年,在第一届法语国家组织首脑峰会上,纽约和日内瓦法语国家大使团(GAF)成立,该团体将法语国家驻联合国的 81 个代表团和大使聚集起来,协助法语国家组织提高机构人员的法语使用意识,促进法语在驻外国家或国际组织中的日常应用。作为法语国家组织行动的中继站和法语国际影响力的有效监督者,法语国家大使团迅速发展壮大,在全球各大

---

① 参见法国爱丽舍宫官网,2018,https://www.elysee.fr/emmanuel-macron/2018/03/20/discours-demmanuel-macron-a-linstitut-de-france-sur-lambition-pour-la-langue-francaise-et-le-plurilinguisme。

② 参见法语国家组织《国际组织中的法语使用推广手册》,2011,http://observatoire.francophonie.org/wp-content/uploads/2021/09/Guide-pratique-de-mise-en-oeu-VM.pdf。

洲共成立 60 多个,已形成颇具影响力的全球法语监管网络。如图 1 所示①,驻派到各国际组织的 GAF 比例是国家的 4 倍,可以看出法语国家组织对法语在国际组织中的应用和公务员法语意识培养的充分重视;就地区分布而言(见图 2),GAF 在欧洲分布最为广泛,非洲次之,这与欧洲作为"法语的大本营"(李清清 2016),拥有众多以法语为官方语言的国际组织以及非洲法语国家的迅速发展密切相关。

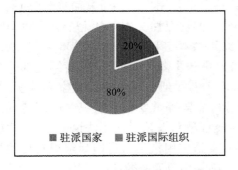

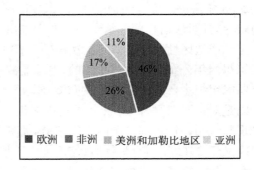

图 1　GAF 在国家和国际组织中分布占比　　　　图 2　GAF 在各大洲分布占比

除 GAF 外,各法语国家公务员于 2007 年组织创建了国际组织法语官员大会(AFFOI),旨在研究观察国际组织法语发展动态,捍卫法语国家价值观。该大会积极组织并参与国际组织内有关法语和法语国家文化的会议、论坛等,目前共有 57 个国际组织中设有成员代表。在 AFFOI 倡议下,2010 年国际组织第一届法语日成功举办,从而进一步提高了国际社会对法语历史和文化的认识与应用。

此外,针对国际组织高质量翻译人才与资源缺乏的问题,法语国家组织在 2013 年发起倡议,成立法语区大会笔译与口译网络(REFTIC);为加强维和行动等军事中的法语使用,法语国家组织还与各联合国成员国密切合作,于 2014 年创建法语区和平行动专家与培训网络(REFFOP)等。纷繁庞大的法语群体网络与法语国家组织贯通协作,不仅能有效监督国际组织内部的法语使用情况,还从侧面推动了多语制的实施,以应对英语霸权的挑战。

(三)多管齐下,搭建有效的"监测、预警和行动"机制

语言管理是对语言行为进行的干预和指导。在语言政策三成分中,语言管理是核心,既可显性,又可隐性;既可灌输和培养语言意识形态,又可以发现和引导语言实践(张治国 2022)。面对国际组织官员法语意识信仰的薄弱以及在实践中的不足,法语国家组织多管齐下,通过在国际组织中举办语言文化活动、开发现代化翻译技术、加大数字网络应用推广等方式,加强法语在国际组织的监督与管理。

以专业性国际组织奥委会为例,自 1994 年起,法国便加大在奥运会期间对法语的宣传推广,通过与主办国家签订法语使用合作协议、派遣专业语言服务团队、采用现代化信息媒体技术广泛宣传、设立专员实地考察评估法语应用情况以及开展系列文化教育活动等形式,维

---

① 图 1 和图 2 的数据来源为法语国家组织官网,https://observatoire.francophonie.org/le-francais-langue-de-communication-et-des-affaires/le-francais-langue-des-organisations-internationales/。

护法语在奥运会中的第一官方语言地位。此外,法语国家组织还设立专门的"奥运大使"(le Grand Témoin),监督和评估奥运会期间法语相关的各项语言服务并撰写使用报告,将其纳入法国文化部提交的《法语使用报告》。尽管国际奥委会官方语言制度的变迁反映出英语和法语在国际事务中影响力的强弱变化(张天伟,陈练文 2022),但法国体育外交与语言外交的结合,使得目前法语在国际奥委会中的第一官方地位依旧难以撼动。

2006 年法语国家组织通过了《法语在国际组织内部的使用推广手册》(简称《使用推广手册》),这是针对法语在国际组织中的应用推出的第一份"规范性文本",从七个方面对国际官员在全球或地区性国际组织中的法语使用作出了原则性规定和建议。自 2008 年起,法语国家组织每两年公布一次对该手册的《追踪监测报告》,报告主要分为两个部分:第一部分是对法语国家组织主要成员国在一些重要国际组织会议中对手册执行情况的观察和分析,第二部分则是对法语在联合国、联合国教科文组织、欧盟、非盟等重要国际组织中使用情况的具体呈现和说明。针对部分国际组织官员,尤其是年轻官员越来越少使用法语的现状,法语国家组织又于 2011 年出台了针对《使用推广手册》的《实施实用指南》,对国际组织官员的具体做法和行为进行了详细规定,帮助其领会手册精神,确保手册的有效执行。

在 2020 年发布的第七版《追踪监测报告》中,法语国家组织秘书长穆斯基瓦博针对法语目前在国际组织的应用现状,提出启动三管齐下的"监测、预警和行动"机制,对国际组织官员的法语使用进行实时监测,及时预警违反国际组织法语语言制度的事件,并建立国家协调中心网络,积极采取有效行动"扭转法语的衰落"。

三、讨论与思考

通过法国和法语国家组织在语言信仰、语言实践和语言管理各层面采取的措施,法语在国际组织中的推广取得了一定的成效:国际官员的法语习得意识明显提高,国际组织多语制的发展态势也日益显现,对遏制英语在全球的霸权地位具有积极影响;但不得不承认,这些措施仍停留在名义上维持和提升法语第二大国际组织语言法定地位的阶段,法语的使用功能仍有名无实。

(一)法语在国际组织中的推广成效与不足

第一,国际官员法语习得意识明显提高。

通过努力,国际官员的法语习得意识得到进一步提升,越来越多的公务员加入国际组织法语课程的培训行列。以联合国为例,联合国秘书处通过总部的语言与交流项目(LCP),提供六种官方语言的线下线上培训,以促进语言使用之间的平衡和多语制的发展,提高工作人员的语言技能。图 3、4 展示了 LCP 2016 年至 2019 年间培训活动和参加人员数量的演变情况(数据来源于法语国家组织针对《使用推广手册》发布的《追踪监测报告》)。

由图 3 和 4 可知,虽然存在一定程度的波动,但总体上法语培训课程的增长态势强劲,语言培训活动增长率和参加培训人数都居于首位,远高于英语。且在 2019 年英语培训课程减少 49.5%、参与人数减少 60% 的情况下,法语课程仅仅减少了 5.4%,参与人数相应减少了 39%。这从侧面反映出国际组织法语需求的旺盛以及官员习得意识的提升。

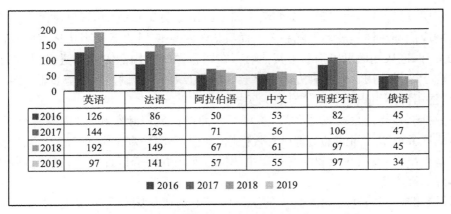

图 3 2016—2019 年联合国 LCP 各语言培训活动数量对比

	英语	法语	阿拉伯语	中文	西班牙语	俄语
■2016	126	86	50	53	82	45
■2017	144	128	71	56	106	47
■2018	192	149	67	61	97	45
■2019	97	141	57	55	97	34

■ 2016 ■ 2017 ■ 2018 ■ 2019

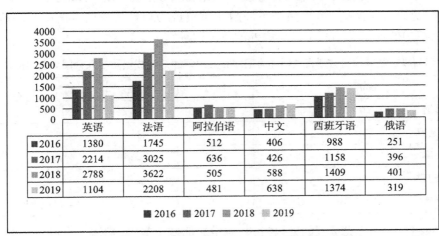

图 4 2016—2019 年参加联合国 LCP 各语言培训人数对比

	英语	法语	阿拉伯语	中文	西班牙语	俄语
■2016	1380	1745	512	406	988	251
■2017	2214	3025	636	426	1158	396
■2018	2788	3622	505	588	1409	401
■2019	1104	2208	481	638	1374	319

■ 2016 ■ 2017 ■ 2018 ■ 2019

第二,国际组织多语制发展态势日益显现。

在提倡国际组织多语主义发展的大环境下,尽管英语、法语等通用度较高的语言使用率仍居高不下,但总体看来,其他官方语言的活力也开始逐渐凸显。以联合国大会为例,本文根据第七版《追踪监测报告》对法语国家组织成员国的法语和英语使用情况整理对比如下(见表1)。

表 1 OIF 成员国在历届联合国大会中的语言使用情况

	2007	2009	2012	2013	2015	2017	2018	2019	2020
OIF 成员国	68	59	73	73	76	78	81	82	82
使用法语国家	27	33	31	31	25	28	28	27	26
法语使用率	39.7%	55.9%	42.5%	42.5%	32.9%	35.9%	34.6%	32.9%	31.7%
使用英语国家	28	34	27	25	27	30	28	34	26
英语使用率	41.2%	57.6%	37%	34.2%	35.5%	38.5%	34.6%	41.5%	31.7%

研究表明,尽管参加联合国大会的法语国家组织成员国日益增多,但法语和英语在联合国大会中的应用却总体呈波动下降趋势。而英语和法语使用的下降则意味着联合国其他语言使用的上升,这从侧面可以推断出其他语言在联合国的应用活力开始迸发,越来越多的成员国更倾向于选择使用自己的官方语言参会,国际组织的多语制发展态势日益显现。

第三,法语国际组织应用地位有名无实。

语言的推广与传播是一场持久战,不可一蹴而就。就国际组织而言,语言公平、沟通效率以及多语服务成本之间的平衡难以有效把握(麦肯蒂-阿塔利尼斯等2022),从国际组织有效运作的角度出发,英语在全球的绝对霸主地位短期内并不会因此动摇,其在国际组织中的使用频率仍居高不下。

《追踪监测报告》将联合国大会中的法语国家组织成员国分为五大类,本文在此基础上对比发现,在以法语和联合国其他官方语言共同作为国家官方用语的情况下,法语的使用率远高于英语(见表2),这表明各成员国试图阻止英语成为全球霸权语言的决心和行动,而法语在国际组织中的地位又远高于除英语外的其他四种官方语言。

表2 法语与联合国其他官方语言共同作为国家官方用语的OIF成员国在联合国大会中的使用情况

	2007	2009	2012	2013	2015	2017
OIF 成员国	10	8	9	8	9	9
使用法语国家	5	5	6	5	4	7
法语使用率	50%	62.5%	66.7	62.5%	44.4%	77.8%
使用英语国家	5	3	4	4	4	3
英语使用率	50%	37.5%	44.4%	50%	44.4%	33.3%

而法语在作为OIF成员国的外语时,其使用却远低于英语,具体又可以分为以下两种情况:(1)法语作为外语,且没有任何国家官方语言享有联合国官方语言地位(见表3);(2)法语作为外语,且有国家官方语言同时享有联合国官方语言地位(见表4)。

表3 第(1)种情况下OIF成员国在联合国大会中的语言使用情况

	2007	2009	2012	2013	2015	2017	平均使用率
OIF 成员国	30	23	31	32	32	33	
使用法语国家	5	6	4	5	0	1	
法语使用率	16.7%	26.1%	12.9%	15.6%	0%	3%	12.4%
使用英语国家	18	21	19	17	19	22	
英语使用率	60%	91.3%	61.3%	53.1%	59.4%	66.7%	65.3%

表4 第(2)种情况下OIF成员国在联合国大会中的语言使用情况

	2007	2009	2012	2013	2015	2017	平均使用率
OIF 成员国	9	9	13	13	15	16	
使用法语国家	0	3	1	1	1	0	

续表

	2007	2009	2012	2013	2015	2017	平均使用率
法语使用率	0%	33.3%	7.7%	7.7%	6.7%	0%	9.2%
使用英语国家	5	9	4	4	4	5	
英语使用率	55.6%	100%	30.8%	30.8%	26.7%	31.3%	45.9%

　　研究发现,当法语作为外语时,OIF 成员国在第(1)种情况中的法语使用总体上要略高于第(2)种情况,这可能得益于法语国家组织对法语在国际组织中的推广与传播,而多语主义意识则使更多国家选择使用自己的官方语言。但两种情况下的法语使用率都远低于英语,可见在法语为非官方语言的国家,英语仍占据了主导地位,法语在国际组织中的应用有名无实。

　　2014 年《全球法语现状概览》报告显示,联合国日内瓦办事处的文件 90% 都以英语起草,进而在资源有限的情况下,翻译成法语和其他语言。本文对联合国日内瓦办事处以各源语言起草文件的数量(见图 5)进行了统计,数据显示:2015—2019 年,以英语为源语言起草的文件数量占比持续增长,法语则呈波动下降趋势。而在联合国纽约总部,以法语为源语言起草的文件数量占比则更少(2015 年占比 4.4%,2017 年占比 2%)。

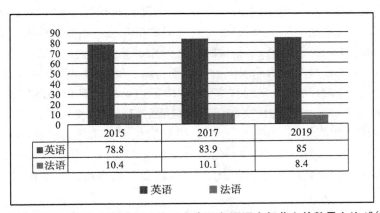

	2015	2017	2019
英语	78.8	83.9	85
法语	10.4	10.1	8.4

■ 英语　■ 法语

图 5　2015—2019 年联合国日内瓦办事处各源语言起草文件数量占比(%)

　　综上,本文认为目前法国对法语在国际组织中的推广和地位的提升,仍停留在促进多语主义发展的初级阶段,而真正提升法语在国际组织地位和应用的美好愿景,短期内仍难以实现。以欧盟为例,即使是在英国脱欧、以英语为母语的欧盟公民仅占欧盟总人口 1.1% 的情况下,"法语取代英语重回欧盟成立之初的主导地位的可能性也不大"(陈宇,沈骑 2019)。这不仅与英语全球化不可逆转的时代背景有关,更与法国日益没落的综合国力密不可分。

(二)经验与启示

　　中文是世界上使用人数最多的语言,但其在国际组织中的使用率仅有 0.26%(张治国 2019),这与中文使用者数量和我国日益强大的国际影响力极不匹配。法语在国际组织中的推广与传播举措对中文在国际组织中的发展具有一定的经验借鉴和启示意义,具体包括以下几点。

第一，秉持多语主义理念，积极维护多语主义环境，倡导国际组织语言生态多样化发展。目前我国已经同 110 多个国家和地区组织建立了不同形式的伙伴关系，形成全方位、多层次、立体化的全球伙伴关系网络。我国要充分把握好这一时代契机，积极联合广大国际组织成员国开展多语主义维护行动，打造语言平等观和语言使用均衡观，反对"一语独大"的霸权思想；此外，中文在海外约拥有 1 亿使用者，我国可以同新加坡、马来西亚等东南亚使用中文较多的国家团结合作，在国际组织中建立起良好沟通，共同提升中文在国际组织应用的新高度。

第二，采取切实有效的措施，提升国际官员中文使用意识，促进中文在国际组织中的应用。要推动中文推广与传播的体系化、制度化建设，成立国际组织中文推广与传播机构，制订中文在国际组织的使用推广计划和具体实施办法，提高国际中文官员的语言权利政治敏锐性和中文使用意识。语言是由人来使用的，在一个组织内部，说同一母语的人群数量会直接影响到该组织内部的语言生态环境（张天伟，陈练文 2022），而中国官员在数量上的劣势和使用意识的不足是中文在国际组织使用率低下的重要原因。

与此同时，应充分挖掘国际组织中文官员影响力，构建内部交流和监督网络，实施国际组织中文应用实况的动态追踪。各国际组织的中文官员和驻外代表可以选举成立国际组织中文观察委员会，定期进行交流并研讨，观察研究国际组织中文发展动态，检查评估各中方代表是否充分行使中文在国际组织中的法定权利，全面调查国际组织的中文使用情况，并撰写调研报告，为后期国家精准施策、制定针对性应对举措和改进措施提供有效数据支撑。

第三，充分利用国际组织资源，创新国际中文的服务形式和内容。随着经济实力和综合国力的日益强大，中国日益受到国际组织的重视和青睐。2021 年，联合国世界旅游组织和国际航空运输协会先后宣布增加中文为官方语言，国际植物新品种保护联盟确定中文为工作语言（张天伟，陈练文 2022），这为中文在国际组织话语权的提升提供了良好的契机。我们在充分利用好各种国际组织资源，积极为活动、会议等提供中文志愿者服务、翻译服务、培训服务的同时，更要创新形式，积极作为，主动组织有关中文与中国文化的活动论坛，增进国际组织官员对中文和中华优秀传统文化的认识与了解，转变其固有的语言态度，从而扩大中文的影响力和传播力。

四、结语

法语在国际组织中的推广，堪称语言在国际组织话语权提升的典范。本文尝试厘清了法语在国际组织地位的发展演变，对其在国际组织中的推广与传播举措进行了系统总结，并基于法语国家组织发布的《追踪监测报告》进行数据可视化分析，探讨其取得的成效和存在的不足之处。在目前英语称霸的国际大环境之下，法国对法语在国际组织中的推广和应用尚停留在促进多语制发展的初级阶段，法语应用实则有名无实，自身发展仍面临诸多挑战，且短期内难以逆转其衰落趋势，需长期多方探索，在维护多语制原则的前提下，真正推动法语在国际组织的推广与传播。

我国作为世界第二大经济体，应充分借鉴法语发展经验，秉持多语主义发展理念，积极采取有效行动，提高国际官员中文使用意识和政治敏锐性，同时搭建起良好的中文监督追踪体系,积极推动中文在国际组织的应用与传播,不断提升中文话语权,从而借助这一有效载体更好地向世界讲述中国故事,传递中国声音,展现真实、立体、全面的中国。

参考文献

艾布拉姆·德·斯旺　2008　《世界上的语言——全球语言系统》,乔修峰译,广州:花城出版社。

博纳德·斯波斯基　2011　《语言政策——社会语言学中的重要论题》,张治国译,北京:商务印书馆。

博纳德·斯波斯基　2016　《语言管理》,张治国译,北京:商务印书馆。

陈　宇,沈　骑　2019　《"脱欧"背景下欧盟语言规划的困境与出路》,《复旦外国语言文学论丛》第 1 期。

方小兵　2022　《主持人语:国际组织语言生活研究与语言规划理论创新》,《语言战略研究》第 2 期。

蓝明良　1983　《国际组织概况》,北京:法律出版社。

李清清　2016　《当前法语国际传播的发展》,教育部语言文字信息管理司《世界语言生活报告(2016)》,北京:商务印书馆。

李　铁　2020　《"一带一路"沿线不丹国家语言政策——以斯波斯基社会语言学为理论视角》,《外语教学》第 6 期。

莉萨·J.麦肯蒂-阿塔利尼斯,方小兵　2022　《当前国际组织语言政策面临的挑战》,《语言战略研究》第 2 期。

让-E.昂布莱,陈　思　1985　《国际组织机构的语言问题》,《国际社会科学杂志(中文版)》第 4 期。

饶戈平　2005　《全球化进程中的国际组织》,北京:北京大学出版社。

文秋芳　2015　《中文在联合国系统中影响力的分析及其思考》,《语言文字应用》第 3 期。

张慧玉,安雨晨　2022　《国际组织语言权力博弈的非政治经济影响因素》,《语言战略研究》第 2 期。

张天伟,陈练文　2022　《国际组织语言政策与国家语言能力建设》,《云南师范大学学报(哲学社会科学版)》第 2 期。

张治国　2019　《国际组织语言政策特点调查研究》,《语言文字应用》第 2 期。

张治国　2022　《国际民航组织语言政策:多语和单语的博弈与平衡》,《语言战略研究》第 2 期。

Calvet, L. J. 2002. *Le marché aux langues: Essai de politique linguistique sur la mondialisation.* Paris: Plon.

Gal, S. 2012. Sociolinguistic regimes and the management of "diversity". In A. Duchene & M. Heller (Eds.), *Language in Late Capitalism*, 22 - 42. New York: Routledge.

Hagère, C. 1996. *Le Français, histoire d'un combat.* Paris: Le Livre de Poche.

Hamel, R. E. 2010. L'aménagement linguistique et la globalisation des langues du monde. *Télescope* 16 (3), 1 - 21.

Kachru, B. 1986. *The Alchemy of English: The Spread, Functions and Models of Non-native Englishes.* Oxford: Pergamon Press.

Schiavone, G. 2008. *International Organization: A Dictionary and Directory* (7th ed.). New York: Palgrave.

Organisation Internationale de la Francophonie. 2006. Vade-mecum relatif à l'usage de la langue française dans les organisations internationales.

Organisation Internationale de la Francophonie. 2008. 2010. 2012. 2014. 2016. 2018. 2020. 1 - 7ᵉ Document de suivi du Vade-mecum relatif à l'usage de la langue française dans les organisations internationales.

国际组织工作人员中文使用状况及动因

韩　霄，刘佳欣

（中国传媒大学　媒体融合与传播国家重点实验室　北京　100024）

提　要　中国作为联合国创始成员国和联合国安理会常任理事国，其官方语言中文却在以联合国为核心的国际协作与交流中频频缺席，造成中文这一使用现状的原因究竟为何？本研究以联合国贸易和发展会议（贸发会议）和联合国粮食及农业组织（粮农组织）为例，通过对 23 位工作人员进行结构式访谈和开放式访谈，关注中文为何在国际组织工作使用中缺席，并从语言政策、语言价值和语言选择这三个维度展开讨论，发现国际组织中中文使用弱势的原因有三：一是联合国缺乏对中文作为组织工作语言的清晰认定；二是国际组织内中文的经济价值偏弱；三是中文国际推广的方式缺乏新意。针对上述原因，本文对中文摆脱这一缺席困境提出相应建议。

关键词　语言政策；中文使用；中文价值；国际组织

Current Situation of Chinese Use by International Organization Staff

Han Xiao, Liu Jiaxin

Abstract　In today's international society, international organizations are becoming the main means and force of collaboration in the international community. What is the current status of the use of Chinese in international organizations? What are the reasons for the current situation of Chinese language use in international organizations? This study conducted structured and unstructured interviews with 23 staff members of UN organizations to clarify the current situation of Chinese language use in international organizations, and analyzed the situation from the framework of language policy, language value and language choice. The analysis is based on the framework of language policy, language value and language choice.

Key words　language policy; Chinese language use; Chinese language values; international organization

一、中文在国际组织实际工作中的缺席

　　国际组织指两个以上国家或地区的政府、人民、民间团体或个人基于特定目的，以一定协议形式建立的国际机构（马呈元 2012）。从世界历史的纵向视角来看，国际组织是国际社

　　作者简介：韩霄，女，中国传媒大学媒体融合与传播国家重点实验室副研究员，国家语言资源监测与研究有声媒体中心研究员，主要研究方向为传播理论、媒介与性别、智能媒体传播。电子邮箱：han.xiao@cuc.edu.cn。刘佳欣，女，中国传媒大学媒体融合与传播国家重点实验室硕士研究生，主要研究方向为互联网信息。电子邮箱：jiaxinliu114@163.com。
　　2021 年国际中文教育研究课题重大项目"推动中文进入国际组织官方语言与应用研究"（21YH06A）；北京市社科研究项目"社交机器人的虚假信息传播及算法治理研究"（20XCC015）。

会经济政治发展到一定阶段的产物,是国家间多边关系发展的产物(饶戈平 2001)。一方面,自 17 世纪的全球海洋贸易以来,世界不同地区和国家间的经贸交流愈发频繁,世界范围内的经济活动开始兴起。另一方面,"二战"结束前夕到 20 世纪 80 年代,伴随着联合国的诞生,政府间协商建立的国际组织不断发展和扩张,逐渐成为影响国际关系和世界政局的重要力量。而从国际现状的横向视角来看,根据国际协会联盟(Union of International Associations)的统计,截至 2022 年 6 月,全球各种类型的国际组织总数已超过 75000 个,遍布世界 300 多个国家和地区,且以每年新增 1200 个以上的速度增加。[①] 正是因为国际组织这样的国际影响力和发展规模,越来越多的社会科学研究学者逐渐开始关注国际组织中所呈现的各种问题,语言即是其中之一。

国际组织成立之初,首要考量之一就是组织的语言选用问题,这不只是为了提高自身机构的管理效率,通过法规政策等文件规划语言的使用更是一种外交博弈(赵守辉,张东波 2012)。以法语在欧洲被英语取代为例,17 世纪以来,因法国在欧陆快速崛起的国力和启蒙运动在法国的发展,法语逐渐成为欧洲外交的通用语言,欧洲涉及国与国之间的成文条约和文件都一致使用法语签署(王亚蓝,刘海涛 2021)。这种影响力一直持续到 20 世纪初,包括清政府与八国联军签订的《辛丑条约》,条约虽然使用中、法两种语言,但依旧明确规定"……所发之文牍,均系以法文为凭",可见法语在彼时国际社会的影响力(王亚蓝,刘海涛 2021)。但随着英国的崛起,英语开始在国际外交中逐渐取代法语。第一次世界大战使法国经济遭受重创,深刻削弱了法国在欧洲乃至国际的影响力。1919 年 1 月,身为战胜国的法国在巴黎会议上同意英方代表以英语和法语两种文本共同撰写条约的要求,这份以英法两种语言共同起草的《凡尔赛条约》,打破了欧洲两百年来官方条约只用法语文本的惯例,标志着英法两国在欧洲影响力的交替,英语开始逐渐成为国际外交的通用语言。

"二战"以后,随着越来越多的国际组织的建立,其语言政策和规划也体现着不同国家之间影响力的博弈,研究国际组织的语言政策和规划越来越必要且意义重大(李宇明 2022)。对国际组织语言政策和规划的研究,主要聚焦国际领域中语言政策对语言生活进行干预的现象(赵守辉,张东波 2012)。国外较早关注到国际组织中语言规划问题的是诺伊施图普尼(Neustupny 1997),其主张跳脱出从传统的主权国家视角研究语言规划问题,应超越单一国家,以更宏观的视野来探讨语言政策和规划的重要性。这也为后续研究国际社会中超国家层面的语言政策提供了有益洞见。其后,博纳德·斯波斯基(Spolsky 2009)通过对欧盟等超国家组织(Supranational Organization)语言政策的梳理,发现全球化趋势对国际组织中主权国家语言生活的干预问题。斯波斯基通过对欧盟成员国语言实践的研究,认为国际组织的语言政策对主权国家语言实践的影响在理论上有被夸大的嫌疑,但他指出,当前诸多对国际组织语言政策和规划的研究尚停留在理论层面。

具体到中国语境,中国自改革开放以来国际影响力稳步提升,但中文想要真正实现"走出去"还任重道远。因此,中国学者对国际组织语言政策研究虽起步较晚,但更多从实用角度出发,关注国际组织中的中文使用问题。国内对国际组织语言政策的研究最早由研究者赵守辉等(2012)提出,他们明确提出语言规划的国际化趋势这一概念,主张将国内的语言规

---

① 参见 The Yearbook of International Organizations,UIA.,2022 年 6 月 28 日,https://uia.org/yearbook。

划学研究扩展到国际视野。其后,诸多学者分别从语言政策与使用(张治国 2019a)、语言主体与社会机构互动、语言的身份认同与交际需求、语言政策的象征性与实用性等维度进行理论探索,分析国际组织的语言政策相关问题。

近年来,对以联合国为代表的国际组织进行量化统计研究成为国内该领域的趋势。一方面,研究聚焦对国际组织语言政策情况的统计分析。研究者主要通过对《国际组织》《国际组织年鉴》等资料的统计分析,对国际组织的语言政策文本进行整理,研究发现国际组织的官方语言绝大多数是欧洲语言,中文在国际组织的使用率仅有 0.26%,而英文却高达88.41%(张治国 2019a)。英文在国际组织中的主导地位明显,不仅绝大多数国际组织选择英文作为官方语言之一,且不少国际组织选择英文作为唯一官方语言(张慧玉,谢子晗 2020)。而在具体工作语言的认定上,通过对《国际组织年鉴》中 16077 个国际组织的语言选择的统计发现:仅有英文、法文、西班牙文和德文在国际组织工作中的使用率超过 10%,其中 92.21% 的国际组织使用英文作为官方语言或工作语言,具有绝对的优势(张慧玉,安雨晨 2021)。另一方面,研究也关注到国际组织中人员结构带来的语言难度问题。虽然我国在联合国系统任职的中国籍工作人员(包括正常经费预算和预算外资金聘用的职员)从 2005 年的 604 人增长到 2014 年的 893 人,但从相对比例来看,2014 年我国在联合国系统中的工作人员数量仅占联合国系统总数的 1%;而从任职的具体机构看,我国在联合国任职的中国籍工作人员占我国国际工作人员总数的 45%,而在国际法院、世界旅游组织、万国邮政联盟等机构任职的中国籍工作人员则相对稀少(阚阅 2016)。从国籍角度分析,不同语言的母语者进入联合国工作存在的语言障碍是不同的。往往美、英、法、德等欧美国家的人进入联合国工作并不存在很大的语言问题,因为其母语就是主要国际组织的官方语言;而亚非等国家由于母语并非英文、法文等语言,在某种程度上构成了国际组织参与中的一个挑战(张治国 2019a)。

可见,虽然 1946 年 2 月 1 日联合国已将中文列为联合国的官方语言,但是中文在联合国的主要机构和组织中的使用情况并不乐观,中文母语者在联合国的比例也偏低。直到今天,海牙国际法庭的官方语言依旧是法文和英文,而在联合国下属专业机构中,世界旅游组织直到 2021 年才将中文列为其官方语言,中文在国际组织中的影响力和使用率较低已经成为不争的事实。

综上所述,本研究认为,国际组织中语言使用现状的研究不能止步于依靠统计政策和数据进行分析,还应从国际组织中的语言使用者出发,从人的尺度了解语言使用的情况,并洞察其背后的原因。因此,本研究以国际组织中文使用的现状及原因作为研究的核心问题,以联合国贸易和发展会议(贸发会议)和联合国粮食及农业组织(粮农组织)为例,通过对 23 位工作人员进行结构式访谈和开放式访谈,结合政策情况和语言使用者的视角,从语言政策、语言价值和语言选择三个维度,对中文的使用情况及原因进行深入剖析。

二、语言价值和语言选择理论

斯波斯基(Spolsky 2009)将语言价值分为实用价值(pragmatic value)、潜在价值(potential value)和象征价值(symbolic value)。语言的实用价值指某种语境中某种语言能被实际掌握和使用的价值;语言的潜在价值指某种语言尚未被实际使用但具有被使用的潜力;语言的象征价值则是指某种语言的使用和被掌握具有象征性的意义。张治国(2019b)在斯波斯基语言价值的论述基础上,综合社会学家布尔迪厄(Bourdieu)提出的语言的三种资本(经济资本、文化资本和象征资本)、语言学家库尔马斯(Coulmas)的语言使用价值与交换价值理论、社会语言学家井上史雄的理性、市场和情感价值理论,将语言价值具象地归纳到经济、文化和情感三个尺度中,提出语言的经济价值、文化价值和情感价值,并认为语言价值也是语言政策分析需要考量的维度。

在语言选择维度,无论是斯波斯基对语言实践的阐述,还是张治国对语言选择的分析,都将语言选择作为语言使用过程中的一种实践。对于语言选择的结果,斯波斯基从语言管理的立场阐述语言意识和语言政策对语言实践的影响,而张治国在斯波斯基理论的基础上,从语言政策与语言价值的关系出发,探讨政策和价值如何影响语言实际的选择和使用。他指出,语言价值的平衡、发挥和保护,以及个体语言选择与集体语言选择的矛盾,都需要通过语言政策来引导和调控,同时,语言政策的制定过程也必然涉及对语言价值的衡量,并影响实际语言选择的效果。

综上所述,张治国(2019b)以斯波斯基的语言政策理论为基础,跳出元语言政策分析,从语言观与语言价值的角度,将语言政策、语言价值与语言使用三者并立,对语言政策的逻辑、使用者对语言价值的判断,以及使用者的语言选择进行阐述。因此,本研究以语言政策、语言价值和语言选择作为分析的基本框架,以贸发会议和粮农组织为例,对国际组织的中文语言政策、中文的语言价值以及中文在国际组织中的使用进行分析,运用以上理论,剖析内在原因,以此阐明中文在国际组织中的状况及原因。

三、研究设计

针对已有研究发现中文在国际组织中的影响力和使用率较低的问题,本研究将深入现状背后,挖掘原因。探究国际组织中的中文使用问题,归根到底是对处在组织中的个人的认知与行为进行分析,因此,本研究主要采用结构式访谈和开放式访谈相结合的研究方法,围绕着国际组织中的语言使用者进行研究。

具体而言,课题组首先以方便抽样的方式,对贸发会议和粮农组织的工作人员进行结构式访谈。2022年3月12日至6月30日,课题组通过ZOOM对23名工作人员进行了结构式访谈,每位工作人员访谈时间约为30至45分钟,访谈内容主要包括所在组织的中文语言政策情况和组织工作中的中文使用情况两个方面。其次,课题组在2022年3月28日和6月18日分别对贸发组织的工作人员A和粮农组织的工作人员B进行了开放式访谈,访谈时间均为60分钟左右。对A的访谈主要针对联合国的语言政策、政策落实以及A所在组织工作中的中文使用展开,对B的访谈主要围绕作为非中文母语者的中文学习、中国语言文化的推广和联合国的语言推广展开。最后,课题组将对访谈所得的第一手实证资料,通过语言政策、语言价值和语言选择三个维度进行整理,以分析中文在国际组织中的使用现状和深层次原因。

四、国际组织工作人员中文使用现状的原因分析

联合国自成立以来,一直对外强调使用多种语言(洛津斯基 2020)。但通过以上研究溯源发现,联合国系统中不同语言之间的使用并未实现真正的包容与平等,英文和法文依旧是系统中实际使用的主流语言,中文在联合国系统中使用率偏低的情况也并未改善(张慧玉,安雨晨 2021;张治国 2019a)。因此,本节将通过分析联合国的语言政策,结合深度访谈的资料,从联合国的多语言政策及落实、中文在联合国的语言价值,以及中文在联合国的使用与推广三个维度进行挖掘,探究中文何以在联合国的实际工作中缺席。

(一)联合国缺少对中文作为工作语言的认定

联合国一直坚持多语言政策,其官方语言有中文、英文、法文、俄文、阿拉伯文与西班牙文六种语言[①],自 1946 年 2 月 1 日以来,中文一直是联合国的官方语言。但课题组通过访谈发现,73.68%的被访者表示在联合国组织内工作时口语沟通场景下,使用中文频率低于其他语言;78.95%的被访者表示在书面文件中使用中文的频率低于其他语言;而对于组织内办公空间的语言环境,比如办公室门牌使用的语言、平面宣传物展示的语言等物件的环境布置中,78.95%的被访者表示中文的展现频率低于其他语言。被访者 A 在访谈中提到,在其所在的贸发组织中,实际的工作用语是英文与法文,中文并不是机构中工作时所会使用的语言:

> 然后(贸发组织)的话,就您说的这个工作语言,据我的理解,中文不是(贸发组织)的这个工作语言,它是官方语言,但是我们这边的工作人员我印象当中,我刚加入(贸发组织)的时候好像是看见过是说英文、法文和西班牙文,英文和法文是肯定的,但西班牙文好像印象当中也是,但是至少有一点也是肯定,中文肯定不是(我们这边的)这个工作语言,而且在实际工作当中的确也是说实话,英文用得最多。

可见,虽然中文是联合国多语言政策中的语言之一,且联合国语言政策在语言意识形态上也鼓励各语言的平等使用,但在语言实践层面,被访者均表示中文使用频率低在联合国内部是"寻常"现象。

联合国语言政策对工作语言的忽略更加明显。课题组针对联合国的工作语言情况访谈中,全部被访者就工作语言的认定情况均表示所在组织(联合国)并未将中文列为工作语言,官方语言与工作语言的界限没有被联合国进行过详细的区分与解释。也就是说,联合国的语言政策只强调中文作为官方语言的地位,却忽视了对中文工作语言的认定。

在对联合国多语言政策的内部调查报告中也显示:在联合国系统大多数组织中,最基本的公认语言被称为联合国的"官方语言(Official Language)",联合国会从官方语言中指定一部分作为"工作语言(Working Language)"。然而,联检组审查过的联合国组织中,其所使用的语言往往是"官方语言"与"工作语言"穿插使用,令人困惑。联检组审查过的组织的创始文件中,也都没有给出(官方语言和工作语言)这两个术语的定义(洛津斯基 2020)。而从政策文本的角度分析,通过区分官方语言和工作语言的方式,文秋芳(2015)对联合国核心系统

---

① 参见 Welcome to the United Nations,联合国官方网站,2022 年 7 月 10 日,https://www.un.org。

的中文政策进行了统计分析,研究发现:在联合国5个主要机关中,只有在联合国大会与安理会中中文的法定地位获得了完全确立,享受与英文、法文、西文、俄文、阿拉伯文同等的地位;在经济及社会理事会中,中文的法定地位获得部分确立,仅有官方语言地位,而未获得工作语言的地位,在国际法院和秘书处中,中文的法定地位未确立,因为中文既不是官方语言也不是工作语言;而联合国下属的15个专门机构中,中文的法定地位都还比较脆弱。

综上所述,尽管联合国的官方语言政策已经对中文有过明确的认定,但对于中文在工作使用的认定依旧是模糊不清的,很多联合国组织也并未将中文列为实际工作时使用的语言,可见,联合国系统整体缺乏更清晰明确的工作语言政策。

(二)国际组织内使用中文的经济价值偏低

从语言价值的这三种维度进行审视,中文自身蕴含着很高的文化价值,对以中文为母语的使用者而言也有很深的情感价值。但是在联合国的实际工作场景中,与语言实际使用更强关联的是语言的经济价值。语言的经济价值指能给语言使用者直接或间接带来实用或经济方面的好处(张治国 2019a)。被访者 A 在访谈中提及,贸发组织虽然日常工作并不使用中文,但是在争取合作基金的时候,为争取中国的南南合作基金,往往会主动使用中文进行工作事项的推进。这很大程度上是因为该基金需要向中国方面进行申请,且申请的过程需要使用中文沟通,所以贸发组织在推进该事项的时候会主动使用中文进行工作沟通。可见,一方面,中文的经济价值体现为能够在国际合作中帮助联合国组织交际中增加合作成功的可能性,并潜在为使用方带来经济收益,比如合作资金;另一方面,中文的经济价值对联合国等组织的语言使用是能产生行为层面的影响的。

被访者 A 在访谈中也提及,如果是中国方面捐赠给联合国相关机构或组织的基金,因为管理和运作完全是联合国主导,这个时候,相关事项的推进就不需要使用中文,相关的材料和审批就都会使用英文来完成:

> ……然后在其他情况下,可能如果说没有这个硬性规定非得要使用中文的话,因为中国政府也捐资给比如说其他的这个联合国的基金,但是由联合国来管理,在联合国管理的这种情况下,可能就没有必要使用中文了,因为全部的材料审批什么的都是用英文来完成的。

因此,从被访者 A 提及的案例不难看出,中文的经济价值在当前是影响联合国中文使用的首要因素,这里的经济因素不是资金捐赠等货币属性的价格,而是涉及工作成本与收益的广义的经济价值概念。中文的经济价值对使用中文带来的便利更多体现在组织外部的合作中,对于联合国组织内部,使用中文的经济价值还偏低,正如被访者所说,当中国捐款的基金是由联合国管理的时候,全部材料的工作就不再以中文进行,而是用英文。

而在课题组的结构式访谈中,有 47.37%的被访者表示自己在口语交流场景中使用中文,可见,在组织内部使用中文的经济价值往往体现为与中文使用者便利地进行沟通交流,使用中文能间接为内部协作带来便利,由于联合国工作人员多数是母语为非中文的工作人员,和中文使用者的交流频率和需求场景非常有限,这更是突出了在联合国组织内部,使用中文的经济价值依旧偏低。

（三）国际组织的中文推广方式缺乏新意

联合国除了多语言政策的确立，通过创立不同语言的语言保护日、设立多语言文化中心，开设不同语言的免费培训课程等方式，对其六种官方语言进行语言推广。被访者 B 深度参与了联合国举办的多语言文化教学的中文课程，这一课程向联合国组织中的工作人员免费开放，课程两周一次，班级约 8—9 人，主要是联合国多语言文化推广的一个内部渠道。在沟通中，被访者 B 在谈及课程学习材料时提到：

> 我觉得这些文字离我很远，因为我是一个外国人，也不是在中国长大的，所以感到陌生和遥远，我自己的中文和语言知识也不是很好，我觉得我和拉丁语及其文化比较接近，甚至阿拉伯语我也觉得我比较熟悉。

从以上被访者 B 的陈述中可以看出，联合国推广中文的课程材料主要使用中国的文人故事和文学作品进行，中文诗词和故事以汉字为主要形象，这种文字性的符号往往是高度抽象的，对其的理解与阅读和阅读者自身的文化背景更是息息相关，被访者 B 之所以对诗词作品等文字符号感觉陌生而遥远，正是因为被访者 B 并非中文母语者，其文化背景与中国文化相去较远，他也对中国文化从未有过经验和积累，因此很难理解文学诗词等文字性的符号。

同时，被访者 B 在交流中提到品尝中国美食和去中国南京旅游的经历对他的吸引力：

> 我们也会在下课后聚在一起，去中国餐馆吃饭。我很喜欢中国菜，尤其是豆腐和鱼，是的。我还去了南京旅游，也去了很多景点，夫子庙之类的地方，吃了很多中国菜，很好吃，我很喜欢。

被访者 B 对美食和旅游的鲜活记忆启发我们在中文的推广中，除了抽象枯燥的诗词文字，中国文化中的烹饪美食、琴棋书画和名胜古迹等事物，或许会是让外国人亲身感受中国文化、对中文产生亲切感、拉近文化距离更好的方式。

在组织文化层面，联合国虽然通过语言文化课程等方式在组织内推广中文和中国文化，但涉及组织内语言的实际使用时，其语言政策却缺乏对中文作为工作语言的明确认定与支持。从更具体的课程推广来看，联合国也并未真正从中文自身的特点和立场出发进行中文的推广，更多的是一种教条式的语言文化推广方式，这也反映出联合国自身的文化立场，其实带有一定的西方化色彩。

因此，中文在国际组织实际使用中的缺席，在于国际组织的语言政策尚缺乏对工作语言的实际认定、组织内非中文母语者的主导限制了中文的使用价值，以及语言文化推广方式偏陈旧等因素造成的被迫缺席。

五、余论与建议

联合国虽然坚持多语言政策，并通过设立语言保护日和开设语言文化课程的方式来推广多种语言，但联合国的实际语言政策一直缺乏对工作语言的明确认定；同时，考虑到联合国依旧是一个以英文、法文等西方语言为母语者占多数的组织，中文母语者在联合国中人数比例较低，实际降低了中文在组织内部使用的经济价值；此外，联合国的中文推广方式缺乏创新，较保守的推广方式无形中限制了中文在国际组织中的传播和影响。因此，中文在国际组织实际使用中的缺席,在于国际组织的语言政策尚缺乏对工作语言的实际认定、组织内非中文母语者占多数限制来中文的使用价值,以及陈旧的语言文化推广方式等因素造成的被迫缺席。而要实际提升中文在联合国等国际组织中的实际使用还需要我们主动发力,在中文的经济价值、政策优化和语言推广方式等方面努力。

(一) 增强中文在国际组织内的经济价值

首先,在国家硬实力层面,中文在目前联合国的使用情境中,多数为联合国组织方需要同中方进行经济合作时,主动使用中文推行工作。可见,国家经济实力的提升,能为国家语言在国际交流和合作中的使用创造更多的外部使用条件。国际组织为经济利益和中国谋求合作,会更愿意主动以中方的语言和习惯来推进协作,赢得中方的配合。其次,在人员结构层面,针对联合国中中文为母语的工作人员数量较少的现状,需要从人才培养入手,培养并输送更多的中国籍员工进入国际组织工作。一方面,我国要积极培养兼具语言素养、专业素养和综合素养(张治国,2021)的复合型国际人才,增加中国籍员工在国际组织中的任职数量,并提高其中文使用敏感性;另一方面,要积极开展对国际组织公务员的中文培训,提升非中文母语官员的语言习得和使用意识。通过提升国际组织中中文母语者和熟悉中文的工作人员的比例,逐步改善国际组织人员的结构,以此提升国际组织内部使用中文的实用价值。

因此,只有不断发展经济,不断提升中文母语者在国际社会中活跃的比例,以此提高中文在国际组织中的经济价值,才能让更多人意识到使用中文的实际便利。

(二) 完善国际组织的多语言政策措施

联合国多语言政策虽然将中文等六种语言设为官方语言,但是多语言政策在联合国的主要机构和组织中的执行情况并不乐观,需要督促联合国拿出更清晰有效的落地措施,明确联合国各系统和下属组织中中文作为工作语言的认定,尤其对于实际工作中多语言使用的翻译和转译等工作也需要有一定的预算支撑。我国作为联合国安理会常任理事国,应当更积极推动多语言政策这一议程落地,利用安理会的影响力不断促进联合国语言政策的完善,使得中文在联合国的实际工作中更多地在场,而非缺席。

(三) 优化国际中文的传播形式和内容

联合国的多语言文化课程虽然为中文的传播提供了语言学习的契机,但从课题组的研究中发现,通过中国文学人物与诗词文学作品的方式来推广中文,对于非中国文化语境的外国人而言效果并不理想。除了抽象的中国文字作品,将中国烹饪美食、琴棋书画等更生动形象的事物融入语言文化推广中,才是更理想的形式。通过让外国人亲身参与美食烹饪、中餐聚会、欣赏中国音乐等活动,拉近彼此的文化距离,让中文文化保留本身文化特征的同时,用更生动活泼的方式让更多人接触中文文化,对中文产生自发的兴趣。

参考文献

阚 阅 2016 《全球治理视域下我国的国际组织人才发展战略》,《比较教育研究》第 12 期。

李宇明 2022 《语言规划学说略》,《辞书研究》第 1 期。

马呈元 2012 《国际法(第三版)》,北京:中国人民大学出版社。

尼古拉·洛津斯基 2020 《联合国系统使用多种语言情况》,日内瓦:联合国。

饶戈平 2001 《论全球化进程中的国际组织》,《中国法学》第 6 期。

王亚蓝,刘海涛 2021 《国际通用语发展演变的特点与模式——以拉丁语、法语和英语为例》,《云南师范大学学报(哲学社会科学版)》第 3 期。

文秋芳 2015 《中文在联合国系统中影响力的分析及其思考》,《语言文字应用》第 3 期。

张慧玉,安雨晨 2021 《语言价值,权力结构与国际组织的语言选择》,《浙江大学学报(人文社会科学版)》第 4 期。

张慧玉,谢子晗 2020 《政府间国际组织官方语言的选择机制研究》,《外语教学与研究》第 2 期。

张治国 2019a 《国际组织语言政策特点调查研究》,《语言文字应用》第 2 期。

张治国 2019b 《语言价值、语言选择和语言政策》,《云南师范大学学报(哲学社会科学版)》第 5 期。

张治国 2021 《中国参与国际组织的语言问题研究》,《云南师范大学学报(哲学社会科学版)》第 3 期。

赵守辉,张东波 2012 《语言规划的国际化趋势:一个语言传播与竞争的新领域》,《外国语》第 4 期。

Neustupny, J. 1997. Language management and issues of community languages. In K. K. Kokuritsu (Eds.), *Language Management for Multilingual and Multicultural Communities: Individuals and Communities Which Live the Difference*. Tokyo: Bonjinsha.

Spolsky, B. 2009. *Language Management*. Cambridge: Cambridge University Press.

国外中文教育非政府组织的功能、类型及内部治理

王祖嫘,张晓睿

(北京外国语大学　中国语言文学学院　北京　100089)

提　要　国外中文教育非政府组织(NGO)是中文国际传播的重要力量。从美、加、英、澳四个发达国家选取95个中文教育 NGO,以组织使命与章程为切入点,采用内容分析、基于语料库的批判话语分析方法,探索中文教育 NGO 的功能、类型及内部治理特点。结果显示,国外中文教育 NGO 具有语言文化、社会治理和国际事务三大功能及若干子功能;按业务范围可分为语言教育组织和基金组织,按功能导向可分为专门导向型、复合导向型和多元导向型组织;中文教育 NGO 的内部治理体现"民主性"和"自治性",注重松紧结合。基于上述发现对发挥国外中文教育 NGO 的功能、支持建立系统化多层次的组织网络以及中外组织合作的有效机制提出了相关建议。

关键词　非政府组织;国际中文教育;组织使命;内部治理

On the Functions, Types and Internal Governance of Non-Governmental Organizations in International Chinese Language Education Abroad

Wang Zulei, Zhang Xiaorui

Abstract　Non-governmental organization (NGO) in international Chinese language education (ICLE) is an important force in the globalization of the Chinese language. This study selects 95 NGOs in ICLE from four developed countries and explores their functions, types, and internal governance features. The mission statements and charters of the NGOs are taken as the corpus, and the methods of content analysis and corpus-based critical discourse analysis have been used. The results show that NGOs in ICLE have three major functions, namely language and culture, social governance, and international affairs. According to their business scope, NGOs can be divided into language education organizations and foundation organizations. According to their functional orientation, they can be divided into mono-functional, compo-functional, and multi-functional organizations. The internal governance of the NGOs shows the features of "democracy" and "autonomy," with a combination of flexibility and rigor. Some suggestions have been put forward for expanding the functions of NGOs in ICLE.

Key words　non-governmental organization; international Chinese language education; organizational mission; internal governance

作者简介:王祖嫘,女,文学博士,北京外国语大学副教授,硕士生导师。主要研究方向为国际中文教育、语言政策与规划等。电子邮箱:wangzulei@bfsu.edu.cn。张晓睿,北京外国语大学中国语言文学学院硕士研究生,主要研究方向为语言政策与规划。电子邮箱:xiaoruiz@bfsu.edu.cn。

国家社科基金一般项目"世界主要发达国家中文教育非政府组织的比较研究"(20BYY118)。

非政府组织（NGO）最早出现于 1945 年《联合国宪章》，被赋予制度性含义和参与国际公共决策的地位，又称为社会组织、民间组织、第三部门等，具有非营利性、志愿性、公益性等特点，自愿地服务于社会大众。非政府组织在"二战"后迅速增长，在全球治理中扮演着日益重要的角色。随着 21 世纪"多语主义"的盛行，外语教育界的民间组织和社团大量涌现，成为语言教育和治理的重要力量（Ravinder & Sandra 2007；Russell 2015；Zhang 2017），英、美、澳等发达国家中文教育非政府组织出现大幅增长：一方面，各类外语教育协会纷纷将中文列为重要语种；另一方面，开设中文的大、中、小学和华文学校成立了大量行业协会和基金组织。上述组织广泛参与海外中文教育工作，发挥了举足轻重的作用，但由于种类繁多、界定模糊，至今尚无权威统计数据。

有关国外中文教育非政府组织的研究较为稀少，华人华侨学和华文教育研究对华人社团有所涉及，将之与华媒、华教并称为海外华人社会的"三大法宝"（刘宏 2012；方长平，侯捷 2017等），华文教育组织在大纲建设、师资培训、教材开发、教学研究、奖学资助等方面发挥了不可替代的作用。少数通讯对英、美、澳等国知名中文教育协会进行了介绍（吴坚立 2010；何文潮2010；黄旬 2011 等），但介绍性文献多而分析型文献少，对于中文教育 NGO 尚缺乏系统性研究。

2019 年国际中文教育大会上孙春兰副总理指出，政府支持中外社会组织开展国际中文教育项目和交流合作；2023 年国务院副总理丁薛祥在首届世界中文大会上强调，要构建开放包容的国际中文教育格局，更好发挥中文社会服务功能。未来国际中文教育将逐步从"输出型"转向"融入型"，注重主体多元化和形式多样化。充分发挥国外中文教育 NGO 的力量，有利于完善中文国际传播体系，增强国际中文教育体系的开放性和多元性，助力其发展转型。国外中文教育 NGO 植根于当地，在中文教育融入本土方面拥有极大优势，厘清其功能与类型，最大化其优势，有利于推动中文教育本土化发展。有鉴于此，本文结合非政府组织的基本概念，对国外中文教育 NGO 进行了界定：指海外本土组织的，以推动中文教育为主要职能的非营利性、自愿的公民团体。在此基础上对国外中文教育 NGO 展开调研，探讨其功能、类型及内部治理特点。

一、研究对象与方法

发达国家非政府组织发展历史较长，运行成熟，具有代表性和示范性。在美国、加拿大、英国、澳大利亚等国，中文教育具有一定规模，相关 NGO 数量较多，初步形成了民间社会网络。

（一）研究对象

我们通过网络田野调查、组织内部咨询等方式筛选出一批以中文教育为核心业务，且活跃度较高、影响力较大的 NGO，共包含美、加、英、澳四国的 95 个组织。

对于各类组织而言，使命是其存在和发展的根本动因（戚安邦 2004），中文教育 NGO 会在章程及官方网站中公开其使命、愿景及目的，以明确自身的性质与功能，这类内容被称为"使命陈述"。此外，章程是团体成立的必备要件和基本规范（湛中乐，徐靖 2010），对于组织的成员、架构、管理制度等进行了规定，为全体成员共同遵守。以上述文件为切入点可以探索中文教育 NGO 的属性、功能及内部治理特点。我们通过网络调研、内部函询等方式搜集了 95 个中文教育 NGO 的使命陈述和章程文本。文本有中英双语版本的,以英文为准。部分组织没有正式章程或章程不公开,最终共获取 55 个组织的相关文本,并生成小型语料库,总计 171746 词。

(二) 研究方法

1. 内容分析法

该方法用于中文教育 NGO"使命陈述"的文本分析。采用扎根理论范式,以文本原始条项或标点符号为界限,对文本中组织性质、定位及功能的表述进行人工标注分析,使用质性分析软件 Nvivo2022 提取,共得到 452 个参考点,进一步合并为 8 项二级节点和 3 项三级节点,进而归纳出国外中文教育 NGO 的主要功能和类型。

2. 语料库辅助的批判话语分析法

批判话语分析(CDA)常用于分析话语中的权力关系,其中语态和情态是重要的分析手段。首先,被动语态可以隐藏和弱化行动者,同时也可以通过"后置"来强调施事或谓语动词,从而使相应成分成为焦点(黄健平,李波 2015)。我们通过被动语态分析探索 NGO 组织章程中权力关系的构建。其次,章程制定者力图使用章程文本的语言风格去说服利益相关者和大众接受其设定的人际关系和权力格局,而人际关系的功能主要通过情态系统的表达来实现(张免免,高益民 2015)。按照 Halliday(1994)对情态三种赋值的划分,may 为低量值情态动词,shall、should 为中量值情态动词,must 为高量值情态动词。情态的使用可以反映组织内部关系及治理特点。我们采取语料库辅助的 CDA 方法,利用 BFSU PowerConc 1.0 软件对国外中文教育 NGO 的章程语料库进行量化统计,以词频统计及索引行提供的文本语境信息为参考展开批判话语分析,探讨国外中文教育 NGO 的内部治理特点。

二、研究结果分析

(一) 国外中文教育非政府组织的功能

通过内容分析,我们得到国外中文教育非政府组织使命的 8 项二级节点和 3 项三级节点,分别将其归纳为国外中文教育 NGO 的八项子功能和三大主要功能(见表1)。总的来说,国外中文教育 NGO 的功能可概括为语言文化、社会治理、国际事务三大类。

表 1　国外中文教育 NGO 的功能及其分布表

组织功能	子功能	分布率(%)	占比(%)
语言文化	促进语言文化教学与研究	88	46
	凝聚资源,促进交流与合作	58	16
社会治理	代表、协调相关群体利益并提供帮助	36	14
	参加语言规划	31	8
	发挥语言经济价值	8	3
	参与协助政府工作	3	1

组织功能	子功能	分布率(%)	占比(%)
国际事务	推动语言文化传播	17	5
	增进国家、文化间理解互信	25	8

注:统计百分比"四舍五入"存在误差,表格中百分比之和可能略高于或低于100%,以下同。

"分布率"指提及某项功能的组织数量占组织总数的比率。"占比"指某项功能的提及次数占各项功能出现总数的比率。通常来说,组织对某一功能越重视,该功能在使命陈述文本中的占比越高。

1. 语言文化功能

这是国外中文教育 NGO 的基本功能,指组织通过活动促进当地中文语言文化教学,推动中文及其文化的传播。多数组织会在使命陈述中直接提及这一功能。一些组织在使命陈述中对实现自身语言文化功能的途径进行了描述(见表2)。

表2 语言文化功能的实现途径描述

	实现途径	相关描述
语言文化功能	促进语言文化教学与研究	促进大纽约地区各级教育的中文教学质量。(CLTA-GNY) 促进英国高等教育中现代语言、文学、文化和社会、语言学和语言教学的研究和教学。(UCML)
	凝聚资源,促进交流与合作	建立一个交流信息、专业知识、想法、经验和材料的论坛。(COFLT) 促进与教师、学校和语言教学机构的交流与合作。(ESASA)

注:括注内容为国外中文教育机构名称的英文缩写。以下同。

由上表可知,中文教育 NGO 关涉的要素以教育教学为主,其语言文化功能的实现主要围绕教师、教材、教法等问题,通过搭建信息平台、促进教师专业发展和教学资源开发等途径推动当地中文语言及文化教学与研究。不同组织面向的教学机构和教师群体有一定差别,如英国汉语教学研究会主要面向高校教师群体,而美国中文教师学会则面向大、中、小学各阶段的中文教师。

2. 社会治理功能

社会"治理"正取代"管理"成为各国治国理政的主流话语。中国共产党十九届四中全会提出"加强和创新社会治理,完善党委领导、政府负责、民主协商、社会协同、公众参与、法治保障、科技支撑的社会治理体系"的目标[①],其中社会组织是重要的治理主体之一。本文研究发现,国外中文教育 NGO 对自身的社会治理功能有一定认识,并在使命陈述中加以表达,旨在通过多种途径参与社会治理。如"代表、协调相关群体利益"(主要是中文教学群体)、"参加语言规划""发挥语言经济价值""协助政府工作"等。各国组织根据自身的资源和平台,描述了社会治理功能的部分实现途径(见表3)。

---

① 见《中共中央关于坚持和完善中国特色社会主义制度、推进国家治理体系和治理能力现代化若干重大问题的决定》,2019 年 10 月。

表 3　社会治理功能的实现途径描述

	实现途径	相关描述
社会治理功能	代表协调相关群体利益并提供帮助	在州/地区和全国会议及其他会议上代表澳大利亚语言教师的共同利益。(AFMLTA) 通过教育活动、培训和建立网络为美国的中文学校提供服务。(CSAUS) 协助会员扩大就业机会。(CLTASA)
	参加语言规划	代表各种现代语言,协调政策的制定,并争取为相关国内和国际管理机关采纳。(UCML) 推广普通话、简体汉字和拼音,确立其在汉语教学中的主导地位。(UKAPCE)
	发挥语言经济价值	帮助他们(服务对象)了解如何在商业领域与中国人打交道,不仅在社会方面,而且在文化方面。(CCRA) 我们在艺术和文化方面的工作促进创意表达和交流,并培育创造性企业。(BC)
	参与协助政府工作	代表独立学校管理政府项目。(AISNSW)

与其他 NGO 一样,国外中文教育 NGO 代表着相关群体利益,是中文教育从业者利益的传声筒,是该群体参与社会治理的平台和通路。NGO 中有专门面向中文教学(华文教育)的,这类组织在社会治理中与特定群体联系密切,为中文学习者的语言权利、中文教师职业发展机会以及中文学校的资源获取等积极发声,创造沟通平台;还有部分组织为当地外语教育或社区语言教育 NGO,这类组织关涉的群体更加多样,尤其在美、加、澳等多元文化国家,上述组织是不同语言社群参与社会治理、维护教育公平的重要平台,往往对政府工作起到较强的辅助作用。中文教育 NGO 发挥社会治理功能的独特之处,还体现在"参加语言规划"和"发挥语言经济价值"的功能上。语言规划是一个全过程的话语实践过程,可分为注意、创制、传播、援用和反馈五个实践环节(方小兵 2023),中文教育 NGO 作为特定群体的代表,通过呼吁和建议引发社会和决策部门对中文教学问题的注意,并依托其专业性为语言政策的论证和创制提供协助,在相关规划出台后通过组织的网络加以传播和援用,促进其落地实施,最后通过自身的人力资源和平台资源进行调研,收集相关数据,为政策规划的实施状况提供反馈和评估参考。可以说在语言规划话语实践的整个过程都发挥了重要作用。

此外,还有 8% 的组织提及"发挥语言经济价值"功能。语言技能能为所有者带来经济收益,掌握特定语言的个体可参与该语言社团的分工活动,获得相应的经济收益(王海兰,宁继鸣 2019)。随着中国综合国力的提升,中文的经济价值日益突出,国外中文教育 NGO 认识到中文学习能够转化为学习者的人力资本,中文人才的增多有利于促进所在国与中国的经贸交流,从而服务于当地经济发展。因此,NGO 以发挥语言经济价值为己任,充分显示了语言服务个人和社会发展的理念,有利于提升中文在当地社会生活中的地位。

3. 国际事务功能

国际事务功能指中文教育 NGO 在全球范围内帮助保护多元文化,维护世界和平的作用,表 1 显示的"国际事务"两项子功能的内在追求都是如此。有关上述功能实现途径的描述见表 4。

表 4 国际事务功能的实现途径描述

国际事务功能	实现途径	相关描述
	推动语言文化传播	编辑出版宣传刊物,努力扩大中华民族悠久历史和文明在英国的普及。(UCCA) 推广中国文化和价值观。(ACCEF)
	增进国家、文化间理解互信	我们将尊重加拿大多元文化,加强同世界各国的文化交流。(CTAC) 为一个多语言、多文化的欧洲和一个和平的世界作出贡献。(EACT)

与前述"语言文化"功能有所不同,"推动语言文化传播"的功能不仅仅关注中文教育的内部问题,而且注重外向传播和双向互动,在社会价值实现上具有发展性。共有 17% 的组织在使命陈述中提及该功能。一方面,海外中文传播机构直接同中国文化形象关联,是民众眼中的中国文化代言(王祖嫘 2022)。国外中文教育 NGO 是民众认识和了解中国的直接渠道之一,为可能存在的文化误解提供了正名机会,有助于展现真实、客观的中国形象,提升中国语言文化的全球声望。另一方面,国外中文教育 NGO 面临多语多文化的环境,语言传播同跨文化理解、教育公平、移民与全球化等国际重大关切息息相关,促进文化理解、文明交流互鉴的需求日益迫切。总体来看,NGO 组织提及"增进国家、文化间理解互信"功能的数量多于"推动语言文化传播"功能,表明组织已意识到在弘扬、传播某一特定语言文化的同时更需注重文化双向平等交流,在完成国家使命、获取单边利益的同时也兼顾对方利益(李宇明,唐培兰 2022),在国际社会中发挥桥梁纽带的作用。

(二)国外中文教育非政府组织的类型

1. 基于组织业务范围的分类

国外中文教育 NGO 在当地大多注册为"慈善组织",性质较为接近。但现实中,不同组织的业务范围和服务对象具有较大的差别。根据组织章程的相关描述,可将 95 个组织初步分为语言教育组织和基金组织,前者根据业务范围又可划分为单语种教育组织和多语种教育组织。单语种教育组织以促进某一种语言的教学为主业,对于本文而言主要指专门服务中文教学的组织,如"加拿大中文教师协会"。在美、加、英、澳等国还有许多其他单语种教育组织,凡在当地有较大影响,学校教授较多的语种,均有相关教育组织,这类组织往往有着鲜明的行业协会性质。多语种教育组织以促进多种语言的教学为主业,本文收录的该类组织均将中文作为重要语种之一,如"澳大利亚现代语言教师协会联合会",将澳大利亚所有现代语言作为工作对象,服务其教师发展。基金组织指以基金会形式组织的,为促进当地中文教学提供资金支持的组织,如"英国华文教育基金会"。基金组织的业务和工作方式同语言教育组织有较大不同,故将其单列一类。本研究收录的基金组织全部为专门面向中文教育的,尽管在资料检索过程中发现美国"洛克菲勒基金会"等大型基金会也有资助中文教育的业务,但并非该组织的主业,因此未将其纳入讨论范围。按照上述分类得到现有 95 个中文教育 NGO 的国别分布见表 5。

表 5　基于组织业务的中文教育 NGO 国别分布表

	单语种教育组织（%）	多语种教育组织（%）	基金组织（%）
美国	71	25	4
加拿大	100	0	0
澳大利亚	48	52	0
英国	56	31	13

　　由表 5 可见，单语种教育组织在上述各国中占据多数，各类中文教学学会、教师协会和学校协会等是国外中文教育 NGO 的主要成分。此外，澳大利亚、英国等地的多语种教育组织较为发达，尤其在澳大利亚，现代语言学会拥有自联邦到地方各州的健全网络，力量很强；不过该国中文教育的基金组织较为欠缺，目前尚无有影响力的中文教育类基金会。英国中文教育 NGO 总体发展最为均衡，各类组织均占一定比例。加拿大由于中文教育 NGO 数量很少，仅有 3 个单语种教育组织，在数量和结构方面发展不够充分。

　　将上述三类中文教育 NGO 的功能进行分类对比可以发现，单语种教育组织的功能比较偏重于中文教学内部；多语种教育组织和基金组织更加重视社会治理和国际事务功能。但基金会不包含"协助政府工作""发挥语言经济价值"的功能，这类功能对组织的专业性有一定要求，主要由语言教育类 NGO 承担（见表 6）。

表 6　三类组织功能分布总表

组织功能	子功能	单语种教育组织		多语种教育组织		基金组织	
		分布率（%）	占比（%）	分布率（%）	占比（%）	分布率（%）	占比（%）
语言文化	促进语言文化教学与研究	88	42	87	53	100	33
	凝聚资源，促进交流与合作	70	23	35	8	50	7
社会治理	代表、协调相关群体利益并提供帮助	25	11	48	17	75	19
	参加语言规划	28	8	35	8	25	4
	发挥语言经济价值	10	2	6	3	0	0
	参与协助政府工作	0	0	10	3	0	0
国际事务	推动语言文化传播	8	8	16	6	75	19
	增进国家、文化间理解互信	5	6	6	1	100	19

　　2. 基于组织功能的分类

　　前文研究发现，各国中文教育 NGO 的组织功能定位表现出不同的侧重和偏好。根据语言文化、社会治理和国际事务三大功能的分布比例，可将本文研究的国外中文教育 NGO 划分为专门导向型、复合导向型和多元导向型三类。专门导向型仅提及三大功能其中之一，以语言文化使命为最多,这类组织占总体的34%;复合导向型提及两种功能,通常是在语言文化功能之外附加一项社会治理或国际事务功能,这类组织占总体的43%;多元导向型是三大使命均有提及的,这类组织占比最小,为23%。从国别分布来看,美国的专门导向型组织占比最高,相当一部分中文教育NGO功能定位集中于语言文化教学内部,也有部分组织功能呈现复合化和多元化方向;同为移民国家的澳大利亚和加拿大两国复合导向型组织明显更多,占比均超过半数,中文教育NGO功能定位相对丰富;英国表现出类似趋势,同时多元导向型组织占比最高,组织功能更加丰富立体(见表7)。

表 7　基于功能的中文教育 NGO 国别分布表

	专门导向型(%)	复合导向型(%)	多元导向型(%)
美国	43	40	17
加拿大	33	67	0
澳大利亚	20	56	24
英国	25	31	44

我们应当以历时的眼光看待国外中文教育NGO的功能。在组织发展初期,其功能可能较为单一,随着组织的发展壮大和影响力增强,其功能和定位可能发生变化,不断向多元化发展。反之,影响力较强的大型组织在发展过程中也可能遭遇挫折,因内外环境突变导致组织原有的功能弱化或丧失,甚至发生倒退。考察组织功能定位的变化可以为组织发展状况评估提供一个视角。如美国中文教师学会刚刚成立之时,使命有以下三点:(1)积极推动美国大、中、小学的中文教学。(2)为不同水平的学习者编写相关教材。(3)培养合格的中文教师。[①] 如今学会的使命陈述变更为:"在国际范围内促进中文和文化的研究""将中文作为全球交流工具加以推广""代表所有教育机构的中文教师,支持建立和维持高质量的中文课程、K—16衔接、教师教育和专业发展,以及与中文和文化教学、学习的各个方面相关的研究""致力于为会员和社会各阶层提供指导、学术和服务"。[②] 可以看出,经过60余年的发展,该组织的功能较以往有了更高的格局,在原有服务"三教"功能的基础上扩展出社会服务、国际交流类功能,展示出更强的专业性、公益性和国际性(戴曼纯,王祖嫘2023)。不过总的来看,由于各种内外部原因,国外中文教育NGO的多元功能尚未得到充分发挥,现有组织的功能定位大多比较局限,尤其北美地区更为明显。中文教育NGO的社会治理及国际事务功能还有相当大的提升空间。

(三)国外中文教育非政府组织的内部治理

1."民主"与"自治"特征凸显,内部治理注重权责对应

国外中文教育NGO的章程主要由基本信息、使命陈述、组织架构及职权、资金来源及使用、会员资格及权利义务、章程修订及组织解散和其他七个构件组成。从严格意义上讲,章

---

① Ling V. 2018. The Founding and Evolution of CLTA, The Field of Chinese Language Education in the US. London:Routledge.

② 详见 https://www.clta-us.org/about-clta/mission-statement/。

程不是法律规范,但是章程具有法律规范的性质、特征及功能(陈学敏 2008),这就要求其语言具有准确性和规范性,实现权责与主体的一一对应。章程中对权力机构职能的规约、对成员分工的明晰,是内部管理运行顺畅的根本保证(米俊魁 2006)。我们对中文教育 NGO 章程文本的被动语态进行了分析,以被动语态标志"by"作为节点词,经试验,左右跨距(span)①设置为−6/+6 时能够最大限度地产出搭配词。随后,采用对数似然比对进入设定范围的词进行搭配紧密程度计算。对数似然比可用于检验两个词在同一个语料库中一定跨距内的共现强度(梁茂成等 2010),该比值越大,则说明两词之间搭配越紧密。将对数似然比降序排列并提取前 15 位(见表 8),结果发现,搭配词按词义可分为行动主体、事件和行动三类,行动主体受到强调的事件主要集中于选举、决策和审批等事务,相对而言组织业务的行动主体则并不突出。将统计结果严格控制为"by"之后出现的行动主体,表 8 的关键词及排序不变,排序靠前的行动主体均为群体而非个人,且同被动标记词搭配最为紧密,表明这些是选举、决策及审批等组织权力最为重要的行动主体。特别是"理事会"和"多数(人)"两词的对数似然比值高达 1682.5 和 1453,远超其他词语,相比之下,组织领导人——"主席/会长"排序靠后,搭配紧密度远低于前几位的主体。可见,英美发达国家的中文教育 NGO 强调集体决策,会员群体、理事会、各职能委员会是最主要的权力主体,而主席的支配权相对较小。上述国家中文教育 NGO 的组织架构和分权模式与本国的民主制度一脉相承,展现了其民主性特征,也成为组织强化自身合法性的一种策略。此外,组织管理人员的成分大多为当地语言教育从业者、有威望的侨领以及社会精英,民间色彩较强,由上述人员构成的多个权力部门担当 NGO 重要事务的决策,"主席/会长"的支配权相对弱化,充分展现了组织的自治性。

表 8　被动语态标记词"by"的搭配词及频率

类别	单词	频次	对数似然比
行动主体	board	553	2703.5000
	majority	209	1602.5000
	members	372	1566.5000
	directors	277	1372.5000
	committee	286	1221.5000
	president	199	734.0000
	association	241	722.5000
事件	vote	186	1039.0000
	ballot	109	704.5000
	meeting	56	583.5000

① 跨距(span)指由节点词两侧词项构成的文本,以词形为单位计算。过往文献使用同类软件的研究通常跨距设为−4/+4 或−6/+6 之间,本文为排除标点符号等无效字符,将跨距确定为−6/+6。

续表

类别	单词	频次	对数似然比
行动	determined	137	1134.0000
	approved	121	942.0000
	appointed	113	712.0000
	elected	134	642.5000
	signed	195	615.0000

2. "松""紧"结合,组织约束力具有层次递进性

国外中文教育 NGO 的成员可以大致划分为三类:一是决策和管理人员,包括理事会、主席、相关委员会等;二是维系组织日常运转的行政人员,如执行委员会;三是参与组织活动的会员,组织章程对三类群体的要求和管理强度不同。体现在本文的研究数据上,中文教育 NGO 组织章程情态系统的使用,中、低、高量值情态动词的使用频率依次递减。以三类情态动词作为节点词,左右跨距同样设为 6,分别产出搭配词(见表 9)。首先,低量值 may 使用相对较少,该词含有"可以但不必须"的意思,为行为主体提供了自由选择的空间。可以发现该词多用于组织会员的相关描述,同时也用于组织会议、活动方面的描述,表明会员活动、组织的会议及相关活动具有一定灵活性,从总量来看组织规章对于会员的约束并不多,以鼓励和激励为主,以便吸引更多同志壮大组织。其次,中量值 shall/should 使用最多,平均词语搭配紧密度最高。从搭配情况看,该词与职责划分紧密相关,用于描述组织内部部门和岗位的义务及权力,说明这部分是 NGO 内部治理的重中之重,各项规章制度最为完善。该类情态词语表示应尽的责任义务,显示组织对于管理部门岗位的约束强于普通会员,但总体较温和。最后,反映权力意志的高量值 must 频率最低,该类词语表示应服从的命令,使文本带有强迫之意,一定程度上缩小了协商空间。组织章程中这类词的使用集中于会员资格、管理职位选举和提名等事项,对于设有信托制度的组织使用尤为突出[①]。上述事务对于组织而言至关重要,关系到权力机构的产生和运行,因此组织规章在该范围内表现出严格的确定性。

表9　三类情态动词的使用频率及搭配情况

量值	情态动词	使用频次	搭配词(按搭配频次和紧密度降序排列)
低	may	1159	member(s)、board、time、directors、meeting(s)、association、committee、membership、resign、vote
中	shall	3663	committee、president、member(s)、board、meeting(s)、association、directors、membership、elected、officers
	should	100	percent、member(s)、committee、council、chair
高	must	339	member(s)、trustees、meeting(s)、approved、association、submitted、executive、officers、vote、called

注:由于 member 与 members、meeting 与 meetings 在语义上并无差别,故将两组词合并统计。

---

① 信托是一种财产管理制度,本文中指 NGO 组织委托组织管理人员或其他利益相关者对组织的财产进行管理和处置的制度,这类规定往往具有强制性,对受托人员的身份和行为有严格的规定。

综上可以看出，由于国外中文教育 NGO 是志愿组织，其组织方式往往是较为松散的，内部治理的重点多放在各职能部门的设置与管理方面。语言作为章程与成员间的连接，是强化归属感的重要方式，情态动词 may 和 shall 的多次重复使用，潜移默化地把主体自身的权力转化成权利，把他人的服从转化成义务（Thomas et al. 2004）。但组织内部治理也注重"松""紧"结合，在一些关键问题上采用了严格的规定，体现出组织约束力的层次递进性。

三、思考与建议

（一）发挥国外中文教育 NGO 的多元功能，服务人类命运共同体构建

本文研究显示，国外中文教育 NGO 具有语言文化、社会治理和国际事务三大功能。国外中文教育 NGO 是推动国际中文教育发展及附加利益实现的重要主体，同时也是各国 NGO 组织的有机组成部分，天然带有"第三部门"的性质和特点，是政府和市场以外社会治理与服务的重要一方。从本文研究来看，尽管国外中文教育 NGO 组织层次多样，业务范围各不相同，但功能定位多偏于"专门导向型"，仅关注中文教学内部事务，以发挥语言文化功能为主，而社会治理和国际事务等功能的发挥尚不够充分。

新时代背景下，国际中文教育应在做好语言教学主业的基础上，不断丰富服务内涵，向兼顾语言教学与服务经济社会发展转变（李宝贵，刘家宁 2021）。当前，部分国外中文教育 NGO 开始认识到自身的社会治理功能和国际事务功能，不过总体来看，组织在功能规划方面持复合导向和多元导向的比例偏低，说明大部分组织还未意识到自身潜力，或者尚未发展至功能多元化阶段。现代社会治理日趋复杂，政府的职能和功能有限，社会治理与服务主体多元化已成为必然趋势，中文教育机构应当充分把握机会积极参与社会治理，发挥语言规划、社会服务等功能，使中文教育走出学校教育的狭小空间，服务于社会大众乃至国家经济发展，致力于人类社会追求的共同目标。同时，国外中文教育 NGO 是中文教育机构、教师和学习者的利益代表，与相关群体的语言权利、教育权利、工作权利等密不可分。凭借组织的专业性，发挥其社会治理和国际事务功能，促进当地语言文化多样化发展，推动不同群体教育公平，挖掘中文教育的公共服务潜力，不仅有利于解决社会问题，也有利于为中文教育营造更好的发展环境，反向促动组织语言文化功能的发挥。因此，相关各方应进一步提升认识，以语言文化功能为基础，向社会治理和国际事务功能扩展，推动中文教育 NGO 的功能向多元化发展，这将成为中文教育服务于人类命运共同体构建的有力途径。

（二）支持国外中文教育 NGO 的发展，促进组织壮大成熟

党的二十大报告提出，要加快构建中国特色哲学社会科学学科体系、学术体系、话语体系建设，国际中文教育领域也正在积极研究"三大体系"的构建。李宝贵等（2023）论述了国际中文教育"三大体系"的构成要素，"学科体系"方面，国外中文教育 NGO 是中文教育实践的重要平台，是海外中文教师教育和发展的专业组织；"学术体系"方面，国外中文教育 NGO 为学术交流提供了社团、会议和出版物等系列平台；"话语体系"方面，国外中文教育 NGO 是海外中文教育领域重要的话语主体，凭借其多重功能在政策话语、学术话语及大众话语的生

产和传播方面发挥积极作用。

体系构建的关键是"系统性"和"层次性"。从本文的研究来看,国外中文教育 NGO 尚处于发展初级阶段,美、加、英、澳等发达国家的中文教育 NGO 虽已有一定数量积累,但类型和功能不够均衡,某些组织类型尚存空白,其他许多国家和地区尚未建立相关组织。国外中文教育 NGO 组织不够成熟,仅个别较大的组织内部形成了一定关联,多数组织仍处于分散状态,各自为政,缺少沟通协调。未来应当调动各方积极性,推动和支持国外中文教育 NGO 组织向系统性多层次的方向发展,支持成立新型组织,填补结构性空缺;鼓励已有组织扩展视野,完善顶层设计;在单语种、多语种和基金组织间建立有机联系,注重协调互动,以期形成功能互补和协同效应。

章程建设是组织发展成熟的标志之一,对明确组织定位与使命、增强凝聚力具有重要作用。本文研究发现,部分国外中文教育 NGO 尚未制定章程,某些组织章程的功能定位同实际业务存在一定程度的脱节;由于中文教育 NGO 组织形式较松散,部分组织因内部机制不健全导致人员老化、活力低下,长期形同虚设。可见,国外中文教育 NGO 组织建设还有较大提升空间,未来可进一步推动加强章程建设,引导组织活动;同时章程也是组织话语的重要组成部分,反向塑造和强化着组织形象,章程建设对于组织话语的构建也有积极意义。

(三)吸收国外中文教育 NGO 内部治理经验,建立有效的中外合作机制

国外中文教育 NGO 具有较强的自治性,成员以中文教育从业人员为主,多为志愿服务,行政色彩较弱。由于管理人员多为兼职,一些组织人员流动性较大。因此,NGO 的组织方式往往较为松散、灵活,以便在活动时间、地点等方面照顾到成员个人主业的需要,组织规章对于普通成员给予了较大的自由度。但松散的组织形式并没有也不应当影响 NGO 组织功能的发挥,本文研究发现,美、加、英、澳等国中文教育 NGO 在内部治理中十分重视组织架构和集体决策机制,对于理事会、委员会等管理和决策机构具有相对严格的规约,对于重要的组织事务严格规定,强调集体决策,以充分体现其民主性。这种松紧结合的治理思路有利于增强 NGO 组织的运行效率,在人员流动性大的情况下保证组织功能的稳定发挥。发达国家 NGO 内部治理的有益经验可为其他地区处于发展初期的中文教育 NGO 提供参考借鉴。

西方国家对于国际中文教育的"民间性"认知限定在一个独立运作的自治社会自发形成、自我协调的社会教育网络组织。中国的国际中文教育的"民间性"是在国家(政府)主导模式下形成的,由此产生国际中文教育中对"民间性"认知的局限(刘杨 2023)。我国社会组织的分类和性质与国外有所不同,一般分为社会团体、民办非企业和基金会三大类,组织性质方面,官方主导或挂靠管理的居多,完全民办性质的组织数量较少。国内以公立机构为主要成分的社会组织在组织架构和管理制度等方面同国外中文教育 NGO 有着较大差异。如中方公立机构大多为垂直的科层制,权力关系相对集中;而国外中文教育 NGO 多采用民间机构运营方式,区域事业部或项目矩阵式结构较常见,权力关系相对分散。因此,即使同为民间组织,中外双方要开展合作,也需深刻理解对方的内部生态和运行逻辑,国内社会组织不宜将自身发展思路简单套用至国外 NGO,应在充分交流的基础上寻求不同治理体系间的耦合机制。我们应当鼓励中国国内更多民间主体加入中文教育行列,丰富国际中文教育领域民间组织的类型,不断提升国内 NGO 的认知高度和国际视野,积极同国外中文教育 NGO

展开各个层次的交流合作，探索多元主体、多层多维的有效合作机制，更好更快地实现构建开放包容的国际中文教育格局之目标。

参考文献

陈学敏　2008　《关于大学章程的法律分析》，《武汉大学学报（哲学社会科学版）》第 2 期。

戴曼纯，王祖嫘　2023　《国际中文教育发展报告 2022》，北京：外语教学与研究出版社。

方长平，侯　捷　2017　《华侨华人与中国在东南亚的软实力建设》，《东南亚研究》第 2 期。

方小兵　2023　《从话语阐释到话语规划：语言政策研究的话语路径》，《云南师范大学学报（哲学社会科学版）》第 3 期。

何文潮　2010　《美国大纽约地区中文教师学会简介》，《世界汉语教学学会通讯》第 3 期。

黄　甸　2011　《英国汉语教学研究会简介》，《世界汉语教学学会通讯》第 1 期。

黄健平，李　波　2015　《非常规语序句中焦点结构的认知基础及句法表征》，《外语与外语教学》第 5 期。

李宝贵，刘家宁　2021　《新时代国际中文教育的转型向度、现实挑战及因应对策》，《世界汉语教学》第 1 期。

李宝贵，魏禹擎，李　慧　2023　《国际中文教育"三大体系"构建：内涵意蕴、现实境遇与实践逻辑》，《华文教学与研究》第 2 期。

李宇明，唐培兰　2022　《国际语言传播机构发展历史与趋势》，《世界汉语教学》第 1 期。

梁茂成，李文中，许家金　2010　《语料库应用教程》，北京：外语教学与研究出版社。

刘　宏　2012　《中国崛起时代的东南亚华侨华人社会：变迁与挑战》，《东南亚研究》第 6 期。

刘　杨　2023　《国际中文教育的"民间性"》，《哈尔滨工业大学学报（社会科学版）》第 1 期。

米俊魁　2006　《大学章程价值研究》，北京：中国海洋大学出版社。

戚安邦　2004　《论组织使命、战略、项目和运营的全面集成管理》，《科学学与科学技术管理》第 3 期。

王海兰，宁继鸣　2019　《汉语国际传播的微观基础与路径选择》，《云南师范大学学报（对外汉语教学与研究版）》第 2 期。

王祖嫘　2022　《中文国际传播与中国形象认知的相关性研究——来自东南亚五国的实证》，《云南师范大学学报（哲学社会科学版）》第 3 期。

吴坚立　2010　《澳大利亚中文教师联会简介》，《世界汉语教学学会通讯》第 1 期。

湛中乐，徐　靖　2010　《通过章程的现代大学治理》，《法制与社会发展》第 3 期。

张奂奂，高益民　2015　《批判话语分析在大学章程文本中的应用研究——以新加坡国立大学章程为例》，《中国高教研究》第 11 期。

Halliday M. A. K. 1994. *An Introduction to Functional Grammar* (2nd ed.). London: Routledge.

Ravinder S., Sandra T. 2007. Educational provision for refugee youth in Australia: Left to chance?. *Journal of Sociology* 43(3), 283 – 300.

Russell, S. G. 2015. Global civil society and education policy in postgenocide rwanda. *International Sociology*, Vol. 30(6), 599 – 618.

Thomas L., S. Wareing, I. Singh, et al. 2004. *Language, Society and Power*. London: Routledge.

Zhang, S. J. 2017. The role and function of British NGOs in international cultural exchanges. *International Understanding* (1), 18 – 21.

国际中文教育政策演进历程与逻辑：
能动性与客观世界视角

刘立勇[1,2]，熊文新[2]

（1. 石家庄铁道大学　语言文化学院　河北　石家庄　050043；
2. 北京外国语大学　中国语言文学学院　北京　100089）

提　要　国际中文教育的发展不仅涉及自上而下的顶层设计和宏观规划，还需要自下而上的多元参与和互动。基于政策文本分析，从能动性与客观世界视角剖析国际中文教育政策的演进历程及其内在逻辑，可以发现其演进历经起步探索、学科创建、规范建设、调整完善和转型升级五个阶段，其中客观世界变化和政策主体能动性是贯穿政策演进的两大关键驱动力。政治格局、国家战略、社会经济、教育体制等客观世界因素对政策演进具有赋能与制约的双重作用，而多层级、多元政策主体则通过宏观指导、研究合作、对话协商和信息反馈等方式发挥能动性，凝聚共识共同推动政策的演进。未来研究可进一步探讨其他影响政策演进的因素，采用多元的研究方法深入挖掘不同层级政策主体的能动作用，以期更全面地理解国际中文教育政策演进的复杂性和多样性。

关键词　国际中文教育；语言政策；政策演进；能动性；客观世界（结构）

Evolution and Rationale of International Chinese Language Education Policies in China: The Perspective of Agency and Structure

Liu Liyong, Xiong Wenxin

Abstract　The development of international Chinese language education involves both top-down strategic planning and macro-level design, alongside diverse bottom-up participation and interaction. Based on policy text analysis, an examination of the evolution and rationale of international Chinese education policies in China from the perspective of agency and structure reveals that the policy evolution can be categorized into five phases: exploration, creation, standardization, adjustment, and upgrading. Two key driving forces throughout the evolution are the changes in structure and the agency of multi-layered and diverse policy actors. Such structural factors as shifts in political dynamics, national strategies, socio-economic factors, and educational systems enable and constrain the evolution. Simultaneously, multi-layered and diverse policy actors exert agency through mechanisms such as macro-level guidance, research collaboration, dialogue and negotiation, and information feedback, thereby forging consensus and collectively propelling policy evolution.

作者简介：刘立勇，男，石家庄铁道大学语言文化学院副教授，北京外国语大学中国语言文学学院博士研究生，主要研究方向为语言政策与规划、语言传播。电子邮箱：llykevin@bfsu.edu.cn。熊文新，男，北京外国语大学中国语言文学学院教授，主要研究方向为语料库应用研究、汉语国际教育、语言生活。电子邮箱：xiongwenxin@bfsu.edu.cn。
　　* 2022 年教育部语合中心基地项目"国际中文教育发展指数研究与设计"（22YHJD1046）；2023 年国际中文教育研究课题一般项目"语言政策与规划能动性视角下国际中文教师专业发展研究"（23YH07C）；河北省社会科学基金项目"基于语料库的'中国故事'话语研究"（HB21YY022）。

Future research could explore additional factors affecting policy evolution and employ diverse research methods to delve deeper into the agency of policy actors at different layers, aiming for a more comprehensive understanding of the complexity and diversity in the evolution of international Chinese education policies.

Key words　international Chinese language education; language policy; policy evolution; agency; structure

引言

作为国家治理与语言治理的重要组成部分,国际中文教育是实现我国国家通用语国际拓展能力的重要途径,更在推动中国文化走向世界、服务国家外交战略中发挥着不可替代的作用(王春辉 2021;张天伟 2020)。从历史维度审视,国际中文教育的命名演变——从"对外汉语教学"到"汉语国际教育"再到"国际中文教育"——不仅反映了其学科与事业发展的历史轨迹,更映射出背后多元影响因素的复杂交织。这些因素包括但不限于国际政治经济格局的变迁、语言政策与教育体制的调整、社会资源的重新配置以及各类社会活动与项目的推动等(吴应辉 2016)。尽管现有国际中文教育研究在语言学和教育学理论和方法的指导下,已在学科发展、二语习得、跨文化教育及教师专业发展等方面取得了显著成果,但对于国际中文教育政策的演进及逻辑的系统研究仍显薄弱。深入探究这一领域,不仅有助于理解各时期政策制定的社会历史背景、目的与动因,更能为制定精准有效的教育政策以促进其可持续性发展提供重要依据。

随着语言政策与规划研究范式的不断演变,特别是近 20 年来对语言规划主体及其能动性关注的提升,相关研究已从描述性的实践层面逐步扩展到解释性的思辨层面,并进一步上升到深层的理论构建层面(赵守辉 2021)。在这一转变中,能动性与客观世界(agency and structure)视角因融合了自上而下和自下而上、隐性与显性相结合的研究范式,具有独特的解释力和广泛的适用性,已逐渐成为 LPP 研究的热点之一(Liddicoat & Taylor-Leech 2021;张天伟 2023a)。然而,尽管 LPP 领域对能动性与客观世界视角的探讨日趋深入,但这一视角在国际中文教育政策研究中的应用仍显不足。国际中文教育的推进不仅需要国家和政府层面的顶层设计和宏观规划,也需要地方政府、组织机构、个体等多元主体的积极参与和互动,以实现自上而下与自下而上两种路径的良性互动(戴曼纯 2021;王春辉 2021)。鉴于此,本文尝试将能动性与客观世界视角引入国际中文教育政策研究领域,通过系统分析政策主体的能动性及其与政策环境的互动性,揭示国际中文教育政策的演进历程及逻辑,以期为后续国际中文教育政策的制定和优化提供些许参考。

一、能动性与客观世界的研究视角

学界对能动性概念有多种界定,主要包括个体潜能观、调节行动观以及时空过程观三种观点。其中,个体潜能观将能动性视为个体的一种内在特质,侧重强调在理性选择和道德因素的共同作用下,个体所展现出的选择与判断能力(Bandura 2006)。相对而言,调节行动观则更注重自我反思、人际互动以及社会文化等因素对能动性的调节作用,认为能动性是机构、群体和个体在与客观世界、文化环境和物质资源的动态互动中展现出的一种行动力（Ahearn 2001）。而时空过程观将能动性概念化为一种动态的社会参与过程，受过往经历、未来愿景和即时情景等多重因素的影响，在不同的时空社会化情境中能动性得以涌现和发展（Emirbayer & Mische 1998）。能动性被视为区分实证/技术方法与批判/后现代研究方法的关键变量（Ricento 2000：208），但已有研究对语言政策中的能动性概念尚缺乏深入探讨。多数研究主要根据各自的研究议题对能动性进行操作性定义和描述，通常将其视为一种行动力或参与过程，即多层级主体对语言政策进行独特性阐释，进而选择性地采取行动并不同程度参与 LPP 的能力和过程。例如，"个体或群体影响或改变语言和/或语言使用的能力"（Tollefson 2013：27），或"在政策制定和实施过程中表现出的抵制和/或绕过政策规定参与语言规划的能力"（Bouchard & Glasgow 2019：45）。

客观世界涵盖个人和群体关系、行为模式以及构成社会行动的制度化规范、意识形态和认知框架等，在塑造社会运作和个体认知方面起着至关重要的作用（Liddicoat & Taylor-Leech 2021）。客观世界不仅为语言政策的制定与实施提供了宏观背景，还通过其内在的社会机制对政策主体的能动性产生深远影响。因此，探究客观世界与主体能动性之间的互动关系一直是重要研究议题之一。Tollefson（2013）提出的历史—结构（historical-structural）和公共空间（public sphere）两种研究范式，正是这一互动关系的具体体现。前者强调客观世界对个体和群体语言行为的影响、制约，后者则更关注其在语言实践中的能动性和创造性。实际上，语言政策的制定与实施是一个涉及多重因素和多个阶段的复杂过程，是政策主体能动性与客观世界互动协商的结果（Bouchard & Glasgow 2019）。作为一种社会资源和权力机制，语言政策既可被视为塑造政策主体行为的客观世界，对其能动行为产生赋能或制约作用，也可被视为政策主体发挥能动性的重要表现（Johnson 2013；Liddicoat & Taylor-Leech 2021）。具体而言，在语言政策的制定、阐释、援用（appropriation）和落实（instantiation）四个阶段，政策主体的能动性和创造性在"援用"和"落实"两个阶段尤为突出。前者涉及政策主体如何根据具体情境和需求有选择地使用语言政策，而后者则揭示了政策主体如何在实际操作中影响语言使用和社会实践（Johnson 2013）。

传统的国际中文教育政策研究往往过于关注政府和官方机构的政策制定与实施过程，以及背后的社会、政治、经济等宏观因素，而对不同层级政策主体的能动作用则相对忽视。这种取向忽视了能动性与客观世界互动对政策演变的重要影响，从而无法全面揭示语言政策演变的深层逻辑和多元动因。相比之下，能动性与客观世界的研究视角突破了传统研究的局限，将能动性与客观世界视为一个相互交织、相互影响的整体进行探究。这一视角不仅有助于深入理解语言政策主体在政策制定与实施过程中的能动作用，还能揭示出多元政策主体之间的多维能动性与复杂客观世界的相互关系，为语言政策理论与实践研究提供新的思路和视角（Liddicoat & Taylor-Leech 2021；张天伟 2023b）。探究客观世界与主体能动性之间的辩证互动关系，是理解语言政策演变和成效的关键。通过深入剖析不同维度能动者的多维能动性与复杂层级性，以及客观世界对国际中文教育政策的影响和塑造作用，可以更加清晰地揭示政策演变的内在机制和动因。

二、国际中文教育政策的演进历程

国际中文教育具有多层次属性,包括国家层面的事业属性、学校层面的学科属性和行业层面的产业属性(宁继鸣 2018;郑东晓,杜敏 2022)。作为一门学科,国际中文教育历经三次名称变迁,分别为对外汉语教学、汉语国际教育以及国际中文教育;作为一项事业,它交叉使用四个名称,包括对外汉语教学、汉语国际推广/传播、汉语国际教育和国际中文教育(王春辉 2021)。名称的变迁不仅反映了国际中文教育学科和事业的发展历程,也体现了不同时期对于国际中文教育的理解和定位。为准确反映其历史沿革和尊重引文作者观点,在讨论各发展时期以及引用政策原文或作者观点时,我们保留当时名称,而在泛指该学科领域时,则统一使用"国际中文教育"。国际中文教育涵盖国内的对外汉语教学、海外的国际中文教学和海外华文教育等多个层面,但本文只关注内地制定的国际中文教育政策,港澳台地区,世界其他国家和地区的中文教育政策以及海外华文教育政策不在考察范围之内。

国际中文教育政策是一个由多类政策文本和规范标准共同构成的复杂体系。首先,它包括政府部门为推动国际中文教育发展而直接制定的政策文件。这些文件以法律法规、规划纲要、章程方案、办法决定、通知意见等形式存在,是国际中文教育政策体系的核心部分。其次,政策体系还涵盖教育部及相关部门对涉及国际中文教育建议及议案的答复,国家领导人和部委领导就国际中文教育工作所做的讲话、致辞、主旨演讲等。此外,社会团体在国际中文教育学科建设及教学管理等方面所制定的标准、大纲等规范性文件也是政策体系的重要组成部分。

基于以上对国际中文教育政策的界定,我们在中国教育部官网和中国知网政府文件数据库,以"对外汉语教学""汉语国际教育""国际中文教育""汉语国际推广""汉语国际传播""国际中文传播""孔子学院""来华留学""国际中文教师""汉语/中文教师志愿者"等为关键词进行全文检索。部分来华留学生教育政策文本摘自李滔(2000)编写的《中华留学教育史录(1949 年以后)》。此外,我们不仅关注直接以国际中文教育为主题的政策文件,还将那些虽非主题但涉及相关内容或间接对其发展产生影响的政策文件纳入考量范围,最终筛选出297 份政策文本作为研究对象。基于国际中文教育发展历程中的标志性事件和关键政策文件,本文将国际中文教育政策的演进划分为五个时期:起步探索期、学科创建期、规范建设期、调整完善期和转型升级期。

(一)起步探索期(1950—1977 年)

1. 实施汉语本体规划和地位规划。本时期政府部门和官方语言机构是政策规划的主体,其核心任务是选择和确定国家共同语并进行推行、普及。在共同语的选择和确定方面,语言规划重点在于推行语言文字改革,简化和整理汉字以及制定和推行汉语拼音方案。1955 年 10 月,全国文字改革会议通过《〈汉字简化方案〉修正草案》,确定了普通话的民族共同语地位;同期,中国科学院举办了"现代汉语规范问题学术会议",首次系统探讨了现代汉语规范的基础理论,为普通话的推广提供了理论支撑。随后,国务院相继发布了关于汉字简化和汉语拼音方案的决议、法规,进一步巩固了普通话的地位。在共同语的推行和普及方面,《关于推广普通话的指示》(1956)明确了普通话的定义和推广范围,为对后续对外汉语教学与实践以及汉语国际传播奠定了坚实的基础。

2. 对外汉语教学实践的初步展开。对外汉语教学实践主要包括面向来华留学生的汉语教学和向海外派遣教师教授汉语两个方面。1950 年,清华大学设立了"东欧交换生中国语文专修班",培养来自与中国建交的社会主义国家的第一批来华留学生;1952 年,著名语言学家朱德熙等人赴保加利亚教授汉语,标志着派遣汉语教师的工作开始,为汉语教学的国际化奠定了基础。本时期对外汉语教学注重汉语作为工具的实用性,通过对来华留学生进行汉语预备教育,帮助他们掌握基本的汉语知识和技能,以更好地支持其专业学习(韩亚文,李丹 2022)。

3. 政府对来华留学生教育的全面监管。新中国接受外国留学生的初衷源于政治需求,来华留学生教育主要通过政府间签署文化教育合作协定,以互换或派遣留学生的方式进行。招生和管理制度由政府直接管控,受委托的高校仅负责汉语教学实践和具体管理。为规范来华留学生的管理工作,政府颁布了一系列文件和条例,如《关于加强东欧交换来华留学生管理工作的协议(草案)》(1951)、《各人民民主国家来华留学生暂行管理办法(草案)》(1954)、《关于各国来华留学生管理工作的注意事项》(1955)、《外国留学生工作试行条例(草案)》(1962)、《关于外国留学生教学和管理工作的暂行规定》(1974)等。这些举措初步构建了来华留学生工作的管理制度,明确了各部门、学校、使馆在留学生管理中的职责和工作要求。

(二)学科创建期(1978—1987 年)

1. 学科地位的确立。1978 年,中国社会科学院召开北京语言学科规划座谈会,首次提出将面向外国人的汉语教学作为一个独立学科,并建议成立专门的研究机构。《关于高等院校开办外国人短期中文学习班几个具体问题的通知》(1981)首次从国家政策层面强调"将教授外国人汉语作为一门与教授中国人外语同等重要的学科加以认真对待"(李滔 2000)。1983 年,中国教育学会对外汉语教学研究会成立,正式确立了"对外汉语教学"的学科名称。1984 年,时任教育部长何东昌在第三次全国外国留学生工作会议报告中进一步确认了对外汉语教学作为新兴学科的地位,标志着对外汉语教学的学科名称及学科地位得到政府的正式确认。1987 年,世界汉语教学学会的成立为国际汉语教学与研究交流提供了平台,有力地推动了对外汉语教学的国际合作与学科发展。

2. 强化政府宏观管理和行政领导。本时期对外汉语教学仍以服务我国政治和外交大局为主,是中国智力援外工作的重要内容。政府和高校都加强了对这一领域的宏观管理和行政领导,以确保其多层次、多渠道稳步发展。1987 年 7 月,国务院 8 个部门(后扩充为 11 个)联合成立了"国家对外汉语教学领导小组办公室",负责统一领导和协调全国的对外汉语教学工作,进一步提升了政策的一致性和协调性。随后,各高校也积极响应政府的政策导向,加强了对对外汉语教学机构的行政领导。

3. 拓展来华留学生类别。在此时期,对外汉语教学规模迅速扩大,学生来源和类别日趋多样,涵盖了商贸、科技、卫生等更广泛的领域(李滔 2000)。政府相继发布了《外国留学生工作试行条例(修订稿)》(1979)、《外国留学生管理办法》(1985)、《关于外国留学生来华学习的有关规定》(1986)、《关于加强和改进外国来华留学生管理工作的通知》(1987)等一系列政策文件,进一步规范了留学生的管理和培养工作,逐步赋予地方和高校一定的管理权限。同时,教育部发布了《关于高等院校开办外国人短期中文学习班问题的通知》(1980)、《关于实行为外国人举办短期学习班的有关规定的通知》(1983)等文件,鼓励并规范了高校通过校际交流和其他途径自主招生短期留学生的行为。

(三)规范建设期(1988—2003 年)

1. 推广对外汉语教学与强化国家通用语规划。1988 年和 1999 年召开的第一次和第二次全国对外汉语教学工作会议明确了对外汉语教学在国家层面的重要性,并将其纳入国家战略传播发展的范畴。随着《中华人民共和国国家通用语言文字法》(2001)的实施,普通话和规范汉字作为国家通用语言文字的法定地位得以确立,为语言文字的规范化和标准化发展提供了法律保障。在此背景下,汉语的国际推广和声望提升逐渐成为工作重心,学界开始研究对外汉语教学的语言规划价值,认识到对外汉语教学在实现国家通用语言文字国际传播战略中的重要作用(郭龙生 2006)。

2. 对外汉语教学学科的标准化和规范化建设。《汉语水平等级标准和等级大纲(试行)》(1988)、《汉语水平考试大纲(初、中等)》(1989)、《对外汉语教师资格审定办法》(1990)、《汉语水平词汇与汉字等级大纲》(1992)、《中国汉语水平考试(HSK)办法》(1992)、《汉语水平等级标准与语法等级大纲》(1996)等一系列大纲和标准相继颁布,标志着对外汉语教学在教学目标、课程内容、教材编写、考试标准等方面逐步实现了标准化、规范化和科学化,为对外汉语教学的可持续发展和汉语国际传播工作的顺利开展奠定了坚实的基础(吴勇毅 2021)。

3. 初步构建对外汉语教学政策体系。政府部门、高等院校、学术机构等逐步成为对外汉语教学政策制定的主体,初步构建了涵盖教学标准、学科研究、教师队伍建设、汉语水平考试、来华留学教育管理等多个方面的政策体系。《对外汉语教师资格审定办法》(1990)明确了对外汉语教师的资格审定的标准和程序,提升了教师队伍的整体素质;《关于普通高等学校授予来华留学生我国学位试行办法》(1991)、《接受外国来华留学研究生试行办法》(1992)、《关于接受外国高等专科院校毕业生来华攻读本科毕业文凭课程有关问题的通知》(1995)等政策进一步规范了来华留学生的管理和培养工作,完善了以高校教育为主体的多渠道、多层次的对外汉语教学体系;《中国教育改革和发展纲要》(1993)更是首次从国家政策层面强调了加强对外汉语教学工作的重要性。

(四)调整完善期(2004—2018 年)

1. 从"对外汉语教学"到"汉语国际推广"的战略转变。为应对全球化趋势和多元化需求,传统的对外汉语教学模式逐步向汉语国际推广转型。2004 年,海外孔子学院的建立不仅促进了中外语言文化的深度交流,还强化了双方的互动与合作;同年,教育部发起的"汉语桥"工程,明确将"集成、创新、跨越"作为对外汉语教学和汉语国际传播工作的发展战略(章新胜 2005)。2006 年,原"国家对外汉语教学领导小组"更名为"国家汉语国际推广领导小组",反映了从教学到推广的战略性调整。《关于加强汉语国际推广工作的若干意见》(2006)的颁布和全国汉语国际推广工作会议的召开,进一步明确了汉语国际推广的指导思想、总体规划及政策措施,强调从发展战略、工作重心、推广理念、推广机制、推广模式和教学方法等六大方面,全面实现"对外汉语教学"到"汉语国际推广"的转变(陈至立 2015)。

2. 探索政府引导、社会力量广泛参与、市场化运作的汉语国际推广模式。随着中文的经济价值和产业价值日益凸显,汉语国际教育逐渐从专业化的汉语教学领域拓展到大众化和应用型领域。国家领导人和相关政策文件多次强调,应加强国际中文教育的民间化和市场化运作,为社会力量参与国际中文教育产业化发展奠定了坚实的政策基础。《国家中长期教育改革和发展规划纲要(2010—2020 年)》(2010)、《中共中央关于深化文化体制改革推动社会主义文化大发展大繁荣若干重大问题的决定》(2011)、《中共中央关于全面深化改革若干重大问题的决定》(2013)、《推进共建"一带一路"教育行动》(2016)、《关于加强和改进中外人文交流工作的若干意见》(2017)等,均强调要加大汉语国际推广力度,积极探索政府与民间相结合的推广新模式,鼓励并引导社会各界积极参与孔子学院和海外文化中心建设以及汉语国际推广工作。此外,通过实施《汉语作为外语教学能力认定办法》(2004)、《国际汉语教师中国志愿者计划》(2004)、《汉语国际教育硕士专业学位设置方案》(2007)、《汉语教师志愿者工作管理办法》(2008)等一系列举措,改革和完善了对外汉语教学专门人才培养体系,进一步扩大了对外汉语教师申请者的范围,并选派大量在职教师、在读研究生和高校应届毕业生等赴国外从事汉语教学志愿服务工作,极大地推动了汉语国际教育的普及和发展。

3. 汉语国际教育政策体系的逐步完善。本时期政策制定和实施逐渐呈现多元化的趋势,涉及政府部门、语言研究机构、专业协会、企事业单位和社会组织等多方力量。围绕汉语国际推广、孔子学院建设、师资队伍培养、教师志愿者工作、汉语水平考试、汉语国际教育标准等方面,逐步建立起一套系统的政策体系,为汉语国际教育学科和事业发展创造了有利的政策环境。《国际汉语能力标准》(2007)、《国际汉语教学通用课程大纲》(2008)、《新汉语水平考试大纲》(2009)等一系列纲领性文件的发布,为汉语国际教育的教学目标、课程设计、教材编写以及标准化考试等方面提供了明确指导;《汉语国际教育用音节汉字词汇等级划分》(2010)创建了适用于汉语国际教育的音节汉字词汇的三维基准体系,是首个以汉语作为第二语言/外语教育的国家标准;《国际汉语教师标准(2007 年)》《国际汉语教师标准(2012年)》构建了国际汉语教师应具备的知识、能力和素质的基本框架,为国际汉语教师的培养提供了参照标准和学术依据。此外,《孔子学院发展规划(2012—2020 年)》(2012)和《关于推进孔子学院改革发展的指导意见》(2018)等,从国家战略高度对孔子学院发展做出顶层规划和规划布局,提出孔子学院改革发展要"围绕建设中国特色社会主义文化强国,服务中国特色大国外交",强调"把孔子学院打造成集教育合作、文化交流、学术研究、职业培训等功能为一体的重要基地"(教育部 2018),为推动中国语言文化走向世界贡献重要力量。

(五)转型升级期(2019 年至今)

1. 国际中文教育政策体系的系统化与多元化。这一时期的国际中文教育政策呈现出明显的系统化趋势,各项政策相互衔接、互为补充,共同构成了一个全面而系统的政策体系。在提升中文国际地位和影响力、完善国际中文教育标准体系及优化来华留学教育质量等方面,多项政策均制定了具体的实施方案和措施,体现了政策的系统性和连贯性。具体而言,《中华人民共和国国民经济和社会发展第十四个五年规划和 2035 年远景目标纲要》(2021)、

《关于全面加强新时代语言文字工作的意见》(2021)等国家层面的纲领性政策,强调要提升中文在国际舞台上的地位和影响力,扩大中文在全球的应用范围,以更好地服务"一带一路"倡议和构建"人类命运共同体"等国家战略。同时,针对来华留学工作也提出了一系列规范化要求和管理措施,旨在全面提升来华留学教育的整体质量和水平。

2. 国际中文教育标准体系和资源体系的全面深化与完善。2019 年 12 月召开的国际中文教育大会以"新时代国际中文教育的创新和发展"为主题,孙春兰副总理在主旨演讲中明确提出要完善国际中文教育标准,构建更加开放、包容、规范的国际中文教育体系。2020 年 6 月,孔子学院总部更名为中外语言交流合作中心,承担制定和实施国际中文教育总体战略、建设系列国家标准以及管理国际中文教育资源体系等重要职责,标志着国际中文教育进入了全新的发展阶段。《国际中文教育中文水平等级标准》《国际中文教育中国文化和国情教学参考框架》《国际中文教师专业能力标准》等一系列标准性文件相继发布,为构建中国语言文化全球传播体系和国际中文教育标准体系提供了有力支撑和保障。这些文件的发布不仅推动了国际中文教育学科建设的科学化和规范化进程,也为全球范围内的中文学习者提供了更为明确和系统的学习指导和支持。同时,《国际中文在线教育行动计划(2021—2025年)》《国际中文教育教学资源建设行动计划(2021—2025 年)》《国际中文教育数字资源建设指南(试行)》等文件的发布,进一步推动了国际中文教育资源体系的全面优化和升级,为提升国际中文教育质量提供了坚实的资源保障。

3. 国际中文教育的数字化与产教融合发展。当前政策更加注重鼓励和支持国际中文教育的多元化和实用性发展,推动国际中文教育与实际产业的深度融合发展。孙春兰副总理在 2019 年国际中文教育大会讲话中强调了将语言教学与特色课程相结合的重要性,通过推进"中文＋职业教育"项目来满足不同国家和地区对中文教育的多样化需求。之后,《职业教育提质培优行动计划(2020—2023 年)》(2020)、《关于推动现代职业教育高质量发展的意见》(2021)、《关于深化现代职业教育体系建设改革的意见》(2022)等文件均鼓励和支持中国职业教育与国际中文教育相结合,依托海外中资企业推广"中文＋职业/专业"的多元化教育模式。这种模式不仅增强了中文教育的实用性和应用性,也为培养熟悉中华传统文化和专业技能的本土化人才提供了新的路径。此外,随着国际中文教育产业成为国际合作交流的重要桥梁,政策制定侧重于推动国际中文教育的非官方化和市场化发展,以降低政策性风险并为中文国际传播创造更多的发展空间和机遇。

三、国际中文教育政策的演进逻辑:主体能动性与客观世界的互动

语言教育政策作为塑造语言实践的核心机制,是语言政策强制力和操控力的主要形式,它不仅体现了决策者将其语言意识形态转化为语言实践的意图,还可被视为一种自下而上的协商机制,赋能规划对象提出改变现状的策略性建议,进而影响语言政策的制定和调整。国际中文教育政策作为语言教育政策的重要组成部分,不仅是对社会动态的映射,也是我们理解和诠释客观世界的重要工具,其制定和实施过程超越了单一的语言教育层面,深入涉及国家发展战略及国际关系等复杂议题。国际中文教育政策的演进是一个动态过程,其驱动力源于外部环境与内部需求的不断变化,是政策主体能动性与客观世界之间相互作用和相

互影响的结果。客观世界涵盖政治经济格局的变动、社会文化的变迁等因素,为政策制定提供了宏观背景并深刻影响政策调整与演变的方向。同时,多元化、多层级的政策主体,包括国家机构、教育机构、社会团体等,均在政策过程中发挥了积极的能动性。

(一)客观世界变化对国际中文教育政策演进的赋能与制约

客观世界的变化不仅塑造了社会运作的方式与人们感知和思考世界的方式,还为政策制定提供了必要的背景与支持,深刻影响着政策的演变轨迹。其中,政治格局的改变、国家战略的调整、社会经济的变革以及教育体制的改革等因素,对国际中文教育政策的发展与变化产生了深远影响。

1. 政治格局与国家战略的导向作用。语言教育作为执政阶层实现政治、教育和经济目标的手段,其政策走向主要由国家政治体制与意识形态所决定。以对外汉语教学为例,其初期主要服务于政治需求,作为国家外交工作的重要组成部分,具有浓厚的政治色彩(李宇明,翟艳 2021)。1963 年召开的第一次全国外国留学生工作会议就明确了对外汉语教学的定位,即服务于中国的政治与外交大局,促进国际文化交流并增进中国与世界各国的相互了解和友谊。随着时代的发展,对外汉语教学的重点逐渐从服务外交大局拓展到涵盖国家发展战略和经济社会发展的多个方面,国家开始实施"汉语国际推广"战略,将对外汉语教学作为国家实施"走出去"战略以及提升国家文化软实力建设的重要组成部分。孔子学院的布局和建设也积极响应"一带一路"倡议和构建"人类命运共同体"等国家战略,为"一带一路"沿线国家培养通晓中外语言文化的本地人才(刘利 2018)。然而,国际中文教育仍面临"中国威胁论"、国际政治格局多变、逆全球化趋势等复杂因素的挑战,国家准确识变、科学应变、主动求变,调整了国际中文教育的发展理念,以创建更加开放包容的国际中文教育新格局。

2. 社会经济变革的驱动作用。社会经济的变革为国际中文教育政策的发展提供了强大动力。在对外汉语教学的早期阶段,由于计划经济体制的封闭性和国家经济水平的相对较低,对外国留学生的吸引力较弱,对外汉语教学主要采取公益性教育模式。随着改革开放政策的实施、社会主义市场经济体制的确立以及经济建设成为国家战略的核心,尤其是随着我国加入世界贸易组织和改革开放的持续深化,中国的经济开始迅速稳步发展,综合国力及国际地位也随之提升。这为对外汉语教学学科和事业发展创造了历史性机遇,推动了其从服务国内向服务全球的转变,在服务国际政治交往的同时,逐渐凸显出服务国际经济贸易和人文交流的特征。进入 21 世纪后,随着中国经济的持续高速增长和经济全球化的加速,各国对中文人才的需求持续增长,这进一步推动了国际中文教育政策的拓展和深化。《留学中国计划》(2010)提出建设与经济发展相适应的留学教育大国的战略目标,以提升中国在世界舞台上的形象和品牌声誉。随着中文的经济价值及社会价值的不断提升,经济因素逐渐取代政治因素成为国际中文教育发展的主要驱动力,国际中文教育不再仅仅是政治人文交流的产物,更是经济发展的重要引擎。国际中文教育产业化发展已具备了良好的现实基础和发展条件,在"坚持公益为本,激活经济效能"理念的指导下,数字化和智能化技术为国际中文教育产业的高质量、可持续发展提供了支持(郑东晓,杜敏 2022)。

3. 教育体制改革的推动作用。我国教育管理体制改革经历了从计划经济体制下的"包得过多、统得过死"到市场经济体制下的"简政放权、放管结合"的转变。以来华留学教育管理体制为例，其发展历程经历了从中央政府统一集中管理到政府宏观管理、地方协调管理，再到高校自主管理的转变，逐步建立起中央、地方和高校的三级管理体制，高校逐渐成为来华留学教育的管理主体（刘宝存，彭婵娟 2019）。政策的调整也反映了这一发展过程，如《关于招收自费外国来华留学生的有关规定》（1989）将自费留学生的审批权下放到省级教育行政部门；《高等学校接受外国留学生管理规定》（2000）明确了教育行政部门与高校的职责和权限，强调由高校具体负责外国留学生的招生、教育教学及日常管理工作；《留学中国计划》（2010）强调了教育部、省级教育行政部门、来华留学教育机构之间的三级管理体制架构。随着来华留学教育管理体制的深化改革和不断完善，相关政策也得到了逐步调整和优化，工作重点从追求速度和规模增长逐渐转向注重质量提升和内涵发展；《关于做好新时期教育对外开放工作的若干意见》（2016）将"加快留学事业发展，提高留学教育质量"作为新时期教育对外开放的重点工作之一；《来华留学生高等教育质量规范（试行）》（2018）首次针对来华留学教育制定全面系统的质量规范体系，完善了来华留学生教育质量的监管和保障机制；《中国教育现代化 2035》（2019）进一步提出"建立并完善来华留学教育质量保障机制，全面提升来华留学质量"的战略目标；《关于深入推进世界一流大学和一流学科建设的若干意见》（2022）则再次强调"全面提升来华学历学位留学教育质量"。这些政策调整不仅反映了我国教育体制改革的成果和进步，也为国际中文教育政策的制定和实施提供了更加明确和有力的指导。

（二）政策主体能动性对国际中文教育政策演进的调节

Haarmann（1990）提出了语言政策主体的层级分类，将语言规划者划分为政府、机构、团体、个体四个层级。就国际中文教育政策规划而言，政府层面指执政党、立法机关和行政机关的官方决策行为，机构层面指具体负责国际中文教育政策规划国家机构的组织行为，团体层面指语言政策研究的相关机构、学会和中心等团体的集体行为，个体层面指国际中文教育相关者的个人行为。根据 Zhao & Baldauf（2012）的分类，语言规划的个体层面可细分为掌权者、专家学者、有影响力者和利益相关者。在国际中文教育领域，掌权者包括党和国家领导人、教育部各级主管部门负责人、高校校长等，专家学者包括国际中文教育和语言政策与规划等领域的专家学者，有影响力者包括社会知名人士、人大代表、政协委员等，利益相关者包括国际中文教师、志愿者、相关组织及机构工作人员、来华留学生等。本部分将重点从语言规划主体的个体层面出发，探讨政策主体能动性对国际中文教育政策演进的调节作用。

1. 掌权者的宏观规划与战略引领。党和国家领导人历来高度重视国际中文教育的发展，并为其提供了坚实的政治支持和宏观指导。中华人民共和国成立初期，毛泽东、周恩来等老一辈革命家亲自推动建立专门从事对外汉语教学的高等学校，并设置了一批对外汉语教学专业（陈至立 2015）。邓小平同志提出的"教育要面向现代化，面向世界，面向未来"思想为我国教育事业及国际中文教育的改革和发展指明了方向。在邓小平同志的亲自关心和指导下，国务院批准成立"国家对外汉语教学领导小组"以加强对对外汉语教学工作的宏观管理和统筹协调（陈至立 2015）。胡锦涛总书记多次强调要统筹规划、扎实推进汉语推广工作，并加大对合作建立孔子学院的支持力度以加速其全球布局进程（教育部 2007），明确了国际中文教育的国际化发展路径和战略重点。习近平总书记在国内重大会议和国际交流时多次谈及语言传播问题，提出了语言功能"钥匙论"、语言传播新方位、语言传播"五观说"等重要理念,对推动中文国际传播及国际中文教育发展具有重要的引领作用和指导意义(李宝贵2019)。

2. 专家学者的智力支持和理论支撑。专家学者的理论研究和学术成果为国际中文教育学科建设、事业的高质量发展提供了有力的理论支撑与智力支持。作为我国对外汉语教学学科的主要奠基人,吕必松教授对早期对外汉语教学工作进行了全面的宏观规划和总体设计,提出的"总体设计理论"为对外汉语教学理论体系的建设和完善奠定了坚实基础。20世纪90年代开始,学术界围绕对外汉语教学的学科性质、定位以及理论体系等核心问题展开了广泛而深入的探讨,并达成了重要共识。这些共识明确了对外汉语教学作为"第二语言教学"而非"文化教学"的基本性质,深化了人们对对外汉语教学学科特点和规律的认识与理解,极大地促进了对外汉语教学学科建设和专业化发展进程(刘利2018)。进入21世纪后,"汉语国际教育"作为一门新兴的交叉学科受到各领域专家学者的广泛关注和研究。他们针对其学科性质、理论框架、知识体系、教材与师资、推广策略等方面进行了深入研究并取得丰硕成果。面对新时代国际中文教育事业发展面临的新挑战和新机遇,学界积极探索国际中文教育转型升级路径、标准体系及资源体系建设、中文国际传播能力提升、"中文+职业/专业"发展模式等热点议题,推动构建办学主体多元、教育类型多样、线上线下资源整合的国际中文教育体系(宁继鸣2022)。这些研究成果不仅丰富了国际中文教育的理论内涵,也为政策制定和实践创新提供了有力支撑与借鉴。

3. 有影响力者的建言献策与积极推动。有影响力者通常在各自领域具有显著的引领力和影响力,通过发表言论、提出建议或议案、参与听证会等方式,对政策的制定和演进产生影响并推动相关政策不断完善、发展。他们通过公开演讲或发表文章,提高公众对国际中文教育的认知和支持;通过参与政策讨论和听证会以及提交有关国际中文教育的建议和议案,直接向政府表达对国际中文教育的看法和建议,推动政府调整和优化相关政策。我们检索的数据显示,2006—2023年期间共有67份与国际中文教育相关的建议和提案,内容涵盖学科建设、师资培养、资源分配、中文国际化推广以及在线中文教育等多个方面。这些建议和提案包含了丰富的实践经验、理论思考,不仅反映了社会对国际中文教育的关注和期望,也体现其发展趋势,对政策制定者来说具有很高的参考价值。许多建议和提案被政府采纳并转化为实际行动,推动了国际中文教育政策在微观和宏观层面的调整、优化。

4. 利益相关者的直接体验与信息反馈。作为政策的主要接受者,利益相关者能够直接体验政策效果并提供宝贵反馈。他们能够根据自身的实践经验和专业知识揭示政策的优点与不足,为政策制定者提供重要参考依据。例如,国际中文教师和志愿者可以根据自身的教学实践,提出教材选用、教学方法改进、评估体系建立、教学资源分配、师资质量提升等方面的建议,使政策制定更加贴近教学实际需求。组织机构工作人员则更加关注政策的执行力度、目标的达成度以及资源和资金的投入等问题,他们能够提供政策执行过程中的实际反馈,以确保政策能够高效、有效地落地实施。此外,来华留学生的学习体验和教育需求也对国际中文政策调整和改进具有独特的价值。他们对中文学习的多元化需求能够推动课程设置及课程内容的调整,提供更为个性化的学习体验;关于学习困难的反馈有助于教学方法和教材编写的改进等。总之,只有深入了解国际中文教育利益相关者的实际情况,充分反映他们的意见建议,广泛集中他们的智慧,才能帮助政策制定者更好了解政策实施效果以及待改进之处,从而制定出更符合实际需求、更具有操作性和持续性的政策。

四、结语

纵观国际中文教育政策 70 余年的演进轨迹可以发现,客观世界变化和政策主体能动性是推动其发展的两个核心驱动力。两者相互交织、相互影响,共同塑造了国际中文教育政策的历史脉络与现实图景。从外生性动力的角度来看,政治格局的变迁、国家战略的调整、社会经济的转型以及教育体制的改革等宏观因素,构成了国际中文教育政策演进的客观背景,对国际中文教育政策的演进具有赋能和制约作用。换言之,国际中文教育政策与客观世界之间存在着一种动态的平衡关系,既相互塑造,又相互制约。从内生性动力的角度来看,国际中文教育相关的掌权者、专家学者、有影响力者和利益相关者等政策主体,在国际中文教育政策的演进中发挥了不可或缺的作用。他们通过宏观指导、研究合作、对话协商以及信息反馈等方式,积极参与并推动了政策的制定与调整。这些政策主体的能动性不仅体现在对政策内容的解读和阐释上,更在于对政策实施过程的监督和反馈,为国际中文教育的发展注入了持续的动力。

然而,本研究仍存在一定的局限性和不足,有待未来研究进一步深化和拓展。首先,在分析客观世界对国际中文教育政策的影响时,本文主要关注了政治、经济、教育等显性因素,而对社会文化、意识形态等隐性因素探讨相对不足。未来研究可尝试将这些隐性因素纳入其中,以更全面地揭示政策演进的深层逻辑和多元动因。其次,本文主要采用政策文本分析法,只对最具代表性的政策主体能动性进行了初步探讨。未来研究可采用更多元的研究方法,如话语分析、问卷调查、深度访谈、个案研究等,以更全面深入地揭示政策主体在政策演进中的能动作用。例如,通过话语分析对国家领导人、教育部长、国家语言文字工作委员会主任等的公开讲话进行深入解读;通过问卷调查和深度访谈了解国际中文教育相关机构工作人员的真实想法和实践经验;从能动性与客观世界视角对具体一项国际中文教育政策进行深入的个案分析。此外,对于地方政府、语言政策研究机构、新闻媒体等主体在国际中文教育政策演进中的角色和作用,本研究尚未进行深入挖掘。通过系统分析这些主体的政策立场、行为模式以及与国际中文教育政策之间的互动关系,可以更全面地理解政策演进的动因和机制,为国际中文教育的未来发展提供更为准确和有效的政策建议。

参考文献

陈至立　2015　《陈至立教育文集》(下),北京:高等教育出版社。

戴曼纯　2021　《语言政策与规划理论构建:超越规划和管理的语言治理》,《云南师范大学学报(哲学社会科学版)》第 2 期。

郭龙生　2006　《对外汉语教学的语言规划价值及其中的问题与对策》,《修辞学习》第 3 期。

韩亚文,李　丹　2022　《来华留学生语言教育政策:演进、特点和动因》,《中国语言战略》第 2 期。

教育部　2007　《关于下达〈汉语国际教育硕士专业学位设置方案〉的通知》,http://www.moe.gov.cn/srcsite/A22/moe_833/200703/t20070330_82703.html。

教育部　2018　《教育部党组书记、部长陈宝生在全国教育工作会议上的讲话》,http://www.moe.gov.cn/jyb_xwfb/moe_176/201802/t20180206_326931.html。

李宝贵 2019 《习近平关于语言传播的重要论述及其对汉语国际传播的启示研究》,《东北师大学报(哲学社会科学版)》第 4 期。

李 滔 2000 《中华留学教育史录(1949 年以后)》,北京:高等教育出版社。

李宇明,翟 艳 2021 《来华留学汉语教育 70 年:回顾与展望》,《语言教学与研究》第 4 期。

刘宝存,彭婵娟 2019 《中华人民共和国成立以来我国来华留学政策的变迁研究——基于历史制度主义视角的分析》,《高校教育管理》第 6 期。

刘 利 2018 《四十年回顾与展望:从"对外汉语教学"到"汉语国际教育"》,《光明日报》12 月 23 日第 12 版。

宁继鸣 2018 《汉语国际教育:"事业"与"学科"双重属性的反思》,《语言战略研究》第 6 期。

宁继鸣 2022 《国际中文教育研究报告(2020)》,北京:商务印书馆。

王春辉 2021 《历史大变局下的国际中文教育:语言与国家治理的视角》,《云南师范大学学报(哲学社会科学版)》第 2 期。

吴应辉 2016 《汉语国际教育面临的若干理论与实践问题》,《云南师范大学学报(哲学社会科学版)》第 1 期。

吴勇毅 2021 《汉语母语国的担当和责任——〈国际中文教育中文水平等级标准〉制定的意义》,《国际汉语教学研究》第 1 期。

张天伟 2020 《我国国家通用语国际拓展能力现状与发展路径研究》,《语言文字应用》第 1 期。

张天伟 2023a 《外语教育学框架下的外语教育政策研究:能动性与客观世界视角》,《外语教学》第 5 期。

张天伟 2023b 《语言政策的话语研究路向:渊源、特征与本土化思考》,《云南师范大学学报(哲学社会科学版)》第 3 期。

章新胜 2005 《加强汉语的国际传播》,《光明日报》8 月 31 日第 6 版。

赵守辉 2021 《语言规划实践与政策研究中的规划者主体及其能动性》,上海外国语大学讲座,5 月 28 日。

郑东晓,杜 敏 2022 《新阶段国际中文教育的经济价值及其产业发展》,《江汉学术》第 6 期。

Ahearn, L. M. 2001. Language and agency. *Annual Review of Anthropology* 30(1), 109 – 137.

Bandura, A. 2006. Toward a psychology of human agency. *Perspectives on Psychological Science* 1(1), 164 – 180.

Bouchard, J. & G. P. Glasgow. 2019. Agency in language policy and planning: A theoretical model. In J. Bouchard & G. P. Glasgow (Eds.), *Agency in Language Policy and Planning: Critical Inquires*. New York: Routledge.

Emirbayer, M. & A. Mische. 1998. What is agency?. *American Journal of Sociology* 103(4), 962 – 1023.

Haarmann, H. 1990. Language planning in the light of a general theory of language: A methodological framework. *International Journal of the Sociology of Language* (86), 103 – 126.

Johnson, D. C. 2013. *Language Policy*. New York: Palgrave Macmillan.

Liddicoat, A. J. & K. Taylor-Leech. 2021. Agency in language planning and policy. *Current Issues in Language Planning* 22(1 – 2), 1 – 18.

Ricento, T. 2000. Historical and theoretical perspectives in language policy and planning. *Journal of Sociolinguistics* 4(2), 196 – 213.

Tollefson, J. W. 2013. Language policy in a time of crisis and transformation. In J. W. Tollefson (Ed.), *Language Policies in Education: Critical Issues*, 11 – 34. New York: Routledge.

Zhao, S. & R. B. Baldauf Jr. 2012. Individual agency in language planning: Chinese script reform as a case study. *Language Problems and Language Planning* 36(1), 1 – 24.

波兰中文教育发展的现状、因素和挑战

李艳红,阳安娜,何洪霞

(1. 鞍山师范学院　外国语学院　辽宁　鞍山　114007;
2. 北京外国语大学　中文学院　北京　100089;
3. 重庆交通大学　汉语言文化系　重庆　400074)

提　要　伴随波兰对国民外语能力提升的重视和中波两国关系的加强,波兰人对中文学习的需求越来越旺盛。波兰的中文教育已经覆盖幼儿园、中小学、高等教育各层次。中文在波兰的发展主要集中在较为发达的西部和南部地区,其他地区的中文教育尚处于萌芽阶段。孔子学院和孔子课堂是中文传播的重要机构。波兰中文教育的发展受汉语传播的历史、国际关系、经济、语言政策等诸多因素的影响,同时存在师资、教学资源、传播方式等诸多问题。未来,波兰中文教育的在地化和数字化转型是发展趋势。

关键词　波兰;国际中文教育;外语能力;语言传播;孔子学院

Chinese Language Education in Poland: Development, Factors and Challenges

Li Yanhong, Yang Anna, He Hongxia

Abstract　Along with Poland's emphasis on the improvement of national foreign language ability and the strengthening of the relationship between China and Poland, there is a growing demand for Chinese language learning in Poland. Chinese language education in Poland has covered kindergartens, primary and secondary schools, and higher education levels. The development of Chinese language education in Poland is mainly concentrated in the more developed western and southern regions, while in other regions is still underdeveloped. Confucius Institutes and Confucius Classrooms are the important institutions for Chinese language Spread. The development of Chinese language education in Poland is influenced by many factors such as Chinese language teaching history, Sino-Polish relations, economy and language policy. Its also faces some challenges in terms of teacher supplies, teaching materials, cultural teaching methods and publicity. Localization and digital transformation are the future trends of Chinese language education in Poland.

Key words　Poland; international Chinese language education; foreign language competence; language dissemination; Confucius Institutes

作者简介:李艳红,女,鞍山师范学院外国语学院教授,博士,主要研究方向为外语教育、语言政策与规划。电子邮箱:liyanhongas@126.com。阳安娜,女,北京外国语大学中国语言文学学院博士研究生,主要研究方向为语言习得。电子邮箱:anna.kun.yang@gmail.com。何洪霞,女,重庆交通大学汉语言文化系副教授,博士,主要研究方向为国际中文教育。电子邮箱:59761123@qq.com。

基金项目:教育部中外语言交流合作中心国际中文教育研究课题"世界主要语言文化推广机构线上教学的实践与启示"(22YH55B);重庆交通大学欧洲研究中心研究课题"基于波兰语言政策的国际中文教育研究"(2022ESC07)。

波兰共和国,首都华沙,面积32.26万平方公里,位于欧洲中部,西与德国为邻,南与捷克、斯洛伐克接壤,东邻俄罗斯、立陶宛、白俄罗斯、乌克兰,北濒波罗的海并与瑞典和丹麦遥遥相对。波兰总人口3775万(2013年),其中波兰族约占96.5%(2021年),此外还有德意志、白俄罗斯、乌克兰、俄罗斯、立陶宛、犹太等少数民族。波兰的官方语言为波兰语,另有15种被承认的少数民族语言。波兰是中东欧地区发展最快的国家之一,波兰的经济总量位列欧盟第6位。①波兰在2004年加入欧盟以后,为与欧盟全面接轨,在语言教育上支持欧盟推崇的多语制教育,大力提升国民外语能力。同时期,中波关系进入新的发展阶段。在此环境下,国际中文教育在波兰稳步地发展起来。

波兰的中文教育发展较晚,相关的学术研究成果鲜见。2012年以后,随着几所孔子学院在波兰相继成立,一些硕士学位论文针对孔子学院或孔子课堂的中文教学开展了一些调查研究或实证研究,为我们了解波兰的中文教育提供了宝贵的资料。然而,现有的研究多为微观层面的研究,缺少全面介绍波兰中文教育的宏观分析。本文首先描述波兰中文教育现状,包括基础教育、高等教育、孔子学院和私立机构的中文教育,随后分析汉语传播、中波关系、经济和语言政策等刺激因素,最后探讨波兰中文教育发展的挑战和发展趋势,以期为了解波兰汉语教育现状和推进国际中文教育发展提供启示。

一、波兰中文教育现状

波兰的中文教育已经覆盖幼儿园、中小学、高等教育各层次,孔子学院、孔子课堂及中小学汉语教学点是中文传播的主要机构。汉语在波兰的发展主要集中在较为发达的西部和南部地区,其他地区的中文教育尚处于萌芽阶段。在波兰从事汉语教学的人员包括大陆公派汉语教师和志愿者、波兰本土教师、留波中国教师,以及来自台湾地区的中文教师。

波兰非常重视国民的外语能力。根据现行国家语言政策,波兰学生要学习和掌握2门外语,语种从英语、法语、西班牙语、德语、俄语和意大利语中选择,第一外语通常是英语。近些年,选择中文作为第二或第三外语的波兰人越来越多。波兰的汉语教学主要有5种形式:(1)高等学校开设的汉语专业;(2)高校开设的汉语选修课或公共课;(3)与我国高校共建的孔子学院和孔子课堂;(4)幼儿园、中小学开设的中文课或兴趣班;(5)主要城市的私立语言教学机构或个人提供的汉语课程。

(一)逐渐走进基础教育体系的中文教育

波兰基础教育体制是小学八年制和中学四年制。② 幼儿园不属于义务教育,大多数幼儿园是私立的。据笔者调查,截至2021年年底,全国有33个城市的51所幼儿园、32所小学以

---

① 引自我国外交部网站对波兰的介绍,https://www.mfa.gov.cn/web/gjhdq_676201/gj_676203/oz_678770/1206_679012/1206x0_679014/。

② 自2017年起,波兰实行新的国民教育体制,取消初中,义务教育分为小学8年、中学4年或技术学校5年。高等教育一般为3年本科或5年本硕,博士一般为4年。

及 40 所高中曾开设中文课程。①学校的大部分中文教师为孔子学院的中国志愿者,2020 年新冠疫情暴发以后,波兰的中文师资匮乏,很多中文课堂暂停运行。

波兰有几所中小学的汉语课已发展成为必修课或第二、第三外语。如格但斯克市第七十六号小学,中文和英文均是必修课。卡托维茨市第十号公立高中、希维托赫洛维采市第一号公立高中、比亚韦斯托克市第十一号公立高中以及波兹南和托伦两所私立高中,这些高中的中文课已成为第二或第三外语,中文课程成绩计入学生平均成绩。波兰大部分学校的中文课是兴趣班,开设与否取决于学生的需求。如弗罗茨瓦夫两所私立高中,只要当年有七名以上学生愿意学习中文,学校就会组织开设。除了定期的中文课程,波兰幼儿园、小学和中学均会组织一些短期的中文工作坊、课外活动,丰富中文教学和促进文化传播。

以戴高乐汉语课堂教学点为例,这是密茨凯维奇大学在中小学设立的多个汉语教学点之一,该校从小学到中学都设置了汉语选修课,小学的汉语课堂还配备了波兰汉语助教协助汉语教师志愿者进行教学。低年级每周一个课时,高年级每周 2 课时,使用教材为《快乐汉语》《汉语乐园》《跟我学汉语》《当代中文》等(沈亚丹 2017)。

(二)稳步发展的高等学校中文教育

1. 现有规模

高等学校的中文专业、中波合办的孔子学院和孔子课堂是高校开展汉语教学的重要模式。波兰高校包括公立和私立共有 400 余所。目前开设汉语专业的高校有 8 所,另有 2 所开设汉语辅修专业的高校(表 1)。其中 5 所高校是中文硕士及以上办学层次。另外还有一些高校开设汉语选修课,如罗兹大学、西里西亚大学、华沙理工大学、华沙经济学院、华沙商学院、奥波莱工业大学、奥波莱大学、比亚维斯托克科技大学、弗罗茨瓦夫大学等(Mazur-Kajta & Paterska-Kubacka 2016)。

汉语专业办学时间最久最优的高校是华沙大学,该校的汉学家人数多,申报汉语专业名额的竞争非常激烈。密茨凯维奇大学、雅盖隆大学、格但斯克大学、卢布林天主教大学的汉语专业也非常有名。此外,波兰一些私立外国语学院也开办了汉语专业,如波兰波兹南外国语学院(Wyższa Szkoła Języków Obcych)。该校成立于 2006 年,是目前波兰规模最大的私立教学机构。

表 1　波兰开设汉语专业的高校

高校名字	所在地	开设时间	学制
华沙大学(公立)	波兰首都华沙	1933 年	学制为 5 年,3 年本科,2 年硕士 + 4 年博士(语言学专业+汉语方向)
密茨凯维奇大学(公立)	波兰西部波兹南市	1988 年	学制为 5 年,3 年本科,2 年硕士
雅盖隆大学(公立)	波兰南部克拉科夫市	1992 年	学制为 5 年,3 年本科,2 年硕士
卢布林天主教大学(公立)	波兰东部卢布林市	2012 年	学制为 5 年,3 年本科,2 年硕士

---

① 资料来源是课题组在 2021 年底至 2022 年初通过网络搜索、调查访谈等获得的不完全统计数据。因中文教学机构数量经常变动,也没有权威机构进行统计,因此本研究的统计可能会与实际有出入。

续表

高校名字	所在地	开设时间	学制
格但斯克大学(公立)	波兰北部格但斯克市	2013 年	学制为 5 年,3 年本科
弗罗茨瓦夫大学(公立)	波兰西南部弗罗茨瓦夫市	2019 年	3 年制本科
西里西亚大学(公立)	波兰西部西里西亚省卡托维兹市	2005 年	英语+汉语翻译专业,3 年本科
华沙人文社科大学(私立)	波兰首都华沙	2012 年	英语+汉语,3 年制本科,分为教学、文化与文学、翻译、商务 4 个方向
波兹南外国语学院(私立)	波兰西部波兹南市	2009 年	3 年制本科
波兰城市大学联盟(私立)	波兰全国	2012 年	3 年制本科

2. 开设课程

波兰高校汉语专业课程设置比较系统,特别是在汉语技能课的安排上比较全面。波兰高校汉语专业开设课程一般包括:听、说、读、写、译等技能类课程;中国历史、文化、艺术、语言学、文学等知识类课程;古代汉语、文言文、繁体字等反映中国传统文化类课程;拉丁语、日语等第三外语类课程。密茨凯维奇大学还特别安排了发音课,课程设置更丰富、更合理。弗罗茨瓦夫大学虽然没有研究生学习层次,但本科段课程设置比较充足,甚至开设了中国艺术和中国神话课。西里西亚大学的课程主要是技能课,主要是因为该校没有专门的汉语专业,而是英语翻译加汉语的结合专业(欧安娜 2019)。

华沙大学是最早开办汉语专业的高校,和中国的教育交流也非常多,可提供丰富的汉语课程,包括听说读写译等技能课,以及中国历史、古代汉语、中国艺术、语言学等知识课。学生同时要学习简体和繁体字。每周的课时量为 16~18 个课时,基础课使用的教材多来自中国大陆汉语版,历史和文化等课程使用的是波兰语或英语版本(赵雯晴 2018)。

卢布林天主教大学的汉语专业开设近 10 年,课程设置逐渐完善。一年级的课程主要是入门课,学生要学习综合课、语音、会话、写作课,还要听一些学术讲座,第一年还要学习两个学期的拉丁语。二年级的课程增加了中国历史、文化、文学、民族学等知识讲座课。三年级的课程增加翻译、日语、古代汉语、文言文、高级阅读等课程。完成本科学业以后,学生可以选择继续读研,可在三个领域中选择:中国哲学与心理学,中国历史与文学,汉语语言学。研究生阶段主要进行学术研究,语言能力和知识课比较少(Kucharski 2017)。此外,由于天主教大学汉学专业的本土教师受台湾地区影响较大,学生从一年级开始就学习繁、简两种字体,所用的教材也是台湾地区高校与波兰方面合作编写的(谭致君 2017)。

波兰高校中文学历教育的一个重要特征是重视"英语+中文+方向"。波兰的本科毕业生毕业后的英文水平要达到欧洲的 C1 级水平,中文水平要熟练,研究方向有翻译、教学、经济、政治、社会等供学生选择。虽然波兰高校不要求学生必须参加汉语水平考试(HSK),但是许多学生由于不同原因会选择参加这项考试(马可 2021)。

波兰高校中文课程的一个重要特征是"专业+中文"。罗兹大学于 1988 年开始开设汉语课程,自 2007 年起,该校国际政治关系与政治学院将汉语作为该院学生必修课程,同时面向全校开设汉语选修课。2016 年起,该校与克拉科夫孔子学院合作,成为克拉科夫孔子学院下设的汉语教学点之一。居里夫人大学是位于东部卢布林市的一所公立高校。2012 年,居里夫人大学政治科学院开设中国文化必修课,同时也为对中国感兴趣的学生开设汉语综合选修课。2013 年,该校建立中国文化和艺术中心,开展各类中国文化活动。居里夫人大学所在地区卢布林市已经具有了良好的汉语教学和中华文化推广基础(苏博,赵锦 2016)。

(三)孔子学院(课堂)的中文教育

孔子学院的增加促进了汉语在波兰不同地区的发展。2006 年第一所孔院在波兰南部的克拉科夫开办,到 2019 年,6 所孔子学院分布在波兰各地。每个地区的孔院成为汉语传播中心,使汉语课程覆盖的范围越来越广,例如:弗罗茨瓦夫大学作为较早开展中小学汉语课程的孔子学院,到 2011 年已在近 20 所幼儿园、小学和中学开展了汉语教学(刘薇 2012)。除了日常的汉语教学,学校还会举办汉语桥、汉语角、"中国日"、茶艺表演、音乐会、书法、汉语学习讲座等文化活动。

截至 2021 年年底,波兰境内拥有 6 所孔子学院和 6 个孔子课堂(参见表 3 和表 4)。然而,2023 年,弗罗茨瓦夫大学的孔子学院和华沙理工大学的孔子学院的办学合同到期,未续①。虽然两所孔院的关闭可能令人担忧,但是也显示出波兰汉语教育成熟度的提高——弗罗茨瓦夫大学并未取消汉语专业,而是独立发展。这是国际中文教育本地化的一个明显特征。同样,2023 至 2024 学年,华沙理工大学仍在提供汉语课程,由波兰教授授课。

表 3　波兰孔子学院一览表②

名称	所在地区	开办时间	中方合作院校
雅盖隆大学克拉科夫孔子学院	波兰南部克拉科夫市	2006 年 9 月	北京外国语大学
密茨凯维奇大学孔子学院	波兹南	2008 年 6 月	天津理工大学
弗罗茨瓦夫大学孔子学院*	弗罗茨瓦夫	2008 年 12 月	厦门大学
奥波莱工业大学孔子学院	奥波莱	2008 年 10 月	北京工业大学
格但斯克大学孔子学院	格但斯克	2015 年 9 月	中国社会科学院大学
华沙理工大学孔子学院*	华沙	2019 年 9 月	北京交通大学

表 4　波兰孔子课堂一览表

名称	所在地区	开办时间	承办单位
维斯瓦大学武术特色孔子课堂	波兰首都华沙	2012 年	波兰密茨凯维奇大学孔子学院
雅盖隆学院孔子课堂	库亚维滨海省托伦市	2016 年 5 月	波兰托伦大学雅盖隆学院、湖北大学

---

① https://naukawpolsce. pl/aktualnosci/news% 2C95948% 2Cuniwersytet-wroclawski-nie-przedluzyl-ze-strona-chinska-umowy-na.

② 2023 年,弗罗茨瓦夫大学的孔子学院和华沙理工大学的孔子学院的办学合同到期,用星号(＊)标注。

续表

名称	所在地区	开办时间	承办单位
克拉科夫 AGH 理工大学孔子课堂	克拉科夫市	2017 年	"一带一路"中波大学联盟发起,克拉科夫 AGH 理工大学外语系管理
西里西亚大学孔子课堂	西里西亚地区卡托维兹市	2019 年 2 月	北京工业大学、奥波莱孔子学院①
西里西亚理工大学孔子课堂	波兰西里西亚省	2019 年 2 月	北京工业大学、奥波莱孔子学院
比亚威斯托克理工大学孔子学院	波兰东北部	2019 年 2 月	北京工业大学、奥波莱孔子学院

孔子学院的汉语教学包括三类:孔子学院课程班、中小学汉语课程班,以及在其他高校设置的教学点。孔子学院开设的中文课程主要以汉语综合课为主,按学生年龄和水平分班,也针对有汉语基础的成人开设高级商务课程。孔院一般为儿童和成人开设 A1 至 C1 阶段的综合班和中高级商务班。另外,有的孔院还开设特色课程,譬如 2021 年,华沙理工大学孔子学院开设为在波中资企业外方员工定制的汉语培训课程。波兰孔院还建立了多个 HSK 汉语考试、商务汉语(BCT)考试基地。

波兰每个孔子学院会在社区、高校、中小学根据需要设置汉语教学点。雅盖隆大学孔子学院的 3 个教学点分别设在凯尔采师范大学、罗兹大学和华沙人文社科大学②(欧安娜 2019)。奥波莱孔子学院分别在奥波莱市(Opole)、肯杰任-科兹莱市(Kędzierzyn-Koźle)设点面向大学生开展汉语课程。2011 年起,奥波莱孔子学院启动了"中欧跨文化管理硕士后学历教育"项目,这是波兰第一个由波兰科学与高等教育部承认学历的中欧跨文化管理教育项目,该项目所开设的课程将汉语教学与国际商务有机结合成为奥波莱孔子学院吸引当地学生及各界人士的亮点。③汉语课程已经成为奥波莱工业大学公共外语课程中的学分课程,被正式纳入学位课程体系,在波兰所有孔院中实现了零的突破(赵雯晴 2018)。密茨凯维奇大学孔子学院学习的人数由最初的 42 人发展到 2016 年的 780 人,班级数目从 4 个发展到 16 个(史婧媛 2019),该孔院已在华沙维斯瓦大学建立孔子课堂 1 个,教学点 9 个,2017 年注册学员达到 773 人(代强 2019)。弗罗茨瓦夫大学孔子学院曾建有 30 个教学点,2021 年该孔院在教师人数较上年减少 47%的情况下,仍为 10 个教学点的学生开设汉语课,并为参加汉语水平考试的考生提供备考服务。④

---

① 参见 https://international.bjut.edu.cn/info/1039/1503.htm。
② 2018 年起,华沙人文社科大学东亚研究系成为雅盖隆大学孔子学院的一个分支,每年中国将公派一名老师到该校进行汉语教学。https://english.swps.pl/science-and-research/discover-our-potential/research-centers/954-faculties-and-departments/faculty-of-arts-and-social-sciences-in-warsaw/departments/3184-department-of-asian-studies。
③ 参见 https://spuc.bjut.edu.cn/kzxyykzkt/ablkzxy.htm。
④ 参见 https://www.163.com/dy/article/GVJEB52G0514BIH4.html。

（四）私立教学机构和线上课程

私立中文培训机构、语言学校、个人辅导是国民教育系统汉语教学之外的重要补充。波兰首都华沙的私立教学机构和语言学校最多。Inter-Lin 中文学校成立于 1996 年，是华沙开设的第一所中文培训机构，该机构的 2 名老师 Lin Kaiyu 和 Katarzyna Pawlak 合作编写的波兰本土中文教材《我们说汉语》(*Mówimy po chińsku*)（2009 年）在当地很受欢迎。[①]该机构提供不同级别的汉语教学和翻译服务，在夏天还会组织学员到中国游学。

华沙其他开设中文课程的私立机构还有华沙汉语学院（Instytut Języka Chińskiego）[②]、华沙中文学校（Chińska Szkoła w Warszawie）[③]、东方教育（Oriental Education）[④]、向东（Kierunek Wschód）[⑤]、好朋友中文学校（Kurs Języka Chińskiego Haopengyou）[⑥]、中国语言中心（Centrum Języka Chinkiego）等。[⑦]

波兰大部分大城市和一些小城市都有一些中文培训机构，其中规模较大的"你好"中文学校（Szkoła Języka Chińskiego Nihao）成立于 2011 年[⑧]，现有华沙、克拉科夫、罗兹、弗罗茨瓦夫、卡托维茨和波兹南共 6 个教学点。卢布林市也有几所知名的汉语培训机构，例如 Great China 汉语培训和商务中心、东林中华语言文化中心、Neuro 语言中心、Profi-lingua 外语中心等。

私立培训机构都以市场为导向，课程类型、教学对象以及教学内容都非常灵活。大部分私立培训机构会聘用中国籍教师资源来吸引学员。教学形式有一对一或大班课程、线上和线下课程，也有服务企业客户的个性化课程。除了综合中文课程，还有针对 HSK 考试的辅导课程、商务中文课程等。私立中文培训机构使用的教学方法比较多样，如波兹南的"友好外语学校"（Miła Szkoła Językowa）采用童话故事 *ManMan Junior* 教学法，取得了很好的效果。[⑨]

近两年来，越来越多的波兰汉语专业毕业生在线上开设自己设计的汉语课程，显示出波兰中文教育本地化的新趋势。这种课程主要是通过免费的 YouTube 上的教学视频以及在 Facebook 上分享的学习资料推广。提供小组线上课程以及一对一课程，例如中文学院（Akademia Chińskiego）[⑩]、琅琅中文（LangLang）[⑪]、儿童中文（Chiński dla dzieci）[⑫]、未来的语言

---

① 参见 http://chinskijezyk.pl/。
② 参见 http://www.instytut-chinski.pl/。
③ 参见 http://www.chineseschool.pl/o-nas。
④ 参见 https://www.orientaleducation.net。
⑤ 参见 https://kierunek-wschod.pl/praca/。
⑥ 参见 www.szkolachinskiego.eu。
⑦ 好朋友中文学校由华人 Ting-Yu Lee 在 2010 年创建。Ting-Yu Lee 博士在 2008 年加入波兰华沙人文社科大学，教授中文、商贸和文学，https://english.swps.pl/ting-yu-lee。
⑧ 参见 https://nihao.com.pl/。
⑨ 参见 https://milaszkolajezykowa.pl/manman-chinski-dla-doroslych/。
⑩ 参见 https://www.youtube.com/@akademiachinskiego。
⑪ 参见 https://www.youtube.com/@chinskizlanglang_pl。
⑫ 参见 https://chinskidzieci.pl。

(Język Przyszłości)①等。虽然这类教学资料的质量有待提高,但是由于使用波兰语以及一些创新的教学方法,因此对初阶的汉语学习者具有较大的诱惑力。

二、波兰中文教育发展的主要因素

波兰中文教育的发展受历史、中波关系、经济、语言政策等多方面的影响,发展过程中无数中国学者、汉语教师、汉语工作者、波兰汉学家做出了不可磨灭的贡献。

(一)汉语传播的历史因素

中华文化传播和汉语教学在波兰有着悠久的历史和良好的基础。17 世纪中叶,明王朝的使臣、传教士卜弥格②来到中国,广泛研究中国社会、历史、医学、地理等学科,完成大量著作。卜弥格被认为是波兰的"马可·波罗",是第一个将中国古代科学和文化成果系统地介绍给西方的欧洲人,由他编写的《汉语拉丁语词典》是在欧洲发表的第一部中文词典(卡伊丹斯基 2001;善渊 2009)。卜弥格在他的著作中将孔子描述为一位伟大的学者和老师,将儒家文化和中国文明传递给欧洲。

1919 年波兰复国以后,汉语教学开始走进大学课堂。1925 年,汉学工作者里切尔在华沙大学首开汉语课,1933 年,汉学家杨·雅沃尔斯基在华沙大学正式建立了远东学院汉学系,从此,汉学在波兰最高学府华沙大学扎下了根(侯桂岚 1995)。在此后的岁月里,波兰的汉语教学经历了封闭、破坏和重建,汉语教学在时代变迁中发展,培育了一批又一批有成就的汉学家和汉语教学工作者。2006 年 9 月,中波共建的第一所孔子学院成立,波兰的中文教育进入了新的发展期。

(二)中波关系因素

波兰是最早承认并同中华人民共和国建交的国家之一。20 世纪 50 年代,中波关系处于全面发展时期,中波两国开始互派留学生,波兰的中文教育进入发展期。1950 年,清华大学筹建东欧交换生中国语文专修班,接受来自社会主义国家的留学生来华学习,其中包括 10 名波兰学生,这是中国第一个专门从事对外汉语教学的机构。③我国著名语言学家王力先生曾于 1957 年冬赴波兰讲学(傅海峰 2010)。20 世纪 50 年代末起,中苏关系破裂,中波关系渐远,两国的文化交流几乎停滞,极大地影响了中文在波兰的传播。

20 世纪 80 年代中波关系正常化以后,双方再次启动互派留学生进修机制,两国在文化、教育等方面的合作也得到恢复和发展,每年文化交流、文艺团体互访不断。格但斯克工业大学自 1984 年秋开始聘请中国教师开设汉语班(王恒轩 1987)。1987 年密茨凯维奇大学开办汉语专业。1992 年雅盖隆大学建立汉语系,并开始接受来自中国公派的汉语教师。

---

① 参见 https://jezykprzyszlosci.pl。
② 卜弥格(Michel Boym,1612—1659)是他的中文名字,他的波兰译名是米哈乌·博伊姆(Michal Boym)。参见爱德华·卡伊丹斯基的著作《中国的使臣——卜弥格》(2001)。
③ 参见 https://www.tsinghua.edu.cn/info/1661/56052.htm。

　　进入 21 世纪,中波关系进入新的发展时期,文化和教育交流频繁。在中波建交 55 周年之际,中波于 2004 年 6 月签署了建立友好合作伙伴关系的声明,中波关系达到新高度。2006 年,"中国文化日"活动在波成功举办,同年,波兰第一所孔子学院——克拉科夫孔子学院成立(包涵 2009),这是波兰中文教育历史上具有里程碑意义的一件大事。2011—2016 年中波关系继续深化,双方在许多新领域建立了合作。2011 年中波建立战略伙伴关系,2016 年两国关系提升到全面战略伙伴关系。2016 年 6 月,波兰与中国达成了高等教育文凭互认的协议,中国教育部承认的波兰高校有 100 多所。[1]中波合作广阔的前景为波兰的中文教育和中华文化的传播带来了新的发展机遇。

(三)经济因素

　　改革开放以来,中国经济的迅猛增长举世瞩目,中波两国关系的升温进一步促进了中波文化交流和贸易往来,吸引越来越多的波兰人学习汉语。2004 年,双边贸易额 23.3 亿美元,到 2020 年增长到 310.6 亿美元,2022 年达到 432.2 亿美元。其中,中方出口 267.4 亿美元,进口 43.2 亿美元。截至 2021 年 4 月底,中国对波直接投资累计约 6.5 亿美元,波对华直接投资累计约 2.4 亿美元。[2]同时,由于波兰经济的快速发展,自 20 世纪 90 年代起,波兰工商业领域的语言使用开始不仅限于波兰语。商贸语言的使用和波兰的贸易伙伴有直接关系。自 1990 年以后,德国代替苏联成为波兰最大的进出口贸易伙伴,德语的地位也取代了俄语成为波兰重要的外语。中国自 2007 年开始成为波兰重要的贸易伙伴,2016 年,中国已经成为波兰的第二大贸易伙伴。中波双方的经贸交流成为刺激中文教育发展的关键因素。

(四)语言政策因素

　　20 世纪 90 年代以后,波兰的外语教育政策逐步与欧洲标准对接。欧盟自 1996 年贯彻"1＋2"的语言政策,即建议欧洲人除了学习母语外,还要学习另外两种欧洲语言。2002 年,欧盟进一步规定,所有欧盟成员国必须在义务教育阶段提供至少 2 门外语教学。2008 年欧盟通过一项决议《欧洲多语制战略》[3],指出多语制在增强社会和谐、跨文化交际、欧盟建设和经济发展上的作用,鼓励公民学习外语,同时促进欧盟成员国语言在世界上的推广。欧盟的语言政策推动了波兰的多语教育(李艳红 2018)。波兰的初中生中有 90％以上学习 2 门以上外语,第一外语通常是英语,第二外语是德语、法语、意大利语或俄语。在欧盟 28 个国家中,波兰的外语能力排在前 10 位。为了发展本国的外语教育,波兰开始系统地加强师资队伍建设,1990 年起,波兰开始设立教师培训学院和外语教师培训学院,增强外语师资力量。中文作为外语的地位虽不及欧洲语言,但受经济和语言政策的影响,波兰人学习中文的热情在上升。

　　波兰学校的外语教育按照《欧洲语言共同参考框架》的等级标准执行。中学毕业后,一

---

① 参见 http://jsj.moe.gov.cn/n1/12042.shtml。

② 参见 https://www.mfa.gov.cn/web/gjhdq_676201/gj_676203/oz_678770/1206_679012/sbgx_679016/。

③ 参见欧洲委员会的"欧洲多语制战略"决议:http://eur-lex.europa.eu/legal-content/EN/TXT/? uri ＝ LEGISSUM:ef0003。

般的学生要达到 B2 的语言水平或更高。汉语作为非欧洲语言,语言能力水平评估采用中国研发的 HSK 考试,最高级为六级。2021 年 7 月,我国正式发布《国际中文教育中文水平等级标准》(GF0025 - 2021),为国际中文教育事业的发展提供更有力的支撑。

三、波兰中文教育发展的挑战

(一) 师资问题

中文教师的数量、教学水平、语言能力以及中波教师的合作状况是师资力量的主要挑战。首先,师资力量不足、教学水平参差不齐是普遍存在的问题。波兰汉语教师主要包括语合中心公派教师、国际汉语教师志愿者、当地具有汉语教学资格的波兰本土教师以及部分波兰华人。随着波兰汉语学习者人数快速增长,汉语教师严重短缺。这一问题突出表现在孔子学院和孔子课堂教学上。汉语教师课时多、班型多,还要经常奔波于不同的教学点。工作之外,汉语教师还要组织各类文化活动并参与一些管理工作,工作压力大。在教学水平上,所有孔院派过去的汉语教师都参加过正规的汉语培训,但波兰当地的汉语教师缺少系统的培训,经验相对不足,没有系统的教学方法和教学模式,缺少创新。波兰学习者总体对汉语教学的满意度比较高,但也有一些学习者反映中方教师的教学方法比较单一、一些教师缺乏亲和力(Kucharski 2017;史婧媛 2019)。

其次,中国汉语教师的一个挑战是波兰语。中国去波兰的汉语教师一般都不会波兰语,教学语言为英语和汉语。中国教师对初级学习者一般使用英语,随着学习的深入,逐渐增加汉语的使用量。由于中国教师大多不会波兰语,他们一般只上听说类课程或综合课,语法一般是波兰籍老师上,高年级翻译课程一般由会波兰语的中国教授来上(柯钰涵 2019;史婧媛 2019)。因此,如果汉语教师懂波兰语,在教学中进行波兰语、英语和汉语的比较,肯定会有助于汉语教学和文化理解。

再次,中波教师的交流与合作不足。有研究者发现(赵雯晴 2018),在一些课程中,中波教师很少就课程内容、进度、教学反馈等进行交流沟通,多数情况是出现问题才联系。教学过程中还出现针对同一班级、同一门课程中波教师使用不同教材的情况,严重影响了学习者的进度,削弱了合作教学的效果。因此,应该采取有效措施改进中波教师合作办法,增强双方的信任与合作。

(二) 教学资源问题

虽然波兰各级别教材有 20 多种,但适用的很少,中国"一版多本"教材在海外并不能完全满足学生需求,教师在教学中不得不准备教材之外的补充材料。现有教材缺少专门针对口语、书写、阅读、听力训练的本土或波兰语版的教材。另外,教学材料老旧、教材内容差别较大、教材更新慢等问题难以适应新的教学需要。由于没有统一规定教材,不同出版地的教材在内容和结构上会有冲突。波兰本土出版的教材中,有些地方出现编写错误。教师在日常教学中还面临缺少教具、教学材料不足、教辅材料太少等问题。目前孔院提供的教材仅够教师使用,市场上出售的教材贵,教师只能在课前将要学习的课文复印给学生(赵雯晴 2018)。

中波辞典编纂问题也亟待解决。未来,中文电子教材、线上教学平台亟待开发。

(三)文化传播方式和宣传问题

一些中国汉语教师为新手教师,比较缺乏教学经验,对波兰文化的理解不深、认识不足,在教学中会遇到文化冲突问题。因此,志愿者教师需要具备对跨文化交际问题的预判能力和解决对中国文化误解的能力,在此基础上还应该掌握尊重对方文化的策略和平等对待学生的技巧。教师在课堂教学中对文化信息应有一定的敏感度,考虑学生学习的必要性,在讲授中国文化时注意方式方法,以免引起学生的不理解(高雪 2019)。

另外,汉语教学和相关活动需要大力宣传。虽然越来越多的波兰人喜欢汉语和中国文化,但有些波兰人仍然不知道哪里能学到汉语。部分原因是宣传力度不够,师资力量不足,传播途径有限。波兰的中文教育机构开办了很多丰富多彩的文化活动,受到学生和民众的普遍欢迎。但有些活动参加人数较少,也有一些文化活动缺乏新意,且由于运行资金和人力资源不足,活动规模和辐射面很有限。这些问题需要多方面协调和解决。

四、展望

如上所述,伴随中波友好关系的不断深化和中国影响力的不断增强,加之波兰语言政策对外语教育的支持,波兰的中文教育进入了新的发展阶段。具体表现为:设置汉语本科专业的波兰高校增加,汉语学校和汉语学习者人数增加,汉语教材日渐丰富,从事汉语教学和研究的人员增多,数字化教学和本土化趋势渐显。然而,我们也认识到,汉语在波兰相较其他语言仍然是较少被学习的语言,要想吸引更多的波兰人学习中文和了解中国还有很长的路要走(李维 2024)。我们同时看到,目前波兰汉语教学存在的一些问题,如生源不稳定、师资不稳定、课程设置单一缺乏连贯性、波兰本土教材极少、缺少教学大纲、汉语教学和文化宣传力度不够、与波兰教育体系融入不深等。

解决上述问题虽然面临很多困难,但未来可期。首先,中波人文交流的加强助力中文教育。新冠疫情影响了两国的教育交流。但是,随着中波双方人文交流的恢复,波兰的中文教育在向好发展。2023 年中方恢复了向波兰选派中文志愿者的工作。2023 年 9 月,波兰奥波莱省副省长祖扎纳一行访问语合中心,其他各类交流活动逐渐增多,这为中文教育发展提供了基础。

其次,波兰中文教育的在地化是发展趋势。虽然波兰部分大学的孔子学院合同到期,未能再续,但中文教育并未停止。华沙大学虽然没有孔子学院,但中文专业全国最强。现有孔子学院的本土教师也占有相当大的比例,如克拉科夫孔子学院目前除了外派教师和志愿者有 4 名本土教师。[①]密茨凯维奇大学孔院本部现有汉语教师 7 人,其中有中国籍教师 2 人、波兰籍本土教师 5 人(李维 2024:9)。疫情期间,波兰本土教师承担了主要的中文教学和管理工作。在教材方面,波兰本土化教材极少,数字化教材鲜见,需要加紧开发。

再次,波兰中文教学的数字化转型在推进之中。疫情期间,波兰的中文教学转变为线上线下两种方式,为中文教育的数字化转型提供机遇。例如,李维(2024)调查了密茨凯维奇大

---

① 引自 2023 年 5 月 6 日北外孔院的新闻报道:https://mp.weixin.qq.com/s/rQS1GIcNr6MlYfsazT3vtg。

学孔院 2021—2022 年共四个学期的线上中文教学,调查发现,教学主要使用 zoom 和 skape 在线平台,采用的是《体验汉语基础教程》和《走遍中国》教材的电子版,教师能够熟练使用平台,教学过程顺利。研究还发现,语音、听力、口语的教学效果相对不理想,学生线上学习的动力逐渐减退,缺乏持续性。虽然疫情过后,中文教学恢复了线下教学,但波兰学生依然有线上学习汉语的需求。与公立学校相比,私立教学机构和私教的线上教学更加自由,传播方式更加多样,满足不同人群的需求。中文教学的数字化转型是大势所趋。

最后,在中波教育交流中,应该重视中波文明的交流互鉴。我们在重视波兰中文教育的同时,也要加强中国的波兰语教育,通过波兰语学习和深入了解波兰国情,加强中波人文交流,助力中波两国的经贸发展和友好交往。目前国内开设波兰语专业的高校较少,招生人数有限。期望未来中波两国有更多的学校开展汉语和波兰语教学,培养更多的语言人才,增进两国的交流和互信。

参考文献

爱德华·卡伊丹斯基 2001 《中国的使臣——卜弥格》,张振辉译,郑州:大象出版社。

包 涵 2009 《波兰克拉科夫孔子学院办学模式与发展前瞻》,《国际汉语教育》第 2 期。

代 强 2019 《波兰维斯瓦大学孔子课堂汉语教学现状调查研究》,陕西师范大学硕士学位论文。

傅海峰 2010 《波兰的汉语教学现状和亟待解决的问题》,《辽宁经济职业技术学院(辽宁经济管理干部学院学报)》第 2 期。

高 雪 2019 《波兰罗兹大学初级汉语综合课程课堂沉默案例》,北京外国语大学硕士学位论文。

侯桂岚 1995 《波兰汉语教学今昔谈》,《世界汉语教学》第 2 期。

柯钰涵 2019 《波兰密茨凯维奇大学汉语教学中媒介语使用情况调查》,上海外国语大学硕士学位论文。

李 维(Oliver Tulasch) 2024 《波兰密茨凯维奇大学孔子学院学生线上汉语学习情况研究》,哈尔滨师范大学硕士学位论文。

李艳红 2018 《波兰的语言国情和语言政策研究》,沈阳:辽宁大学出版社。

栗望舒 2022 《后疫情时代线上对外汉语教学情况初探——以波兰密大孔院线上选修课为例》,中文教学现代化学会,《数字化国际中文教育》,清华大学出版社。

刘 薇 2012 《波兰汉语教学及教材使用概况》,《国际汉语学报》第 1 期。

马 可(Dominika Irena Makar) 2021 《波兰格但斯克大学汉语教学的现状分析与改进建议》,上海师范大学硕士学位论文。

欧安娜 2019 《波兰高校汉语教学情况调查研究》,天津师范大学硕士学位论文。

善 渊 2009 《波兰汉学的奠基人:卜弥格》,《国际汉学》第 2 期。

沈亚丹 2017 《波兰波兹南两所学校汉语教学情况调查报告》,厦门大学硕士学位论文。

史婧媛 2019 《波兰克拉夫科孔子学院汉语教学及文化推广情况》,北京外国语大学硕士学位论文。

苏 博,赵 锦 2016 《波兰东北部地区汉语教学探究》,《课程教育研究》第 32 期。

谭致君 2017 《波兰潜在汉语学习者学习期望及偏好调查》,《课程教育研究》第 20 期。

王恒轩 1987 《波兰格但斯克工业大学的汉语教学》,《世界汉语教学》第 4 期。

赵雯晴 2018 《波兰密茨凯维奇大学孔子学院汉语教学现状调查报告》,苏州大学硕士学位论文。

Kucharski, M. A. 2017.《波兰卢布林天主教学大学汉语教学状况调查报告》,厦门大学硕士学位论文。

Mazur-Kajta, K., Paterska-Kubacka, A. 2016. Ekonomiczny wymiar nauczania języka chińskiego. *Pedagogika*,(1).

试论中文国际传播能力

唐培兰[1],李宇明[2]

(1. 北京外国语大学　中国语言文学学院　北京　100089；
2. 北京语言大学　语言科学院　中国语言文字规范标准研究中心　北京　100093)

提　要　本文讨论中文国际传播能力的内涵、类型、构成、现状和提升策略。中文国际传播能力的高低受到传播吸力、传播推力和传播阻力的综合影响。传播吸力来自语言价值,包括经贸价值、科技价值、文化价值、人口数量、国际地位等五方面。传播推力是传播者的主动传播能力,包括传播规划能力、国际中文教育能力、科技加持能力、中文产品研发能力、中文传播者拓展转化能力等五方面。语言文化差异、国际政治经济形势、语言传播产生的反推力都可能阻碍语言传播的效果。提升中文国际传播能力,需重视中文传播吸力,增强中文价值;合理使用第一推力,激发第二推力和第三推力,最大限度减少阻力,将中文资源拥有者转化为中文传播者。特别要重视培育并支持本土的中文从业者,使中文国际传播有良好的当地土壤,根深叶茂。

关键词　中文国际传播;传播能力;传播吸力;传播推力;传播阻力

International Communication Capability of the Chinese Language

Tang Peilan, Li Yuming

Abstract　This article focuses on the issue of the international communication capability of the Chinese language (ICCCL), discussing its definition, types, composition, current status, and strategies to enhance the capabilities. ICCCL is influenced by attractive forces, propelling forces and resistance forces. The attractive forces stem from the value of the Chinese language, including five categories: economic and trade value, technological value, cultural value of Chinese language, the Chinese-speaking population and international status of Chinese language. Propelling forces include capabilities in Chinese promotion planning, international Chinese language education, technological support, Chinese product development, and transformation of Chinese communicators. Language and cultural differences, counter-propelling forces and the international political and economic situation may all become obstacles to language promotion. To enhance the ICCCL, it is essential to focus on improving the attractive forces, strengthening Chinese values, using propelling forces reasonably, minimizing resistance forces, and special attention should be paid to cultivating and supporting local practitioners engaged in Chinese related professions.

Key words　Chinese language international communication; communication capability; attractive forces; propelling forces; resistance forces

---

　　作者简介:唐培兰,女,北京外国语大学中文学院讲师,主要研究方向为语言传播、国际中文教育。电子邮箱:tangpeilan@bfsu.edu.cn。李宇明(通讯作者),男,北京语言大学语言科学院教授,主要研究方向为语言规划学、现代汉语。电子邮箱:p5566@blcu.edu.cn。
　　国家社科重大项目"对标国际中文教育的二语习得理论创新研究"(23&ZD320);教育部语合中心国际中文教育研究中外联合专项课题"基于中文国际传播的语言传播理论:转向与建构"(22YH23ZW)。

当代的语言国际传播,总体上看是促进国家间相互理解和包容、沟通智慧、共同发展的友好力量。2020 年后,语言传播的国际环境发生了很大变化:第一,逆全球化思潮盛行,单边主义、保护主义抬头,语言传播受到意识形态的强力影响,阻力增大,语言传播活动受到他国政府干预;第二,全球经济疲弱,复苏乏力,语言学习投资减少;第三,以 ChatGPT、Sora 为代表的语言大模型可以满足一般性语言需求,普通民众外语学习的必要性、积极性有所减弱。在此大形势下,推进中文国际传播事业的发展,就需要认真思考中文国际传播能力的问题,加大中文国际传播的吸力、推力,减少阻力,帮助中文在世界各地深深扎根。

一、研究综述

“对外汉语传播”(2001 年)、“汉语国际传播”(2003 年)等术语的提出已超过 20 年,学界主要从国家语言能力和语言传播两个视角来研究中文国际传播能力。

在国家语言能力视角下,中文国际传播能力被看作国家语言能力的组成部分,使用“国家语言拓展能力”“国家语言传播能力”“国家通用语言国际拓展力”等术语。文秋芳(2019)将“国家通用语言国际拓展力”界定为“政府能否在国际上有效提升国家通用语的地位并达到预期效果”,并使用影响力和传播力两个指标来衡量,分别考察中文在国际交流中的广度、深度以及中文创造、推广新知识的能力(文秋芳 2016)。张天伟(2021)将传播力和影响力细化为 8 个三级指标;周燕、张新木(2022)又结合语言规划理论细化为 10 个三级指标。张天伟(2023)在传播力和影响力“二分说”的基础上,又提出话语权问题,形成推广力、影响力和话语权“三分说”。这些研究,通过中文传播结果来衡量传播能力,丰富了国家语言能力的内涵,但对中文传播过程与方式的关注显得不够。

语言传播视角下的中文国际传播能力研究,也有不少成果。张彤(2009)提出“语言传播能力”的概念,再分为语言推动力、语言凝聚力、语言吸引力。王辉(2019a)深入分析了“汉语国际传播能力”的体现形式,认为其表现在“全球汉语学习者的数量和结构,汉语进入国民教育体系的国家数,汉语在国际组织中的使用程度,孔子学院、孔子课堂的国际影响力等方面”。李宝贵、李辉(2021)将“中文国际传播能力”界定为“中文在国际传播过程中按照语言传播规律增加语言的传播价值、获得国际语言地位所具有的综合素质,是推动中文在国际上共时的吸引力和历时的影响力所具有的综合能力”。这一定义突出“能力”,包括:国际中文教育能力、中文国际传播人才培养能力、中文国际传播服务能力、科技赋能中文传播能力、中文产品生产能力、中文国际传播风险防范能力等六个要素。这一体系更加重视中文传播过程,研究中文顺利传播所需的支撑与保障。李宇明(2020)在《中文怎样才能成为世界通用第二语言》一文中,提出“增加中文科技含量”和“全面增强中文的功能”两个路径,突显中文本身的价值和功能。王辉(2024)提出中文国际传播能力是一个复杂的、动态的、多变量的开放性体系,可从宏观、中观、微观主体层次视角来进行体系建构。以上研究涵盖了中文国际传播能力的三个方面:“中文”“中文传播过程”和“中文传播结果”,这是研究中文国际传播能力的关键。

本文在以上研究的基础上,重点探讨中文国际传播能力的“力”的问题,分析中文国际传播能力的组成体系和现状,以期提升中文国际传播效果,亦可为其他语言的国际传播提供参考。

语言传播是语言不断超越其原来使用的社团和地域而向外扩展的现象(李宇明 2023)，可自然传播，也可通过有意识的语言规划推进传播。语言传播既可以理解为名词性现象"语言传播^N"，也可以理解为动作性行为"语言传播^V"，语言传播^{N}和语言传播^{V}相伴而生。中文国际传播指中文不断超越华人社团和地域而向外扩展，理想的传播结果表现为：学习、使用中文的人数增加，使用中文的地理范围、社会领域和国际功能扩大，中文语言社团扩增。

《现代汉语词典》(第七版)将"能力"解释为完成一定活动的本领和力量。能力是对知识和技能的整合和应用，能力高低直接影响着活动的效率。语言传播能力是语言传播吸力、推力、阻力三者的合力，语言传播^{V}的效果受到语言传播吸力、推力、阻力的综合影响。语言传播能力可由如下公式表示：

语言传播能力＝语言传播吸力＋语言传播推力－语言传播阻力

提升语言传播能力，理论上说应该：1. 最大限度增强语言传播吸力；2. 得当使用语言传播推力，注意激发第二推力和第三推力，防范语言传播的反推力；3. 尽力弱化、消解语言传播阻力。下文逐一分析中文国际传播吸力、中文国际传播推力和中文国际传播阻力。

二、中文国际传播吸力

中文国际传播能力是中文传播吸力、中文传播推力形成的合力，以及消解中文传播阻力的能力。

（一）语言传播吸力

语言传播涉及语言的传播者和接受者。语言传播吸力是接受者为获取有价值的语言而主动接受语言传播所产生的力量。吸力的产生需要两个基本条件：其一，语言有价值；其二，接受者认识到语言的价值。

语言价值及价值的高低是语言能否顺利、持久传播的基础因素(李宇明 2007)。语言有价值才会产生吸力，接受者认识到某语言的价值时才会主动学习，从而产生语言的自然传播现象。世界上很多国家的民众学习英语，是因为民众相信学习英语能获得物质或精神上的收益，这是英语对学习者的吸力。中国在改革开放之前没有发生"英语热"，并不是说那时英语没有价值，而是因各种原因其价值没有为中国所认识。再看历史上的唐朝，是古代中文传播的一个鼎盛时期，突厥、回鹘、吐蕃、波斯、日本、新罗(朝鲜半岛)、百济(朝鲜半岛)等地，都有学生和商人不远千里，入唐学习。考察中文传播的历史，可以发现，几千年来中文走向四邻乃至世界，主要依靠的是吸力而非推力(李宇明 2023)。

吸力与学界惯用的"拉力"大体相似，但也有差异。拉力主要强调力量是"对象国内部生成的"(卢德平 2016；王辉 2019b)；吸力不仅明确力量来自对象国，而且更强调吸力的根源是语言价值及对语言价值的认识，从而对吸力有了更本质的认识，指出了增强吸力的基本路径。

（二）中文传播吸力的构成

中文传播的吸力的大小有无，取决于中文价值及接受者对中文价值的认识。中文价值主要由五个部分构成：中文经贸价值、中文文化价值、中文科技价值、中文人口数量、中文国际地位。

1. 中文经贸价值。以中文为主要语言的国家（地区）的经济体量，是衡量中文经贸价值的主要指标。当今时代，经济是语言传播的第一动力要素。通过学习中文获得优厚的经济收益，是很多海外学习者选择中文的主要原因，也是许多国家和地区支持中文学习的主要原因。最易认识中文经贸价值的途径是旅游、经贸、中华产品及海外的中企活动等。

2. 中文文化价值。通过语言了解文化是语言学习者的重要动机之一。中国历史、书籍、影视音乐等文化产品及悠久、有特色的文化传统，能够产生巨大的文化吸引力。文化有古典和现代之分，对世界多数年轻人来说，现代文化比古典文化有更强的吸引力和传播性。日语依靠动漫文化、韩语借助韩流文化都大幅提升了语言吸力（Lien & Tang 2022）。

3. 中文科技价值。科技价值在语言学习动机中具有重要地位。中文科技价值是指中文的科技含量和知识含量（李宇明 2020），具体表现在以中文为主要语言的国家（地区）的科技水平，特别是中文的科技表达力、科技发现力。学习者通过学习中文能获取先进科技文化知识，获得人力资本，中文传播就有可持续性。

4. 中文人口数量。中文人口是中文价值的底盘，包括中文母语人口、第二语言人口；在网络时代，还要考虑中文网民数量和网民的中文网络创造力。母语人口，在统计中也可以包括非母语的第一语言人口。第二语言人口也是广义上的，实际包含第三语言人口乃至第 N 语言人口。第二语言人口是判断中文吸力的重要指标，理论上，中文二语人口数量越多，表明中文吸力越强。

5. 中文国际地位。中文的国际地位，表现在将中文作为国家官方语言、国际组织官方语言/工作语言的数量，以及在国际活动、跨国公司、国际大都会中的使用情况。中文国际地位越高，学习者和使用者就越多，中文吸力也就越强。

中文的价值是这五个方面的综合表现。至于中文价值如何被接受者认识到，这是个相当复杂的理论问题和实践问题，要略有二：其一，取决于我们自己对语言价值、中文价值的正确认识，如何不断地为中文赋值、增值；其二，通过各种有效途径向世界传播这种认识。

三、中文国际传播推力

（一）语言传播推力

推力是语言传播者发出的推动语言传播之力，设立语言传播机构、派遣语言教师等有意识的语言传播行为都属于推力。进而分析，语言传播者可以分为两类：A. 语言所有者；B. 语言资源所有者。比如中文，中国是中文的语言所有者（母语国），具有中文传播的义务；也是中文资源的所有者，具有中文传播的能力。中国向世界传播中文，可称为"第一推力"。再比如英语在中国是一种外语，中国不是英语的母语国，不具有传播英语的义务；但是中国有较为雄厚的英语资源，具有传播英语的能力。中国向其他国家传播英语，可称为"第三推力"。

如果新加坡、马来西亚等国承担起向世界传播中文的使命,这种传播力介于"第一推力""第三推力"之间,可称为"第二推力",因为这两个国家有大量的华人,中文(华文)也是或应是它们国家的语言。如果印度、菲律宾向世界传播英语,其传播力也是"第二推力",因为英语是它们的官方语言。第二推力、第三推力是第一推力的支持力量,产生了语言的"新传播者",它们的出现是强势语言传播的一种标志。

吸力和推力能促进语言传播,是语言传播的支持力。吸力是推力发挥作用的前提,吸力大小也决定了推力发挥作用的顺畅程度。就语言传播效果而言,吸力起决定性作用。法国是全世界最重视本国语言传播的国家(之一),法语传播推力强劲,但法语传播的前途却未必理想,在越南、柬埔寨及非洲的一些法语国家出现"弃法转英"的现象。马里 2023 年宣布法语将不再作为该国的官方语言。[①] 法语国际地位下降的根本原因,在于法语本身的吸力问题。

(二)中文传播推力的构成

中文传播推力主要由五个方面构成:中文传播规划能力、国际中文教育能力、科技加持能力、中文产品研发能力、中文传播者拓展转化能力。

1. 中文传播规划能力。中文传播应有科学规划,并能将规划有效实施,制定和实施规划的能力就是中文传播的规划能力。中文传播规划能力,首先要具备中文传播的认知能力,明了中文传播的规律与形势,善于制定并及时修正中文传播的政策与规划,能够制定中文传播的有效举措,有预防中文传播风险的意识与对策;其次要有组织管理能力,以保障语言传播组织和体系的有效运转,其中包括中文传播资源的集聚与管理、中文传播相关方的组织协调等;最后,善于对中文进行语言声望规划,包括中文声望调研与分析、中文包装宣介、中文市场分析、中文营销策划、中文形象公关等,让世界认识到中文价值。中文传播规划能力就是要保证:组织起中文传播的人力与资源,开拓出中文传播的通畅路径,动员尽量多的中文学习者,且能提升学习者的学习效率和学后效用。通俗说就是使中文:有人教,有人学,学有效率,学有用场。

2. 国际中文教育能力。教育能力是事业发展的基本保证。国际中文教育能力是在各种教育类型、各种教育环境中培养学习者学好中文、用好中文的能力,包括国际中文教育的学科设置、教师及相关人才的培养、教育考试大纲的制定、教材教法、教学手段及教育平台的提供等等。

3. 科技加持能力。语言教育的科技含量愈来愈高,教学者、学习者、教育管理者、教育资源提供者都需要及时地持续地得到科技加持。英国文化委员会等语言传播机构纷纷出台数字化策略,世宗学堂 2023 年推出元宇宙版本[②]。在新语言技术的加持下,汉字学习可能不再是大困难。数字空间为中文教育和传播提供了新空间,学习不受时间地点限制,人为干涉中文传播的效力将大大减弱。特别是大语言模型、Sora 技术、VR 技术等的应用,使语言学习场景更加真实,大大弥补了非目的语环境中语言学习的诸多短板。

---

① https://world.huanqiu.com/article/4Dt1PXf9Mqt.

② 世宗学堂开设元宇宙版本,参见:https://en.yna.co.kr/view/AEN20230207005900315.

4. 中文产品研发能力。中文产品包括中文教育产品及教育支持产品。中文教育产品是教材、教学辅助资源、分级读物等直接产品,中文教育平台等数字产品;教育支持产品更为广泛,新闻、影视、音乐、游戏等产品,都有培养中文语感、形成中文环境、激发中文学习兴趣的作用。

5. 中文传播者拓展转化能力。这是将中文资源拥有者转化为中文传播者,形成第二推力、第三推力的能力。海外华人社区、海外华人都可能成为中文的国际传播者,发挥第二推力作用。海外的中文教师、中文翻译、中文媒体人、中文导游、中文销售等中文职业者,中文学会协会、中文社团、中文学校等,不仅发挥中文传播吸力作用,是国际中文教育本土化、深根不拔的重要力量,同时也可能转化为中文传播的第三推力。

四、中文国际传播阻力

妨碍语言传播的力称为"语言传播阻力",是相对传播支持力(吸力和推力)而言的。可能产生语言传播阻力的因素有:

第一,语言距离。语言距离是指学习者的母语与目的语两种语言的语言谱系关系的亲疏,或语言类型上的同异,也包括文字系统的差异。语言距离的远近影响语言学习的效率,母语和外语的距离越近,越容易产生正迁移现象,从而有助于语言学习;语言距离越远,习得困难越大。崔萌等(2018)提供了实证,中文学习者成绩与学习者母语和中文之间的语言距离大小密切相关,语言距离越小,中文成绩越高。汉语难学论的观点主要来自西方等与中文语言距离较远的国家。

第二,文化距离。文化距离是指学习者与目的语人群在文化传统等方面的差异,包括价值观、信仰、社会规约等。文化距离影响语言学习效率和语言传播,也会对语言传播产生阻力。孔子学院进入阿拉伯地区的困难,信仰差异是最重要的因素。

第三,国际政治经济因素。疫情带来的物理隔离,政治上意识形态的差异,国家竞争的立场和国际安全局势等,都可能阻碍语言传播。经济增速放缓或衰退,民众在保守消费的同时也会降低语言消费。特别是将中文作为兴趣语言学习的人群,在经济条件不足的情况下,很有可能削减在中文学习上的支出。

第四,科技因素。人工语言智能、自动翻译、同传机器人等科技的出现,一定程度上降低了大众的语言学习必要性,对传统语言教学模式也造成不小冲击。

第五,语言传播产生的反推力。语言推力过于强硬,或是因其他原因造成语言传播接受方的反感或反对,形成反推力,阻碍语言传播。例如:英国文化委员在俄罗斯、中东穆斯林世界的英语传播反推力较强。俄罗斯世界基金会的俄语传播在欧洲也面临较大的反推力。欧洲议会公开文件指出俄罗斯世界基金会是"地缘政治工具""政治宣传工具""伪非政府机构"(pseudo-NGO)等。在乌克兰,俄罗斯世界基金会支持的俄语教学、俄罗斯文化活动都受到批评,认为俄罗斯政府通过金援"购买乌克兰讲俄语的人的忠诚度""保持他们对俄罗斯的信任"(Lutsevych 2016)。2014 年之前,独联体国家的俄语中心近一半分布在乌克兰,大约 20个,到 2016 年时仅剩 3 个。

综上所述,中文国际传播能力体系如表 1 所示。

表 1　中文国际传播能力体系表

一级指标	二级指标	三级指标
中文国际传播吸力	中文经贸价值	以中文为主要语言的国家(地区)的经济体量
	中文文化价值	中华古典文化和现代文化的吸引力
	中文科技价值	以中文为主要语言的国家(地区)的科技水平、中文科技表达能力、中文科技发现能力
	中文人口数量	中文母语人口、第二语言学习和使用人口、中文网民数量和网络文本数量
	中文国际地位	国家官方语言、国际组织官方语言/工作语言的数量
中文国际传播推力	中文传播规划能力	中文传播认知能力、组织管理能力、声望规划能力
	国际中文教育能力	国别中文教学适应能力、教师培养能力、教学法适应性、教学标准、中文测试体系的完善性
	科技加持能力	利用科学技术赋能中文传播和教育的能力
	中文产品研发能力	中文教育产品、教育支持产品的研发能力
	中文传播者拓展转化能力	中文资源拥有者转化为中文传播者形成第二推力、第三推力的能力
中文国际传播阻力	国际环境阻力	国际政治、经济、安全环境
	语言传播反推力	对中文传播推力的反对力
	语言文化阻力	语言距离、文化差异

五、提升中文国际传播能力的方略

(一)中文国际传播能力现状

要提升中文国际传播能力,首先应明确中文国际传播能力现状。截至 2023 年年底,联合国教科文组织、世界旅游组织等 10 个联合国下属专门机构将中文作为官方语言,中文作为基础教育外语进入 85 个国家的国民教育体系,中文作为领域外语、泛领域外语在 180 多个国家教授,150 余个国家和地区开办了孔子学院和孔子课堂,累计学习和使用中文的人数超过 2 亿(柴如瑾等 2023)。中文传播能力具有如下特点:

第一,中文传播吸力逐渐增强。特别是经贸是当前中文的最大吸引力,就业、与中国做生意等是外国人学习中文的主要驱动因素。中文人口体量、科技水平都在世界前列。文化上具有浓厚的东方底蕴,但现代流行文化的吸力还待增强,中国当代影视、文娱作品还未能畅快进入非汉字文化圈。

第二,中文传播的第一推力强大。中文传播规划能力是强项,自 1987 年汉语推广小组办公室成立至今,中国设立了多类、工作重点不同的传播机构和管理中心,体制机制渐趋完善。教育部、语合中心、国务院侨办、国际中文教育基金会等从各方面支持中文国际传播。国际中文教育能力一直是工作核心,自 1950 年接收第一批留学生开始,中文教育发展 70 余年,在教师、教材、教法、学习者、学习资源等方面积累了丰硕的理论研究和应用研究成果；形成了学科、研究机构、学术刊物等支撑体系。中文产品研发与应用、科技加持能力等是近几年比较关注的问题。

第三，中文传播者的拓展转化能力需要重视，第二推力、第三推力尚未形成。中文教育本土化问题获得关注，但是尚未在当地形成强大的中文职业者，特别是本土教师队伍。中文声望规划能力有待加强，中文难学的刻板印象还在长期留存（王辉，沈梦菲 2021）。意识形态差异、国际局势变化、疫情后遗症等对中文国际传播造成了不同程度的阻力，部分国家的中文传播还有反推力。

（二）提升中文国际传播能力的若干举措

中文国际传播能力理应促进中文的成功传播。成功的语言传播"应该是语言在传播地'扎下根'来，长久发挥作用"（李宇明 2015）。提升中文国际传播能力需要吸力、推力共同作用。

第一，增强中文功能，提升中文吸力。

吸力是语言成功传播的关键。语言能否顺利传播，"在于语言对语言接纳者有无价值，更看语言接纳者是否认识到其价值"（李宇明 2007）。

提升中文传播的吸力有两个要点，第一，提升中文的价值；第二，促使接受者认识到中文价值。前者需要赋值，后者需要做各种工作。作为中文的母语国，首先要尊重中文，热爱中文，维护中文，尽力为中文赋值。

重视中文在科技、商贸和文化领域的使用，提升中文的国际地位。科技是语言传播的重要吸力，俄罗斯在航空航天、核技术等领域有极强的实力，吸引了很多领域俄语学习者。促进科技为中文赋能，使中文具备人类先进科技的表达能力，通过翻译将最先进的科技引入中文，鼓励中国学者首先用中文发表科技成果，使中文能够更好满足人们对科技的认知需求。

促进中文在商务、贸易领域的使用，提升中文在国际商业中的影响力。鼓励国际企业，特别是海外中企在全球业务中尽量使用中文，在产品和服务中提供中文支持；推动中文商务认证，建立面向海外读者的中文商业媒体，为有意愿在中国发展的外企外商提供商业信息。关注影视、音乐、游戏、短视频等现代流行文化对中文文化价值的提升作用，拉近中文与接受者间的距离。有意识在国际会议、国际组织、国际活动中使用中文，提升中文在国际语言生活中的地位。

第二，适度使用第一推力，激发第二推力和第三推力。

一方面，合理使用中文传播第一推力。中文传播在不同国度需要采取不同的推力方式和推力强度。在不具备中文教育条件的国家，需要中国提供先导性帮助。东南亚、非洲等地区，比较信赖具有权威性、具有政府支持的官方机构。欧美等国家对政府支持的官方机构信任度较低，需要多发挥民营机构的作用，需要多发挥第二推力、第三推力的作用。李宇明（2023）重点论述了语言传播推力强弱的问题，认为应以"弱推力"为主，"强推力"往往会起反作用。随着中文传播至全球，第一推力应合适，第二推力应激发，第三推力应增强，促使成为主要推力。

另一方面，努力扩增新的中文传播者。与英语传播相比，中文缺乏后使用国的支持，超国家层面的中文传播机制较弱。尚未建立起如荷兰语语言联盟、法语国家共同体、国际葡萄牙语学院等语言国际传播的协调机制。已有研究表明,语言传播有溢出效应,中文传播对使用中文的国家和地区都有不同程度的积极效应(Lien et al. 2022)。本土中文传播者是国际中文教育"本土化之本",扩大传播者群体,扩增新传播者,激发、支持第二推力和第三推力是增强推力有效性的重要途径,如西班牙语有非常强大的第二推力,新加坡具有第二推力意愿,正在呼唤第二推力的行动(李晓林 2024)。促进传播者之间的合作,形成中文传播共同体,激发超国家层面的中文传播意识,支持超国家层面的中文传播者,如全球华人社区等。

第三,促进吸力和推力相互转化。

吸力是推力的助推剂,推力是吸力的催化剂。将中文传播吸力向推力转化,促进推力向吸力转化,循环往复,共同促进中文传播。对于不同学习者而言,中文吸力大小是不同的。利用推力可以将吸力显化出来,让学习者意识到中文价值,从而提升中文学习和使用的动力。通过声望规划、中文教育支持产品研发的推力,最大限度显化中文的科技、文化、经济价值,吸引更多的中文学习者,吸纳更多的中文传播者。一个当地的中文传播者就是一个中文使者,新传播者既具有吸力,也会发展为第三推力。理论上,新传播者越多,群体越大,语言传播效果越好,越成功。

第四,最大限度减弱阻力,维护良好的中文传播环境。

中国支持的海外中文教育的可持续性一直受到质疑(Repnikova 2022)。中文传播必须有了解、分析传播环境的意识。要考虑中文对接受者的价值、接受者对中文的接受程度、中文需求、学习者特点、竞争者等,更要考虑接受者的政治、经济、社会文化等因素。制定合适的中文传播规划与风险管控规划。"汉字难学"的刻板印象也是阻碍中文国际传播的短板。中文声望规划应与吸力结合,中文形象的关键词应是"未来、经济、科技、魅力文化"等。通过调查,正确认识中文国际形象;制定中文声望规划的全球方案和国别方案,进行中文形象公关,破除汉语难学论。

六、结语

中文国际传播有吸力、推力和阻力。中文传播吸力来自中文价值,是中文经贸价值、文化价值、科技价值、人口数量、国际地位等中文综合实力的体现。中文传播推力包括规划管理能力、国际中文教育能力、科技加持能力、中文产品研发能力、中文传播者转化能力等五个方面。吸力是中文传播的内驱力,中文传播推力是中文传播活动的主力。重视中文在科技、经济、文化等领域的作用,最大限度发挥中文传播吸力是中文成功传播的关键。增加中文吸力,合理使用推力,激发第二推力和第三推力,最大限度减少阻力。特别是要培育并支持本土的中文教师等中文从业者,让中文在世界各地"扎根"。

参考文献

柴如瑾,唐培兰,李建涛　2023　《中文为桥　让世界相通相亲》,《光明日报》12 月 12 日第 7 版。

崔　萌,张卫国,孙　涛　2018　《语言距离、母语差异与汉语习得:基于语言经济学的实证研究》,《世界汉语教学》第 2 期。

李宝贵,李　辉　2021　《中文国际传播能力的内涵、要素及提升策略》,《语言文字应用》第 2 期。

李晓林　2024　《保持新加坡华语民族特色任重道远》,《联合早报》2 月 29 日。

李宇明　2007　《探索语言传播规律》,《国际汉语教学动态与研究》第 3 期。

李宇明　2015　《成功的语言传播——序王建勤等〈全球文化竞争背景下的汉语国际传播研究〉》,北京:商务印书馆。

李宇明　2020　《中文怎样才能成为世界通用第二语言》,《光明日报》1 月 4 日第 5 版。

李宇明　2023　《中文传播的动力问题》,《全球中文发展研究》第 1 期。

卢德平　2016　《汉语国际传播的推拉因素:一个框架性思考》,《新疆师范大学学报(哲学社会科学版)》第 1 期。

王　辉　2019a　《全球治理视角下的国家语言能力》,《光明日报》7 月 27 日第 12 版。

王　辉　2019b　《语言传播的理论探索》,《语言文字应用》第 2 期。

王　辉　2024　《中文国际传播能力的主要论域、基本特性和体系建构》,《河南大学学报(社会科学版)》第 2 期。

王　辉,沈梦菲　2021　《汉语真的难学吗——汉语国际形象研究》,《世界汉语教学》第 3 期。

文秋芳　2016　《国家语言能力的内涵及其评价指标》,《云南师范大学学报(哲学社会科学版)》第 2 期。

文秋芳　2019　《对"国家语言能力"的再解读——兼述中国国家语言能力 70 年的建设与发展》,《新疆师范大学学报(哲学社会科学版)》第 5 期。

张天伟　2021　《国家语言能力指数体系完善与研究实践》,《语言战略研究》第 5 期。

张天伟　2023　《国际语言文化推广机构与国家语言能力研究》,《陕西师范大学学报(哲学社会科学版)》第 3 期。

张　彤　2009　《增强语言传播能力探讨》,《当代传播》第 6 期。

周　燕,张新木　2022　《论法语国际拓展力及其对国际中文传播的启示》,《云南师范大学学报(哲学社会科学版)》第 5 期。

Lien, D. & P. Tang. 2022. Let's play tic-tac-toe: Confucius institutes versus American cultural centres. *Economic and Political Studies* 10(2), 129 – 154.

Lien, D., P. Tang & E. Zuloaga. 2022. Effects of Hallyu and the King Sejong Institute on international trade and services in Korea. *The International Trade Journal* 36(1), 6 – 23.

Lutsevych, O. 2016. *Agents of the Russian World: Proxy Groups in the Contested Neighborhood*. London: Chatham House.

Repnikova, M. 2022. Rethinking China's soft power: "Pragmatic enticement" of confucius institutes in Ethiopia. *The China Quarterly* 250(1), 440 – 463.

新阶段国际中文教育供给转型与优化

王良存[1,2]，董洪杰[3]

(1. 浙江师范大学　国际文化与社会发展学院　浙江　金华　321004；
2. 安徽财贸职业学院　公共教学部　安徽　合肥　230601；
3. 西安文理学院　文学院　陕西　西安　710065)

提　要　新阶段，国际中文教育的需求侧出现多类型、多空间、多形态需求，而供给侧在供给保障体系、供给水平、供给主体参与方面均有待完善。参照"服务三角"理论模型，分析新阶段国际中文教育在供给战略、供给系统、供给主体所呈现的转型特点。为提升供给对需求的适配性，提出优化国际中文教育供给策略：以满足国际社会对中文教育的实际需求和潜在需求为核心，从宏观、中观、微观三个层面完善供给政策和制度保障，以数据链接并升级供给系统各构件，丰富国际中文教育供给模式，包括主体组合模式、国内外联动模式和区域联动模式。

关键词　国际中文教育；供给转型；"服务三角"理论模型

Transformation and Optimization of the Supply-side of International Chinese Education in the Contemporary Era

Wang Liangcun, Dong Hongjie

Abstract　The contemporary phase of international Chinese education is characterized by diverse, multi-dimensional, and varied demands from learners, necessitating advancements in the supply-side's assurance systems, quality of provision, and the engagement of providers. Employing the service triangle theoretical framework, this study delves into the transformative features of supply strategies, systems, and entities within international Chinese education at this new juncture. The strategies center on addressing both the explicit and latent needs within international Chinese education, refining supply policies and institutional supports across macro, meso, and micro levels, integrating and enhancing the supply chain through data, and diversifying the modes of provision, including models of provider collaboration, domestic-international cooperation, and regional integration.

Key words　international Chinese education; supply transformation; "service triangle" theoretical model

　　从经济学需求与供给的角度看，国际中文教育就是回应国际社会、国际市场对中文教育的需求而针对性地提供中文教育产品。新阶段国际中文教育需求出现了一些新的特点。在

　　作者简介：王良存，女，浙江师范大学国际文化与社会发展学院博士研究生，安徽财贸职业学院副教授，主要研究方向为国际中文教育。电子邮箱：wangliangcun@126.com。董洪杰(通讯作者)，男，西安文理学院文学院教授，副院长，主要研究方向为社会语言学和国际中文教育。电子邮箱：donghongjie@xawl.edu.cn。

　　2021年国际中文教育青年项目"南非孔子学院'中文＋旅游'课程设计研究"(21YH87D)；安徽省教育厅2021年度高校优秀拔尖人才培育资助项目"'一带一路'背景下高职院校国际化创新协作研究"(gxyq2021141)。

通用型需求平稳发展的常态下,职业型需求异军突起、快速增长(耿虎,马晨 2021),订制型需求开始出现并发展,可能成为未来市场发展的方向。从需求空间来看,现实空间和网络空间需求并存。现实空间需求主要是传统中文教育产品如线下教育、线下辅导等;网络空间需求主要是在线教育产品等。从需求形态来看,物质形态叠加非物质形态。物质形态指具体的、有形的中文教育产品,以教材、课程资源、网络课程等形式存在;非物质形态指抽象的、无形的中文教育产品,如教学方法、教学模式、文化理念等。应赋予新阶段国际中文教育供给新的内容,满足国际社会对中文教育多类型、多空间、多形态需求。

一、新阶段国际中文教育供给存在的问题

完善的制度和健全的标准是国际中文教育供给有序发展的重要保障。近年来,国家有关部门陆续出台相关政策法规促进国际中文教育发展。2019 年中共中央、国务院发布了《中国教育现代化 2035》,2020 年教育部等八部门出台了《关于加快和扩大新时代教育对外开放的意见》。这些政策和措施有力地推动了国际中文教育持续发展,指导出台了《国际中文教材评价标准》《职业中文能力等级标准》等国际中文教育标准和规范,保障国际中文教育产品供给质量的稳定性、规范性和可控性(王辉 2023)。还需要研制更多标准和规范,因为中文教育产品生产过程中具体可操作性的质量保障规章制度还不够完善。以孔子学院为例,由于实践过程中现场监督制度缺少,导致教师的派驻、教学内容的调试、教学方法的选择、教学资源的分配等实践行为的评估失效(王正青,程涛 2023)。

(一)国际中文教育供给水平有待提高

供给数量和供给质量是衡量供给水平的重要指标,国际中文教育供给水平参差不齐,优质教育资源供给不足(方小兵等 2023)。在供给类型上,以通用型产品为主,如以教材为例,2000 年以后,全球出版通用型中文教材 5778 种,而专门用途教材仅有 564 种(马箭飞等 2021)。订制式需求的教学内容、教学方法等仍然处于探索之中(曲福治,丁安琪 2023)。在供给形态上,以物质形态供给为主,即"硬"产品居多;非物质形态供给较少,即"软"产品较匮乏。例如解决汉字和汉语难学的问题,需要契合中文特点的行之有效的教学理论和教学方法。可是,基于中文状况的第二语言教学理论尚未形成(王春辉 2021)。在供给空间上,以传统的现实空间供给为主,网络空间供给数量逐渐提升,如海内外现有国际中文教育电子教材近 3700 册,慕课 480 余门,微课 4685 件,中文教学 APP 共计 272 款(吴应辉等 2021),但是存在资源同质化、低水平重复建设等问题,利用率和质量不高,产品交互功能与形式有待拓展(宋继华等 2023)。

(二)国际中文教育供给主体多元参与有待深化

国际中文教育面向来华留学生、海外当地居民和华人华侨,涉及多方利益群体,需要联合国内外多方力量有效协作共同参与供给。教育部明确提出,支持中外高校发挥办学主体

作用,鼓励企业和社会组织积极参与国际中文教育事业。[①]已经有了一些成功的案例,如由中国企业和多所职业院校合作成立的中国-赞比亚职业技术学院、国家开放大学-赞比亚学习中心等(崔佳兴等 2023)。而在实践中,参与国际中文教育供给主体专业化不强、自主权不足(王琦 2022)。海外华人华侨以及所在国本身是国际中文教育供给的重要力量,但是目前他们的参与度不够(王辉,沈伟威 2023)。此外,对学习者的功能认识不足,作为供给信息的反馈者,如果供给方忽视并绕过学习者直接生产中文教育产品,容易导致供需不匹配。根据有色金属工业人才中心关于海外企业外籍员工培训中遇到的主要问题的调研结果,38.24%受访者认为授课内容和实际生产需要脱节、29.42%受访者认为教材难度偏高(赵丽霞,陶瑞雪 2023)。因此,供给主体多元化仍需扩展,在此过程中,供需双方和多方的协同关系也需要进一步完善。

综上,国际中文教育的供给侧与需求侧之间存在一定的脱节现象,需要优化新阶段国际中文教育供给体系,以适应需求侧变化。对此,国内学者从优化供给模式(惠天罡 2022)、加强中文教学资源精准化和数字化建设(吴应辉 2022)、加强国际中文教育制度建设(李宝贵,刘家宁 2021)等方面进行了很有意义的探讨,对"供给侧"某个局部问题提供了建设性的解决方案,但对全局性的关照显得不足。本文借鉴管理学中"服务三角"理论模型,探讨国际中文教育服务供给转型,尝试构建新阶段国际中文教育供给运行机制,以期推动国际中文教育供给侧不断发展完善。

二、基于"服务三角"理论模型的国际中文教育供给框架

"服务三角"理论模型由美国管理学家卡尔·阿尔布瑞契特(Karl Albrecht)和让·詹姆克(Ron Zemke)共同提出,指企业在为顾客提供服务的过程中,以顾客需求为核心,构建以服务战略、公司系统和工作人员为三角的支持系统,"三角"之间相互影响,彼此作用,形成稳定的关系结构(阿尔布瑞契特,詹姆克 2004)。作为提升全球竞争优势的服务管理模型,"服务三角"理论长于理清复杂的、碎片化关系,在讨论改进公共服务供给和完善公共服务体系方面具有较强的实践指导意义(方堃 2010;何继新,暴禹 2021;张昊,杨现民 2020)。

(一)"服务三角"理论的适切性

在分析国际中文教育供给问题上,"服务三角"理论模型具有较强的耦合性和显著优势。一是"服务三角"模型以顾客需求为核心,以满足顾客利益为前提和出发点,这与当前国际中文教育以满足各国民众在经济社会发展以及中外经济文化合作交流中对中文的真实需求(吴应辉等 2021),即以需求为导向的理念是一致的。二是"服务三角"理论模型中的服务战略、公司系统、工作人员三个供给要素,与国际中文教育供给体系中的供给战略、供给系统、供给主体三个要素之间,具有共通性和可复制性。三是"服务三角"理论模型具有延展性,可以深入分析"三角"中每个要素在国际中文教育供给中的作用,深化对供给体系中各组成部分及其关系的认识。

---

① 参见 http://www.moe.gov.cn/jyb_xxgk/xxgk_jyta/yuhe/202111/t20211104_577702.html。

（二）国际中文教育供给"服务三角"模型

借鉴"服务三角"理论模型,本文构建新阶段国际中文教育供给框架。该框架以国际社会对国际中文教育需求为核心,以供给战略、供给系统、供给主体为三要素,构成稳定的"三角"关系(见图1)。

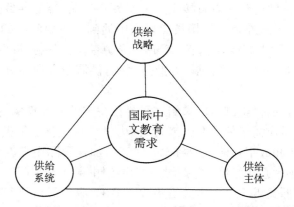

图1 基于"服务三角"模型的新阶段国际中文教育供给框架

其中,供给战略是从制度层面而言,是运用政策、标准、规章制度等手段优化配置中文教育供给、规范产品生产过程、保证产品效果和质量,对国际中文教育供给起引领、指导、规范作用(王辉 2023)。供给主体是国际中文教育产品的生产者和提供者,包括组织和个体,如政府、高校、机构、企业、个人等。供给系统是从实践层面而言,是国际中文教育供给过程中的各环节和构件,包括供给分析、供给内容、供给方式、供给结构、供给监管、供给评估(张昊,杨现民 2020)。供给主体和供给系统在供给战略确定的指导思想和核心要点的引领下开展工作,同时,及时反馈自身遇到的问题,从而支持供给战略的调整。供给系统和供给主体之间相互融合协作发展,供给系统的正常运转离不开供给主体的参与和支持,两者相辅相成。

三、新阶段国际中文教育供给转型

国际中文教育的新需求倒逼国际中文教育供给转型。根据新阶段国际中文教育供给框架,供给战略、供给系统、供给主体呈现出各自的转型特点。

（一）供给战略的转型:由"走出去"转向"融进去"

国际中文教育在不同时期被赋予了不同责任。基于我国改革开放、提升文化软实力的需要,2005 年第一次世界汉语大会提出中文要加快走向世界,开启了国际中文教育"走出去"的步伐,大力推进汉语教材、全球汉语网络平台、汉语考试等中文教育产品供给(许琳 2006)。但是"走出去"是一种单向的思维模式,容易造成国际中文教育发展过程中顾此失彼、势单力薄的问题(金晓艳,赫天姣 2023)。中国经济发展和"一带一路"建设要求国际中文教育融入所在国经济发展中,促使国际中文教育供给战略转型。截至 2022 年年底,我国企业在"一带一路"沿线国家建设的合作区已累计投资 3979 亿元,为当地创造了 42.1 万个就业岗位。[①] 在 40 多个非洲国家和地区的 400 多家中国企业和项目的员工中,有五分之四以上是当地员工 (Barry & Hairong 2015),沿线各国对中文学习及培训服务的需求量持续增加(刘旭 2020)。 2021 年 3 月发布的《中华人民共和国国民经济和社会发展第十四个五年规划和 2035 年远景 目标纲要》提出,要构建中国语言文化全球传播体系和国际中文教育标准体系,扩大优质文 化产品供给。[②] 2023 年 12 月丁薛祥副总理在世界中文大会上指出,推进新形势下国际中文 教育和世界语言交流合作,需要中国和世界各国人民共同努力,要构建开放包容的国际中文 教育格局,不断提升中文的社会应用价值,积极服务各国经济社会发展;上述国家层面的重 要表述对国际中文教育供给至少提出以下三点要求:一是国际中文教育产品要真正满足学 习者需求,服务所在国经济社会发展;二是作为母语国,我们有责任和所在国一起提供优质 的国际中文教育产品;三是保证国际中文教育供给质量,需要建立国际中文教育标准体系和 监管制度。新阶段国际中文教育供给战略需要实现从"走出去"向"融进去"转变,多主体协 作提供优质国际中文教育产品,满足各国经济社会发展所需,促进民心相通,共建人类命运 共同体。

(二) 供给系统的转型

新阶段,国际中文教育供给系统的各环节和构件均呈现出转型发展的趋势,下文将从六 个方面加以说明。

1. 供给分析转变:由基于经验转向基于数据

供给分析是国际中文教育供给系统运行的第一步,如果不经过供给分析,供给主体直接 按照自己的偏好、利益生产和提供产品,会造成"供非所需""需而不供"的现象。以往,国际 中文教育供给分析不足,往往依靠经验决定"是否供给"和"供给什么"。在新阶段,要做好供 给分析,一方面摆脱经验思维,强化调查研究,借助有效数据掌握特定国家或区域中文教育 的发展情况及民众真实的需求(李宝贵,刘家宁 2023),实现有效供给。另一方面借助信息化 手段,通过大数据分析形成国际中文教育需求信息清单,增强供给分析的准确性。如有研究 以 YouTube 为调查平台,对平台上分布在"教育"类别的 5288 个视频资源进行大数据分析, 了解学习者在视频注意力时长、字幕特征、学习内容偏好等方面的需求,发现越南语、俄语、 葡萄牙语中文教材有较大市场,因此建议重视开发这些语别的中文教材(陈慧等 2022)。

2. 供给内容转变:由粗放供给转向精准供给

过去,国际中文教育供给大多注重"量",不刻意强调供给的针对性。新阶段国际中文教 育需要精准化供给,即在准确掌握学习对象和学习环境的情况下,围绕学习者实际需求,提 供适用、实用、好用、有层次、有差异性的国际中文教育产品。一方面要为学习者提供共性与 个性相结合的内容(丁安琪,张杨 2022),另一方面要依据学习环境提供合适的中文教育产 品。如 2021 年联合国教科文组织发布的《非洲教育复苏的挑战和机遇》提到,撒哈拉以南非 洲的绝大多数学生无法使用电脑和互联网,在整个非洲,最常见远程教学形式是基于广播和

---

① 参见 https://www.gov.cn/xinwen/2023-02/03/content_5739827.htm。

② 参见 https://www.gov.cn/xinwen/2021-03/13/content_5592681.htm? eqid=91387bc80000153d000000066487202c。

电视的学习。① 因此,在非洲,提供以广电为媒介的远程中文教育内容要比提供网络教育内容更加精准有效。

3. 供给方式转变:由自上而下转向供需互动

传统国际中文教育通过自上而下的方式提供中文教育产品,学习者被动接受供给服务,容易出现供需错位,在当前需求多样化的市场环境中会影响国际中文教育供给效率(惠天罡2022)。李宇明、施春宏(2017)指出,国际中文教育真正的推动者,应该是中文学习者及其所在国,他们是这一过程真正的"施事"而非"受事"。因此,在新阶段,要重视学习者和所在国在供给过程中的重要作用,他们不仅是国际中文教育产品的消费者,也是需求信息的提供者。通过多种形式吸引他们参与国际中文教育供给,获取反馈信息,使供给和需求形成良性互动。

4. 供给结构转变:由共性单一结构转向多元共存结构

供给结构与需求结构息息相关,当需求结构改变时,供给结构需要做出适应性调整,否则会造成供需结构失衡。以往,在国际中文教育信息化发展不充分的情况下,面向大多数学习者提供现实场景中使用的中文教育产品是适宜的。随着信息技术发展和学习形态改变,学习者个性化和网络空间的学习需求开始凸显,国际中文教育供给需要做出改变,力求提供多样化的教学内容、教学形态、教学模式、教学资源(郭风岚2021)。在需求多元化的带动下,供给结构由以往的共性、现实空间供给向个性、多元供给结构转变,形成现实空间供给、网络空间供给等多元供给共存的格局。

5. 供给监管转变:由数量、结果监管转向过程、数据监管

国际中文教育供给监管主要应做出两方面转变:一是从供给数量监管向供给质量监管转变。国际中文教育在扩大规模、高速发展的过程中出现了一些问题,为实现国际中文教育高质量发展,需要从数量增长向质量提升转变(王辉2023),而从供给数量监管向供给质量监管转变也是应有之义。二是从结果监管向过程监管转变。以往国际中文教育供给问题基本来源于事后评估,是一种结果监管。这种监管方式从发现问题、结果反馈到供给修正,历时较长,反应不及时。新阶段的国际中文教育供给应依据大数据和相关评估指标,对国际中文教育供给进行客观科学分析,及时反馈供给运行状况,发挥监测预警功能,及时干预并予以解决,实现对供给全过程监管(曹贤文2019)。

6. 供给评估转型:由内部评估转向内外评估相结合

以往的国际中文教育供给评估以内部评估为主,吴应辉(2013),王辉、韩进拓(2021)等都对此做过相关研究。在新阶段,国际中文教育供给除了做好内部评估,还需要加强供给主体之间的横向监督和约束。此外,可以考虑适时引入第三方评估,这是教育领域公共服务体系走向市场化的必然选择(袁强2016)。第三方评估机构通过收集供给数据等信息,通过相关评估指标,衡量供给与需求匹配情况。例如1954年英国成立海外英语教学指导委员会,成员来自外交部、关系部、事务部、贸易部、教育部等部门,专门负责调查全球英语教育情况并进行质量评估(王琦2022)。作为英语为第二语言教育供给的第三方评估机构,该委员会工作卓有成效。内部评估和外部评估结果相结合,可以为国际中文教育供给政策或策略的调

---

① 参见 https://unesdoc.unesco.org/ark:/48223/pf0000377513。

整、优化供给资源等提供更加全面的参考。

（三）供给主体的转型：由多主体参与转向多元主体协同参与

国际中文教育作为公共产品，仅靠我国官方主导开展资源建设很难精准对接世界各国多层次、多元化需求（吴应辉等 2021）。新阶段国际中文教育供给需要寻求海内外多方力量，如政府、研究机构、高校、企业、社会团体、学习者等，协同参与国际中文教育供给。一方面，有利于更好地对接供给和需求，使国际中文教育产品能够更加融入当地，适应所在国经济社会发展。如在美国市场占有率较高的《中文听说读写》教材，由中外教师合作编写，在美国出版。教材适用对象明确、教材话题本土化、文化内容跨文化等，贴近美国人的思维、生活方式、生活习惯，更加符合当地需要（姜丽萍，王帅臣 2023）。另一方面，所在国参与国际中文教育产品供给，分享国际中文教育供给所获得的利益，有助于降低国际社会和所在国对国际中文教育供给政治化的负面影响。需要说明的是，新阶段国际中文教育供给多元主体协同参与，并不会否认或削弱中国作为母语国的作用，而是要求转变角色，成为国际中文教育供给的"促进者""协调者"，协调参与主体之间的关系，让参与主体之间形成合力，保障国际中文教育有序、高效供给。

四、新阶段国际中文教育供给优化策略

基于新阶段国际中文教育供给转型的分析，依据国际中文教育供给框架，本文尝试构建新阶段国际中文教育供给运行机制，优化国际中文教育供给体系（见图2）。

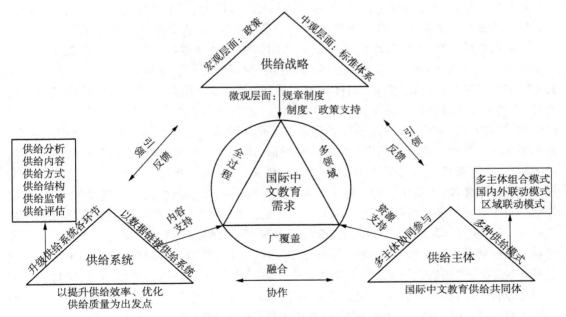

图2　新阶段国际中文教育供给运行机制

（一）满足实际需求，挖掘潜在需求

新阶段，国际中文教育供给需要关注中文教育两方面需求：实际需求和潜在需求。首先，满足国际社会对中文教育的实际需求，实现需求全过程、广覆盖、多领域供给。全过程是围绕学习者学习中文的过程，包括"研、学、测"。"研"是指研究提供什么样的中文教育产品、如何提高产品质量等；"学"是指学习过程中所需要的中文教育产品；"测"是对中文学习结果进行测试的产品。广覆盖包括空间覆盖和人群覆盖。空间覆盖是从中文教育产品所覆盖的空间而言，包括现实空间、网络空间；人群覆盖是尽可能地满足不同人群对中文学习的需求。多领域是从中文学习范围而言，往往涉及不同专业和职业领域，尽可能多地满足各领域对中文的需求，实现中文教育产品的社会应用价值。需要注意的是，在实施全过程、广覆盖、多领域的供给过程中，以补齐当前的需求短板为首要任务，主要体现在：从区域分布上，非洲地区是短板；从教育类型上，职业汉语教育是短板；从教学形态上，线上中文教育是短板。其次，在满足显性、实际需求的同时，挖掘隐性、潜在需求。目前全球有81个国家将中文纳入国民教育体系，正在学习中文的人数超过3000万。[①] 巨大的显性需求市场，推动和催生优质中文教育供给。而隐性需求具有潜在性，一定情境下会转化成显性需求，可能代表某种未来的发展趋势（叶庆娜 2019）。如当前出现的生成式语言模型，未来，中文智能语言产品在国际中文教育中的应用可能会成为需求热点。因此，国际中文教育要积极发掘和引导隐性需求，未雨绸缪，根据需求变化及时调整供给。

（二）深化供给战略，完善供给保障

新阶段，通过政策、标准、规章制度等优化中文教育供给、规范供给过程、保证供给效果，需要从多层面深化国际中文教育供给战略。一是宏观层面，将共建人类命运共同体作为国际中文教育供给战略的指导理念，并将其融入国际中文教育供给的顶层设计框架中。统筹考虑世界各国政治、经济、文化、地缘关系等，着眼于全局供给，优化区域供给。如结合《推进共建"一带一路"教育行动》要求，积极与沿线各国合作，签署国际中文教育供给交流合作公约，加强国际中文教育供给战略规划和政策对接，解决好中文教育供给政策性瓶颈，携手沿线各国共同做好国际中文教育供给，全面提升区域内国际中文教育影响力。二是中观层面，完善国际中文教育标准体系建设。经过多年发展，国际中文教育已经先后建立了系列标准，包括教师标准、教学标准、教材标准、课程标准、考试标准等，未来，还需要继续丰富国际中文教育标准体系建设，丁安琪认为国际中文教育标准体系既要包括中国主导建设的标准，也要包括海外主导建设的标准（丁安琪 2023）。一方面，以中国主导的国际中文教育标准要保证权威性，成为全球国际中文教育供给的标杆和典范，积极做好我国主导制定的国际中文标准与其他国家和地区的标准对接，做好标准输出工作。另一方面，积极协助相关国家和地区制定符合其需要的"国别化"国际中文教育标准。需要注意的是，不同的国家和地区具有不同的中文教育情况，我们不宜主动出击去帮助别国制定中文标准，而是在应邀合作之下，对照我国现有标准，协助制定符合其国情的"国别化"国际中文教育标准，不能"越俎代庖"。三是

---

① 参见 http://www.moe.gov.cn/fbh/live/2023/55470/mtbd/202308/t20230817_1074704.html。

微观层面,建立和完善国际中文项目管理、资源建设等系列规范、指南、规章制度,以纲领性文件等形式对国际中文教育产品进行规范和要求。如孔子学院需要不断完善和加强包括质量监控体系在内的制度、规范建设(刘晶晶,吴应辉 2020);建立审核和审查机制,确保国际中文教育数字出版内容的准确性、可靠性和合法性(李晴,赵佳 2023)。

(三)升级供给系统各环节,打造高质量供给系统

在供给战略的引领和规范下,以提升供给效率、优化供给质量为目标。打造高质量的国际中文教育供给系统。首先,以数据链接供给系统内部构件。单一依靠人力,难以跨越时空限制及时有效保障供给系统高效运行。需要树立数据意识,深入挖掘数据价值,以数据为驱动,建立起供给系统中各构件之间的合作交流机制,监督中文教育产品生产过程,追踪供给动态。让数据成为连接供给系统内部各环节和构件的畅通剂,避免供给系统内部割裂和各自为政。其次,升级供给系统各构件。在供给分析上,借助调查和大数据等形式,按照区域、人群等诸多视角分析需求并做出判断,其优势在于通过自下而上的方式精准定位区域人群的具体需求,合理预测未来一段时间区域内的需求变化,保证供给对现实需求和潜在需求的覆盖面。如前文所述通过分析 YouTube 上的中文学习资源数据,提到越南语中文教材有较大市场,因此,可以具体针对越南学习者进行一定规模的问卷调查,分析他们的中文水平、学习偏好、学习环境等信息。在供给内容和结构上,根据供给分析做出合理决策从而确定需要供给的产品,联合国内外政府、机构、企业、个人等供给主体,调动他们的参与积极性,通过共建共享的方式,生产出优质的国际中文教育产品。仍以上述编写越南语教材为例,国内外专家、机构、个人等相互协作,参考《国际中文教材评价标准》和当地中文教材建设标准,合理安排课时、内容,以及建设配套信息化教辅资源。在供给监督与评价上,从教师、学习者等多个角度根据相关评价指标,及时了解和获取使用者的反馈信息。也可以建立国际中文教材信息收集平台,鼓励用户在平台上反馈使用感受,为后期调整和修订提供反馈信息。

(四)鼓励多主体协同参与,丰富国际中文教育供给模式

多元主体参与国际中文教育供给,根据实际需要,形成不同的供给主体协同模式。一是,多主体组合供给模式。现有的供给模式包括政府模式、高校模式、企业模式、个人模式等。根据不同国家、不同人群的需求,有合作意向的供给主体结合自身的特点和优势组合在一起,形成大小不等的国际中文教育供给共同体,共同体之间不是工作理念的简单叠加,而是一场涉及多主体利益关系的"化学反应"(欧阳井凤,邢金明 2022)。多主体将各自的优势转换为共同体的优势,可以有效满足各国多样化和个性化的中文教育产品需求。二是,国内外联动模式。打破不同主体之间的分离和壁垒,鼓励国内外政府、部门、机构、企业、个人等相互合作,形成"政府支持+部门投入+市场竞争+需求者参与"的供给合作模式,集合多元供给主体的"人力、物力、财力、智力",发挥制度资本、社会资本、金融资本、物质资本、人力资本等多类资本聚合的作用,为提供高质量国际中文教育供给保驾护航。三是,区域联动模式。建立区域性国际中文教育供给主体联盟。通过中国主导提供澜湄次区域合作中区域性公共产品(黄河,杨海燕 2017),为区域性国际中文教育产品供给主体联动模式提供了启示。由中国主导并联合地理上邻近和共享资源较多的区域内相关国家的政府、学校、企业、机构

等供给主体,形成"1+n"区域性国际中文教育供给主体联动模式,其中"1"是指中国,"n"是指其他一个或多个国家,以中国为中心点,"n"个国家和地区参与的区域性国际中文教育供给,推动区域内国际中文教育供给合作网络体系建设。2021年非洲中文教育联盟的建立是区域性国际中文教育产品供给联动模式的有益尝试。需要注意的是,无论是多主体组合供给模式,还是国内外联动模式或者区域联动模式,在提供国际中文教育产品的过程中,各主体都有自身的利益诉求,在某些方面甚至会有利益冲突。有效的解决办法是在尊重供给主体平等的前提下,以共建人类命运共同体为价值目标,以"共商、共建、共享"为合作宗旨,实现参与供给主体利益对接和双赢。

五、结语

新阶段,应以满足国际社会对中文教育多元需求为出发点,积极优化和调整国际中文教育供给侧,增强对国际中文需求变化的适配性和灵活性,扩大有效供给。在此过程中,应坚持稳中求进的原则。"稳"是国际中文教育发展和供给的主基调,是稳住国际中文教育供给在全球发展的大局,为应对复杂的国际形势带来的调整增强底气和信心;"进"是积极进取,开拓创新,各参与主体在各自领域有所作为、有所突破,推动国际中文教育供给体系高质量发展。

参考文献

阿尔布瑞契特,让·詹姆克 2004 《服务经济:让顾客价值回到企业舞台中心》,唐果译,北京:中国社会科学出版社。

曹贤文 2019 《建立健全质量保障体系 引领孔子学院改革发展》,《国际汉语教育(中英文)》第4期。

陈 慧,李政泽,傅晓明 2022 《YouTube中文学习资源大数据分析》,《首都师范大学学报(社会科学版)》第6期。

崔佳兴,王 贺,许善成 2023 《新时代非洲中文教育发展的动因、模式与路径——以赞比亚中文教育发展为例》,《比较教育研究》第10期。

丁安琪 2023 《"国际中文教育"多人谈》,《语言战略研究》第6期。

丁安琪,张 杨 2022 《智慧教育理念下第二语言教学法的变与不变》,《国际汉语教学研究》第3期。

方 堃 2010 《当代中国新型农村公共服务体系研究——基于"服务三角"模型的分析框架》,华中师范大学博士学位论文。

方小兵等 2023 《国际中文教育的在地化与智能化发展路径》,《国际中文教育研究》第2期。

耿 虎,马 晨 2021 《"一带一路""中文+"教育发展探析》,《闽南师范大学学报(哲学社会科学版)》第1期。

郭风岚 2021 《论国际中文教材资源建设理念》,《国际汉语教学研究》第3期。

何继新,暴 禹 2021 《区块链驱动社区公共服务供给治理创新:系统重构、实践图景及风险纾解》,《学习与实践》第6期。

黄 河,杨海燕 2017 《区域性公共产品与澜湄合作机制》,《深圳大学学报(人文社会科学版)》第1期。

惠天罡 2022 《国际中文教育供给侧优化的理论依据与发展路径》,《首都师范大学学报(社会科学版)》第1期。

姜丽萍,王帅臣 2023 《回顾与展望:新世纪汉语二语教材建设20年》,《语言教学与研究》第2期。

金晓艳,赫天姣　2023　《粤港澳大湾区与东盟国际中文教育集群联动发展研究》,《东北师大学报(哲学社会科学版)》第 3 期。

李宝贵,刘家宁　2021　《新时代国际中文教育的转型向度、现实挑战及因应对策》,《世界汉语教学》第 1 期。

李宝贵,刘家宁　2023　《区域国别中文教育研究的论域类型与实践范式》,《语言文字应用》第 1 期。

李　晴,赵　佳　2023　《国际中文教育数字出版现状、存在问题及发展路径探析》,《传媒》第 19 期。

李宇明,施春宏　2017　《汉语国际教育"当地化"的若干思考》,《中国语文》第 2 期。

刘晶晶,吴应辉　2020　《孔子学院与其他国际语言传播机构办学状况比较研究(2015—2017 年)》,《民族教育研究》第 6 期。

刘　旭　2020　《"一带一路"建设中国际汉语职业教育发展研究》,《广西社会科学》第 11 期。

马箭飞,梁　宇,吴应辉,等　2021　《国际中文教育教学资源建设 70 年:成就与展望》,《天津师范大学学报(社会科学版)》第 6 期。

欧阳井凤,邢金明　2022　《共生理论视域下体教融合现实审视及路径构建》,《体育文化导刊》第 5 期。

曲福治,丁安琪　2023　《国际中文教育数字化转型:内涵、特征与路径》,《云南师范大学学报(对外汉语教学与研究版)》第 5 期。

宋继华,张　曼,梁丽芬　2023　《国际中文教育数字化资源建设的深层认知》,《国际汉语教学研究》第 3 期。

王春辉　2021　《历史大变局下的国际中文教育——语言与国家治理的视角》,《云南师范大学学报(哲学社会科学版)》第 2 期。

王　辉　2023　《国际中文教育高质量发展的内涵特征和实践进路》,《四川师范大学学报(社会科学版)》第 4 期。

王　辉,韩进拓　2021　《全球孔子学院发展指数构建》,《云南师范大学学报(对外汉语教学与研究版)》第 2 期。

王　辉,沈伟威　2023　《WSR 系统方法论视阈下中文国际传播体系构建和优化策略》,《云南师范大学学报(哲学社会科学版)》第 4 期。

王　琦　2022　《新时代国际中文教育多中心治理研究》,山东大学博士学位论文。

王正青,程　涛　2023　《语言技能融合型国际教育援助的逻辑理路与路径设计》,《西南大学学报(社会科学版)》第 2 期。

吴应辉　2013　《汉语国际传播研究理论与方法》,北京:中央民族大学出版社。

吴应辉　2022　《新时代国际中文教育服务强国战略八大功能与实现路径》,《云南师范大学学报(哲学社会科学版)》第 3 期。

吴应辉,梁　宇,郭　晶,等　2021　《全球中文教学资源现状与展望》,《云南师范大学学报(对外汉语教学与研究版)》第 5 期。

许　琳　2006　《汉语加快走向世界是件大好事》,《语言文字应用》第 S1 期。

叶庆娜　2019　《重视教育需求:供给侧结构性改革背景下教育供求矛盾的破解》,《教育发展研究》第 17 期。

袁　强　2016　《第三方评估运行机制与实践规制的理性建构》,《中国教育学刊》第 11 期。

张　昊,杨现民　2020　《数据驱动教育服务供给的框架构建与实践探索——基于"服务金三角"模型的分析》,《中国远程教育》第 8 期。

赵丽霞,陶瑞雪　2023　《校企双向赋能,推动"中文＋职业技能"教育发展》,《国际汉语教学研究》第 4 期。

Barry, S. & Y. Hairong. 2015. Localizing Chinese enterprises in Africa: From myths to policies. *HKUST Institute for Emerging Market Studies Thought Leadership Brief* (5),1-4.

从互文性到互语性：机构语言政策的话语模式对比研究

毛延生，田　野

（哈尔滨工程大学　马克思主义学院　黑龙江　哈尔滨　150001）

提　要　语言政策话语研究是当前语言政策与规划研究领域的热点。本研究立足于微观话语本体维度，以国务院、内蒙古自治区政府、鄂尔多斯市政府颁布的关于新时代语言文字工作的机构语言政策文本为语料，以具体的话语策略和语法实现形式为研究路径，聚焦机构语言政策的话语模式对比研究，探究多层级政府的机构语言政策话语模式关系及其形成机制。研究表明：第一，多层级政府的机构语言政策经过话语糅合与意义重构实现再情景化呈现；第二，借助范畴辐射与话语指向体现权力关系不对等性；第三，利用指称关联与话语共通构建多维话语空间；第四，通过意义一致与话语深化明确意识形态指向。上述研究发现可为中国语言政策的话语模式构建提供参考，也可为提升语言政策话语研究的致用性提供行动指南。

关键词　机构语言政策；话语模式；对比研究；话语策略

From Intertextuality to Interdiscursivity: A Comparative Study of Discourse Patterns in Institutional Language Policies

Mao Yansheng, Tian Ye

Abstract　Based on the micro-level discourse dimension, taking institutional language policy texts on language and script work in the new era issued by the State Council, the Inner Mongolia Autonomous Region Government, and the Ordos Municipal Government as the corpus, drawing on specific discourse strategies and grammatical realizations as researchpath, this study focuses on a comparative analysis of discourse patterns in institutional language policies, aiming to explore the relationships and formation mechanisms of discourse patterns in institutional language policies across multiple-level government. The research indicates that, firstly, institutional language policies at multiple-level governments are presented through discourse blending and meaning reconstruction to achieve re-contextualization; secondly, power relations are reflected through category radiation and discourse orientation, highlighting inequalities; thirdly, multi-dimensional discourse spaces are constructed through reference association and discourse commonality; fourthly, ideological orientations are clarified through consensus of meaning and deepening of its discourse. The above findings not only provide some reference for the construction of discourse patterns in Chinese language policy but also

作者简介：毛延生，男，哈尔滨工程大学马克思主义学院/外国语学院教授、博士生导师，中国语言战略研究中心兼职研究员，主要研究方向为话语分析、文化语用学。邮箱：wiltonmao@163.com。田野，男，哈尔滨工程大学马克思主义学院博士研究生，主要研究方向为话语分析、文化语用学。电子邮箱：Tianye2210@163.com。

2020年国家社科基金重大项目"人工智能伦理风险防范研究"（20&ZD041）；2021年度教育部人文社科青年项目"中国共产党标识性话语海外译介的百年嬗变研究"（21YJCZH247）。

offer practical guidance for enhancing the utility of language policy discourse research.

Key words　institutional language policy; discourse patterns; comparative research; discourse strategies

引言

约翰逊(Johnson 2013)曾指出,语言政策分析本质上是话语性的。语言政策研究必然涉及以话语研究为"原点"的语言学回归,其意义表征与共现更多源于自身话语模式的定位和选择。以往语言政策的话语研究聚焦语言政策内涵扩展(Lawton 2016)、话语分析路径探讨(Fitzsimmons-Doolan 2015)以及语言政策个案研究(Barakos 2020)。可以说,这些研究极大推进了语言政策研究的深度与广度,对于语言政策的内涵、外延以及语言政策制定与推广的效度具有重要意义。然而,从研究视域来看,随着话语研究在语言政策研究中的广泛应用,尽管已有学者认识到语言政策制定与实际实施之间存在的显著差距(郑咏滟,王思璇 2024:38),并且也有学者关注政策话语间的关系构建(Mortimer 2013),但是以往语言政策的话语研究大多关注"语言政策"本身,对于语言政策的话语模式及话语模式背后的话语调适与话语互动的探讨乏善可陈。因此,如何聚焦话语本体维度,为语言政策的话语模式建构提供话语诠释成为提升语言政策话语研究致用性的关键。

有鉴于此,本研究聚焦中国政府的机构语言政策语料,着眼于话语本体维度,对多层级政府的机构语言政策的话语模式进行对比研究,探讨多层级政府的机构语言政策在话语使用上的相互嵌入情况。这项研究的意义有二:一方面,基于具体案例的对比性分析有助于深入理解话语在语言政策研究中的历史基因与现实价值,以在地化的方式揭示中国语言政策与规划的特性与全貌;另一方面,有助于探索符合中国国情和国际学界前沿的语言政策研究范式,助力中国语言规划学自主知识体系的构建,进而提升中国在国际语言政策与规划研究中的话语权。

一、研究背景

语言政策是一种话语实践的本质表征(方小兵,2023:50)。在语言政策研究中,话语研究始终伴随左右,从未缺席。伴随着话语理论的勃兴,尤其在后结构和后现代思潮的引领下,语言政策研究呈现显著的"话语转向"趋势。例如,Haarmann(1990)提出,将话语应用于语言政策中,并明确提出了语言的"声望规划"。Ball(1993)指出,政策及其解释方式反映的是不同立场之间的相互妥协,这些妥协均在话语框架下进行。在此基础上,Blommaert(1996)进一步强调,政策文本是话语实践的副产品,政策文本中的内容都会在话语中得以呈现。话语实践则贯穿于语言政策的创制、传播、阐释、实施和评价的过程之中。这些研究均可看作语言政策话语研究的重要论断,不仅反映了学界对于语言政策话语研究重要性的深刻认识,也指出了话语维度介入语言政策研究的必然性。

从研究方法与研究路径整合的视角来看,话语研究不仅是语言政策研究的一种重要研究方法,也是语言政策研究的一大热点。众多学者对这一研究方法进行了探索,Johnson

（2013）指出，话语研究特别是批评话语研究是语言政策的一个重要研究方法，并对互文性、互语性等重要概念进行了解读。其中，互文性也被称为"文本间性"，指文本指涉文本，或文本引述前文本，即两个或两个以上彼此影响的文本之间的关联性。而互语性指的是语篇中不同类型话语相互联系与交叉作用。Barakos 和 Unger（2016）明确提出了语言政策的话语路向概念，并对这一概念的理论基础、研究方法与个案研究展开分析。在国内，张天伟、高新宁（2017）基于高考外语改革政策这一案例，从理论、方法与框架等方面探讨了语言政策的话语研究路向。方小兵（2023）对近70年来语言政策研究的话语路径全面梳理，将话语视角下的语言政策研究划分为四个阶段——话语阐释、话语批评、话语互动与话语规划。上述研究可以看到，"话语转向"所带来的"话语思维"，继承了语言政策研究"话语转向"的合理性与必要性，成为语言政策研究的全新"生长点"。

回归话语研究方法本身，"以语言运用为导向的"批评话语研究是语言政策研究的重要手段（田海龙 2021：17）。众多从事批评话语研究的学者在以往案例研究中归纳出三个典型的批评话语研究方法：其一，Fairclough（2003）提出的"辩证—关系"分析法，强调话语分析需要借助结构分析和互动分析来完成。其二，Wodak（2001）提出的"话语—历史"分析法，通过确定某一特定话语的主题和内容，聚焦具体的文本与语体分析。其三，Van Dijk（2008）提出的"社会—认知"分析法，着眼于"语境模型"，阐释了意识形态意义的产生过程。作为批评话语研究的传统研究方法，以上三种研究方法的共同之处在于把研究焦点集中在单一话语实践之上，忽略了话语与话语之间的相互作用。换言之，在分析不同话语实践之间的相互作用方面并未提供具有操作性的分析方法。

机构语言政策是指由政府及有关机构所做出的政策性决定。依据国务院办公厅、内蒙古自治区政府、鄂尔多斯市政府颁布的有关新时代语言文字工作政策文件，三级政府就同一主题自上而下逐级颁布的语言政策，在语言政策的话语实践过程中必然存在话语互动，即"话语与话语之间的相互作用"（田海龙 2021：18）。基于此类的多层级政府的语言政策微观话语本体研究，特别是关于语言政策的话语模式对比研究目前学界尚未发现。因此，本研究聚焦微观话语本体维度，结合单一政府机构语言政策文本内部与三级政府机构语言政策文本之间的互文性与互语性，对比分析三级政府针对同一主题颁布的语言政策所采用的话语模式，探讨三级政府的机构语言政策话语模式存在何种关系以及这种关系是如何体现的，希冀作为语言政策"微观话语"研究转向的一次有益探索。

二、研究设计

本文拟回答以下两个问题：（1）三级政府机构的语言政策话语模式存在何种关系？（2）三级政府机构的语言政策话语模式关系如何体现？

针对多层级政府的机构语言政策话语模式对比研究，在语料搜集上，本研究选择了国务院办公厅、内蒙古自治区和鄂尔多斯市三级政府针对全面加强新时代语言文字工作颁布的相关政策文件，所选三级政府的机构语言政策文件分别为《国务院办公厅关于加强新时代语言文字工作的意见》（以下简称《意见》）、《内蒙古自治区实施〈中华人民共和国国家通用语言文字法〉的办法》（以下简称《办法》）以及《鄂尔多斯市加大国家通用语言文字推广力度"一地一策"工作方案》(以下简称《方案》),关于三份语料的具体信息如表1所示。

表1　三级政府的机构语言政策文本信息表

	《意见》	《办法》	《方案》
政策来源	中国政府网	内蒙古自治区政府网站	鄂尔多斯市政府网站
发布主体	国务院办公厅	内蒙古人民代表 大会常务委员会	鄂尔多斯市政府
发布时间	2020.11.30	2021.09.29	2021.11.25
语料字数	5315	2932	4858

《国务院办公厅关于加强新时代语言文字工作的意见》明确指出,自党的十八大以来,在党和国家的高度重视下,中国语言文字事业取得了历史性成就。与此同时,国家通用语言文字推广普及仍不平衡不充分,语言文字信息技术创新还不适应信息化尤其是人工智能的发展需求,语言文字工作治理体系和治理能力现代化水平亟待提升。在此背景下,全面加强新时代语言文字工作势在必行。因此,针对多层级政府的机构语言政策话语模式对比研究对于更好地推进国家通用语言文字推广普及具有引领与示范意义。

从权力运行的角度来看,三级政府存在自上而下的权力关系,其语言政策的话语实践也必然存在话语互动。这种话语互动将"单一话语内的语言使用与社会因素之间的辩证关系扩展到话语与话语之间"(田海龙 2020:129)。全部语料搜集整理之后,聚焦微观话语本体研究,以具体话语策略和语法实现方式为理论依据(Reisigl & Wodak 2009),采用文本分析方法,对三级政府机构语言政策文本间话语进行互文性和互语性分析,探讨三级政府的机构语言政策在语言使用上存在何种关系以及这种关系是在机构语言政策话语中如何体现,进而准确把握多层级政府的机构语言政策在语域、语境、文本、身份、文化等话语秩序上的相互嵌入情况。

首先,针对第一个研究问题,本研究基于对三份语言政策语料的充分研读,以"话语互动"概念为依据,寻找三级政府的机构语言政策话语通过共同主题(加强新时代语言文字工作)建立起来的互文性与互语性联系,并结合语言使用与社会因素,对三级政府机构语言政策话语模式的相互联系与影响情况进行概括总结。其次,针对第二个研究问题,在对三级政府的机构语言政策话语模式进行总结的基础上,借助定量与定性相结合的研究方法,对三级政府的机构语言政策话语文本进行分析处理。一方面,利用词频分析法,对三级政府的机构语言政策语料进行定量处理,通过词频分布情况探讨主题关联。另一方面,从话语策略和语法表达层面,选取典型具体案例,结合单一文本话语和文本间话语中存在的互文性与互语性进行对比分析,进而对第一个研究问题进行充分的回应与论证。

三、研究结果与讨论

(一) 糅合与重构:机构语言政策的再情景化呈现

在语言使用层面,多层级政府自上而下的语言政策传达过程必然是由一个话语中的术语、词语或语体被再情景化到另一个话语中的过程。所谓再情景化,是一个动态的话语生产过程,话语参与者依靠原有的话语情景提取出一些文本,将其植入全新的话语情景中,进而生产出具有全新意义的新话语(Van Leeuwen 2008)。三级政府的机构语言政策在不同语域中,通过语言政策传递过程中的话语糅合,实现语言政策的意义重构。针对《意见》《办法》和《方案》分别进行词频分析,选取三份文件中出现频次前十的术语进行对比分析,可以看到机构语言政策的再情景化呈现情况。

表 2　三级政府的机构语言政策文本术语频次表(前十)

《意见》			《办法》			《方案》		
序号	术语	频次	序号	术语	频次	序号	术语	频次
1	语言文字	86	1	国家	29	1	国家	54
2	国家	53	2	文字	29	2	通用语言	49
3	语言	44	3	通用语言	26	3	文字	49
4	加强	38	4	语言文字	24	4	语言文字	38
5	通用语言	31	5	应当	22	5	工作	35
6	工作	30	6	使用	21	6	开展	28
7	文字	30	7	用字	14	7	完成	27
8	建设	23	8	少数民族	12	8	责任单位	25
9	教育	20	9	规定	12	9	时限	24
10	发展	18	10	达到	11	10	教体局	24

宏观主题是话语的一个主要特征(Reisigl & Wodak 2009:89)。对三份机构语言政策进行词频统计与对比可以发现:"国家"、"语言文字"、"通用语言"与"文字"同时出现在三份机构语言政策的词频统计列表中,这可视作国务院办公厅、内蒙古自治区政府和鄂尔多斯市政府在语言文字工作方面的共同主题或核心议题。同时,无论是在单一文本内部,还是在文本与文本之间的对比之下,均可发现以上四个术语的重复出现,频次极高,分别为:国家(53、29、54)、语言文字(86、24、38)、通用语言(31、26、49)、文字(30、29、49),同时可参见三级政府的机构语言政策词云图的主题词分布情况,如图1-3所示。而"重复是互文性的一种,起强调作用"(张天伟,高新宁 2017:22)。由此可见,推广国家通用语言文字是各级政府在新时代加强语言文字工作的着眼点和关键点。

图 1　《意见》词云图　　　　　图 2　《办法》词云图　　　　　图 3　《方案》词云图

此外，结合观察的语料发现，同一术语从《意见》文本，到《办法》文本，再到《方案》文本，在不同的语域中与相应的文本话语不断进行话语糅合，从而完成意义重构，最终实现机构语言政策的再情景化呈现。以例1—例3"语言文字"术语所示：

例1　"为全面加强新时代语言文字工作，经国务院同意，现提出如下意见"。《意见》

例2　"自治区行政区域内国家通用语言文字的使用、管理和监督，适用本办法"。《办法》

例3　"为加快提高我市国家通用语言文字普及水平，按照教育部、国家语委要求和自治区工作部署，结合我市实际，制定本方案"。《方案》

从例1中可以看到，视角化策略表达的应用在此尤为显著（Wodak 2006）。在不同的语域中，语言文字工作开展的主体和对象均发生了转变。首先，应用于《意见》中，语言文字工作主体是国务院办公厅，工作对象为各省、自治区、直辖市人民政府，国务院各部委、各直属机构；其次，应用于《办法》中，语言文字工作主体转变为内蒙古自治区政府，工作对象转变为内蒙古自治区公民；最后，应用于《方案》中，语言文字工作主体随之转变为鄂尔多斯市政府，工作对象也随之转变为鄂尔多斯市公民。可见，在对应的语域中，同一术语在语言使用层面不断被再情景化，重构起全新的话语意义（田海龙 2020：137）。这一意义重构并非仅仅停留于视角转变，其背后涉及语言文字工作在不同机构语言政策中的工作重点、工作内容、工作手段及工作范畴等方面的差异与侧重。具体而言，围绕新时代语言文字工作这一共同的宏观主题，在《意见》中，机构语言政策话语反映出来的工作重点聚焦构建与人民群众需求相适应的语言服务体系，工作内容集中在宏观国家层面，工作手段侧重于国家指导与调控，工作范畴面向最广泛的人民群众。在《办法》中，机构语言政策话语反映出来的工作重点聚焦为当地经济社会发展服务，工作内容集中在中观区域层面，工作手段侧重于地方立法，工作范畴面向自治区人民群众。在《方案》中，机构语言政策话语反映出来的工作重点聚焦当地形成和谐健康的语言文化环境，工作内容集中在微观地区层面，工作手段侧重于单位分管与责成落实，工作范畴面向本市人民群众。由此可见，即使面对同一宏观主题，语言使用在不同语域下的再情景化也会生成不同的话语意义，但各级政府生成的机构语言政策话语意义必然与其意义生成所处的语域相对应。

（二）辐射与指向：机构语言政策的权力关系表征

政策与权力的关系是语言政策制定的主要学理基础（Savski 2016）。多层级政府的机构语言政策制定是自上而下的行为，其机构语言政策话语之间的关系也存在不对等性。具体来讲，国务院的机构语言政策话语通常指向全国，辐射范围是全国人民，具有纲领性、引导性的指向意义。内蒙古自治区政府的机构语言政策话语通常指向内蒙古自治区，辐射范围是内蒙古自治区人民，具有目标性、针对性的指向性意义。与之相比，鄂尔多斯市政府的机构语言政策话语指向鄂尔多斯市，辐射范围是鄂尔多斯市人民，具有具体性、操作性的指向性意义。在这样一个由指向性意义构成的指向性秩序中，三级政府的机构语言政策话语所具有的分量不同。换言之，彼此之间的权力关系表征具有不对等性。从话语使用层面来看，这种权力关系表征的不对等性主要从两方面表现出来：语法实现方式（主要包括祈使句类的动词与引经据典的话语指示）和互语性。

第一,三级政府的机构语言政策话语多使用祈使句类的动词,表示命令或指示(张天伟,高新宁 2017:22)。但是,在政策制定者级别差异的影响下,三级政府的机构语言政策在使用祈使句类的动词时,往往通过调适动词的"指示强度"来实现权力关系的依附性与递减性——对上级政府的依附性和话语权力的递减性。如例4—例6所示。

例4 "坚持服务大局、服务人民,坚持推广普及、提高质量,坚持遵循规律、分类指导,坚持传承发展、统筹推进。"《意见》

例5 "贯彻实施有关国家通用语言文字的法律、法规和政策;制定并组织实施本行政区域内国家通用语言文字工作规划;管理、监督、检查国家通用语言文字的社会应用;协调各部门、各行业的语言文字规范化、标准化、信息化工作。"《办法》

例6 "健全完善语言文字工作考核机制;深入推进国家通用语言文字工作督导评估;配合国家和自治区开展县域国家通用语言文字使用情况和普通话普及情况调查;全面深入开展国家通用语言文字宣传教育。"《方案》

可以看出,在《意见》中,祈使句类的动词使用不仅体现了国务院在语言政策制定上总揽全局、协调各方,也通过连续使用四个"坚持"形成互文,强调其在语言政策制定和规划中的顶层设计和统领作用。其次,在《办法》中,祈使句类的动词连续使用体现了内蒙古自治区政府在语言政策制定上严格遵循、认真落实。值得注意的是,"本行政区域内"的划定不仅是对本级政府在语言政策制定上的话语空间收缩,也对本级政府的权力关系进行了明确限定——遵守上级政府的意见指导,组织下级政府的政策实施。最后,在《方案》中,由于鄂尔多斯市政府的机构语言政策话语指向与辐射范围在权力关系方面均低于以上两级政府,因此,鄂尔多斯市政府的机构语言政策语境是在三级政府权力关系中处于"最低位"的现实语境。同时,鄂尔多斯市政府的机构语言政策的语域范畴指向鄂尔多斯市民,其语域范畴与其他两级政府相比也是"最小范畴"。与《意见》和《办法》相比,《方案》中的动词使用处于"弱使用"状态,通过连续使用祈使句类的动词"健全、推进、配合、开展",可以看到鄂尔多斯市政府的机构语言政策话语更多反映的是在语言文字工作上的意见遵循、具体举措与实施方法。此时,其动词使用的"指示强度"在三级政府动词使用的权力关系范畴表现出更强的依附性,即始终遵循上级政府的意见指导,贯彻落实上级政府的语言文字工作方针,并积极推动地方语言政策制定与国家、自治区语言政策保持高度一致,这也进一步印证了其话语权力处于三级政府中的"最低位"。

第二,三级政府的机构语言政策话语多采用引经据典的话语指示,以此体现机构语言政策的权威性,进而增强机构语言政策的传信度。具体而言,在收集的语料中可以发现,三级政府机构在引经据典的过程中,话语指向的权力关系存在明显的动态变化特征。这种动态变化特征间接暗示三级政府的权力关系存在不对等性。如例7—例9所示。

例7 "以习近平新时代中国特色社会主义思想为指导,全面贯彻党的十九大和十九届二中、三中、四中全会精神,按照党中央、国务院决策部署,坚持以人民为中心的发展思想,以推广普及和规范使用国家通用语言文字为重点,加强语言文字法治建设,推进语言文字规范化、标准化、信息化建设。"《意见》

例8 "根据《中华人民共和国民族区域自治法》《中华人民共和国国家通用语言文字法》和国家有关法律、法规,结合自治区实际,制定本办法。"《办法》

例 9　"根据修订完善的《内蒙古自治区实施〈中华人民共和国国家通用语言文字法〉办法》和自治区相关行业部门配套文件，制定符合我市语言文字工作实际的落实措施，不断健全完善语言文字法治建设体系。"《方案》

"语言政策的实施依赖于权力，语言政策与权力有其双向性"（李雅 2020：95）。可以看出，作为国家最高行政机关，国务院具有显著的权威性，在《意见》中，国务院援引"以习近平新时代中国特色社会主义思想为指导"，"全面贯彻党的十九大……"，"按照党中央、国务院决策部署"。《习近平谈治国理政（第四卷）》强调，习近平新时代中国特色社会主义思想是当代中国马克思主义、二十一世纪马克思主义，是中华文化和中国精神的时代精华。首先，通过引经据典，体现权威性，可以充分发挥话语力量的"调节作用"，在实现语言政策制定"顶天立地"的同时，提升国务院的机构语言政策话语说服力，凸显其在权力关系中的权威地位。其次，在《办法》中，内蒙古自治区政府援引"《中华人民共和国民族区域自治法》《中华人民共和国国家通用语言文字法》和国家有关法律、法规"，从援引话语的指向性来看，内蒙古自治区政府在语言政策中的援引话语强度明显低于国务院在语言政策中的援引话语。原因在于两个话语主体所具有的不平等地位，影响了语言使用层面的杂糅度。从中可以看到，内蒙古自治区的语言政策话语模式与国务院的语言政策话语模式存在权力的不对等关系，同时前者对后者存在显著的依附关系。最后，在《方案》中，鄂尔多斯市政府援引"《内蒙古自治区实施〈中华人民共和国国家通用语言文字法〉办法》和自治区相关行业部门配套文件"，援引话语强度明显低于国务院和内蒙古自治区政府。相应地，在三级政府的语言政策话语模式中，处于权力关系的最低层级。

第三，三级政府的机构语言政策话语多存在互语性。对三级政府的机构语言政策话语进行互语性分析，可以直观看到不同层次语言政策在话语体裁、话语风格等话语秩序上的相互嵌入情况。通过对语料梳理发现，三级政府的机构语言政策话语中存在不同类型话语相互交叉的情况，符合互语性特征。其中主要包括以下三类话语：政府宣传机构话语、教育管理部门机构话语和公众话语，如表 3 所示。这些话语在同一语言政策文本中相互联系、交叉作用，在话语体裁和话语风格上保持高度一致，话语秩序也随之呈现出显著的稳定性，这就反映了下级政府在语言政策制定和颁布过程中对上级政府的依附性，进而印证了机构语言政策之间的权力关系存在不对等性。此外，对三级政府的机构语言政策文本中的话语类型进行比较，各级政府的宣传机构话语所占篇幅最多，在相应的机构语言政策语篇中居于主导地位，体现了语言政策与规划语篇"传统上自上而下构建的宏观语言政策特点"（张天伟，高新宁 2017：22），也再次印证了下级政府对上级政府的依附性与权力关系的不对等性。

表 3　三级政府机构语言政策话语类型实例表

话语类型	实例
政府宣传机构话语	"以习近平新时代中国特色社会主义思想为指导。"《意见》
	"为了维护国家通用语言文字的主体地位，铸牢中华民族共同体意识，使国家通用语言文字更好地为经济社会发展服务。"《办法》
	"全面落实全国、自治区语言文字会议和新时代语言文字工作指导意见精神。"《方案》

续表

话语类型	实例
教育管理部门机构话语	"建立完善学生语言文字应用能力监测和评价标准。"《意见》
	"鼓励各民族学生互相学习语言文字。"《办法》
	"加快学校国家通用语言文字工作达标建设进度。"《方案》
公众话语	"服务人民群众学习使用语言文字和提升科学文化素质。"《意见》
	"推广普通话和推行规范汉字是全社会的共同责任。"《办法》
	"与人民群众需求相适应的监督管理和保障服务体系更加完善。"《方案》

（三）关联与共通：机构语言政策的话语空间构建

机构语言政策文本及其制定过程一定程度上可以反映在话语实践中话语空间是如何构建起来的。基于趋近化表达策略的话语空间构建逻辑（Cap 2013），话语空间可以划分为空间、时间和价值三大维度。趋近化表达能够在空间、时间和价值三个维度向中心实体迫近。这个中心实体就是"指称中心内部"（inside the deictic center，简称 IDC）。在机构语言政策文本的话语分析中，语言政策构建的空间、语言政策制定的时间以及语言政策制定者（话语生产者）的价值观均以 IDC 为核心展开。其中，机构语言政策制定的基本要素——制定者、制定过程、制定目标、机构语言政策语篇和语境，均可以在话语空间中体现出来。

通过对三级政府的机构语言政策话语空间进行建构，可以发现三级政府的机构语言政策话语空间存在关联性与共通性。如图 4 所示，机构语言政策制定者（国务院、内蒙古自治区政府、鄂尔多斯市政府）的立场与视角为 IDC，三者的立场和视角均为全面加强新时代语言文字工作。在三级政府的机构语言政策制定前后构建起来的话语空间中，反映了三级政府机构语言政策的制定过程，价值观轴线则反映了三级政府的机构语言政策制定目标——服务于建设社会主义现代化强国。由此可以确证，三级政府的机构语言政策话语空间存在关联性与共通性。

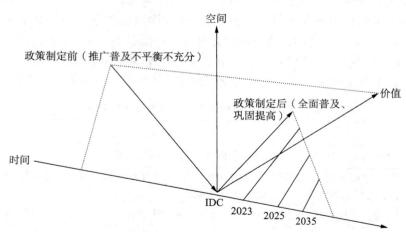

图 4　对三级政府的机构语言政策构建的话语空间

进一步来看，在时间趋近化维度上，三级政府的机构语言政策均以问题导向作为切入点。通过对比的方式，以机构语言政策制定前后为节点，突出通过制定机构语言政策来破解现存难题。例如，在《意见》中，"新中国成立以来，特别是党的十八大以来，在党和国家的高度重视下，中国的语言文字事业取得了历史性成就。同时，国家通用语言文字推广普及仍不平衡不充分，语言文字信息技术创新还不适应信息化尤其是人工智能的发展需求，语言文字工作治理体系和治理能力现代化水平亟待提升"。通过时间连词"同时"，引发机构语言政策制定前后的对比。与此相同，在《方案》中，"近年来，鄂尔多斯市语言文字事业取得了长足发展，国家通用语言文字普及程度和普及水平不断提高，语言能力不断适应地区经济社会发展需求。但是，与国家的要求以及先进地区相比，我市国家通用语言文字事业仍然存在发展水平不能充分满足新时代社会发展需要"。通过使用转折连词"但"，引发机构语言政策制定前后的对比。

在空间趋近化维度上，各级政府的机构语言政策制定的总体目标设定均以时间为节点，进而构建起政策制定与 IDC 的概念化远近程度。例如，《意见》中提到，"到 2025 年，普通话在全国普及率达到 85%"、"到 2035 年，国家通用语言文字在全国范围内的普及更全面、更充分"。《方案》中指出，"2023 年，全市普通话普及率达到 82% 以上；2025 年，全市普通话普及率达到 85% 以上"。其中明确提出 2023 年、2025 年、2035 年三个节点的语言文字工作节点和目标，上述三个时间节点离 IDC 呈现出渐进态势，说明随着时间的推进、语言文字工作的深入开展，其构建的价值观与 IDC 也越来越接近，即三级政府的机构语言政策的总体目标与政策制定者的利益相一致。

在价值趋近化维度上，三级政府的机构语言政策均通过二元对立的方式来构建话语空间。例如，在《意见》中，政策制定前"国家通用语言文字推广普及仍不平衡不充分"的情况，在政策制定后变为"基本实现新时代语言文字工作治理体系和治理能力现代化"。在《办法》中，"为了维护国家通用语言文字的主体地位，铸牢中华民族共同体意识，使国家通用语言文字更好地为经济社会发展服务"，来凸显机构语言政策制定前后的语言文字发展差异。在《方案》中，政策制定前存在"国家通用语言文字工作体制机制、宣传教育、条件保障等方面不能完全适应国家治理体系和治理能力现代化新要求等问题"，在政策制定后转变为"区域、城乡、行业差距明显缩小，语言文字事业逐步迈入高质量发展阶段"。这种价值观的构建，充分体现了三级政府的机构语言政策制定者在政策制定目标与意识形态上的关联性与共通性（高鑫，孙冬阳 2024：74），即各级政府制定的机构语言政策均服务于社会主义现代化强国建设，服务于广大人民群众的现实需求。

（四）一致与深化：机构语言政策的意识形态指向

在话语研究领域，意识形态是"社会活动主体对世界的主观认识"（Woolard 1998：5），或"特定社会群体对于社会的信念和认知"（Van Dijk 1998：9）。同时，"意识形态所体现的主观认识是关于公共领域里权力关系的认识"（Verschueren 2012：9）。在本文所用的分析语料中，三级政府的机构语言政策话语具有显著的意识形态指向。这种意识形态指向呈现出高度的一致性。此外，机构语言政策自上而下进行逐级传达的过程也是共同意识形态指向不断深化的过程（如例 10—例 12）。

例 10 "以习近平新时代中国特色社会主义思想为指导,全面贯彻党的十九大和十九届二中、三中、四中全会精神,按照党中央、国务院决策部署,坚持以人民为中心的发展思想,以推广普及和规范使用国家通用语言文字为重点,加强语言文字法治建设,推进语言文字规范化、标准化、信息化建设,科学保护各民族语言文字,构建和谐健康语言生活,传承弘扬中华优秀语言文化,提升国家文化软实力,为铸牢中华民族共同体意识、建设社会主义现代化强国贡献力量。"《意见》

例 11 "自治区全面推广普及国家通用语言文字,深入开展铸牢中华民族共同体意识教育,促进中华文化认同和文化传承,维护国家主权和国家统一,巩固和促进民族团结。"《办法》

例 12 "全面落实全国、自治区语言文字会议和新时代语言文字工作指导意见精神,以铸牢中华民族共同体意识为主线,坚定不移推广普及国家通用语言文字。本着重在建设、重在过程、重在实效的原则,聚焦重点领域、聚焦农村牧区,有效提升国家通用语言文字普及水平,推动语言文字事业可持续、高质量发展。"《方案》

可以看出,三级政府的机构语言政策话语都在强调"铸牢中华民族共同体意识",不仅是文本与文本之间互文性的一种体现,也是不同文本在"社会因素层面的话语互动"。(田海龙 2021:20)从话语研究的角度来看,三级政府的机构语言政策话语表达体现出政策制定者(话语生产者)在语言政策制定过程中处于主导地位,这可归于三级政府对于筑牢中华民族共同体意识的坚定立场和对开展新时代语言文字工作的专业认知。三级政府的机构语言政策的意识形态指向具有高度的一致性。

其次,从语言使用视角出发,三级政府的机构语言政策话语受话语主体视角、话语客体范畴、话语语境差异以及话语权力等因素的影响(Johnson 2013:51),"铸牢中华民族共同体意识"这一共同意识形态指向自上而下呈现出不断深化的认知趋势。例如,结合《意见》文本语境,"铸牢中华民族共同体意识"的语用指示更多强调立场建构与原则把控;在《办法》文本语境,"铸牢中华民族共同体意识"则可看作对《意见》所呈现的言语行为进行严格遵循与贯彻落实;而在《方案》文本语境中,"铸牢中华民族共同体意识"已被预设成为新时代语言文字工作的基本原则和指导思想,体现出对上级政府的机构语言政策的价值认同和认识深化。三种不同类型的机构语言政策在话语互动的过程中具有明显的互语性表征。可见,三级政府的机构语言政策的意识形态指向在保持高度一致的基础上,具有自上而下不断深化的认知趋势。

四、结语

语言政策的话语研究集理念导向、价值立场和学术路径于一身。既能着眼于微观,洞幽烛微,也能立足于宏观,鸟瞰全景,充分彰显语言政策话语研究的"宽广视域"。然而,以往语言政策研究或多或少涉及的话语问题,"都只是针对既有政策单一维度的话语分析"(方小兵 2023:59),一定程度上抑制了嵌入其间的话语能量的延展。本研究聚焦机构语言政策的话语模式对比,以三级政府的机构语言政策文本为切入点,着眼于微观话语本体维度的对比分析,探究在多层级政府的机构语言政策背后的话语模式关系及关系形成。研究发现:多层级政府的机构语言政策经过话语糅合与意义重构实现再情景化呈现、借助范畴辐射与话语指向体现权力关系的不对等性、利用指称关联与话语共通构建多维话语空间、通过意义一致与话语深化明确意识形态指向。上述初步的研究发现可以为未来语言政策的话语模式建构乃至语言政策话语研究致用性提升提供认识论指导。同时,本研究还通过话语分析路径,对三级政府的机构语言政策文本语料进行横向分析,探讨多层级机构语言政策在话语使用上的相互嵌入情况。希冀本文能够引起语言政策研究与话语分析研究对于语言政策的话语研究的重视,从而进一步拓展我国语言政策研究的多维度话语分析,推动语言政策研究范式的创新,促进中国语言规划学自主知识体系构建,进一步提升中国在国际语言政策与规划研究中的话语权。

参考文献

方小兵　2023　《从话语阐释到话语规划:语言政策研究的话语路径》,《云南师范大学学报(哲学社会科学版)》第 5 期。

高　鑫,孙冬阳　2024　《政治话语中的趋近化和间离化——对哈萨克斯坦 2022 年国情咨文的批评认知分析》,《外国语》第 1 期。

李　雅　2020　《批评话语分析视角下的中亚国家语言政策》,《中国语言战略》第 1 期。

田海龙　2020　《中西医结合治疗新冠肺炎的话语研究——基于"双层—五步"框架的中西医话语互动分析》,《天津外国语大学学报》第 3 期。

田海龙　2021　《批评话语研究之"话语互动"新路径》,《外语学刊》第 2 期。

张天伟,高新宁　2017　《语言政策的话语研究路向:理论、方法与框架——高考外语改革政策的批评认知案例分析》,《外语研究》第 6 期。

郑咏滟,王思璇　2024　《语言政策民族志本土化路径探究》,《云南师范大学学报(哲学社会科学版)》第 1 期。

Ball, S. J. 1993. What is policy? Texts, trajectories and toolboxes. *Discourse* 13(2), 10 – 17.

Barakos, E. 2020. *Language Policy in Business: Discourse, Ideology and Practice*. Amsterdam: John Benjamins Publishing Company.

Barakos, E. & J. W. Unger. 2016. *Discursive Approaches to Language Policy*. New York: Palgrave Macmillan.

Blommaert, J. 1996. Language planning as a discourse on language and society: The linguistic ideology of a scholarly tradition. *Language Problems and Language Planning* 20(3), 199 – 222.

Cap, P. 2013. *Proximization: The Pragmatics of Symbolic Distance Crossing*. Amsterdam: John Benjamins.

Fairclough, N. 2003. *Analyzing Discourse: Textual Analysis for Social Research*. London: Routledge.

Fitzsimmons-Doolan, S. 2015. Applying corpus linguistics to language policy. In F. M. Hult & D. C. Johnson (Eds.), *Research Methods in Language Policy and Planning: A Practical Guide*, 107 – 117. New York: John Wiley & Sons.

Haarmann, H. 1990. Language planning in the light of a general theory of methodological framework. *International Journal of the Sociology of Language* (86), 103 – 126.

Johnson, D. C. 2013. *Language Policy*. New York: Palgrave Macmillan.

Lawton, R. A. 2016. Critical integrated approach to language policy as discursive action: Strengths, challenges and opportunities. In E. Barakos & J. Unger (Eds.), *Discursive Approaches to Language Policy*.

London: Palgrave Macmillan.

Mortimer, K. S. 2013. Communicative event chains in an ethnography of Paraguayan language policy. *International Journal of the Sociology of Language* (219), 67 – 99.

Reisigl, M. & Wodak. R. 2009. The discourse historical approach. In R. Wodak & M. Meyer (Eds.), *Methods of Critical Discourse Analysis*. Los Angeles: Sage.

Savski, K. 2016. State language policy in time and space: Meaning, transformation, recontextualisation. In E. Barakos & J. W. Unger (Eds.), *Discursive Approaches to Language Policy*. London: Palgrave Macmillan.

van Dijk, T. A. 1998. *Ideology: A Multidisciplinary Approach*. London: SAGE Publications.

van Dijk, T. A. 2008. *Discourse and Context*. London: Cambridge University Press.

van Leeuwen, T. 2008. *Discourse and Practice: New Tools for Critical Discourse Analysis*. Oxford: Oxford University Press.

Verschueren, J. 2012. *Ideology in Language Use: Pragmatic Guidelines for Empirical Research*. Cambridge: Cambridge University Press.

Wodak, R. 2001. The discourse-historical approach. In R. Wodak & M. Meyer (Eds.), *Methods of Critical Discourse Analysis*. London: SAGE Publications.

Wodak, R. 2006. Linguistic analysis in language policies. In T. Ricento (Ed.). *An Introduction to Language Policy: Theory and Method. Malde.* MA: Blackwell Publishing.

Woolard, K. 1998. Introduction: Language ideology as a field of inquiry. In B. Schieffeilin, K. Woolard & P. Kroskrity (Eds.), *Language Ideologies: Practice and Theory*. Oxford: Oxford University Press.

语言政策的话语嬗变：语言立法视角

（福建师范大学　外国语学院　福建　福州　350007）

提　要　本文基于积极话语分析的个体化研究和批评话语分析的述谓策略研究，提出国家语言立法中的意义建构分析框架，对宪法立法(1982—2023)以来语言政策意义建构的阶段性特征进行历时分析。研究发现：从概念意义维度上看，国家在语言立法中主要通过四大类动词述语建构经验意义，其在语言立法的不同时期具有动态性，体现对语言实践的制约性及其语言发展的导向性；从人际意义维度上看，动词述语主要体现对语言政策实施主体正面、隐性的评价，以社会评判资源为主，突显政府机关在语言立法中的重要性；从文化语境维度来看，国家逐步体现对民族/地方、国内及其国际语言社区文化交流的关注，体现国家语言立法中的和合文化价值。本文有助于更好地读解语言政策话语的意义建构，并为大数据时代语言文字的法治建设提供启示。

关键词　语言政策；话语分析；历时研究；语言立法

A Diachronic Study of the Discourse of Chinese Language Policy: The Perspective of Language Legislation

Shi Chunxu

Abstract　Based on individuation research from Positive Discourse Analysis and predication strategy from Critical Discourse Analysis, this paper presents an analytical framework for understanding meaning-making in language legislation. It probes into the characteristics of language policies in different periods since the enactment of Chinese language legislation (1982 - 2023) through a diachronic discourse analysis. It is found that, from the dimension of ideational meaning, the government mainly constructs experiential meaning using four major kinds of verbal predicates, which are dynamic over three different periods in language legislation, reflecting the regulatory and guiding functions of language practices. From the dimension of interpersonal meaning, the evaluative instances towards government agencies, primarily the category of social esteem, invariably imply a positive judgement of their importance in implementing language policy. From the dimension of cultural context, the cultural exchange of various language communities, including ethnic/regional, domestic, and international levels, is respectively focused in different periods of language legislation, reflecting the Chinese cultural tradition of harmony in diversity. It may provide insights for the exploration of meaning construction in the discourse of language policy, and help with language legislation under the rule of law in the era of big data.

Key words　language policy; discourse analysis; diachronic study; language legislation

作者简介：石春煦，女，福建师范大学外国语学院副教授、硕士生导师、博士后合作导师。主要研究方向为话语分析、系统功能语言学、法律语言学。电子邮箱：yusikiki@163.com。

国家社会科学基金一般项目"法制专业媒体宣传中控辩审关系话语建构的变迁研究(1978—2021)"(21BYY090)。

引言

近年来,语言学家们重视对中国语言政策立法规范的考察,关注国家如何通过语言立法对语言生活进行管理和规划(胡壮麟 1993;陈新仁,方小兵 2015;李宇明 2022)。魏丹(2005)关注国家语言文字立法的背景和经过,总结语言立法解决的三大问题,包括语言文字地位、语言权利和义务、语言规范与使用。Yang & Wang(2017)从系统功能语言学的视角对语言政策的设计、配置和实施维度进行理论架构,关注语言政策实施的语言社区,分析中国语言立法等语言政策理论和实践的优势和提升空间。周庆生(2019)从历时视角分析了中华人民共和国成立以来语言政策的主题性和多样性,关注国家语言立法的特点、作用及意义,讨论语言立法的"刚柔兼济"原则。这些研究从宏观层面肯定语言立法在语言政策制定与实施中的重要性,但未从话语分析视角对语言立法话语进行系统分析,无法考察语言立法不同阶段中语言政策的意义建构及其反映的国家价值取向。正如方小兵(2023a)所指出"目前的语言政策研究有一种偏离语言学的倾向……应该倡导通过话语分析法来研究语言政策"。

作为补充和发展,本文基于积极话语分析的个体化研究(Martin & White 2005;Martin 2010)和批评话语分析的述谓策略研究(Reisigl & Wodak 2009),提出国家语言立法中意义建构的分析框架,使用 MAXQDA24 软件对中国语言立法以来的语言政策(1982—2023)进行历时分析,从概念意义维度、人际意义维度和文化语境维度等方面考察国家语言立法中语言政策的阶段性特征,探索其反映的国家价值取向。

一、理论基础

积极话语分析和批评话语分析视角都认为语言能建构社会现实及具有价值负载性,因此两种视角具有互补性(胡壮麟 2012)。本研究基于积极话语分析的个体化理论(Martin & White 2005;Martin 2010),结合批评话语分析的述谓策略研究(Reisigl & Wodak 2009),提出国家语言立法中意义建构的分析框架。

(一)个体化研究:积极话语分析视角

积极话语分析以系统功能语言学为基础,认为语篇层面同样具有概念、人际和谋篇等三大元功能,关注语言使用者如何在语境中运用词汇语法资源实现意义建构,开拓了语篇语义学的新视野(王振华,石春煦 2016)。其中个体化研究(individuation)是积极话语分

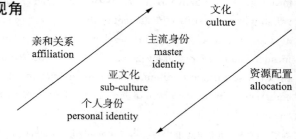

图 1　个体化(individualization)关系轴(基于 Martin 2010)

析提出的用于分析话语社团关系的理论(Martin 2010)。它强调身份建构的主体性,为分析身份建构中的价值协商提供了理论基础。个体化关系轴(见图 1)从下至上依次为个人身份

（即个体成员的身份特征）、亚文化（即话语社团的某一部分）、主流身份（即这一话语社团的主要身份特征）和文化（即话语社团具有的文化资源及特征）；其关注个体与其他成员如何进行价值协商，从而建构言语社区身份（affiliation）（朱永生 2012）。

个体化研究关注语篇使用者，考察他们如何通过意义的选择与耦合进行价值协商，从而形成话语社团关系。其中，评价性语言对价值协商和身份建构具有重要作用（Martin 2010）。态度系统是评价系统的中心，可划分为情感、判断和鉴赏三个次系统，其中判断系统根据道德规范和社会伦理来评价语言行为，可分为两个子系统：社会评判和社会约束（王振华 2001；Martin & White 2005）。态度意义具有显隐性，显性意义主要由词汇评价资源体现；隐性意义可通过行为动作的概念意义实现。态度意义与概念意义（即评价对象）的耦合是语篇中价值协商、身份建构的资源（Martin 2010）。

因此，个体化视角重视考察言语社区成员的价值协商，从人际意义维度考察群体身份建构的评价资源和评价对象，但未重点探索言语社区身份建构的概念意义维度。

（二）述谓策略研究：批评话语分析视角

批评话语视角下的述谓策略（predication strategy）研究，重视相关历史背景和言语事件所在的原始历史资源，可以为言语社区成员身份建构的概念意义研究提供有力的参考。述谓策略指的是对事件、行为和社会现象及过程赋予特征和属性的语言方式，包含正面或负面的评价性表达、具体的动词述语或具有述语功能的名词、形容词等（Reisigl & Wodak 2009：94）。其中动词述语与及物性（transitivity）密切相关，可划分成六大过程：物质过程、言语过程、心理过程、关系过程、行为过程和存在过程（Halliday 2004）。

Wodak 提出的述谓策略，通过考察动词述语或述语性名词、形容词，既可以了解身份建构者的态度、价值观和意识形态，又可以解析其相关事件行为的特征和属性（Wodak et al. 2009；石春煦 2022）。因此，该研究有利于从概念意义维度和人际意义维度重点探索语言立法中经验意义的建构以及社会实践者的特点和属性。

（三）语言立法中意义建构的分析框架

基于上述理论，本研究从概念意义维度、人际意义维度和文化语境维度，以语言政策实施主客体为中心，建立语言立法中的意义建构分析框架，考察国家语言立法中语言政策的动态性，探索其反映的国家价值取向（见图 2）。

首先，在概念意义维度上关注语言政策的法制规定，分析述语中与社会实践者相关的及物性过程，考察其如何实现对语言文字地位、语言文字管理和语言权利及义务的规定（魏丹 2005，2010），探索语言政策的制约性和导向性。其次，从人际意义维度考察语言立法的实践对象，即语言政策实施的主客体，探索国家如何通过语言立法促进对语言政策实施主、客体的价值协商。基于个体化理论，我们把对语言政策实施主客体的行为协商分成两类，包括社会评判（如能力）与社会约束（如行为适切性）。再次，语篇层面的意义建构与语境密不可分（王振华，石春煦 2016）。"从系统功能语言学视角上，语言政策可以被定义为在不同层面上所做的语言（或语言变体）选择，以促进言语社区内不同群体之间的交流。"（Yang & Wang 2017：3）。因此，我们基于 Yang & Wang（2017）对于语言社区的划分，将语言策略的文化语境分成三个维度,包括民族/地区文化交流、国家文化交流、国际文化交流,考察政府对上述语言社区不同程度的关注,从而探索语言立法语境的动态性。

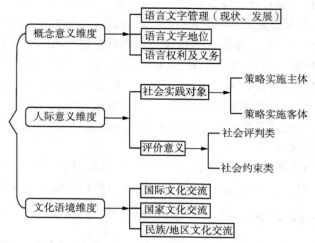

图 2　语言立法中意义建构的分析框架

上述话语分析框架有利于从静态和动态维度上,运用语料库分析方法考察语言立法中语言政策的阶段性特征和价值取向,更好地读解语言政策话语中的意义建构和价值协商,并为大数据时代语言文字的法治化建设提供启示。

二、研究方法

(一)语言立法中意义建构的分析框架

基于上述研究框架,本研究从概念意义维度、人际意义维度和文化语境维度,考察相关语言资源,研究语料库中语言政策意义建构的阶段性特点(见表1)。

表 1　语言立法中意义建构分析框架的语言实例

具体维度	分类	语言实例
概念意义维度	语言文字管理(现状)	如:国家通用语言文字工作由国务院语言文字工作部门负责规划指导
	语言文字管理(发展)	如:推进语言文字工作治理体系和治理能力现代化
	语言文字地位	如:学校及其他教育机构以普通话和规范汉字为基本的教育教学用语用字
	语言权利及义务	如:各民族都有使用和发展自己的语言文字的自由
人际意义维度	语言政策实施主体	如:大力推进语言资源的保护、开发和利用
	语言政策实施客体	如:增强国民语言能力和语言文化素养

续表

具体维度	分类	语言实例
文化语境维度	民族/地区文化交流	如：需要使用当地通用的一种或者几种文字
	国家文化交流	如：推广普及国家通用语言文字
	国际文化交流	如：拓展双边和多边语言政策和语言文化交流合作

第一，在概念意义维度上，我们主要关注动词述语，即动词的及物性过程（Martin & Rose 2007），对过程动词的不同语义类别进行标注，如语言实例中的语言文字管理等。第二，在人际意义维度上，在语料中关注与语言政策实施主、客体的价值协商，如语言实例中的"国民语言能力"则涉及语言政策实施客体。第三，在文化语境维度上，根据语言实例所涉及的不同语言社区，将语言政策实施语境分为民族/地区文化交流、国家文化交流和国际文化交流，如语言实例中的"当地通用文字"、"国家通用文字"。

（二）研究语料和步骤

本文基于语言立法的宏观定义（李俊宏 2017），语料库包括 1982 年语言立法以来的宪法条款、国家层面的法律以及相关规章（含发展规划纲要等），并根据新中国语言文字事业发展的阶段历程（张日培 2020）进行阶段划分，对强化语言规范时期（1982—1999 年）（如《中华人民共和国宪法》的语言文字部分）、促进语言和谐时期（2000—2011 年）（如《中华人民共和国国家通用语言文字法》）和构建语言战略时期（2012—2023 年）（如《未成年人网络保护条例》的语言文字部分）进行对比研究。子库语料字数分别为 2475 字、5135 字、26090 字，形符数（tokens）分别为 1105、2274、10985。

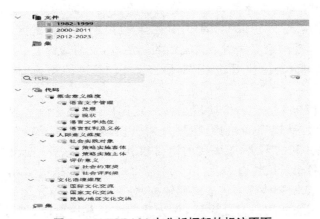

图 3　MAXQDA24 中分析框架的标注页面

研究使用 MAXQDA24 软件，基于语言立法中意义建构的分析框架及其语言实例进行编码（见图 3），从概念意义维度、人际意义维度和文化语境维度对政策实施主客体相关的动词述语及其上下文语境进行编码，并对三个语料库中的编码资源进行归类、统计、分析，以此揭示语言立法语料库中相关资源的分布和变化情况，并结合社会历史语境对这些变化进行阐释。

三、统计与分析

（一）概念意义维度与语言政策的嬗变

本文基于 MAXQDA24 的编码功能,通过标注语料库中动词述语不同的经验意义功能,以考察语言立法话语中的概念意义建构。研究发现,语言政策的概念意义建构往往通过四大类动词述语实现:(1) 规范语言政策执行过程动词,如物质过程动词"使用"等;(2) 说明语言政策主客体权利归属关系的动词,如使用关系过程动词"有"等;(3) 对于语言地位和作用有针对性的定义及规定,如"以……为"等;(4) 对语言发展前景进行规划的动词,如"加强"等。

首先,语言文字管理这一功能在语言文字发展的各个时期都具有重要作用,但侧重点有所不同。在强化语言规范时期(1982—1999 年),语言政策的主要功能是对现行通用语言文字使用进行法律规定,占 71.43%;在促进语言和谐时期(2000—2011 年),对语言文字现状和发展的管理比例较为接近,分别为 36.04%、40.70%;在构建语言战略时期(2012—2023 年)体现对语言发展规划的侧重,占 61.46%。这说明随着语言文字立法的逐步完善,国家亦强调基于语言立法的原则,关注语言文字前景的规划,重视语言文字工作的发展。

（1）少数民族学生为主的学校及其他教育机构,可以使用本民族或者当地民族通用的语言文字进行教学。(1982—1999)

（2）地方各级人民政府及其有关部门应当采取措施,推广普通话和推行规范汉字。(2000—2011)

（3）全面加强民族地区国家通用语言文字教育。(2012—2023)

在例(1)、例(2)中,语言文字管理往往使用物质过程动词"使用(文字)"、"采取(措施)"与中、低值情态动词"应当"、"可以"的耦合,对社会文字使用、民族地区文字使用进行不同程度的规定和规范,既体现国家立法对语言实践的制约性,又凸显语言政策实施的"刚柔兼济"原则(周庆生 2019)。例(3)中使用"加强"对语言发展前景进行规划,体现国家语言政策规章的导向性功能。

其次,语言的权利与义务在各个阶段也占一定比例,以强化语言规范时期(1982—1999年)为最,占 25%,随后呈现下降趋势,在另外两个阶段分别占 8.14%、0.81%。这是因为 1982 年的《中华人民共和国宪法》对国民的语言权利及义务进行全面、权威的法律规定。再次,语言文字地位在各个阶段均有涉及,以 2000—2011 年的促进语言和谐期占比最多,达到 15.12%,强化语言规范期和构建语言战略期较少,分别为 3.57% 和 1.0%。这是因为 2000 年的《中华人民共和国国家通用语言文字法》作为我国第一部语言法,有效确定了普通话和汉字的法律地位,这些特征都体现了国家在语言立法不同阶段语言政策的侧重点,比如:

（4）公民有学习和使用国家通用语言文字的权利。(1982—1999)

（5）国家机关以普通话和规范汉字为公务用语用字。(2000—2011)

例(4)中的关系过程动词"有(权利)",体现公民作为语言政策实施客体的权利归属,因为《中华人民共和国通用语言文字法》(2001)侧重于体现语言文字的地位、权利,对公民语言权利进行保障。例(5)使用"以……为"对公务用语用字进行定义及规定,体现普通话和规范汉字的重要地位。

综上所述，语言立法中的动词述语呈现了语言立法中的不同经验内容，其分布情况在不同时期有所侧重，揭示了语言立法经验意义构建的多样性；同时在语言文字发展的不同时期，其皆从以语言文字现状管理为主转向以语言文字发展管理为主，体现其对语言实践制约性和导向性不同程度的侧重，反映语言立法中对于语言政策不同功能的有效协调，展现语言文字法治的和合价值。

（二）人际意义维度与语言政策的嬗变

研究基于 MAXQDA24 的编码功能，在语言立法的三个子语料库中，对体现语言政策主客体判断意义的动词述语进行人工标注，以考察语言立法中的价值协商。

首先，国家在语言立法中使用大量正面的动词述语，重点对语言政策实施主体进行隐性价值协商，占比分别为 60％、91.94％、89.60％。下面的例子分别来自三个不同时期的相关法律法规，动词述语全部体现了隐性判断意义，即引发对国家及政府机关语言政策实施行为的正面判断，体现了国家机构在语言立法中的声望和重要性（陈章太 2005）。

（6）大幅**提高**民族地区国家通用语言文字普及程度和农村普通话水平，**助力**乡村振兴。（2012—2023）

（7）县级以上各级人民政府工商行政管理部门**依法**对企业名称、商品名称以及广告的用语用字**进行管理和监督**。（2000—2011）

（8）民族自治地方的自治机关**教育和鼓励**各民族的干部互相学习语言文字。（1982—1999）

其次，语言政策实施主体的价值协商，主要以社会评判为主、社会约束为辅，占比分别为 60％、79.03％、80.65％。如例（6）和例（7）体现的是社会评判类，体现国家机构在语言立法和语言政策实施中的责任和重要性，例（6）的级差资源"大幅"与及物性过程"提高"的耦合强化了对政府机构主体的价值协商，有利于增强对语言政策实施者的正面评价。例（7）则运用社会约束类资源"依法"与"管理"、"监督"的意义耦合，凸显了国家机关作为语言实施主体的法律行为适切性。

再次，在语言立法的不同时期，国家在语言立法中还关注语言政策实施主客体之间的互动，在三个时期分别为 40％、8.06％、10.40％。例（8）主要体现了语言实施主客体之间的互动，强调国家机关要肩负教育职责，促进国民语言素质的发展（方小兵 2022），体现在语言政策执行中对主客体重要性的社会评判。

综上，我们发现判断意义在国家语言立法中具有重要作用，在语言立法中其隐性反映政府机关在语言立法中的声望和能力，且在语言立法不同时期呈上升趋势，因此国家机构在语言政策实施中的重要作用不容忽视。同时不同阶段中对语言政策实施主客体之间互动的强调，反映社会与个人在实现和谐语言生活中的重要性（李宇明 2013），体现语言立法的和合文化价值。

（三）文化语境维度与语言政策的嬗变

研究基于 MAXQDA24 的编码功能，在中国语言立法的三个子语料库中，关注语言社区文化交流,将其按国家、民族/区域、国际文化交流三个维度进行标注、分类,以考察语言立法语境的变化。

国家机构在语言立法过程中,其通过与群内和群外的通用语言社区建构,促进不同语言社区的文化融合,体现语言政策制定的文化语境动态性。从实例化角度来看,通用语言社区的文化交流在三个阶段中的分布情况各异:首先,强化语言规范时期(1982—1999 年)主要涉及民族区域及地方的文化交流,占 85.71%,国家层面占比为 14.29%。因为在 1982 年到 1999 年间,国家立足本国,重视地方、少数民族地区的语言建设,以获得广大人民的支持,维护国家统一和稳定,如在例(9)中国家对民族区域语言社区建设的重视。其次,促进语言和谐时期(2000—2011 年)重点关注国家和民族/地区层面的文化交流,分别占 72.41%、18.96%。如例(10)中国家使用"国家通用语言文字"来强调国家语言文字的规范化和标准化。最后,构建语言战略时期(2012—2023 年)主要强调国家和国际层面的文化交流,比例分别为 86.78% 和 10.74%。由于 2012 年后中国进入经济发展新时代,国力不断增强,中国站在国家利益的视角强调国家语言与文字的统一,从而讲好中国故事(陈寅,刘军锋 2021)。如在例(11)中使用动词述语"推动(政府间文化交流)",强调对国际文化交流的肯定,以致力于国际化发展,凸显国家文化自信。

由此可见,随着经济发展与全球化的深入,国家对语言建设的重视逐渐从民族/地区层面转向国家层面、国际层面,强调对地方层面、国家层面和国际层面文化交流不同程度的关注(方小兵 2023b),体现"和而不同"的和合文化价值。

(9) 在少数民族聚居或者多民族共同居住的地区,应当用当地通用的语言进行审理。(1982—1999)

(10) 国家颁布国家通用语言文字的规范和标准,管理国家通用语言文字的社会应用,支持国家通用语言文字的教学和科学研究。(2000—2011)

(11) 推动将语言文字交流合作纳入政府间人文交流机制、"一带一路"文化交流与合作建设工程。(2012—2023)

总之,国家的语言政策在不同时期体现了对民族地方层面、国家层面、国际层面文化交流的重视,构建其不同语言社区之间的和谐关系,体现语言立法中"和而不同"的和合价值观。

四、讨论

"语言政策需要通过要求政策对象不做什么或鼓励政策对象要做什么来达到语言政策的目标"(王世凯 2015)。在语料中,我们发现,语言政策功能的意义建构分析框架从静态和动态维度上体现了经济发展不同时期国家语言立法的重要特征,体现了国家语言法治中对不同要素、不同群体、不同语言社区的有效协调。

在静态维度上,研究证明了国家机构在语言立法中的重要性,"语言政策与权力的关系是双向的,语言政策的实施离不开权力"(Spolsky 2004)。国家机构在语言立法话语中,一方面使用中、低值情态动词与动词述语进行耦合,从语言管理、语言权利、语言地位等多维度进行经验意义建构,既强化了语言法治化的重要性,又体现语言立法与其他强制性法律的不同;另一方面,其也对政府机关、干部的语言政策实施行为作出了规定,有利于激发语篇受众对政策实施主体的正面判断,促进语言政策的顺利实施。这一切都体现了国家在语言立法中对语言政策功能多样性、语言政策实施主客体差异性的有效调和,构建了"多元一体"语言政策(沈海英 2015),体现了"和而不同"的和合文化价值。这也解释了语言立法中意义建构资源的策略性分布,即在概念意义上主要以语言文字管理功能为主,在人际意义上亦以政府机关作为语言政策实施主体的正面判断意义为主。

在动态维度上,在经济发展的不同时期,国家对语言文字工作的重心亦有所侧重,对国内、国外文化交流的关注程度亦不同。在强化语言规范时期(1982—1999 年),中国政府以民为本,重视民族和地区的文化交流(李宇明 2023),重视国家的统一及和平;随着经济发展和《中华人民共和国语言文字法》的颁布(2000—2011 年),中国政府重视国家语言法律法规体系建设,构建国家和谐语言生活成为国家语言文字工作的重心;进入构建语言战略时期(2012 年至今)后,重视国家和国际层面的交流和合作,促进语言资源建设及对外传播,提升国家语言能力。因此,在经济发展的不同时期,其对民族/地区层面、国家层面以及国际层面语言社区的关注程度不同,体现国家和合文化价值的动态建构(Brijs et al. 2011)。

五、结语

本文从语言立法视角提出国家语言立法中价值协商的话语分析框架,使用 MAXQDA24 软件对新中国语言立法以来的语言政策(1982—2023)进行历时分析,从价值协商的概念意义、评价意义和文化语境等方面考察国家语言立法中语言政策的阶段性特征和价值取向。研究发现:从概念意义维度上看,语言政策实施主体通过四大类述语动词建构语言立法的经验意义,管理语言文字的现状与发展是语言立法的重点,体现对语言实践的制约性及对语言发展的导向性;从人际意义维度上看,国家机构主要使用社会评判类资源,隐性突出政府机关在通用语言文字保护中的重要性,亦使用社会约束类资源强调其执法的行为适切性;从价值协商的文化语境维度来看,国家机构随经济发展,对国内、国外文化交流的协商重点有所变化,体现语言立法中的和合价值观。本文有助于更好地读解语言政策话语中的意义建构和价值协商,并为大数据时代语言政策的法治化建设和传播提供启示。

参考文献

陈新仁,方小兵　2015　《全球化语境下的语言规划与安全研究》,南京:南京大学出版社。

陈　寅,刘军锋　2021　《创建讲好中国故事的国际传播体系》,《新闻战线》第 17 期。

陈章太　2005　《语言规划研究》,北京:商务印书馆。

方小兵　2022　《语言文明观念阐释、话语实践与政策构建》,《中国语言战略》第 1 期。

方小兵　2023a　《通过话语分析来研究语言政策》,《语言政策与规划研究》第 2 期。

方小兵　2023b　《从话语阐释到话语规划:语言政策研究的话语路径》,《云南师范大学学报(哲学社会科学版)》第 3 期。

胡壮麟　1993　《语言规划》,《语言文字应用》第 2 期。

胡壮麟　2012　《积极话语分析和批评话语分析的互补性》,《当代外语研究》第 7 期。

李俊宏　2017　《国家语言文字法治建设的纵向考察——历史、现状与未来》,《法治论坛》第 3 期。

李宇明　2013　《和谐语言生活　减缓语言冲突》,《语言文字应用》第 1 期。

李宇明　2022　《语言规划学说略》,《辞书研究》第 1 期。

李宇明　2023　《区域语言规划与区域发展》,《广州大学学报(社会科学版)》第 5 期。

沈海英　2015　《中国"多元一体"语言政策发展概述》,《云南民族大学学报》第 5 期。

石春煦　2022　《身份研究:积极话语分析和批评话语分析的互补性》,《外语学刊》第 3 期。

王世凯　2015　《语言政策理论与实践》,重庆:中国社会科学出版社。

王振华　2001　《评价系统及其运作:系统功能语言学的新发展》,《外国语》第 6 期。

王振华,石春煦　2016　《悉尼学派与欧洲大陆学派在语篇语义研究上的异同》,《外国语》第 1 期。

魏　丹　2005　《语言立法与语言政策》,《语言文字应用》第 4 期。

魏　丹　2010　《语言文字法制建设——我国语言规划的重要实践》,《北华大学学报(社会科学版)》第 3 期。

周庆生　2019　《中国语言政策研究七十年》,《新疆师范大学学报(哲学社会科学版)》第 6 期。

朱永生　2012　《系统功能语言学个体化研究的动因及哲学指导思想》,《现代外语》第 4 期。

张日培　2020　《新中国语言文字事业的历程与成就》,《语言战略研究》第 6 期。

Brijs, K., J. Bloemer & H. Kasper. 2011. Country-image discourse model: Unraveling meaning, structure, and function of country images. *Journal of Business Research*, 64(12).

Halliday, M. A. K. 2004. *An Introduction to Functional Grammar*. London: Edward Arnold.

Martin, J. R. 2010. Semantic variation: Modelling realisation, instantiation and individuation in social semiotics. In M. Bednarek & Martin, J. R. (Eds.), *New Discourse on Language: Functional Perspectives on Multimodality, Identity and Affiliation*. London: Continuum.

Martin, J. R. & D. Rose. 2007. *Working with Discourse: Meaning Beyond the Clause*. London: Continuum.

Martin, J. R. & P. R. R. White. 2005. *The Language of Evaluation: Appraisal in English*. New York: Palgrave Macmillan.

Reisigl, M. & R. Wodak. 2009. The discourse-historical approach (DHA). In R. Wodak & M. Meyer (Eds.), *Methods of Critical Discourse Analysis*. London: SAGE Publications.

Spolsky, B. 2004. *Language Policy*. Cambridge University Press.

Wodak, R., R. de Cillia, M. Reisigl, et al. 2009. *The Discursive Construction of National Identity*. Edinburgh: Edinburgh University Press.

Yang, B. & R. Wang. 2017. *Language Policy: A Systemic Functional Linguistic Approach*. London: Routledge.

语言政策话语的再情景化:以"取消英语主科地位"为例

魏 爽[1],孙 珂[2],陈 美[1]

(1. 中央财经大学 外国语学院 北京 10098;2. 南京财经大学 外国语学院 江苏 南京 210023)

提 要 作为一种新的理念导向、价值立场和学术路径,语言政策的话语研究路径着眼于话语从事何种实践活动,如何创造、解释和传播特定的语言政策,因此逐渐受到学界关注。本研究以新浪微博热搜语言政策相关事件"取消英语主科地位"的讨论话语为研究对象,采用合理化分析框架,重点考察"取消英语主科地位"如何融入其他社会事件语境中进行"再情景化"。研究结果表明:网民主要采用道德合理化、理性合理化、假设未来合理化三种合理化策略,围绕语言文化、教育资源、国家发展、科技信息四大主题支持或反对"取消英语主科地位"。上述研究发现对于揭示外语教育政策实施过程中的话语冲突及其媒介表征,促进政策话语、学术话语与媒体话语的良性互动,对外语教育政策相关研究具有积极的参考意义。

关键词 话语路径视角;再情景化;合理化;外语教育政策;"取消英语主科地位"

Recontextualization of "Abolition of the Status of English as the Main Subject": A Discursive Approach to Language Policy

Wei Shuang, Sun Ke, Chen Mei

Abstract As a relatively new concept, stance, and academic approach, the Discursive Approach to Language Policy (DALP) pays particular attention to what kind of practice discourse engages in, and how discourse creates, interprets, and transmits certain language policies, attracting the attention of the academic community. Accordingly, by collecting posts and comments of "Abolition of the Status of English as the Main Subject" on Sina Microblog, a hot-spot event related to language policy, this study adopts Legitimation as the analytical framework and investigates how the hot-spot event is recontextualized into the contexts of other social events. The results show that netizens have mainly adopted moral evaluation, rationalization, and legitimation through a hypothetical future to support or oppose the "Abolition of the Status of English as the Main Subject", concerning four major themes: language and culture, education and resources, nation and development, and scientific technology and information. The study reveals the discursive conflicts and media representation in the implementation of foreign language education policy. It is also hoped that this study will promote positive interactions among the discourses of policy, academia, and media, and thus provide some references for further study on foreign language education policy.

Key words discursive approach; recontextualization; legitimation; foreign language education policy; "Abolition of the Status of English as the Main Subject"

作者简介:魏爽,女,中央财经大学外国语学院助理教授,主要研究方向为批评话语分析、社会语言学、语用学。电子邮箱:Lornaws@126.com。孙珂,女,南京财经大学外国语学院讲师,江苏省"双创博士",主要研究方向为批评话语分析、社会语言学。电子邮箱:sunke_sunnyday@hotmail.com。陈美,女,中央财经大学外国语学院本科生,主要研究方向为社会语言学、语篇分析。电子邮箱:cmluckycm@163.com。

引言

作为一种新的理念导向、价值立场和学术路径,语言政策的话语研究路径逐渐受到学界关注(方小兵 2023a,2023b;赵芃,田海龙 2023;张天伟 2023),该范式着眼于话语从事何种实践活动,如何创造、解释和传播特定的语言政策。从话语视角看,语言政策研究可分为话语阐释(结构主义范式)、话语批评(批评主义范式)、话语互动(生态主义范式)和话语规划(话语范式)四个阶段(方小兵 2023b)。话语范式主张"政策即话语",话语贯穿语言政策制定、传播、阐释和实施的全过程(方小兵 2023a,2023b)。话语规划或话语范式起源于语言政策的话语路径(Discursive Approaches to Language Policy,简称 DALP),该路径关注语言政策与话语的互联性(interconnectedness),主张语言政策建构、传递以及再情景化语言与语言使用者相关的意识形态(Barakos & Unger 2016)。语言政策的话语路径(DALP)中的"话语"借鉴了 Fairclough 的"话语"概念,"话语"是社会语境中的文本,语言被视为社会行动的一种形式(Fairclough 2003)。话语路径或话语规划将语言政策的全过程视为话语实践过程,不仅关注话语是什么(内容),而且关注话语如何进入政策过程(机制),以及话语是谁带来的(资源)(方小兵 2023b)。

从话语规划的角度看,语言规划是一个全过程的话语实践过程,分为五个实践环节:注意(noticing)、创制(creation)、传播(transmission)、援用(appropriation)和反馈(feedback)。完整的政策过程包括:最初的问题认定(注意),到具体政策的出台(创制),到政策的社会感知(传播),再到政策在不同环境中的落地实施(援用),以及政策价值的效应评估(反馈)(方小兵 2023b)。

话语政策的注意、创制、传播、援用和反馈这一全景式的政策过程并非一劳永逸的线性过程,社会媒体的发展使得话语政策的各个实践环节相互交织,政策过程也变得更加复杂。语言政策的话语路径注重话语互动过程,如语言政策实施中的话语冲突、语言政策话语的再情景化、学术话语和政策话语的互动等(方小兵 2023a)。基于此,本研究以再情景化的合理化分析框架为依托,系统呈现网民(社会主体)就"取消英语主科地位"这一社会事件的观点看法,揭示网民如何建构社会现实达到"说服"的目的,阐释英语教育政策如何与社会媒体的话语实践相互关联,促进政策话语、学术话语与媒体话语的良性互动。

一、研究背景:社会事件再情景化之合理化

批评话语分析(Critical Discourse Analysis,简称 CDA)的核心概念是"话语"。话语作为社会生活的重要因素,与社会结构、社会变迁等因素存在辩证关系,不同的话语代表了世界的不同方面,话语既是文本,又是话语实践,也是社会实践,即"话语的三维概念"(Fairclough 1992,2003)。社会媒体话语是批评话语分析的研究重点之一。随着社会媒体的兴起,CDA 的研究重心从传统大众媒体的权威话语转向多媒体平台的用户生成内容。从批评的角度看,社会媒体话语呈现了不同的世界观,这些观点由不同群体传播,以群体或个体自身利益

为出发点，再情景化社会实践(Bouvier 2019)。

社会事件再情景化映射不同社会实践之间的关系，即一种社会实践的要素如何被重新定位至另一种社会实践的语境中(Bernstein 1990；Chouliaraki & Fairclough 1999；Fairclough 2003)。批评话语分析代表人物之一 Fairclough 借鉴了 van Leeuwen "再情景化"的概念(1995)，他认为，话语是社会认知的集合，是了解社会实践的特定方式，因此话语可以成为(或已经成为)表征社会实践的文本资源，研究者可以从文本资源中重新建构话语。在表现某个社会事件时，人们往往将它融入另一个社会事件的语境中，对它进行"再情景化"(re-contextualization)(Fairclough 2003)。社会事件的相关元素通过再情景化原则被选择性地"过滤"，例如凸显社会事件的特定元素、将具体事件抽象化、以特定顺序呈现事件，以及通过增加注释、评价与合理化的方式表征事件(Fairclough 2003；van Leeuwen 2008)。

合理化(legitimation)是"再情景化"的重要手段，用来解释"为什么"的问题，即"我们为什么要这样做"，"为什么以特定方式将社会事件再情景化"(van Leeuwen 2007：3)。合理化通过论证实现，即通过论证阐释个体的社会行为、思想观念或宣言声明等(Reyes 2011)。合理化(legitimation)一词最早出现在法律语篇，拉丁语"legitimus"意为"合法的"或"合法化的"，而如今，合理化(legitimation)一词不再局限于法律语篇，其语义蕴含"正当化"(justification)之意，即"对特定行为的正当化"(Reyes 2011：782)。基于合理化(legitimation)一词的语义内涵扩展，本文将"legitimation"译为"合理化"，区别于法律术语"合法化"，历史语篇分析法(Discourse-Historical Approach，简称DHA)的"合法化策略"(命名策略、述谓策略、辩论策略、视角化策略、强化弱化策略)(Reisigl & Wodak 2009；胡元江，李艳 2023)，以及 Maton 的合法化语码理论(Legitimation Code Theory，简称LCT)(Maton 2014；Maton & Howard 2020；翁青青 2024)。

van Leeuwen 提出的合理化分析框架是目前最具影响力的分析框架，该框架中合理化的方式主要有四种，即权威化(authorization)、道德评判(moral evaluation)、理性化(rationalization)以及神话化(mythopoesis)。权威化是指在再情景化社会事件的过程中，引用风俗习惯或历史传统、个人权威或非个人权威，或以专家和榜样的权威来实现合理化。道德评判是对某一价值体系的合理化，包括评价、抽象和类比。理性化是指通过参考制度化社会行为的目标和用途(工具理性)，或通过对社会所建构知识的认知有效性(理论理性)来实现合理化。神话化则通过引用警示寓言或道德寓言，推崇某些合理化行为，或批判非合理化行为(van Leeuwen 1995，2005，2007，2008)。

在 van Leeuwen 合理化框架的基础上，众多学者进一步完善该框架，并将其应用至政治语篇与新闻语篇的分析之中。例如，Reyes(2011)提出"情感合理化"(legitimation through emotions)、"假设未来合理化"(legitimation through a hypothetical future)、"理性合法化"(legitimation through rationality)、"专家的声音"(voices of expertise)以及"利他主义"(Altruism)五类合理化策略。Vaara(2014)将 van Leeuwen 的合理化策略细化为六类具体策略阐释欧元危机，分别为：涉及制度化权威与普通人发声的"地位权威化"(position-based authorizations)、以经济专业知识为重点的"知识权威化"(knowledge-based authorizations)、以经济论据为重点的"理性化"、以是否公正为基础的"道德评判"、涉及未来预测的"神话化"以及强调必然性的"宇宙论论证"(cosmological argumentation)。辛斌(2020)在系统分析《华盛顿邮报》与《纽约时报》有关中国南海争端新闻报道标题的基础上,进一步归纳总结出五种合理化话语策略:权威合法化、道德合法化、理性合法化、假设未来合法化与利他主义合法化,建构区分"我们"和"他们"的意识形态。张现荣与夏玲玲(2023)则将态度资源的合理化策略进行整合,其框架主要包括情感合法化、指向未来合法化、合理性合法化、技术合法化和目的合法化五种类型。

虽然合理化策略略有差异,但其核心关注点为如何通过特定话语策略,合理化"我们共同体"的正当性以及"他们共同体"的不当性。现有研究大多关注官方媒体话语自上而下的话语生成和传播,本研究则聚焦社会媒体中话语路径。具体言之,本研究以微博热搜事件"取消英语主科地位"为研究对象,围绕网民如何运用特定的合理化策略回应微博热搜事件"取消英语主科地位"这一主要研究问题,系统呈现特定社会主体建构话语的过程,并充分考察话语路径的多元主体,旨在揭露不同群体和不同层次话语间的竞争(方小兵 2023b),为后续外语教育政策的研究提供些许参考。

二、研究设计

本研究语料选自新浪微博网页版。新浪微博成立于 2009 年,用户注册后可在网页端或者手机端登录,发布、评论、转发、点赞相关微博(文字或视频)。截至 2023 年第三季度末,新浪微博月活跃用户达到 6.05 亿,日活跃用户超 2 亿。

(一)语料收集

本研究采取现象抽样法,以"取消英语主科地位"为关键词,共收集 705 条新浪微博,字数约 15 万词(144639 字),时间跨度为 2023 年 1 月至 2024 年 1 月。现象抽样法广泛应用于媒介话语分析研究之中,有助于在大量语料的基础上进行深入细致的语篇分析(Herring 2004;魏爽 2023)。为进一步保护微博用户隐私(Charmaz 2008;Kozinets 2010),微博中的热点事件与关键人物均匿名处理,微博用户的昵称、性别、IP 地址等个人信息不予展示,微博用户姓名以数字编码代替(如[001])。

(二)语料分析

本研究语言分析大致分为四个步骤:(1)确定主题数量;(2)确定主题关键词;(3)选取典型例子;(4)语篇分析。

(1)本研究以 LDA(Latent Dirichlet Allocation)主题模型为工具确定主题数量。基于三层贝叶斯概率模型,LDA(Latent Dirichlet Allocation)主题模型属于文档主题生成模型,可以探测文档与主题、主题与主题、主题与关键词之间的概率,该模型广泛应用于文献主题发现、用户推荐、话题演化等领域(Blei et al. 2003;Jelodar et al. 2019;侯畅,李海晨 2023)。在主题数量方面,以困惑度(Perplexity)为主要参考,简言之,困惑度指句子相似性几何平均值的倒数,该值越低,文本对应的主题数量效果越好(Osmani et al. 2020;侯畅,李海晨 2023)。除困惑度外,还可参照主题一致性确定主题数量,主题一致性越高,文本对应的主题数量越好。综上,本研究将主题数量确定为 8 个。

(2) 主题关键词主要以 Nvivo 11 为编码工具,以语义分析(Semantic Analysis)为参考(Goddard 2011)。具体言之,本研究采用扎根理论研究框架(Corbin & Strauss 1990),即"在系统收集资料的基础上,寻找反映社会现象的核心概念,然后通过在这些概念之间建立起联系而形成理论"(陈向明 2000:27)。在自由编码与交叉检验的基础上,共确定 101 个一级编码;根据 LDA 主题词数量,将 101 个一级编码提炼为国家国力、经济发展、语言思维、中西文化、科学技术、信息渠道、教育学习、资源分配 8 个二级编码。鉴于以"取消英语主科地位"为关键词的 705 条新浪微博主要为态度情感表达类博文(约 683 条),以"支持"和"反对"两种主要态度为标准,笔者进一步将上述 8 个二级编码提炼为"国家发展"、"语言文化"、"科技信息"、"教育资源"4 个三级编码,即相关博文围绕上述四个主题关键词对"取消英语主科地位"发表支持或反对的看法。

(3) 结合上述四个主题关键词,并根据 LDA(Latent Dirichlet Allocation)主题模型自动生成的某文本与某主题的相关性(百分比越高越相关),选取典型微博博文进行分析(Blei et al. 2003;Jelodar et al. 2019)。

(4) 以小句为单位,以 van Leeuwen(2007)合理化分析框架为基础,以 Reyes(2011)的合理化策略为补充,对典型例子进行语篇分析。

三、研究发现

本研究共分析 683 条有效微博,即以"取消英语主科地位"为关键词的态度情感表达类博文。研究结果显示,网民采用道德合理化、理性合理化、假设未来合理化、权威合理化①四种合理化策略,围绕语言文化、教育资源、国家发展、科技信息四大主题支持或反对"取消英语主科地位"。

(一)道德合理化:语言文化观与教育资源观

1. 语言文化观

话语往往先于政策产生,围绕政策的话语使得某些话题提升到"问题"的地位,成为需要公开处理的事项,这就是话语实践中的"注意"环节(Nekvapil 2016;方小兵 2023b)。"取消英语主科地位"于 2023 年两次成为微博热搜事件,起因分别为 2023 年 4 月某人大委员建议"高考外语必考改选考,取消初高中英语主科地位"与 2023 年 9 月某知名高校"取消四六级与学位证挂钩"。两次热搜事件引发舆情发酵,话语规划的要点则是结合社会热点问题,把握介入时机,因势利导设置语言议题,通过"宣传—说服—对话"三部曲主动引导舆情(方小兵 2023b)。

关于"取消英语主科地位"舆情发酵后,网民主要采用道德合理化策略,合理化或非合理化英语的主科地位。道德合理化指诉诸某种特定价值体系(value systems)的合理化策略,主要包含三种子策略:评价(evaluation)、抽象化(abstraction)与类比(analogy)(van Leeuwen 2007;辛斌 2020)。

---

① 本研究中权威合理化例子相较于其他合理化策略较少,节约篇幅,不再赘述。

  评价是最常用的道德合理化策略,主要依赖于评价形容词,根据感情色彩可分为积极评价与消极评价。在支持"取消英语主科地位"的微博博文中,英语被消极评价为"语言威胁"与"文化失语"。"语言威胁论"主要包含两个方面:其一,学习英语本身属于消极行为,如例(1)所示,学习英语被消极评价为"可悲的"这一负面形容词[108];其二,学习英语引发消极后果,威胁汉语发展与方言留存。

  例(1):

  [108] 可是今天这样一个强盛的国家,把别国的语言捧得高高,后面的人会不会觉得这是**可悲的**呢?

  [278] 要注意保护文化。现在很多地方乱用英语已经**威胁**了汉语的自身发展。

  [390] 国内的方言都没有了,老祖宗留下的东西都留不住,还**恬不知耻**说和国际接轨?

  如例(1)所示,"语言威胁论"成为舆情发酵的起点,英语成为消极评价的主要对象。除上述消极形容词与消极影响外,支持"取消英语主科地位"的部分网民采取抽象化策略,如例(2)所示:

  例(2):

  [001] 把英语变成三大主科是官方指导的**崇洋媚外**行为。

  [008] 实在是民族的**悲哀**,国家的悲哀,人类的悲哀。

  [116] 义务教育普及殖民英语**洗脑换心**,是自己祸害自己,自己给自己找麻烦。

  [386] 是**文化侵入,文化殖民**的根本需要。

  抽象化指从具体事件中抽象出某种具体品质或特质,并将其与某种价值观联系起来(van Leeuwen 2007;辛斌 2020)。如例(2)所示,学习英语被抽象化为一系列消极行为,并与"文化失语"的价值观相联系。"文化失语论"指本国英语学习者在跨文化交际中多为被动交际者,仅单向获取英美文化知识,而缺乏对中国文化的有效英语表达(肖龙福等 2010)。此后,相关学者对中国文化失语现象进行实证研究,旨在加强英语教学中的中国文化输入,传播中国文化(宋伊雯,肖龙福 2009;朱敏等 2016)。学界对中国文化失语现象的讨论以辩证看待中外文化为主(宋伊雯,肖龙福 2009;肖龙福等 2010),而社交媒体中的"文化失语论"则相对极端,被抽象化为"文化入侵"与"文化殖民",其危害性上升到"国家、民族、全人类"的高度。

  类比是通过比较或对比的方式表达合理化或非合理化的道德评价意义(van Leeuwen 2007;辛斌 2020)。针对"语言威胁论"与"文化失语论",部分网民采用类比策略,反对"取消英语主科地位"。如例(3)所示,网民主要通过正反类比的方式合理化反对"取消英语主科地位"。正面类比主要包括:将语言抽象化为"跨越文化差异的眼镜",将汉英语言学习合理化为"互补互助"的关系,将学好英语积极评价为文化传播的必要手段,从英语语言本身、汉英语关系与语言与文化三个维度凸显英语的重要性。反面类比则通过将"文化失语论"与"文化霸权"这一抽象价值观相联系,突出其负面影响。

  例(3):

  [155] 语言作为跨越文化差异的**眼镜**,不应也不该被摘掉。

  [325] 并不能说明学习两种语言文化彼此是互斥互害的,反而应该是**互补互助**的关系。

[415] 要想**传播好中国文化**、**讲好中国故事**、实现中国梦,显然我们还需要继续学好外语,才能跟国际接轨,实现梦想!

[537] 在谴责西方殖民者暴行的同时,也该警惕国内建立**文化霸权**的构想。强制性的英语学习决不是要我们崇洋媚外,反而是让我们学着打开眼界,尝试着联系世界,时刻谨记逆流的苦果与教训。

2. 教育资源观

语言考试政策是语言政策,是语言教育政策的重要内容之一(张天伟,高新宁 2017)。围绕教育资源这一主题,部分网民主要采用消极评价与反面类比两种合理化策略,支持"取消英语主科地位",从语言学习、语言考试、语言教育三个维度对英语进行消极评价,即英语本身"无用"、学习效果"甚微"、教育方式"不合理"[如例(4)所示]。此外,为进一步合理化"英语无用论",部分网民在采用消极评价策略的同时运用反面类比策略,通过对比具体学科与教育模式,突出英语的负面影响。

例(4):

[286] 真的有必要让所有人把时间耗费在对生活工作**完全无用**的学科上吗?

[304] 其次在工作之后,所用也**很少基本用不上**,所以与其把时间花在英语上,**效果甚微**,而且工作之后用不上,不如把时间花在学习国语和数理化上。

[568] 高考取消英语主科地位其实能进一步增加筛选人才的客观性。毕竟语言几乎和智商不挂钩,只要想学总能学会。

[582] 特别是提出了英语教育存在的一种**不合理的**教育方式,重应试教育、不重实际的表达与沟通。

反对"取消英语主科地位"的网民则采用抽象化策略突出英语在教育学习与资源分配中的重要性(van Leeuwen 2007),如例(5)所示,部分网民将英语学习抽象化为"普通人的出路",其中"出路"一词原意为"摆脱逆境的门路",暗指普通人的状况并不乐观;"英语学习"是解决"阶级固化"和"贫富差距"这两个世界性难题的有效手段,解决的也正是普通人所面临的问题。与此同时,部分网民将我国义务教育阶段的英语学习抽象化为"最普惠的教育",其中"最普惠"一词指向的是惠及所有人的教育,即包含普通人的教育,并使用积极评价形容词"非常伟大的"合理化反对"取消英语主科地位"的正当性。可以看出,这里的教育资源观,是专指针对普罗大众的教育,用来解决普通人所面临的问题。

例(5):

[237] 这些提议并没有从根本上解决问题! 我们应该考虑如何改变一下外语的教学模式!!! 从根源上找出阻碍外语教学的问题!!! 若砖家这些建议真的被采纳的话,那么外语就会慢慢成为少数人享有的**红利**。

[391] 也许学习英语不是一部分人的**出路**,但它却是无数普通人的**出路**。

[437] 无论社会问题多么严峻,考虑解决方案的时候都应该给底层人民留机会。**贫富差距和阶级固化**是全世界的问题也是社会稳定最大的威胁,不要目光短浅,舍本逐末。

[521] 义务教育,是**最普惠的教育**,是雨露均沾的教育。让一二年级的孩子就学习英语,这真的是**非常伟大的**。

此外，反对"取消英语主科地位"的网民采用更加直接的情感合理化策略。Reyes(2011)在 van Leeuwen(2007)道德合理化的基础上，关注区分"我们共同体"(we-group)与"他们共同体"(they-group)的话语策略(van Leeuwen & Wodak,1999)。与评价策略、抽象化策略、类比策略不同，情感合理化更加凸显策略使用者的"情感诉求"，即以强烈的"情感诉求"表达其"价值观念"，策略使用者往往大量使用消极评价策略，凸显社会主体的负面表征以及社会事件的消极属性，强化事件的"两极"或"非此即彼"，从而凸显"我们共同体"(普通人)的正当性与"他们共同体"(既得利益者)的不当性(Reyes 2011)。

话语表达的过程是利益表达的过程(方小兵 2023b)，如例(6)所示，部分反对"取消英语主科地位"的网民聚焦"专家"这一社会主体，使用"居心叵测"、"黑心"等消极评价词汇建构其"奸商"的形象，通过"嚎叫"一词传递出气急败坏、声嘶力竭的含义，这种带有极强负面情绪的词汇构建出一种非理性的"他们共同体"，通过反义疑问句"良心不会痛吗"构建出一种非人性的"他们共同体"。同时，这些"他们共同体"还手握权势，"让普通老百姓眼前一幕黑"、"让国家停掉免费的英语教学"、"让想学的孩子必须花高价钱上私立学校去学习英语"，这些行为都让"我们共同体"处于被动的地位，不得不做出牺牲和让步。

例(6)：

[273] 学习它才有机会超过他，现在一些窝里横的天天**嚎叫**着无用论，**居心叵测**必将遗臭万年！你现在用的电脑手机 app 底层逻辑都是基于英语的，你们说这样的话**良心不痛吗**？

[295] 愚民计划，让普通老百姓眼前一幕黑，彻底拉开贫富差距，需要英语的高端职业让有钱人多多占领(有钱人进的是国际学校)。提这个意见真的**居心叵测**！

[519] 而**奸商**为了自己的私立学校招生，让国家停掉免费的英语教学，让想学的孩子必须花高价钱上私立学校去学习英语。这是多么的**黑心**？

(二)理性合理化：国家发展观

语言政策的话语路径视角将话语情境化处理，并将话语置于符号互动和话语——情境整体关系中考察，认为话语是动态的社会建构的产物，而参与语言政策反馈环节的基层群体，具有政策目标群体和反馈主体的双重身份，在语言政策评估中应该特别加以关注(方小兵 2023b)。除语言文化与教育资源两个主题外，网民作为语言政策的目标群体与反馈主体，围绕国家发展这一宏观主题，采用理性合理化策略，就"取消英语主科地位"发表看法，呈现出网络话语与政策话语自下而上的话语互动范式。

理性合理化指"基于制度性社会行为的目标和用途以及被社会建构并赋予合理性的知识的合法化"(辛斌 2020:29)，包括工具理性(instrument rationality)与理论理性(theoretical rationality)。工具理性是指通过参考制度化社会行为的目标、用途、效果进行合理化；理论合理化则是通过对社会所建构知识的认知有效性实现合理化(van Leeuwen 2007)。

效果导向是工具合理化重要手段，通过强调某一特定行为的后果和影响进行合理化。如例(7)所示，反对"取消英语主科地位"的网民使用效果导向工具合理化策略，强调学习英语的后果与影响，并对其后果与影响进行消极评价。具体言之，英语的消极影响主要体现在三个方面——中国人才流失、国家发展受阻、西方价值观影响。

例（**7**）：

[001] 英语应该和副科考试一样的地位，很多工作并不需要每天使用英语，学校培养的人才是服务于中国社会，不是培养出来随时都能移民外国，为外国工作的**人才**。

[076] 取消英语主科地位刻不容缓，影响到中国未来几十年的复兴。一群学好了英语的高才生都出国换国籍了，国家科技**发展**能好吗？

[138] 语言是思维的载体，学习英语很容易受**西方价值观**的影响，让一些独立思考能力不强的人被带偏。

定义策略是理论理性合理化的重要手段，即一项社会活动被定义为另一项道德化的活动。定义策略通常通过归因或赋予意义的方式，强调某项社会活动的积极影响（van Leeuwen 2007）。如例（8）所示，部分网民通过隐喻的方式，将英语被重新定义为"金钥匙"、"大门"、"窗口"等积极评价词汇。此外，部分网民一方面将英语与货币进行正面类比，并将英语定义为"基础"，另一方面则同时使用工具合理化的用途导向（Means-orientation）策略，强调英语的"工具性"（use）和"可能性"（potentiality）（van Leeuwen 2007），即"通过英语推动全球化"，运用多种理性合理化策略，凸显英语的重要性与学习英语的必要性。

例（**8**）：

[025] 学会英语、计算机和开车，就等于掌握了打开 21 世纪大门的**金钥匙**。

[361] 取消英语的主科地位，那么在高墙垒起，**大门**紧闭，到处堵沙眼绝漏风渗水的今天，对于外部世界的变迁，会是如何的探视工具和方式？

[481] 如果英语真的退出，那就等于关上了孩子看世界的**窗口**。

[507] 而在这其中，英语是基础，也是推动全球化的重要工具。因为语言和**货币**一样，具有极强的网络外部性。

（三）假设未来合理化：科技信息观

语言政策的话语路径将话语被视作一种行为，能够建构社会关系、参与社会活动，甚至建构社会事实（方小兵 2023a）。对社会现实的建构不仅基于过去或现在的既定事实，也包括对未来社会现实的合理推断与想象。如例（9）和例（10）所示，网民采用假设未来合理化策略，合理化或非合理化英语的重要性。

假设未来合理化通过"设想一种未来的愿景或者威胁以表明立即采取措施或行动的必要性"（辛斌 2020：25）。假设未来合理化通常借助某个时间框架或时间点，将过去、现在、未来联系起来，例如，说明当下行为或现在行为的合理性，可以将其与（过去的）原因与（将来的）后果联系起开（Reyes 2011；辛斌 2020：25）。Reyes（2011：793）进一步指出，在政治语篇中，演讲者通常使用两种具体假设未来合理化策略，即强调"如果现在不怎样做，历史会重演"与"如果现在这样做，我们将怎样"。假设未来合理化策略通常与情感合理化策略一并使用，从而引发听众恐惧情绪或对未来的担忧（辛斌 2020）。

与政治语篇不同，网民在社交媒体中通常使用假设未来合理化策略与工具合理化策略（用途导向）。如例（9）所示，支持"取消英语主科地位"的网民不断强调翻译软件与人工智能的"工具性"（use）和"可能性"（potentiality）（van Leeuwen 2007），凸显其在"未来"的重要作用，以假设未来的方式间接削弱英语的重要作用，合理化"取消英语主科地位"。

例（**9**）：

[72] 翻译机、**人工智能**的大量应用，不懂就网上查，这么便利了，哪用得着专门学英语。

[140] **未来人工智能**语音交流更加不是问题。

[366] 现在**翻译工具**很方便，很多场合基本可代替翻译人员，资料翻译更不用说。

随着**人工智能**技术的快速发展，是时候调整英语在学科中的地位了。

与之类似，反对"取消英语主科地位"的部分网民亦在使用假设未来合理化策略与理性合理化策略，从三个维度凸显英语的重要性。其一，网民使用目标导向（Goal-oriented）工具合理化策略，凸显掌握英语的重要性。其二，运用理论理性合理化策略中的解释策略（explanation），说明翻译的"局限性"，以此削弱翻译软件和人工智能的工具合理性。其三，采用假设合理化策略，一方面将过去与现在相联系（[662]），强调"如果现在不怎样做，历史会重演"（Reyes 2011）；另一方面，将现在与未来相联系（[539]"除非……否则……"），表明现在学习英语的重要性。

例（**10**）：

[417] 我们在国内外做科研项目的时候，都会发现，科研工作者目前最前沿的信息、论文和著作80％以上都来源于英语著作，要获得一手资料、最直接最前沿的**信息**，就必须要掌握英语这门语言。

[539] **翻译**是具有极强主观性的工作。同时语言间也存在逻辑、范畴、表义上的差异……除非你认为中国人只要踏踏实实买菜做饭，否则英语学习都有它的重要性。

[661] 如果放弃英语学习，将会形成信息封锁，闭关锁国的局面。当西方人忙着工业革命时，我们的祖先自认为天朝上国，封闭了国门，中国失去了发展科学技术最宝贵的时机……这些**教训**还不够惨痛吗？

四、结论

本研究以再情景化的合理化分析框架为依托，重点考察新浪微博热搜事件"取消英语主科地位"中，网民如何将英语与英语学习融入至其他社会事件语境中进行"再情景化"，并合理化其观点。结果表明，网民主要采用道德合理化、理性合理化、假设未来合理化三种合理化策略，围绕语言文化、教育资源、国家发展、科技信息四大主题支持或反对"取消英语主科地位"。此外，网民往往多种合理化策略并用，特别是消极评价与反面类比等道德合理化策略。网民的合理化策略强化了社会事件的"两极性"，甚至以强烈的"情感诉求"表达其"价值观念"，加深"我们共同体"与"他们共同体"的鸿沟，进而凸显"我们共同体"的正当性与"他们共同体"的不当性。

基础教育关乎个人、民族、国家的未来，国家在义务教育阶段将英语设置为必修课程，体现了教育的普惠性，为学生全面发展、走向世界创造条件，为学生未来融入并参与人类命运共同体建设奠定基础，为实现教育强国、科技强国、人才强国增添助力。本研究采用话语路径视角，尝试呈现外语教育政策实施过程中的话语冲突及其媒介表征，为话语如何进入政策过程（机制）奠定基础，促进政策话语、学术话语与媒体话语的良性互动，为外语教育政策相关研究提供些许参考。

参考文献

陈向明　2000　《质的研究方法与社会科学研究》，北京：教育科学出版社。

方小兵　2023a　《以话语机制全景透视语言政策》，《云南师范大学学报（哲学社会科学版）》第 3 期。

方小兵　2023b　《从话语阐释到话语规划：言政策研究的话语路径》，《云南师范大学学报（哲学社会科学版）》第 3 期。

侯　畅，李海晨　2023　《基于主题挖掘与情感分析的在线健康咨询评论研究》，《情报探索》第 6 期。

胡元江，李　艳　2023　《媒体话语合法化建构的历史语篇分析：中美主流媒体贸易摩擦报道的对比研究》，《外国语文》第 4 期。

宋伊雯，肖龙福　2009　《大学英语教学"中国文化失语"现状调查》，《中国外语》第 6 期。

魏　爽　2023　《在线医患闲聊话语情感支持的语用研究》，《外国语文研究》第 4 期。

翁青青　2024　《企业碳中和形象的话语建构：基于合法化语码理论的视角》，《中国石油大学学报（社会科学版）》第 1 期。

肖龙福，肖　笛，李　岚，等　2010　《我国高校英语教育中的"中国文化失语"现状研究》，《外语教学理论与实践》第 1 期。

辛　斌　2020　《英文新闻标题中的合法化话语策略分析：以〈华盛顿邮报〉和〈纽约时报〉有关南海争端报道为例》，《外语学刊》第 4 期。

赵　芃，田海龙　2023　《语言政策话语研究的两条路径》，《云南师范大学学报（哲学社会科学版）》第 3 期。

张天伟　2023　《语言政策的话语研究路向：渊源、特征与本土化思考》，《云南师范大学学报（哲学社会科学版）》第 3 期。

张天伟，高新宁　2017　《语言政策的话语研究路向：理论、方法与框架》：高考外语改革政策的批评认知案例研究，《外语研究》第 6 期。

张现荣，夏玲玲　2023　《新闻语篇态度合法化话语建构研究》，《苏州科技大学学报（社会科学版）》第 5 期。

朱　敏，解　华，高晓茜　2016　《大学英语教学中的中国文化失语成因研究》，《天津外国语大学学报》第 5 期。

Barakos, E. & J. Unger. 2016. *Discursive Approaches to Language Policy*. London: Palgrave Macmillan.

Bernstein, B. 1990. *The Structuring of Pedagogic Discourse*. London: Routledge.

Blei, D., A. Ng & M. Jordan. 2003. Latent dirichlet allocation. *Journal of Machine Learning Research* (3), 993 – 1022.

Bouvier, G. 2019. How journalists source trending social media feeds: A critical discourse perspective on Twitter. *Journalism Studies* 20(2), 212 – 231.

Charmaz, K. 2008. Constructionism and the grounded theory. In J. A. Holstein & J. F. Gubrium (Eds.), *The Handbook of Constructionist Research*. New York: The Guilford Press.

Chouliaraki, L. & N. Fairclough. 1999. *Discourse in Late Modernity*. Edinburgh: Edinburgh University Press.

Corbin, J. & A. Strauss. 1990. Grounded theory research: Procedures, canons, and evaluative criteria. *Qualitative Sociology* 13(1), 1 – 21.

Fairclough, N. 1992. *Discourse and Social Change*. Cambridge: Polity Press.

Fairclough, N. 2003. *Analyzing Discourse: Textual Analysis for Social Research*. London: Routledge.

Goddard, C. 2011. *Semantic Analysis: A Practical Introduction*. Oxford: Oxford University Press.

Herring, S. 2004. Computer-mediated discourse analysis: An approach to researching online behaviour. In

S. A. Barab, R. Kling & J. H. Gray (Eds.), *Designing for Virtual Communities in the Service of Learning*. New York: Cambridge University Press.

Jelodar, H., Y. Wang, C. Yuan, et al. 2019. Latent Dirichlet allocation (LDA) and topic modeling: Models, applications, a survey. *Multimedia Tools and Applications* 78, 15169 – 15211.

Kozinets, R. 2010. *Netnography: Doing Ethnographic Research Online*. London: SAGE Publications.

Maton, K. 2014. A TALL order? Legitimation code theory for academic language and learning. *Journal of Academic Language & Learning* 8(3), 34 – 48.

Maton, K. & S. Howard. 2020. Autonomy: The next phase of dialogue between systemic functional linguistics and Legitimation Code Theory. *Journal of World Languages* 6, 92 – 112.

Nekvapil, J. 2016. Language Management Theory as one approach in language policy and planning. *Current Issues in Language Planning* 17(1), 11 – 22.

Osmani, A., J. B. Mohasefi & F. S. Gharehchopogh. 2020. Enriched latent dirichlet allocation for sentiment analysis. *Expert Systems* 37(4), 1 – 37.

Reisigl, M. & R. Wodak. 2009. The Discourse-Historical Approach (DHA). In R. Wodak & M. Meyer (Eds.), *Methods of Critical Discourse Analysis*. London: SAGE Publications.

Reyes, A. 2011. Strategies of legitimization in political discourse: From words to actions. *Discourse & Society* 22(6), 781 – 807.

Vaara, E. 2014. Struggles over legitimacy in the Eurozone crisis: Discursive legitimation strategies and their ideological underpinnings. *Discourse & Society* 25(4), 500 – 518.

van Leeuwen, T. 1995. Representing social action. *Discourse & Society* 6(1), 81 – 106.

van Leeuwen, T. 2005. *Introducing Social Semiotics*. London: Routledge.

van Leeuwen, T. 2007. Legitimation in discourse and communication. *Discourse & Communication* 1(1), 91 – 112.

van Leeuwen, T. 2008. *Discourse and Practice: New Tools for Critical Discourse Analysis*. Oxford: Oxford University Press.

van Leeuwen, T & R. Wodak. 1999. Legitimizing immigration control: A discourse-historical analysis. *Discourse Studies* 1(1), 83 – 118.

中国外交话语的批评隐喻分析:国家形象建构的视角

武建国,马春雨,宋　玥

(华南理工大学　外国语学院　广东　广州　510641)

提　要　国家形象是一国内外对其行为、活动、成就等的总体认知和评价,在一定程度上反映了一个国家的综合实力和影响力。本文基于中国外交话语语料库,对中国外交话语中的隐喻进行批评性分析,探讨外交话语如何通过隐喻来建构国家形象。研究表明,中国外交话语中大量使用旅程隐喻和建筑隐喻,这是由于旅程、建筑与中国意识形态的内容和结构具有高度相似性。隐喻广泛存在于外交话语中,我们可以通过批评隐喻分析模型展开分析,为国家形象建构提供方向参考。

关键词　批评隐喻分析;外交话语;国家形象建构;语料库

A Critical Metaphor Analysis of the Chinese Diplomatic Discourse from the Perspective of National Image Construction

Wu Jianguo, Ma Chunyu, Song Yue

Abstract　National image is the overall cognition and evaluation of a country's internal and external public on its behavior, activities, and achievements, etc., which reflects its comprehensive strength and influence to a large extent. In this paper, the authors, based on the Corpus of Chinese Diplomatic Discourse, critically analyze the metaphors in Chinese diplomatic discourse by applying the framework of CMA, aiming to explore how diplomatic discourse constructs national image through metaphors. It is found that there are many journey metaphors and construction metaphors, for they are highly similar to the content and structure of China's ideology. Metaphor is widely employed in diplomatic discourse, thus we can provide some references for the construction of China's national image by utilizing the CMA model.

Key words　critical metaphor analysis (CMA); diplomatic discourse; national image construction; corpus

外交话语是一个国家向其民众传达意识形态以及价值观念的载体,也是与世界对话的重要媒介,在国家形象的塑造过程中起着举足轻重的作用。在当代外交实践中,符合国际社会共同价值观、有助于推动全球治理的外交话语可以有效提升国家话语权。因此,如何通过外交话语来建构国家形象也就成为研究热点。然而,外交话语因其高度抽象性往往使听众无法深入浅出地理解其本质,因此,外交家们常用隐喻来解释其中复杂模糊的政治概念,传

作者简介:武建国,男,华南理工大学外国语学院教授,博士生导师,博士后合作导师,主要研究方向为话语分析、话语与文化传播、语用学、文体学。电子邮箱:fljgwu@scut.edu.cn。马春雨,女,华南理工大学外国语学院硕士研究生,主要研究方向为话语分析。电子邮箱:792205814@qq.com。宋玥,女,华南理工大学外国语学院硕士研究生,主要研究方向为话语分析。电子邮箱:1152972418@qq.com。

广州市哲学社科规划 2022 年度课题(2022GZGJ237);中央高校跨学科青年团队项目(QNTD202308)。

递外交意图，从而使受众在不知不觉中接受并支持他们的观点，达到劝说的意图。作为批评性话语分析（CDA）领域的一种新模式，批评隐喻分析（CMA）将概念隐喻理论、批评性话语分析和语料库语言学融合在一起展开研究，可以揭示"说话者背后隐藏的意图"（Charteris-Black 2004）。

中国外交话语语料库收录了中国领导人和外交部发言人在 2016 年 1 月 1 日至 2017 年 11 月 15 日期间关于外交政策和国家关系的重要讲话，具有重大研究价值。鉴于此，本文基于中国外交话语语料库，结合 Charteris-Black（2004）的批评隐喻分析模型、van Dijk（2001）的社会认知模型和 Lakoff 关于框架理论的研究，提出适用于外交话语的分析模式，采用定性和定量相结合的方法，探讨中国如何利用外交话语塑造国家形象，提升国际话语权，并论证了 CMA 在外交话语中的适用性。

一、分析框架

对于隐喻的研究可以追溯到 Aristotle 的修辞论，并先后经历了 Quintilians 的"替代论"、Richards 的"互动论"，以及 Lakoff 和 Johnson 的概念隐喻理论（参见武建国等 2020；武建国 2023）。21 世纪以来，学者们逐步意识到概念隐喻理论中语境成分的缺失，开始主张批评性话语分析和认知语言学的融合。Charteris-Black（2004）首次提出了批评隐喻分析模型，该模型借助语料库技术，从语言、认知、语用三个维度对隐喻展开详细的批评性分析。CMA 广泛应用于政治、经济、法律、教育等领域的话语，并扩展到特殊群体话语的研究。如 Sudajit-apa（2017）通过批评隐喻分析，探究了泰国大学生如何在他们的网站项目中构建残疾儿童之家和残疾身份的概念。Agbo et al.（2018）则以尼日利亚总统和海军上将的政治演讲为语料，基于 CMA 模型揭示了讲话者利用隐喻行使政治权力，并对听众心理施加影响的心理过程。

近年来，国内出现批评性多模态隐喻分析（Critical Multimodal Metaphor Analysis）。如马廷辉和高原（2020）聚焦中美贸易冲突，选取相关的美国政治漫画为语料，展开更加立体的多模态隐喻分析，揭示了美国媒体的政治立场和意识形态。有的运用批评隐喻分析模式探究外交话语对国家形象建构的作用机制。如范武邱和邹付容（2021）对中国国家领导人在夏季达沃斯论坛开幕式上的致辞进行了批评隐喻分析，发现其中建筑、旅程及拟人三类高频主导隐喻的使用帮助中国构建起建设者、旅行者和成长者的国家身份。

随着批评隐喻分析的研究对象不断扩展，利用 CMA 来分析外交话语的意义毋庸置疑。然而国内外学术界关于这方面的研究仍然较少，大部分基于 CMA 模型对外交话语的研究仍然停留在 Charteris-Black 提出的分析框架上，研究方法比较单一，缺乏创新性和多样性。此外，考虑到目前研究中使用的语料库大多是学者自建的，其容量及权威性也有待商榷。鉴于此，本文将在前人研究的基础上进行创新，通过模型的整合以及语料库的选择来弥补上述不足。

（一）Charteris-Black 的批评隐喻分析

2000 年以来，越来越多的学者提倡批评性话语分析和认知语言学的交叉融合。在这一背景下，Charteris-Black（2004）提出了批评隐喻分析模型。该模型在语言处理上引入语料库技术,并结合认知语言学、语用学的理论和方法进行话语分析,做到了定量研究和定性分析的结合。Charteris-Black（2004）的批评隐喻分析包括三个步骤:隐喻识别、隐喻描述和隐喻说明。

隐喻识别分为两个阶段。在第一阶段,细读文本以识别候选隐喻,通过观察源域与目的域在语言、认知、语用层面是否存在语义张力来检验候选隐喻,并在下面的分析中删除不符合条件的候选隐喻。之后将常带有隐喻用法的词列为隐喻关键词,其频率可在语料库中定量计算。在第二阶段,通过检查隐喻关键词的具体语境,来判断关键词是隐喻用法还是字面意思。

在隐喻描述阶段,需要识别概念隐喻和概念键,建立隐喻与相应的认知、语用因素之间的关系。隐喻说明涉及隐喻与语境之间的关系,旨在阐明导致隐喻产生的社会文化因素,并以此揭示说话人的意图和潜在的意识形态。

（二）van Dijk 的社会认知模型

认知作为话语产出和理解的重要环节,在早期的话语分析中经常被忽视。20 世纪 80 年代,van Dijk 开始关注语言处理过程中的认知心理,强调话语分析中的认知研究。基于其对社会心理学、认知心理学和批评性话语分析的研究,van Dijk（2001）提出了著名的社会认知模型(见图 1)。

图 1　van Dijk 的社会认知模型

在该模型中,话语指的是广义上的交际事件,包括会话、文本、手势、表情、图像等;认知包括个人和社会的认知、信念、目标以及评价和情感;而社会既包括局部、微观的语言结构,也包括全球性的社会、政治结构(武建国,牛振俊 2018)。

van Dijk 认为,社会和认知维度的结合为人们理解话语同时提供了宏观和微观的语境。与传统的语境研究不同,van Dijk 把语境看作语言使用者在交际情境中的心智模式,语言使用者的心理框架决定话语的产出和理解。因此,国家形象的建构不仅要考虑全球的社会背景,还要考虑受众的社会认知(信仰、知识、价值、态度、意识形态等)。

（三）Lakoff 关于框架理论的研究

框架概念最早由英国人类学家 Bateson 提出(Tannen 1993)。之后,社会学家 Goffman（1974）基于 Bateson 的研究提出了社会学领域框架分析的理论和方法。Goffman 的框架理论基于人类学视角和符号互动理论,将隐喻视作一种语境来分析人类的交际互动。Fillmore（1982）则将框架归结为一种可基于背景知识对未知作出预测的经验行为,并将框架理论引入语言学领域。

框架概念及理论在社会学、心理学、语言学等领域各不相同。本文中,作者将基于 Lakoff 关于框架理论的相关研究来展开分析。Lakoff 认为,框架是一种用于理解现实,并时而建构人们想象中的现实的心理结构(Lakoff 2006)。它的表现形式主要为隐喻、图形、故事等元素。心理框架不仅构建我们的意识形态,还会影响到我们的思维活动和认知方式。从层次上来看,心理框架包括表层框架和深层框架,现实的话语可以激活表层框架,而表层框架则进一步激活大脑认知深处的深层框架(Lakoff 2010)。如果这一过程顺利完成,信息传递会更加有效。隐喻作为意识形态的载体,可以通过激活民众的深层框架来建构国家形象。因此,对隐喻的批评性分析可以帮助我们详细剖析国家形象的建构机制。

(四)本文的 CMA 分析框架

本研究以 Charteris-Black(2004)的 CMA 框架为基础,结合 van Dijk(2001)的社会认知模型和 Lakoff 关于框架理论的研究,建立一个三维分析模型对中国外交话语语料库中的隐喻进行批评性分析。概念隐喻理论认为隐喻是人们认识和理解世界的思维方式,是一种单向的认知过程。本文的 CMA 三维模型采用语料库的方法,弥补了 CMT 中语境成分的缺失,同时通过引入社会认知模型和框架理论,更深度地剖析隐喻对意识形态、社会结构的反作用,从而探究外交话语对国家形象的建构作用,突出话语与社会的相互作用(见图 2)。

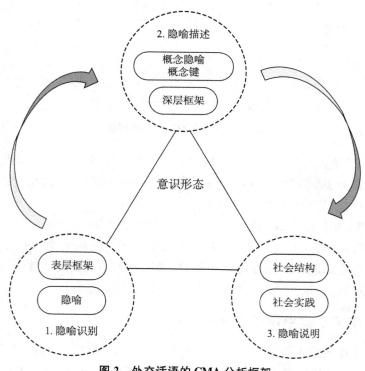

图 2　外交话语的 CMA 分析框架

在上述模型中,话语表层框架与社会结构之间的关系是辩证的。一方面,话语反映社会结构,并受到社会结构的制约和影响;另一方面,话语又可以建构社会结构。表层框架通过深层框架的运作来重新建构社会,并建立、维持和改变权力关系(汪少华,张薇 2018)。在这个过程中,一些表层框架经过频繁的使用成为固化的框架,并逐渐形成了人们意识形态和社会价值观的一部分。

该框架包括三个分析维度:语言维度、认知维度和语用维度。具体来说,在语言维度,本研究采用 Charteris-Black(2004)的方法搜索隐喻关键词识别隐喻,并确定隐喻在中国外交话语语料库中的分类与分布情况。在这一维度,话语中隐喻的使用可以激活受众的表层框架。

第二维度从认知角度进行隐喻描述。在认知维度,概念隐喻和概念键体现了个人和社会的认知模式。表层框架激活受众的深层框架,即通过概念隐喻将源域的特征映射到目标域。经过框架的不断重复,隐喻可以有效传递外交话语中蕴含的意识形态,从而建构国家形象。

第三维度是从语用的角度对隐喻进行说明。将隐喻置于社会语境中,可以发现隐喻所传达的意识形态对社会结构产生影响。在这个阶段,我们将分析隐喻在外交话语中的劝说作用和影响隐喻选择的因素。

二、中国外交话语语料库的批评隐喻分析

本研究采用的中国外交话语语料库由郑州大学中国外交话语研究院建立,总容量为 794 条中英对照文本,收录了中国领导人和外交部发言人在 2016 年 1 月 1 日至 2017 年 11 月 15 日期间关于外交政策、国际关系、外交活动、国际形势的重要讲话。

在本篇论文中,作者随机选取了中国外交话语语料库中的若干文本进行精读。基于 Charteris-Black(2004)提出的标准识别隐喻,并参考了《现代汉语词典》和《牛津英语词典》将源域进行分类,其分类和分布结果如表 1 所示。表中隐喻关键词总数与隐喻出现总次数相乘可以得出共鸣值。共鸣值是定量地反映某种隐喻在语料库中所占比例的重要参数 (Charteris-Black 2004)。

表 1　中国外交话语语料库中隐喻的分布

源域	隐喻关键词总数	隐喻出现总次数	共鸣值	隐喻比例
旅程	25	78	1950	51.44%
建筑	15	53	795	20.97%
战争	13	45	585	15.43%
人类	8	42	336	8.86%
游戏	4	12	48	1.27%
机器	3	13	39	1.03%
植物	4	8	32	0.84%
自然	2	3	6	0.16%
总数	74	254	3791	100%

如表 1 所示,中国外交话语语料库中主要有 8 种隐喻,即旅程隐喻、建筑隐喻、战争隐喻、人类隐喻、游戏隐喻、机器隐喻、植物隐喻和自然隐喻。旅程隐喻的共鸣值最高,占比 51.44%。由此可以推断,中国外交话语语料库中出现频率最高的隐喻为旅程隐喻,其次是建筑隐喻、战争隐喻、人类隐喻,分别占到隐喻总共鸣值的 20.97%、15.43%、8.86%。其他四种隐喻在中国外交话语语料库中占比相对不够突出,故不再赘述。下面,笔者将详细剖析中国外交话语中常见隐喻的运行机制及其对国家形象建构的作用。

(一)旅程隐喻

旅程隐喻是中国外交话语语料库中使用频率最高的隐喻类型,旅程域(源域)与政治域(目的域)之间存在着映射关系。通过分析语料库中 78 个旅程隐喻,作者归纳出"国家发展是旅程"这一概念隐喻,其映射过程如下图所示:

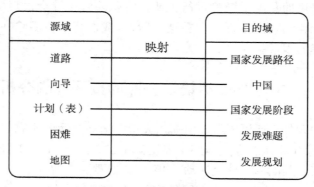

图 3　国家发展是旅程

如图 3 所示,发言人将国家的发展视作一段旅程,中国是这段旅程的向导。旅程中难免存在各种困难与危险,行路者甚至可能迷失方向。为了到达终点,我们需要地图来指引方向、规划路线,就像国家的发展同样需要领导者制定具体的发展规划来实现最终的发展目标。例如:

　　"中国历来是一个爱好和平的国家,坚持走和平发展道路……"

"道路"是人们到达目的地的途径,在行进过程中,只有不断探索才能克服道路上的障碍。上句中,发言人用"道路"来比喻国家的发展路径,表明中国人民通过不断的实践探索制定了清晰明确的发展道路。此外,用"和平发展"来修饰"道路"则巧妙地传达了中国的发展方式是积极的、深思熟虑的、可持续的。在上述例子中,发言人通过"和平发展"和"道路"的表层框架来激活听众对它们的深层理解(深层框架),从而将人们对"和平发展"、"道路"的认知转移到目的域(中国的发展方式)上,框架激活过程实际上是概念隐喻映射的过程。通过不断使用"国家发展是旅程"这一概念隐喻,发言人进一步固化了人们关于"中国走和平发展道路"的表层框架,使其成为社会认知的元素,并逐渐成为国家意识形态的一部分。再如:

　　"中美要走的,必须是有利两国、惠及世界的新路……"

在谈到中美两国的发展问题时,中国发言人从两国自身利益及世界和平发展的角度出发,再次强调两国要避免碰撞和摩擦,坚持合作共赢。中国走和平发展道路是时代和国情的要求,无论在什么情况下,中国的立场始终是一致的,"国家发展是旅程"这一概念隐喻为这种一致性提供了桥梁。中国外交部发言人没有再次强调"和平",而是用"道路"这个隐喻把中国和平发展的理念渗透到不同的演讲中,向世界传播了中国的意识形态。当听众接受中国传达的理念时,中国"热爱和平、负责任"的形象就在不知不觉中建构起来了。

(二)建筑隐喻

建筑隐喻在中国外交话语语料库中十分丰富,其中最常用的概念隐喻是"国际关系是建筑"。建筑结构和建造过程十分复杂,因此外交家们经常用建筑隐喻来探讨复杂而抽象的国际关系以及国家的发展战略和发展方向(见图4)。

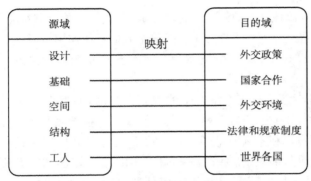

图4　国际关系是建筑

图4显示,国际关系与建筑作品之间存在着多重映射关系。详见下例:

"中美应坚持用构建新型大国关系的理念指导两国在亚太地区的互动,使两国人民、亚太人民和全世界都从中受益。"

在这个例子中,外交部发言人用"构建"将新型大国关系比喻为建筑项目,建造过程要靠工人们合力完成,而中美关系的建设同样需要中美两国的交流与合作。此外,作为两个超级大国,中美关系影响着世界格局和全球人民利益,在这个问题上,中国始终强调让整个世界都将从新型国际关系中受益,这激发了人们对构建新型大国关系的热情和期待,也在无形中确立了中国"积极为世界发展献计献策"的正面形象。

在"国际关系是建筑"这一概念隐喻中,发言人通过建筑源域来激活听众对于建筑所在的建筑框架,即包含"设计"、"工人"、"合作"等在内的深层框架的认同:中国被赋予了设计师和工人的身份,为建设新型国际关系奉献智慧和行动;国家的友好合作好比一栋建筑,是全世界的避风港;每个参与合作的国家都是这栋建筑的规划者、建设者和居住者。"国家关系是建筑"这一概念隐喻鼓励各国参与构建新型国际关系,体现了中国的全球治理理念。

(三)战争隐喻

战争隐喻在中国外交话语语料库中十分常见。本文将语料库中的战争隐喻分为攻击、防御、战争形势和敌对力量四类。笔者归纳出"国家间竞争是战争"这一概念隐喻其具体映射过程见图5。

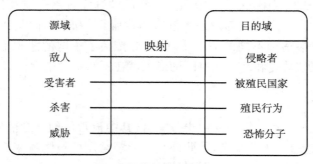

图 5　国家间竞争是战争

在图 5 中,战争域(源域)中的敌人、受害者、杀害和其他威胁分别对应政治域(目的域)中的侵略者、被殖民国家、殖民行为和恐怖分子。战争隐喻的具体作用可通过下面的例子来探讨。

　　"如果非想用'长城'这个词,建议他们更加重视中国人民坚定捍卫自身领土主权和正当合法权益的'意志长城'。"

上述句子是中国外交部发言人华春莹的发言。当时,一些美国媒体公开表示要世界警惕中国在南海地区建设"沙岛长城",意在通过南海事件挑起中国与其他国家的主权纠纷。本句中"捍卫"指保护自己权益不受侵犯,中国发言人通过"捍卫"一词将自己塑造为受害者以及合法权益的有效维护者,而那些企图歪曲事实的西方媒体和国家则是肆无忌惮的侵略者。华春莹还使用了"长城"一词,这与美国媒体所说的"沙岛长城"完全不同。作为中国古代重要的防御工程,长城在中国文化中体现着劳动人民团结一致、奋不顾身迎接挑战的精神。Lakoff(2004)认为,在政治话语中,一旦一方通过隐喻率先在民众心中建立某种认知框架,便抢占了先机,因为其他对该框架的异议与批评都会反过来巩固该框架。美国媒体旨在通过"沙岛长城"的隐喻在世界民众心中构建"中国是侵略者"的心理框架,企图抹黑中国在国际上的形象。这时中方发言人并没有直接使用对方所构建的框架,而是重新构架(reframing)自己的隐喻模式,创造了自己的框架体系,从而将中国描绘成一个不偏不倚的大国,在世界上建立起公平公正的国家形象。

(四)人类隐喻

人类各种活动经验是人们最熟悉的概念,可以说人类隐喻是最基本的隐喻类型。通过人类隐喻,发言人将人类特征和活动(源域)投射到国家行为(目的域)。"国家是人"是中国外交话语中一个非常重要的概念隐喻,其映射过程如图 6 所示。

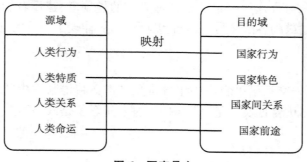

图 6　国家是人

在中国外交话语语料库中，发言人始终秉持互利共赢，强调人类命运共同体理念。请看下例：

> "当今世界，无论大国还是小国，正日益形成利益交融、安危与共的利益共同体和命运共同体。"

在上句中，发言人用"利益共同体"和"命运共同体"表明世界各国是一个不可分割的整体，各国的发展息息相关，一荣俱荣，一损俱损。人人生来平等，各国在国际关系中处于平等的地位，体现了中国平等尊重的外交原则。同时，个人的能力有限，把国家看成一个有血有肉的人，隐含表达了国家之间需要协作互助，共同发展。人们关于自身的深层框架十分牢固，人类隐喻是唤起情感、传递意图最基本的方式。中国外交部发言人在运用人类隐喻的同时，不仅传播了自己的意识形态，也为中国在国际上塑造了平等友好、负责任大国的形象。

三、讨论

通过对中国外交话语语料库中的隐喻进行分析，我们不难发现，外交话语中隐喻的选择受国家意识形态以及社会现实影响。从意识形态来看，中国一直以来坚持中国特色社会主义意识形态，希望在国际上塑造和平崛起、蓬勃发展、勇于担当的国家形象。从社会现实来看，中华人民共和国成立以来，越来越多的国家把中国的发展视为世界的机遇，但目前仍有许多国家秉持"中国威胁论"的观点，认为中国的崛起是对世界的威胁，中国对发展中国家的援助是进一步实施控制的手段。中国始终坚持独立自主，平等互利，同世界各国开展合作，以期实现共同发展和繁荣。在当前形势下，揭露某些西方媒体和国家对中国形象的抹黑，塑造真实正面的国家形象十分关键。

通过上文对中国外交话语语料库中隐喻的批评性分析，我们发现，中国外交话语语料库中出现频率较高的4个概念隐喻是："国家发展是旅程"、"国家关系是建筑"、"国家间竞争是战争"、"国家是人"。这些概念隐喻传递了中国特色社会主义意识形态，有助于塑造正面积极的国家形象。在"国家发展是旅程"这一概念隐喻中，中国被描绘成"走和平发展道路的领路人"；"国际关系是建筑"的概念隐喻则将中国塑造为"和谐国际关系的建设者"；"国家间竞争是战争"这一概念隐喻揭示了国家之间竞争的本质，而中国始终是"爱好和平国家的忠实盟友"；最后，"国家是人"这一概念隐喻表明了中国始终关心世界的共同繁荣和发展。这些概念隐喻在中国外交话语中反复出现并相互强化，使外交部所构建的中国形象在受众的认知中更加清晰和固化。

本文提出的CMA模型可以广泛用于外交话语中的隐喻研究。第三小节的剖析验证了CMA分析模型在外交话语中的适用性。外交话语承载着国家意识形态，使用了大量隐喻，并以此塑造国家形象。本文的CMA模型贯穿隐喻在外交话语中的整个运作模式，具体体现为隐喻的三步分析。首先，在隐喻识别阶段检索出外交话语中各类隐喻出现的频率：如本文中的旅程隐喻（51.44％）、建筑隐喻（20.97％）、战争隐喻（15.43％）、人类隐喻（8.86％）等。其次，在隐喻描述阶段，结合心理框架和认知模式，探讨各类隐喻传递的中国特色社会主义意识形态，以及正面的中国形象。最后，在隐喻说明阶段，结合国家对外政策、国际局势等社会因素，分析社会结构与意识形态如何影响外交话语中隐喻的选择，以及隐喻对于社会结构的积极作用。

四、结语

　　本文利用批评隐喻分析研究中国外交话语语料库中的隐喻,验证了 CMA 模型在外交话语中的适用性。隐喻表达作为一种表层框架,通过概念隐喻将源域的特征映射到目的域来激活受众的深层框架。经过不断的重复,表层框架与深层框架相结合,逐步成为固化的社会意识形态和价值观。将隐喻置于社会语境中,可以发现中国外交话语语料库中的隐喻传达的是中国特色社会主义意识形态,并有助于塑造中国热爱和平、平等互利、积极负责的大国形象。

参考文献

范武邱,邹付容　2021　《批评隐喻分析视阈下外交话语与国家身份构建——以中国国家领导人在 2007—2018 年夏季达沃斯论坛开幕式上的致辞为例》,《北京第二外国语学院学报》第 3 期。

马廷辉,高　原　2020　《美国政治漫画中的多模态隐喻构建与批评分析——以中美贸易冲突为例》,《外语研究》第 1 期。

汪少华,张　薇　2018　《"后真相"时代话语研究的新路径:批评架构分析》,《外语教学》第 4 期。

武建国　2023　《互文性研究》,北京:北京大学出版社。

武建国,龚　纯,宋　玥　2020　《政治话语的批评隐喻分析——以特朗普演讲为例》,《外国语》第 3 期。

武建国,牛振俊　2018　《趋近化视域下的政治话语合法化分析——以特朗普的移民政策为例》,《中国外语》第 6 期。

Agbo, I. I., G. C. Kadiri & B. U. Ijem. 2018. Critical metaphor analysis of political discourse in Nigeria. *English Language Teaching* 11(5), 95 – 103.

Charteris-Black, J. 2004. *Corpus Approaches to Critical Metaphor Analysis*. Basingstoke: Palgrave Macmillan.

Fillmore, C. J. 1982. Frame semantics. In The Linguistic Society of Korea (Ed.), *Linguistics in the Morning Calm*. Seoul: Hanshin.

Goffman, E. 1974. *Frame Analysis: An Essay on the Organization of Experience*. Boston: Northeastern University Press.

Lakoff, G. 2004. *Don't Think of an Elephant: Know Your Values and Frame the Debate*. Hartford: Chelsea Green Publishing.

Lakoff, G. 2006. *Thinking Points: Communicating Our American Values and Vision*. New York: Farrar, Straus & Giroux.

Lakoff, G. 2010. Disaster messaging. https://escholarship.org/uc/item/8pp2652d.

Sudajit-apa, M. 2017. A critical metaphor analysis of disability identity and ideology in the Thai undergraduates' home for children with disabilities website project. *Advances in Language and Literary Studies* 8(5), 79 – 88.

Tannen, D. 1993. *Framing in Discourse*. New York: Oxford University Press.

van Dijk, T. A. 2001. Multidisciplinary CDA: A plea for diversity. In R. Wodak & M. Meyer (Eds.), *Methods of Critical Discourse Analysis*. London: SAGE Publications.

日本方言景观与方言纪念品：历史、地理和经济的视角

井上史雄[1]（著），包联群[2]（译）

(1. 东京外国语大学　东京　183-8534；2. 大分大学　经济学部　大分　870-1192)

提　要　本文从经济视角考察日本的方言景观。方言景观指的是对方言的景观利用，可以分为"可购方言"和"不可购方言"。前者包括方言纪念品，如标注方言的明信片、毛巾、手机链和徽章；后者包括方言命名和方言信息，自 20 世纪末以来通过商业区、购物中心和公共设施等的命名得到推广，并具有营造亲切感的功能。随着方言的逐步衰退，方言的社会形象也发生了变化，从原来的"根除"转变为现在的"描述"以及娱乐性利用等。进入 21 世纪 20 年代以后，方言景观出现了减少的倾向，这可能源于 2011 年的东日本大地震和 2019 年开始的新冠疫情。本文基于过去几十年收集的多元化方言景观数据，分析方言活力的持续性问题并在理论上进行总结。

关键词　经济语言学；语言景观；方言纪念品；可购方言；方言命名；方言信息

Dialect Landscape and Souvenirs: From the Perspective of History, Geography and Economy

Inoue Fumio (Author), Bao Lianqun (Translator)

Abstract　Economical utilization of dialect can be divided into two types. Typical of "buyable dialects" are dialect souvenirs, such as dialect picture postcards and dialect hand towels, which were produced before World War Ⅱ. Currently, dialect cell phone straps and dialect badges are being produced. A typical example of "unbuyable dialect" is dialect naming, which has spread to shopping malls, shopping centers, and public facilities since the end of the 20th century. Dialect message is also utilized recently. It has the function of creating a sense of familiarity. Dialect landscapes appeared to be increasing, while changing their form. However, in the 2020s, there is also a trend toward a decrease compared to previous data. This may be a temporary phenomenon due to economic conditions, such as the Great East Japan Earthquake in 2011 and the temporary stagnation of tourism due to the COVID-19 disaster starting in 2019. In this paper, we will discuss the continued vitality of dialects based on data. To this end, we will synthesize a large amount of diverse data on dialectal landscapes collected over the past several decades. It will also be summarized theoretically.

Key words　economic linguistics; linguistic landscapes; dialect souvenirs; buyable dialects; dialect naming; dialect messages

---

作者简介：井上史雄，男，东京外国语大学名誉教授，主要研究方向为社会语言学、方言学。电子邮箱：innowayf@nifty.com。包联群，女，大分大学教授，中国语言战略研究中心兼职研究员，主要研究方向为社会语言学、中国北方少数民族语言等。电子邮箱：blianqun@oita-u.ac.jp。

一、语言景观与方言景观理论

自 20 世纪末以来,语言景观研究在世界范围内盛行(井上史雄 2017,2018;Inoue 2011,2015,2023;庄司博史 2009)。人们也观察到了方言景观的衰退倾向。在此,我们想要确认这种衰退趋势是长期的还是暂时,并预测未来的走向。本文基于相关数据讨论有关方言活力保持的问题,这是对井上史雄(2018)观点的继续和发展。

(一)语言景观与方言景观

根据樱井隆和井上史雄共同收集的明信片,在"二战"前的明信片上能找到阿伊努语、朝鲜语和汉语。这反映了日本领土扩张过程和强制推行本国语的历史。然而,目前尚未发现战前冲绳(琉球)语的语言纪念品(仅发现属于琉球方言的鹿儿岛省奄美方言的明信片)。我们尚不清楚这是否与方言歧视意识和根除运动有关。观察日本多语言景观的历史(井上史雄 2009)可知,相较于通用语语言景观,方言景观的数量较少。现代的方言纪念品包括传统的店面门帘、时尚的 T 恤和手机链等,但是,T 恤和手机链也随着英语等外语的出现而发生同步变化。

(二)狭义与广义的方言景观

狭义的景观(Landschaft)一词在德语中原本指的是视觉可见之物,还有很多调查研究将其限定为公共的、常规的和固定的事物(包聯群 2023)。这种界定便于追求可重现性,以便与其他地区进行比较研究。"不可购方言"(如方言店名和设施名称)成为主要研究对象。然而,电波媒体中的方言信息、方言广告等也可能成为研究对象,因此很难确定"景观"的界限。文字自然会出现在狭义的景观中。例如,将"慶応"写成"广字旁"(まだれmadare)和"KO"的组合写法等,展示了从个人到立式招牌的扩展过程。另外,"くにがまえkunigamae"加"卜to"字的写法也显示扩展到"図書館 toshokan"的使用中,之后又被用于文书的写作(笹原宏之 2007)。对于口语来说,很多时候依赖于记忆,但是可以追踪到"新方言"从狭小的群体扩展到广泛的年轻人群的过程(数量上),并且可以追踪到超越口语的备忘录、电子邮件、随笔、会话文本、地方文本、标牌等的写作(质量上)过程。例如,"ウザッタイ・ウザイ uzattai/uzai"(讨厌、麻烦)以及各地程度词,如"メッチャmetcha、バリ bari、ブチ buchi、シニshini"(很,非常)就是例子。这表明了新方言的使用者范围扩大、场景(领域)增加和文体上升等趋向,是也适用于其他词汇和表达的一种共同的语言变化。从更广泛的角度理解"景观",可以更具连续性地了解其变化过程。在对电话号码进行的国际比较中,以城市景观为出发点,追溯其历史,也把个人备忘录包括在内。结果发现,把区号用□括起来的方式表示,这种方法在个人手写体中也有所使用(包聯群 2023)。正如"秘、查",这与用□将汉字括起来的方法也有关系。

广义的景观包括"可购方言",典型的代表是方言纪念品。门帘、擦手巾布等方言纪念品不仅包括公共标记,还包括私人所有的东西。此外,与"方言みやげmiyage"(方言纪念品)意义类似的外来词"方言グッズguzzu"也被使用,但作为经济学术语可能具有多义性。根据三省堂公司网站的内容来看(井上史雄等 2013)，"方言みやげ"一词并无问题。另外，在互联网(如ヤフオク yahoo auction，メルカリ mercari)购买商品时，查看发件人地址发现，80%—90%的发件人来自本地以外的地区。这种现象的增加可能是因为在观光旅行时购买了当地特色纪念品，随后在应对新冠疫情时进行"断舍离"或处理个人物品，因此在网络上出售的次数可能变得更加频繁。此外，如果将听觉媒体，如唱片、磁带、CD、DVD 等也纳入其中考虑，那么我们可以将视野扩展到无文字的语言景观(包联群 2023)。从广义的视角去理解景观有助于我们更好地掌握现状，也能够在理论上得到扩展。方言纪念品的购买方式过去主要以在当地购买为主，但自从开始使用网络市场以后，购买者的地域分布也具有多样性。据发件人的姓名模式来看，似乎中老年人居多。

（三）方言景观的发展

从地理上看，日本的方言景观主要分布在旅游观光景点，与多语景观主要分布在城市中心和繁华街道呈现出不同的趋势。根据正井泰夫(1983)在新宿歌舞伎町的追踪调查，欧洲诸多语言在数量上有一定的增加，但亚洲语言则相对较少，韩语(朝鲜文)的例子仅有几例。在追踪调查中也没有日语方言的报道。与此同时，柴田武(1958)记录并报告过各地的方言景观，这些景观主要包括地方露天市场上的蔬菜、鱼等商品的标识，以及主要以"特有词汇"或共通语未吸收的"不被注意的方言"为主。到了 20 世纪后半叶才开始出现有意识地使用方言例子的相关报道。

有关方言景观的历史，得力于与三省堂的共同研究《具有魅力的方言》(井上史雄等 2013)①的推动，使得资料更加丰富多样。作为出现在俗语和口语中的近世日本方言的例子，有 1752 年的"白なる shironaru"。使用东北方言的店名"がんべ茶屋 ganbe chaya"于 1880 年开业(井上史雄等 2013)。自 1991 年以来，面向年轻人的投稿摄影杂志 VOW 作为新奇事物开始刊载方言路标等。进入 21 世纪后，在互联网上介绍各种各样的图片，也出现了如方言LAB 的总结网站等。加藤和夫(2022)针对方言景观的调查研究，涉及宏观和微观的地域差异，以及历史和经济方面。

二、方言景观与历史

方言原本是一种口头传播的工具，与文字的关联主要是在近现代以后的事情。方言作为一种依赖听觉的口语表达方式，与依赖视觉的书面表达联系在一起可以视作其社会地位的提升。在狭义的"景观"中，方言的可视化受到社会和语言背景的影响。日本现代标准语的普及可以在鹤冈共通语调查和《浜荻》词汇残存调查中观察到曲线(井上史雄 2008，Inoue 2012)。

（一）日语方言的社会史

图 1 显示了方言社会类型的历史过程(井上史雄 2007，2022)，且用图表展现了方言娱乐

---

① 《魅せる方言(具有魅力的方言)》是由五位作者共同负责，在三省堂网站上连载的精华作品，除了提供实物照片，还涉及方言的经济利用等理论背景。

和有效利用研究进展方面的积极评价。将其视为三种类型的观点是由加藤正信（1983）提出的，之后有佐藤和之等人的污名研究（1999），小林隆的饰品研究（2004），井上史雄的根除、描述和娱乐研究（1993，2000），等等。

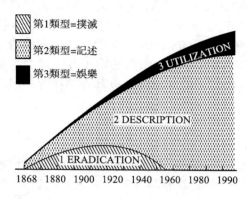

图 1　方言的社会三类型　　　　图 2　使用方言的衰退（山形县鹤冈市）

　　图 1 以形象的方式展示了总体趋势，这种倾向也可在大众传媒中见到。其背后有标准语运用能力的变化以及人们对方言理解方式的变化：（1）为根除方言而出版的书籍和论文主要出现在"二战"前，即军国主义和帝国主义时代，旨在实现民族统一的时期，可称为"标准语时代"。（2）20 世纪的文献中可以观察到以中立和客观态度描述的情况，但第二次世界大战后，在民主化和平等化的氛围中出现了明显被推崇的现象，可称作"共通语时代"。推崇共通语和方言的双重使用和分场合使用，在个人内部观察到了两种以上的共存系统（井上史雄2000）。在移民等社会中，第二代成为双语使用者，此种现象在某种程度上与方言社会中可能发生的情况平行。（3）近年来，方言积极用于商业娱乐活动的现象尤为突出。目前，全国范围内的标准语化已渗透到年轻一代，地区差异也逐渐消失，可称之为"东京语时代"。

　　近现代以后，方言的使用不断衰退，但是方言的兴衰体现了语言和社会的矛盾。方言使用的衰退反而产生了稀缺价值（井上史雄2011）。图 2 展示了方言使用衰退的实际调查数据。横轴代表说话者的出生年份，纵轴表示方言特征的丰富程度。这是基于日本山形县鹤冈市的调查数据，一部分基于国立国语研究所（2007）的数据。综合了从 1950 年开始每隔 20年进行一次的持续调查结果，绘制了 S 形曲线，显示了方言发音（语音）和方言（语调）重音使用率的下降。虽然确定起点和终点很困难，但是，大约在 150 年的时间内，共通语的普及持续进展，预计在 21 世纪前半叶方言口音将会消失。

　　另一个是根据鹤冈市于 1767 年编纂的方言集《浜荻（庄内）》中收录的词汇残存率调查（1950 年和 2018 年），可以得知大约间隔 20 年的 7 代人，以及 140 年间的变化。正如图中细线所示，正好以 1767 年左右的编纂为起点，到 2070 年为终点，收录的词汇将会消失。这是一个 300 年的过程。然而，由于 1868 年的明治维新之后生活方式有了很大的变化，认为之前的语言变化较少，因此近似成直线是有危险的。然而，以 1945 年战争结束时出生的人们为界限，共通语的普及急剧加速。在语音和词汇方面情况类似，目前的鹤冈市显示语言使用的世代差异很大。对于年轻一代来说，方言正在逐渐消失。其他地区（尽管程度和速度有所不同）也存在类似的情况。因此，方言作为常用词语和体系，目前正处于急速的变化时期。方言景观的发展是以方言衰退为背景，如后续第 3 节所述，由此产生了稀缺价值和怀旧情感，并与经济原则相辅相成，与夜晚的明亮程度成正比。

（二）方言的可购买性

广义的方言景观可分为"可购方言""不可购方言"和"不被注意的方言"景观。

第一，可购买方言的典型例子是方言纪念品。日本人具有旅行归来后向邻居报告并赠送礼品的习惯，"可购方言"是通过这种送礼行为得到普及。方言手巾或毛巾常被用作问候的礼物，而方言手巾从战前就已开始制作。方言门帘在夏季打开和室时很便利，在此记载许多单词时都是按照顺序排列，这就是方言排行榜。北陆地区早期开始记录方言时就进行排名。

20 世纪初期，方言明信片开始流行，这是由于邮政制度的发展。由于照片昂贵，对于个人的回忆而言，记录风景的明信片非常宝贵。如果在说明文中巧妙地使用方言，它们将更受欢迎。用方言写的对话文本一直沿用到战后。到了 21 世纪初，这种倾向发生了变化，开始出现用于个人私有物品的只有一个词的礼品①。实用的钥匙链是由于钥匙的普及而出现，手机链和手机清洁器则是因手机普及而出现的。现在有方言贴纸和方言徽章（Button Badges）等产品。徽章、贴纸和透明文件夹常用作个人喜好的可爱的装饰。这些方言特产的多元化以大阪为先导，并且有多家专门销售方言特产的商店。大阪的目标是通过商业化促进多元化。

第二，不可购方言典型之例是方言命名，它们传递某种信息。从 20 世纪末开始，方言在商业街、购物中心和公共设施的命名中得到了广泛应用。方言名称具有引起亲近感的功能，但另一方面，为了避免粗俗，有时也会使用类似外国语的字母来标记，以展现异域风情，比如Corasse（来らっせcorasse＝来られよCorareyo，いらっしゃいirasshai）"欢迎"、Fukushima（福岛）等②。显示方言店名具有增加趋势的典型之例是关西地区的店名和设施名，关于大阪的店名已经有相关著作（札埜ふだの和男 1999）。山形县鹤冈市和冲绳县石垣岛的个案以及具有长期增加的趋势等将在本节后续部分进行讨论。

不可购方言是通过方言传递信息，具有实用性色彩。在 2011 年 3 月发生的日本东北大地震期间，不仅有来自全国各地的物资，而且把具有同情和支持的词语传递到了受灾地。与之前的灾害相比，当地方言的使用居多。田中宣广（2015）称之为"方言声援 yell"。

第三，不被注意的方言。上述两种方言都是有意识地被使用的方言。与此相对应，还存在无意识的方言使用。这个概念被柴田武（1958）提出，德语中称为 sekundaere Dialekt，并被称为"不被注意的方言"（井上史雄 1986，2008；小林隆，篠崎晃一 2003），随后出现了多种称呼，如"不易察觉到的方言"等。不被注意的方言之实例通常是那些离开家乡一段时间后回来的人才会注意到的例子。此外，熟悉其他地区方言或标准语的人有可能会观察到或发现。例如，关于创口贴（カットバンgattoban、リバテープribate-pu、バンドエイドbandoeido、サビ

---

① 在只有一个词的地方特产增加的背后，也存在因共通语的推广导致方言（土话）数量减少的原因。方言集等商品中，有比"一词一元"更便宜的东西，但手机链或者徽章的价格超过了"一词一百元"。与记录方言数量的减少成反比，方言特产的种类（数量）却在增加。因为"仙台话小木偶"和今治 Imabari 的"巴瑞 bari 先生"很受欢迎，所以种类也在增加。

② 有时为了吸引游客，会重新使用古老方言的招揽表达方式。此外，NHK 从各省征集"21 世纪值得传承的方言"时，以问候表达为例的省大多集中在关西地区，这也恰好对应了不可购买的方言。

才sabio)等各种不同的名称在日本各地都在被使用(篠崎晃一1997)。"離合"是指在狭窄道路上车辆相互避让的术语,在九州(大分县)的山路上自20世纪60年代开始就出现了"離合所"的标示。现在这个词已经传播到西日本地区的各个地方。四国的交通标志等也用"入られんhararen"一词进行标记,这并不表示(不)可能,而且如果在其他地区的话,大多用于类似"禁止入内"的语言环境或场合。

可购方言是在现代出现的。不可购方言中的方言信息在现代的20世纪后半叶变得更为普遍,它传递了"以方言表达"的一些信息,显示了方言价值的上升,属于娱乐性类别。虽然它不属于狭义的景观,但是,它们在市镇的广告宣传和与旅游观光相关的杂志文章中的使用率也在增加。

(三) 案例分析:鹤冈方言的兴衰

鹤冈市在方言学家和社会语言学家中有着一定的知名度。对口语一直进行大规模的调查,从1950年到2011年的四次调查大约可以包括60年之间的变化(国立国语研究所2007)。图1-2中也有其相关内容。此外,可见的方言也发生了变化。笔者(井上史雄)生于1942年,在鹤冈市度过了18年的时光,其后也是平均每年回老家一次。在鹤冈市,我进行了持续观察,基于记忆和资料记录了当地的语言情况。总的来说,"可购方言"减少了,但是,"不可购方言"却增加了。

作为"可购方言"典型之例的方言手巾和方言门帘在70年代大约有10种。这些可能是"团块世代baby boomer"购买的吧。然而现在已经变得很少。同时,使用方言的商品(如泡菜等)大约从1990年开始就已经出现。我手头有可作为证据的容器。在方言纪念品中,我们观察到有短期的交替,很少能见到长期畅销的产品。

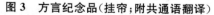

图3　方言纪念品(挂帘;附共通语翻译)　　　　图4　方言店名「gonbo」(牛蒡)

方言店名属于"不可购方言"。这种现象似乎从20世纪末开始有所增加。笔者在小学六年级(1954年)的时候曾调查过主要繁华街道"鹤冈银座"的店名。那时并没有方言店名。即使到现在,在"本町Honcho"即鹤冈市中心的商店里,方言店名也只有一两个。然而,在其他地区的商店和设施中,已经开始使用方言。在商店名中,有「だだちゃdadacha」(父亲)、「ととこtotoko」(鸡)、「ざっこzakko」(杂鱼)、「ごんぼgonbo」(牛蒡)、「よれちゃyorecha」(请过来)、

「よってみっちゃyottemitcha」（请过来看看）、「なんだ屋 nandaya」（什么?）、「でえごん Deegon」（萝卜）等。还有名为「めんごいmengoi」（可爱的）这种临时托管儿童的设施。图 4 是表示店名「ごんぼgonbo」（牛蒡）的照片。在 2002 年，关于纪念品的公共设施，从「物産館」变成了「物産大店でがんすdegansu」。自 20 世纪 90 年代以来，郊外的大型购物中心的发展导致"鹤冈银座"成为所谓的"铁门街"，商店自身有的也撤店或更替交换。

在 21 世纪，通过由藤泽周平的原创改编的电影如「蝉しぐれsemishigure」（《蝉时雨》）、「たそがれ清兵衛 tasogare seibee」（《黄昏清兵卫》）等，庄内方言传播到了全国。受此影响，鹤冈市也在旅游方面下了一番功夫，并开始使用方言。方言信息的扩大范围十分明显。方言开始出现在各种欢迎海报和道路标示上。在市内，这种现象也存在地区差异，看起来是为了吸引游客，但也把当地居民纳入了目标。

图 5 是 JR 温海 Atsumi 温泉站进出站口处的方言信息，正面写着「よぐ来たの あつみ温泉へyogu kitano — Atsumi onsen e」（欢迎来到 Atsumi 温泉），背面写着「まだ来いの一あつみmadakoino-Atsumi」（欢迎再来）。这里的「のno」相当于共通语的「ねne」的句末助词。

图 5 温泉站进出站口处的方言信息

图 6 展示了鹤冈市一家超市生寿司 namazushi 的标识，可以作为"不被注意的方言"的一个例子。这种寿司与卷寿司 makizushi 或"盖饭寿司 ちらしずしchirashizushi"有所区别，对应于共通语中江户前［東京湾］"握寿司 nigirizushi"。

图 6 不被注意的方言 namazushi

三、方言景观与地理

方言景观通常使用于经济上比较有效果的场所。可购方言等于方言纪念品,不可购方言包括设施名称、活动名称和招牌等。

(一)宏观的地区差异

方言纪念品在日本全国范围内的区域性差异很大,主要分布在东北、京阪(京都·大阪)和九州三个地区(井上史雄 2007)。明信片的分布情况在东北、京阪和九州三个地区显得很突出。即使在去除明信片的情况下,也可以观察到相同的趋势。

对于能观察到较多方言纪念品和方言景观的东北、京阪和九州这三个地区,我们可以用方言印象(image)来解释。方言印象可以根据知识性形象和情感性印象等,按照其各自的正面与负面分为四种典型。方言纪念品较多的地区属于情感方面是"正面"的三个地区,与回答"喜欢当地方言"的人较多的地区重叠(井上史雄 2007)。这与乡土情感有关,我们可以说,喜欢当地方言的人数较多时,方言纪念品也会增加,方言景观也会繁荣。

关于不可购方言,我们也观察到与可购方言几乎有相同的趋势,都与乡土爱(乡情)有关。有时会用方言写迎接游客的欢迎词等,但随着共通语的迅速普及,有时实际上不再使用方言。在这种情况下,有时会挖掘、复活和重新利用古老的方言。

(二)微观的地方性地域差异

从加藤和夫(2022)的北陆、金泽等多个实例可以看出,方言纪念品在旅游地是一个较为普遍的现象。对于方言店名和标语等与游客的相关性,通过观察冲绳省石垣岛已标有的地图(信息)得以确认。以石垣岛旅游指南 10 年间的增加为出发点(井上史雄 2022),通过当地调查进一步确认,并利用 Google Street View 进行了确认,得知港口附近的繁华街道有很多方言店名,分布着许多旅游纪念品店和餐馆。方言店名包括面向当地客人的酒馆,给人以享受岛上美食和家常菜的印象。

对石垣岛美崎町的当地调查结果也可以通过 Google Street View 进行确认。这些店名可以翻译成共通语(日语),但不是一对一的对应。

四、方言景观与经济

经济发展与普及共通语显示出相关性,高收入与共通语的使用也显现具有关联性。

(一)语言景观与经济

夜间亮度的卫星照片显示了与语言景观的相关性。在商业街等地,有许多牌匾,与多语言和明亮度有对应的趋势,还显示了与 GDP 等经济发展指标具有关联性。

以经济发展为背景的语言景观一方面表现为多语言化的地位规划,另一方面则表现为作为本体规划的借词的增加。总的来说,语言景观反映了经济发展,与夜间亮度也有关联性

(见图 7)。它还与多语言化有关,并体现在借词和外来词(井上史雄 2023)的丰富程度方面。方言景观也显示出相同的机制和因果关系。

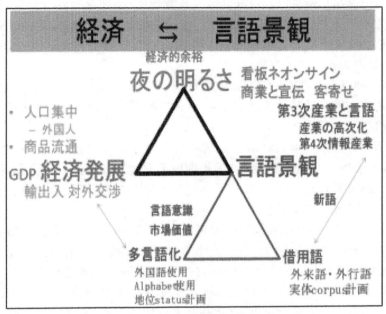

图 7　经济发展与夜间亮度

（二）标准语形的使用与经济

方言景观的经济利用可以定位为,利用方言的怀旧情感的印象(井上史雄 2007,2011,2024a,2024b)。如上所述,我们可以看到京都大阪地区关西方言具有特殊性,但是,曾经的首都和经济都市的形象一直传承到现代并得到了利用,类似于中国利用洛阳和西安方言。此外,存留在偏远和边境地区的方言在现实中即使没有使用者也有可能被挖掘和利用。在语言景观中,观察不到这种现象,这也可以说是方言景观和语言景观的区别。

我们以数字化形式研究探讨和语言与经济相关的基本信息。即"日本语言地图"(LAJ)中 82 项标准语使用率的各省平均值。全国各省的平均值显示了明显的地区差异,呈现出以东京为中心的几乎同心圆状的地理分布。如果仔细观察就可以发现,与从东京的直线距离相比,北陆地区的标准语使用率较低。由于北阿尔卑斯山的存在,中世纪和近世以来没有直线沿线的交通路线,这是与东京的交通距离较远的地区。从铁路距离来看,即使是北陆新干线也是迂回线路。我们观察从东京和京都到省政府所在地的铁路距离与标准语使用率有关,从而可以发现具有很明确的相关性(井上史雄 2011)。

现在我们可以从互联网上获取各种各样的地理分布图。显示东京中心分布的图有很多,我们观察其中之一的与经济相关的省民收入。东京处于最高位置,而离东京远的地方则收入较低。在收入较高的地方,夜晚会更亮。反之,增加夜间亮度也会使收入增加,如餐饮店等。

（三）方言纪念品的市场规模

我们把方言纪念品从微观、地方性（局部或地方规模）来观察时就会发现，当在有某一种新型方言的地方制作方言纪念品时，其变体可能会传播到附近地区，会产生地理上的接近效应。邻近省的传播情况可在方言成套邮票中见到。而在富山县和新潟县已经被系列化（成套）了。这可能是因为曾经有人气吧。

与此相反，类似品或变体有时会扩展到更广泛的区域。以主要城市和旅游地为目标，中心企业策划并销售相同设计的方言礼品是一个典型的做法，我们也观察到了设计相同的布帘、钥匙链、手机链、果子等。

方言纪念品作为方言产业在经济方面的可持续性不同。大多数方言纪念品寿命较短，仅限于一次，具有短暂性。很少能见到作为长期销品并建立长期需求供应关系的情况[①]。在食品和民间工艺品方面，传统和原材料产地的优势可能会起到作用，但在方言礼品方面很难成立。这是观光（旅游）经济学的主题。

如果观察各个方言纪念品的话，我们发现商业范围较窄的占据多数。那些重视严密性和忠实度的方言排行或方言列表的，面向整个省以上的规模较大的商品可能难以成立。在21世纪，作为振兴地区的一部分有时会使用方言，这种情况下会涉及市街村为单位的较狭窄的区域[②]。以东北和中部、九州等每个省为地方单位进行分类，把具有特征的方言汇总为一个商品的情况很稀少。有时将全国方言（选择每个省或主要省份）的商品制作成一览表。但大多数情况下是作为杂志的附录或商品的宣传品（新奇品）来制作，没见过这种商品在全国范围内受欢迎而再版等报道。自20世纪末以来，只用一个单词（表达1个意义）书写的商品明显很多，以"关西弁（口音）"（京都弁·大阪弁）为例，诸如"おおきにokini·おいでやすoideyasu·（めっちゃmetcha）好きやねんsukiyan·どないやねんdonaiyanen"等经常用于徽章、手机链、扇子、袜子等多样的商品中，但实际上只在京都和大阪的礼品店有销售，商业范围较窄。市场规模较小，很难发展成大规模产业（与语言礼品，尤其是英语等语言礼品形成对比。例如，用英语写的T恤衫具有全球市场和潜在商业范围，如果设计精致，可能在全球范围内畅销）。从另一个角度来给商品定位的话，可以说这是奢侈品（尽管价格便宜）。它们是属于专业商品而非日常用品或常购买产品，不可能是在疫情下认为必需的生活必需品。"即使没有也不会困惑"。因此，它们很容易受到经济景气以及消费者充裕因素的影响，并经常会被旅游者数量的增减所左右。如，受到COVID-19疫情导致大约3年的旅游需求停滞的重大影响。在互联网自由市场上，大约在2020年左右，有大量相似的方言礼品曾被大量甩卖销售（似乎是来自北海道、大阪、长崎省等地的新产品）。另一方面，由于疫情灾害而过居家封锁生活，整理在家储存的不需要物品（而没被废弃）的氛围出现在互联网自由市场上，物品被经常销售，我本人因此也购买到了全国各地的多种商品。方言纪念品是体现生活宽裕和生活富有的商品。2023年当询问旅游地的店铺时，他们回答说，疫情期间，只是在清理库存。

---

① 关于手帕，山形省酒田市和静冈市有长期以来销售的产品。
② 销售区域越严格、越狭窄，其商业范围（销售范围）也越狭窄。

（四）城市化、产业结构与流动性

城市语言调查提出的城市语言研究主题，摆脱了以 NORM（非流动的农村老年男性）（Chambers & Trudgill 1980）为研究对象的传统方言学，可以定位为迈向分离和发展。在景观方面，已经有许多口头报告和论文提供了实证案例。然而，由于发言时间不足和页面限制，可能在相互关联方面存在不足之处。我们认为综合性的理论是有必要的。

在全球范围内，随着城市化、产业结构的变化和流动性的增加，再加上共通语的普及和推进，方言处于衰退的趋势。日本的方言从过去的根除转向描述、娱乐和利用，其社会地位发生了变化。方言景观在形式上似乎也在变化，但同时也有逐渐增加的趋势。可是，与之前的数据相比，也出现了减少的倾向。这可能是由于 2011 年的东日本大地震以及自 2019 年以来因疫情导致的短期内旅游需求停滞，可以看作属于短期经济现象。然而，我们不能忽略上述从历史、地理和经济角度去观察大的趋势。考虑到这种长期和理论性的背景以及诸如疫情之类的短期情况，预计方言景观将继续发展。随着国际游客的增加、入境客流量恢复，期待将来会有所改善，我们会继续关注这些现象。从文体差距和场景差距的视角来看，我们可以赋予新的定位。

方言（景观）即使在正式场合也以实质性信息传达为目的开始被人们所使用。如果按哈贝马斯（Habermas）所说，把公共领域对私人领域的概念运用到语言中，可以拓宽视野。方言本来是作为口头语言通过听觉使用于私人领域中的（包联群 2023），而被记录于书面语言中并在公共领域中使用的口语，从社会场景的角度来说，则是地位的上升。在公共领域，作为语言景观，我们在许多国家都可观察到在社会和经济上处于有利地位的外国语（如英语等）占据优势的情况。到了近代，方言景观出现并反映了上述社会变化。相反，从场景的构成来看，上位场景和下位场景的差异减少了，上位场景的内部结构变得更加宽松，并且可以说，逐渐接纳了多元化的变化。

五、结语

基于经过数十年收集的大量且多元化的方言景观资料之证据，本文综合性地讨论了其重要方面和本质，从历史、地理和经济的视角做了理论性总结。自 20 世纪末以来，语言景观研究显得活跃。这些研究的主要关注点是多语化。我们也观察到了方言景观，因此搜集了大量资料并实施了共同研究。通过探索背后的原因，我们发现，实际上是经济原则在起作用，因此，可以在经济语言学中被定位。最近，我们发现方言景观有过衰退的倾向，但是，需要确认衰退是长期的趋势还是一时的变动，并有必要将其与未来预测结合起来。通过考察历史、长期的趋势、地理分布，以及其经济语言学基础，我们得出了方言景观的衰退是属于一时变动的结论。对中国和欧美地区方言景观的观察数据也支持方言景观的发展（包聯群，井上史雄 2024；井上史雄，包聯群 2024）。方言的衰退是伴随世界城市化进程的必然过程，然而反过来说，通过提高方言的稀缺价值，它被赋予了经济价值。

参考文献

包聯群　2023　『現代中国における言語政策と言語継承』(第 7 巻)，編著。東京：三元社。

包聯群，井上史雄　2024　「中国の方言景観と方言みやげ(歴史・地理・経済)」，『大分大学　経済論集』第 76 巻。

柴田武　1958　『日本の方言』，東京：岩波新書。

国立国語研究所　2007　『地域社会の言語生活——鶴岡における 20 年間隔 3 回の継続調査』，国立国語研究所。

加藤和夫　2022　「北陸地方における方言景観の特徴」，国際文化＝ Intercultural studies 4，pp.21 - 37.

加藤正信　1983　「方言コンプレックスの現状」，言語生活，377 号。

井上史雄　1986　「有力な俚言の計量語彙論」，『語源探求』(日本語語源研究会編)，東京：明治書院。

井上史雄　1993　「価値の高い方言/低い方言」，言語 22 - 9(2011 所収)

井上史雄　2000　『日本語の値段』，東京：大修館書店

井上史雄　2007　『変わる方言 動く標準語』，東京：筑摩新書。

井上史雄　2008　『社会方言学論考—新方言の基盤—』，東京：明治書院。

井上史雄　2009　「経済言語学からみた言語景観—過去と現在—」，『日本の言語景観』pp.53 - 78.(庄司博史・P. バックハウス・F. クルマス編著)，東京：三元社。

井上史雄　2011　『経済言語学論考』，東京：明治書院。

井上史雄　2017　「経済言語学と言語景観」，『ことばと社会』19，pp.26 - 58. 東京：三元社。

井上史雄　2018　「語言景観与語言経済」，中国語言戦略 7 - 1，pp.6 - 18.

井上史雄　2022　「危機言語・危機方言と経済」，包聯群編著『現代中国における言語政策と言語継承』(第 6 巻)，東京：三元社。

井上史雄　2023　「外行語の計量地理言語学— Google trends データの因子分析と初出年—」，『地理言語学研究』3.

井上史雄　2024a　「言語と経済—都会の中の田舎—」，東京外国語大学論集 107。

井上史雄　2024b　「方言みやげの表記—カナ・漢字からアルファベットへ—」，『静言論叢』第 7 号、137 - 155 頁。

井上史雄，包聯群　2024　「方言表記と漢字の六書」，『静言論叢』第 7 号、109 - 135 頁。

井上史雄，大橋敦夫，田中宣広，等　2013　『魅せる方言　地域語の底力』，東京：三省堂。

笹原宏之　2007　『国字の位相と展開』，東京：三省堂。

田中宣広　2015　「方言の拡張活用—方言を景観の一部として利用する方法—」，井上史雄編『はじめて学ぶ方言学』，京都：ミネルヴァ書房 。

小林隆　2004　「アクセサリーとしての現代方言」，社会言語科学 7 - 1，pp.105 - 107.

小林隆，篠崎晃一　2003　『ガイドブック方言研究』(編)，東京：ひつじ書房

篠崎晃一　1997　「気づかない方言 2 救急拌創膏」，日本語学，Vol.16，No.5.

札埜ふだのの和男　1999　『大阪弁看板考』，大阪：葉文館出版。

正井泰夫　1983　「新宿の喫茶店名——言語景観の文化地理」，筑波大学地域研究 (Area Studies Tsukuba) 1，49 - 61.

庄司博史　2009　『日本の言語景観』，東京：三元社。

佐藤和之，米田正人　1999　『どうなる日本のことば：方言と共通語のゆくえ』，東京：大修館書店。

Chambers, J. K. & P. Trudgill. 1980　*Dialectology*. Cambridge: Cambridge University Press.

Inoue, F. 2011　Economic principles for multilingual signs in Japan. *Meikai daigaku Ouyou gengogaku kenkyu* 13 pp. 91 – 103.

Inoue, F. 2012　Improvements in the sociolinguistic status of dialects as observed through linguistic landscapes. *Dialectologia: revista electrònica* 8. pp. 85 – 132.

Inoue, F. 2015　The economic status of Chinese and Japanese: an international survey, internet searches and linguistic landscape. *China Language Strategies* 2(1), pp. 10 – 22.

Inoue, F. 2023　The Economical Effect of New Dialect as seen in Linguistic Landscape,『東京外国語大学論集』(106), pp. 21 – 58.

新加坡华社的语言焦虑和多语制

曹栌文,包智明

(新加坡国立大学 人文社科学院英语系 新加坡 117570)

提 要 新加坡是一个多种族、多语言的城市国家。1965 年独立后,新加坡政府对传统语言的功能做了明确的界定:华语(普通话)、马来语和淡米尔语是母语,马来语是国语,英语是工作语言。政府的语言政策造就了一个以英语为主的多文化、双语言的社区,两项语言政策产生深远的影响。一、用英语作为所有学校的教学语言,将所有华校转为英校;二、在华社中推广华语,鼓励少说方言,传统的闽南、粤、客家方言渐渐地边缘化。短短 60 年间,新加坡华人逐渐放弃方言,转而使用英语和华语。本文从历史角度描述这一双重语言转移的过程,以及表现在语言选择、语言认同、语言自信等方面的语言焦虑。语言焦虑是多文化、多语言社会的自然衍生物。

关键词 焦虑;语言政策;语言转移;多文化;多语言;多种族

Language Angst and Multilingualism in the Chinese Community of Singapore

Cao Luwen, Bao Zhiming

Abstract Singapore is a multiethnic and multilingual city state. Since independence from Britain in 1965, the government recognizes the three main heritage languages, Chinese (Mandarin), Malay and Tamil, as mother tongues, Malay as the national language, and English as the working language. The government's language policy created English-centric multicultural and bilingual communities. Two language policies are especially important. First, English quickly became the medium of instruction in all schools, converting all Chinese schools to English ones. Second, in the Chinese community, the government promoted Mandarin, marginalizing the traditional heritage dialects of Southern Min (Hokkien, Teochew), Cantonese and Hakka. In a short span of 60 years, Singaporean Chinese gradually abandoned the dialects and shifted to English and Mandarin. In this paper, we sketch the historical development of this double shift, and examine linguistic angst in language choice, language identity and language self-confidence. Linguistic angst is a natural outcome of a multicultural and multilingual society.

Key words angst; language policy; language shift; multiculturalism; multilingualism; multiethnicity

新加坡位于亚洲大陆的南端,地理位置优越。马六甲海峡连接太平洋和印度洋,是通往中国海上贸易航线的必经之路。18 世纪末到 19 世纪初,英国在槟城、马六甲、新加坡建立了领地,是商船队的主要补给站和转口港。两百多年来,新加坡发展成全球最大的港口之一,

---

作者简介:曹栌文,女,新加坡国立大学英语系高级研究员,主要研究方向为英语语言学和接触语言学。电子邮箱:luwencao@nus.edu.sg。包智明,男,新加坡国立大学英语系教授,主要研究方向为形式语言学和接触语言学。电子邮箱:bao@nus.edu.sg。

集装箱流量繁忙度排名全球第二。

　　新加坡总人口近 590 万,外国人口约 180 万。常住人口中有 76％是华裔,14％马来裔,8％印度裔,其他主要是欧亚裔(www.singstat.gov.sg)。20 世纪初以来多种族的人口结构非常稳定(Bao 2015),这是新加坡语言生态的主要特点。新加坡的多元化人口特征反映在语言上。独立后,政府制定并推行多语政策,确立马来语、英语、华语(普通话)和淡米尔语为官方语言,指定马来语为国语,英语为通用工作语言。殖民时期自然形成的语言状况得以持续,英语成了大部分新加坡人的母语或主要语言。新加坡的多语实际上是以英语为主的双语(Pakir 1991;Gupta 1994;Leimgruber 2013;Bao 2015)。

　　华社的语言状况比较特殊。早期移民来自闽南和广东,带来了福建话(即闽南话)、潮州话、客家话以及广东话(Xu et al. 1998)。这些方言互不通话,分裂华社。1979 年政府在华社中开展讲华语运动,鼓励本地华人使用华语,即国语或普通话。华社经历了两种语言转变:从方言转向华语、从汉语转向英语,推动了华社的双语制。双重语言转变促使人们思考语言传承、民族身份及传统价值。尽管新加坡的现代历史跨度不长,这种思考导致的语言焦虑却随处可见。

一、新加坡华社的方言

　　1819 年,英国在新加坡开埠,发展远东海路贸易。当时主要有三大移民群在新加坡定居:从福建和广东来的华人,附近印尼廖内群岛来的马来人,以及淡米尔纳德邦来的印度人。华人几乎从开埠初始就是新加坡社会中最大的族群。英国政府不鼓励欧洲人移民,并时不时遣返困在新加坡的贫困欧洲人。欧洲人(包括英国人在内)的人口数量从未超过常住人口的 1％(见表 1)。

表 1　1824—1836 年新加坡的人口①

年代	1824	1828	1832	1836
欧洲人	74	108	105	141
华人	3317	6210	7762	13749
马来人	6431	6943	9296	12533
印度人	756	1389	1943	2930
其他	105	235	609	621
合计	10683	14885	19715	29974

　　从 1836 年开始,华人的人口数量占大多数,华社的语言却多样化。表 2 列出开埠以来各大方言在新加坡华社中的比例:

---

　　①　材料摘自 Newbold(1839)。

表2　华社的主要方言（百分比）①

年代	1840s	1881	1891	1901	1990
福建话	22.7	28.9	37.6	39.2	42.2
潮州话	47.9	26.2	19.5	18.3	21.9
粤语	15.0	17.2	19.2	20.3	15.3
客家话	10.1	7.1	6.1	5.6	7.3
峇峇语	2.5	11.0	10.5	10.3	—

新加坡的福建话指的是厦门、泉州、漳州一带的方言，和潮州话同属闽南方言群。表2中的峇峇语是世居马六甲和槟城的土生华人说的语言，是以马来语为词汇语的克里奥尔语（Shellabear 1913；Pakir 1986；Tan 1988；Rudolph 1998）。在新加坡，土生华人是最早接受英语教育的群体，母语很快从峇峇语转向英语。20世纪初开始重拾汉语，争取融入华社。在选择语言方面，却摒弃方言，在土生华人社区提倡民国时期推行的国语，比独立后政府推广的讲华语运动早了80多年。

英殖民时期，华社方言分裂了华人群体。华人通常根据方言、籍贯或姓氏自发地成立互助社。目前新加坡宗乡会馆联合总会有242个成员，如宁阳会馆（粤，1820年）、应和会馆（客家，1822年）、义安公司（潮州，1845年）、海南会馆（海南，1854年）、新加坡李氏总会（1907年）（https://sfcca.sg/）。过去，这些社团的活动各不相同，有公开的，有秘密的，还有非法的。它们给新移民提供必不可少的服务和保障，至今仍有大型社团（宗亲会）积极参与新加坡的商业、慈善和教育。历史上，方言社团之间的纷争屡见不鲜。最初，英国当局置若罔闻；由于缺乏资源来管理整个新加坡岛屿，对各个种族社区放任自流。帮派暴力事件在19世纪下半叶失控，英殖民政府才宣布其非法。方言帮派在东南亚的英国殖民地（包括新加坡）中一直存在。新加坡独立后，这些帮派才被遏制。

汉语各方言之间不能通话，分裂华语社群，是新加坡语言焦虑感的来源之一。

二、多元的教育

引发语言焦虑的另一个来源是教育，或者说，是教学用语。新加坡的早期社会主要由单身移民构成，清朝政府禁止女性出海，去海外谋生的绝大多数是男性。19世纪下半叶，政策放宽，允许女性海外移民，新加坡社会逐渐趋向稳定，有了家庭和小孩。教育以及教学语言成为亟须解决的问题：华社面临三个语言的选择：英语、方言、华语。

史丹福·莱佛士爵士（Sir Stamford Raffles，1781—1826）被称为现代新加坡之父，在他停留的数月间，与柔佛苏丹签署了一项将新加坡转变为自由贸易港口的条约。设港之初，重商主义盛行。莱佛士想用教育抵制重商主义，邀请英国的教育人士创办了新加坡书院（Singapore Institution）。新加坡书院是政府办的第一所学校，后来更名为莱佛士书院（Raffles Institution），至今仍是新加坡的顶尖中学。除了政府，基督教会也在新加坡、马六甲、槟城的

---

① 材料摘自 Siah（1848）、Lee（1978）、Pan（1998）。

海峡殖民地办学,教学语言是英语。新加坡书院的初衷是培养会英语的本土精英,协助英殖民政府管理海峡殖民地和远东事务。英语是教学语言,课程设计和当时英国的学校一致;详情参见 Turnbull(1977)。为了创办莱佛士书院,莱佛士本人捐助了大笔资金。殖民政府和基督教教会出资建立为数不多、以英语为教学语言的学校(英校)。由于学费昂贵,只有少数富有的家庭有能力送家里的孩子上英校。普通民众则接受母语教育,学习传统文化和道德观。莱佛士的这一理念影响了新加坡的教育制度,造就了英校生和华校生两个群体。英语代表现代,母语代表传统,英语和母语之间的紧张关系初露端倪,影响了百年之后新加坡政府推行的语言政策。

按照莱佛士当初的设想,英语教育为海峡殖民地提供社会精英;母语教育则奠定传统文化和道德基础,以抗衡重商所带来的社会弊端。新加坡的土生华人的祖先主要来自马六甲和槟城,母语是峇峇话,不会汉语方言。由于世代居住在南洋,家境殷实,衣食无忧,许多人信奉基督教,是最早转向英语的群体。至于新移民的教育,殖民政府不出资金办学,放任自由,各种族群各行其是。华社的各个方言宗亲团体开始办学,仿效中国的私塾用方言教学生识字。辛亥革命后,中国废除科举,开始建立现代意义上的学校。新加坡的华人商会和会馆合力建校,并用国语作为教学语言。新加坡的华侨中学就是在民国初期由新加坡商界领袖陈嘉庚(Tan Kah Kee, 1874—1961)出资创办的,在 1919 年招收第一批学生。"二战"后,在另一位商界领袖陈六使(Tan Lark Sye, 1897—1972)的倡议下,福建会馆等华人社团捐款出地创办了南洋大学,为华校生提供上大学的机会。华校与英校旗鼓相当,造成了华校生和英校生的对立认同。新加坡独立后,政府开始关闭华校,并于 1980 年把南洋大学与英校新加坡大学合并为新加坡国立大学,又在原南洋大学校园建立了南洋理工大学。至此,全国所有学校采用英语教学。莱佛士的教育理念把华社划分为两个群体:英校生和华校生。"二战"后英语继续主导新加坡的政治和经济生态,两种语言教学影响了人们的教育经历和就业机会,如华校生没有机会加入政府部门或参与高社会职能的行业,如法律和医学。

回顾新加坡多语现象的历史,语言能团结也能分裂群体;有人得利,也有人失利。无论表现形式如何,英语和华语的划分在华社中引起了强烈的语言焦虑,让人们反思社会语言学家所称的语言指标意义:对于英校生来说,英语有什么意义? 对于所有人来说,母语有什么意义? 如果英语成为新加坡的主要语言,对传统的价值体系,甚至新加坡社会中的种族观念,会产生什么影响?

土生华人最早接受英语,也是最先在社群层面上体会到语言与族裔脱节所带来的语言焦虑。第三代土生华人林文庆(Lim Boon Keng, 1869—1957)受英语教育,就读于莱佛士书院,获得政府奖学金前往英国爱丁堡大学攻读医学,以优异成绩毕业。回到新加坡后,除了行医,他热衷于教育,创办了新加坡女子学校(Singapore Chinese Girls' School)(1899 年),鼓励学生学华语。他不满英语教育的功利性——英校培养出来的学生英语知识粗浅,既非爱国,也非虔诚、聪颖。他希望能够重塑受英语教育的土生或非土生华人的文化根源,良方就是华语。林文庆不仅自己开始学习华语,还在 19 世纪末为文化根源被切断或有被切断危险的人群提供免费的华语课程(Turnbull 1977)。林文庆选择用华语重新连接文化根基,可谓是讲华语运动的先驱。

除了林文庆,时任海峡殖民地的英籍高管 Hare 也针砭语言转变带来的弊端(Hare

1897）。Hare 于 1896 年在英籍海峡华人协会（新加坡土生华人俱乐部）上表示，海峡地区的年轻公民虽然学了一些粗浅的英语和华语，但都不精通。他号召大家在英语和华语之间做出选择，努力学好其中一门语言。Hare 所说的粗浅英语，显然指的是洋泾浜英语，其中夹杂着许多当地的词汇和句法结构。语言变异是语言转移的自然结果。我们在下文中会提到，殖民地政府担心的这个问题在百年之后重现。

早在 19 世纪末 20 世纪初，新加坡的社会精英意识到了语言变迁的影响，林文庆和 Hare 提出了不同的解决方案。殖民地政府让人们做硬性抉择，虽然没规定必须选英语，但英语在殖民地事务中发挥重要作用，对许多家庭来说，尤其是世代生活在东南亚的家庭，选择英语并不困难。向英语转换的趋势在 19 世纪中叶已经开始，势头持续不减。林文庆希望华人通过学习华语重塑华社的文化根源，不会像被割断根的树木那样枯萎。华语成了传统文化避免枯萎劫数的重要工具。土生华人主要说峇峇语，夹杂着福建话和马来语的词汇。林文庆把华语作为华社文化的救星，这反映了民国时期国语在中国的推广。

三、独立后的语言政策和语言发展

独立后，政府开始塑造新加坡作为独立国家的艰巨任务。建国总理李光耀在 1984 年发表演讲时说到，新加坡是一个多种族、多宗教、多语言和多文化的移民国家，要塑造成一个有凝聚力的国家是极其困难的。国家作为一个政体是多元的，语言是一个重要考量。华社内的语言多样性引发的焦虑没有因为新加坡的独立而消失。

独立前，殖民政府不干预母语教育，华校和英校得以共存，互不干扰。独立后，教育在建立国家认同方面的作用不容忽视。新加坡政府出台两项语言政策决定新加坡的双语特性：第一，政府明确规定马来语、淡米尔语和华语为母语，英语是工作语言，马来语为国家语言；新加坡的国歌就是用马来语写的。独立后的新加坡，作为工作语言的英语在政府、法律、商贸等领域保持主导地位。第二，英语作为所有学校的教学语言。20 世纪 70 年代，华校全部转用英语教学，华语则作为一门课程开设。独立前英校华校并存，独立后英校取代了华校，实行英语为主的双语政策（Pakir 1991）。

关闭华校，把华语指定为华人的母语，并在华社发起讲华语运动，降低方言认同。新加坡前总理吴作栋将国家建设与讲华语运动的目标绑在一起。他在 1991 年讲华语运动的仪式上说道：

> 对于华族社群，我们要有一个共同的身份认同，说共同的母语，拥有共同的文化与历史，以及未来的共同命运。新加坡要成为一个真正的国家，华裔族群也必须体谅并包容其他种族社群的文化，用英语与其他种族沟通，团结各种族群，共同创建未来。（来源：https://www.nas.gov.sg/archivesonline/）

讲华语运动有两个目的：消除华社中的方言分歧，并用华语，而不是方言，作为传统文化的传承语言。20 世纪上半叶林文庆在民间推行的华语运动，20 世纪下半叶成了新加坡的官方政策。

独立前，英校华校、方言华语在华社中并行；独立后，讲华语运动和全英语教育造就了当今新加坡多语言、多文化的社会。新加坡十年一度的人口普查包括各民族的详细语言资料，

2020 年的普查报告最近发布,可以从新加坡统计局网站(www.singstat.gov.sg)下载。我们用从报告中收集到的华社和语言相关的数据来说明华社的语言现状。表 3 和图 1 显示新加坡不同年龄段的华人在家常用的语言。

表 3　新加坡 5 岁以上华人的家庭用语(百分比)①

年龄	5—14	15—24	25—34	35—44	45—54	55—64	65—
方言	0.2	0.2	0.5	1.0	2.7	4.2	15.4
华语	3.8	7.6	16.2	19.2	29.4	43.4	50.6
英语	9.2	9.4	7.8	4.3	4.4	5.0	4.3
英汉	86.2	82.1	74.7	74.2	62.8	46.6	28.5

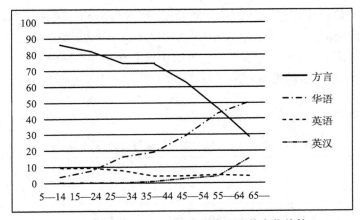

图 1　新加坡 5 岁以上华人家庭用语的变化趋势

表 3 及图 1 显示,从单语使用数据看,年龄较大的群体使用方言或华语单语的比例相对较高,分别占 15.4% 和 50.6%;而年龄越小的人群使用英语单语和英汉双语的比例更高,尤其是双语的使用比例,在 5—24 岁的人群中超过 80%,在 25—44 岁的人群中均超过 74%。方言单语的使用者在这几个群体中少之又少,仅占 0.2%—1.0%。

语言使用和教育程度有密切关系(见表 4 和图 2)。

表 4　新加坡 15 岁以上不同教育程度华人的常用语(百分比)②

教育程度	未上学	小学	中学	大专	大学
方言	50.7	17.7	4.4	1.5	0.5
华语	31.8	41.9	19.5	10.9	6.8
英语	1.3	2.6	5.3	6.1	9.5
英汉	16.2	37.8	70.8	81.5	83.2

①　方言只包括说福建话、潮州话和广东话的人;英汉中的汉语包括华语和方言;不包括少数说别的语言的华人。
②　方言只包括说福建话、潮州话和广东话的人;英汉中的汉语包括华语和方言;中学包括初中、高中。

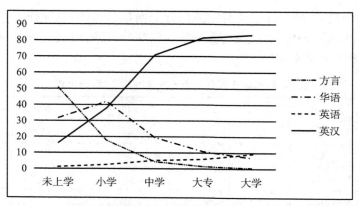

图2　新加坡15岁以上不同教育程度华人常用语变化趋势

表4及图2反映了受教育程度与语言使用的关系,学历越高的华人使用英汉双语的比率越高;在大学、大专程度的人群中分别占83.2%、81.5%,这两个群体仅有0.5%—1.5%的人使用方言单语。只使用方言、华语单语者分别集中在未上学和受小学教育的人群里。表4的分布和表3是一致的;独立后政府推行全民教育,未上学或只上了小学的人群,现在的年龄应该是65岁以上。

表5和图3显示新加坡华人的读写能力。

表5　新加坡15岁以上华人的读写能力(百分比)①

年龄	15—24	25—34	35—44	45—54	55—64	65—
英语	9.3	8.0	7.2	7.7	14.2	16.4
汉语	0.4	1.9	5.0	13.2	28.1	42.3
英汉	85.3	77.2	71.8	67.6	49.3	24.6

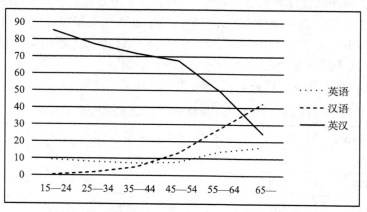

图3　新加坡15岁以上华人的读写能力(百分比)

新加坡独立后的语言政策影响不同年龄段华人的读写能力。绝大多数年轻人掌握英汉双

---

① 　方言只包括福建话、潮州话和粤语;英汉中的汉语包括华语和方言。

语,而汉语单语的使用者主要都是 65 岁及以上的人群。45—54 年龄段是转捩点:45 岁以下华人的英汉双语读写能力上升,汉语单语读写能力下降。这一年龄段的人在 20 世纪 80 年代上学,新加坡所有的华校已经转为英校。

从表 3 至表 5,我们可以看到新加坡华人社会的语言变迁:方言和华语的单语使用比例越来越低,英汉双语的普及程度越来越高。中小学生(6—18 岁)的常用语是华语和英语,只说方言的不超过 0.5%;而 55 岁以上说方言的华人占 19.6%。常用语的使用和教育程度有关,大部分未上过学或只读过小学的华人用华语或方言。在读写能力上,年轻人中绝大多数会读写英语和华语,15—24 岁的华人中具备英汉双语读写能力的比率高达 85.3%。这三个表格用数据说明了华社的双重语言迁移:从方言到华语、从华语到英语。方言消失了。

在华语盛行之际,人们开始痛惜方言的消亡,质疑华语是不是新加坡华人文化唯一的承载体。即使在现在,新加坡华人的语言认同从实用性看,最麻烦的是名称的拼写,尤其是姓名。由于英语是政府的工作语言,人名必须用罗马字母书写。在登记姓名时,早期殖民政府采用方言发音拼写姓名,如陈嘉庚是 Tan Kah Kee,林文庆是 Lim Boon Keng。陈姓的福建人叫 Tan,广东人叫 Chan;林姓的福建人叫 Lim,广东人叫 Lam。姓氏的传统拼法和籍贯、方言相连。用汉语拼音按华语的发音拼写汉字姓名,姓氏就不同了:父亲姓 Tan、Lim,孩子姓 Chen、Lin。独立后政府推广华语,在名字的拼写方面采取务实政策,避免 Tan-Chen、Lim-Lin 带来的家庭困扰。

新加坡社区名称的拼写也反映了方言向华语转移的进程,以及汉语拼音所带来的反思。我们举 6 个社区为例(Ow 2015)。

表 6　新加坡社区名称的拼写

年代	汉字名称	英语名称	来源
1960	大巴窑	Toa Payoh	福建话
1970	文礼	Boon Lay	潮州话
1980	义顺	Yishun	华语(潮州话 Nee Soon)
1980	碧山	Bishan	华语(广东话 Peck San)
1980	后港	Hougang	华语(潮州话 Owkang)
1990	盛港	Sengkang	福建话

讲华语运动在 1979 年开始。80 年代之前建的社区汉语名称用方言书写,如 Toa Payoh 和 Boon Lay,80 年代建的社区用汉语拼音书写。文礼和义顺两个社区是为纪念周文礼(Chew Boon Lay)和林义顺(Lim Nee Soon)的,他们都是潮州商人;Boon Lay 是潮州方言,Yishun 是华语,用汉语拼音书写。义顺、碧山和后港这三个社区建于 80 年代,名称用汉语拼音。80 年代后政府不再坚持用汉语拼音,重新启用方言,如盛港 Sengkang。汉字能掩饰方言之间的差别,罗马字母却不能,凸显华语和方言作为文化传统载体的差异,促使人们思考方言向华语转移的代价。新加坡国立大学政策研究所在 2013 年和 2018 年分别对新加坡4000 个家庭做了族群、宗教和语言的调查,华社语言认同方面的数据如表 6 所示,摘自Mathews et al.(2020):

表 7　华社的语言认同，百分比[①]

年代	2013	2018
方言	29%	30%
华语	36%	27%
英语	30%	32%
新式英语	6%	12%

方言作为家庭用语占的比例非常低，却依然是身份认同的一个要素，并且有上升的趋势。造成这种矛盾现象的原因有很多，其中很重要的一条是人们对消失了的方言感到惋惜。

四、语言变异和语言标准的冲突

语言转移，无论是保留还是放弃母语，必然导致语言接触所引起的变异（Thomason & Kaufman 1988）。从表 3 我们可以看到，自独立以来，以英语为主要家庭语言的人口比例越来越高，英汉双语逐渐成为新加坡最常用的家庭用语，尤其是年轻人，95% 以上的中小学学生（5—14 年龄段）讲英语或英汉双语。但是家庭用的英语很大程度上受了汉语和马来语的影响，有独特的发音和语法（Platt 1975；Platt & Weber 1980；Gupta 1994；Leimgruber 2013；Bao 2015；Teo 2020）。Platt(1975)按教育程度把新加坡英语分成高、中、低三个方言，其中低的方言常被称为新式英语（Singlish），无异于皮钦、克里奥尔英语，我们可以从下面的新式英语句子略见一斑：

1. The price go up already.
2. My brother in Australia.
3. My house got two bedroom.
4. Got very good beaches here.

这四句新式英语句子都不符合标准英语语法。受汉语和马来语影响，新式英语可以不标时态和复数，也可以不用系词 *be*。在词汇方面，*got* 在标准英语里是 *get* 的过去时态形式，在新式英语则是原型，用法和汉语"有"相同（Platt & Weber 1980；Bao 2015）。这类接触引起的语法、词汇变化虽然是多语生态环境的普遍现象，却往往不被社会认可。新式英语被污名化，令政府忧心忡忡。1896 年英籍高官 Hare 教诲新加坡年轻人学好英语，百年后新加坡政府依然担忧英语水准。时任国务资政李光耀比 Hare 更加直接，在 1999 年的一次国庆演讲中，他直言不讳地敦促人们摒弃新式英语：

> 不要推广新式英语，除非是为了搞笑，或者为了鼓励大众说标准英语。不要在我们的电视剧中使用新式英语。……新式英语是枷锁，我们不希望加在国人身上。[②]

新加坡政府在 2000 年发起了"讲正确英语运动"（Speak Good English Movement），鼓励新加坡人说符合标准英语语法、人人都可以懂的好英语。在发起仪式上，时任总理吴作栋说：

---

① 新式英语还包括其他语言。

② 参见 https://www.nas.gov.sg/archivesonline/。

去年我在国庆演讲中提到了新加坡人说新式英语会带来的问题。这触发了热烈的讨论。讨论是好事，让大家看到我们习以为常的语言问题。有些人支持讲好英语，也有些人辩护新式英语在社会中的地位，还有些人说新式英语加进一些中文和马来语词语，是新加坡独有的，是新加坡人的标志。如果只是一些中文和马来语词汇，那就没什么问题。不幸的是，新式英语用中文句法，说的人经常逐字翻译中文句子。句子不仅不合语法，还不容易懂，尤其是外国人。[1]

讲正确英语运动每年举办一次，至今已有 20 多年。我们暂不谈论该运动是否有效，新式英语是多语生态的自然产物，在新加坡社会里有强大且持续的生命力。在以英国或美国英语为标准英语的大语言环境中，语言标准是造成语言焦虑的一大因素。

五、结语

当今的世界出行便利，全球化程度加深，多种文化共存是普遍现象。我们也许希望多文化、多语言世界中的文化和语言享受平等待遇，但事实并非如此。文化和语言与现代社会的综合活力相关，社会活力给文化和语言带来声望，活力不同，声望也不同，从而决定语言的地位。形式语言学家研究语言能力；社会语言学家则重视交际能力（Milroy & Milroy 1985）。多元文化环境对语言使用者的语言能力和交际能力要求更高、更复杂，人们必须具备辨别文化、语言之间细微差别的能力，以便进行有效的沟通。新加坡是一个典型的多文化、多语言的国家，语言焦虑来自多个方面，包括语言的词汇和语法标准以及语言之间的关系、语言转移和维系。

在英国殖民背景和"二战"后的大环境下，新加坡选择英语作为工作语言是合情合理的。独立后 60 年间完成了双重语言转移：方言转向华语，方言消失，被华语取代；汉语转向英语，英语依然占主导地位，汉语成为第二语言。新加坡华社基本上是英汉双语（Pakir 1991），单语人群非常少。语言焦虑来自两大方面：语言的社会功能和语言本身。在传统文化传承方面，华语并不能完全替代方言；在语言标准方面，本土新式英语是语言接触的必然产物，由于受汉语和马来语的影响而受偏见。新加坡的英语状况可以用双语体或多语体表述：新式英语在家习得，有感情系连和共鸣；标准英语是在学校学的，缺乏感情纽带（Ferguson 1959；Platt 1975；Gupta 1994；Cavallaro et al. 2014）。无论政府如何苦口婆心地敦促人们说好英语，在新加坡的语言生态里，新式英语有自身的生命力，由此而产生的语言焦虑也会持续下去。

参考文献

Bao, Z. 2015. *The Making of Vernacular Singapore English: System, Transfer and Filter*. Cambridge: Cambridge University Press.

Cavallaro, F., Ng, B. C. & Seilhamer, M. 2014. Singapore colloquial English: Issues of prestige and identity. *World Englishes* 33(3), 378 – 397.

---

[1]　参见 https://www.nas.gov.sg/archivesonline。

Ferguson, C. A. 1959. Diglossia. *Word* 15, 325 – 340.

Gupta, A. F. 1994. *The Step-Tongue: Children's English in Singapore*. Clevedon: Multilingual Matters.

Hare, G. T. 1897. The straits-born Chinese. *The Straits Chinese Magazine* 1, 3 – 8.

Lee, P. P. 1978. *Chinese Society in 19th Century Singapore*. Kuala Lumpur: Oxford University Press.

Leimgruber, J. R. E. 2013. *Singapore English: Structure, Variation, and Usage*. Cambridge: Cambridge University Press.

Mathews, M., Tay, M., Selvarajan, S., et al. 2020. *Language Proficiency, Identity & Management: Results from the IPS Survey on Race, Religion & Language*. IPS Exchange No. 15. Singapore: Institute of Policy Studies, National University of Singapore.

Milroy, J. & L. Milroy. 1985. *Authority in Language: Investigating Language Prescription and Standardization*. London: Routledge.

Newbold, T. J. 1839. *Political and Statistical Account of the British Settlements in the Straits of Malacca*. London: J. Murray.

Ow, E. 2015. *The Language of Singaporean Street Names: A Linguistic Approach to Toponymy*. Honors Thesis, Department of English Language and Literature, National University of Singapore.

Pakir, A. 1986. *A Linguistic Investigation of Baba Malay*. PhD Thesis, Department of Linguistics, University of Hawaii at Manoa, Honolulu.

Pakir, A. 1991. The range and depth of English-knowing bilinguals in Singapore. *World Englishes* 10(2), 167 – 179.

Pan, L. (Ed.). 1998. *The Encyclopedia of the Chinese Overseas*. Singapore: Landmark Books.

Platt, J. T. 1975. The Singapore English speech continuum and its basilect 'Singlish' as a 'creoloid'. *Anthropological Linguistics* 17(7), 363 – 374.

Platt, J. T. & H. Weber. 1980. *English in Singapore and Malaysia: Status, Features, Functions*. Oxford: Oxford University Press.

Rudolph, J. 1998. *Reconstructing Identities: A Social History of the Babas in Singapore*. Aldershot, Hants: Ashgate.

Shellabear, W. 1913. Baba Malay: An introduction to the language of the straits-born Chinese. *Journal of the Straits Branch of the Royal Asiatic Society* 65, 49 – 63.

Siah, U. 1848. The Chinese in Singapore: General sketch of the numbers, tribes, and avocations of the Chinese in Singapore. *Journal of the Indian Archipelago and Eastern Asia* 11, 283 – 290.

Tan, C. B. 1988. *The Baba of Melaka: Culture and Identity of a Chinese Peranakan Community in Malaysia*. Petaling Jaya: Pelanduk Publications.

Teo, M. C. 2020. *Crosslinguistic Influence in Singapore English: Linguistic and Social Aspects*. London: Routledge.

Thomason, S. G. & T. Kaufman. 1988. *Language Contact, Creolization, and Genetic Linguistics*. Berkeley: University of California Press.

Turnbull, C. 1977. *A History of Singapore 1819 – 1975*. Singapore: Oxford University Press.

Xu, D., Chew, C. H. & Chen, S. 1998. Language use and language attitudes in the Singapore Chinese community. In S. Gopinathan, A. Pakir, W. K. Ho & V. Saravanan (Eds.), *Language, Society and Education in Singapore: Issues and Trends*, 133 – 154. Singapore: Times Academic Press.

移民与语言演变:英国约克华人社区
两代移民普通话新变体

李素琼

(湘潭大学 外国语学院 湖南 湘潭 411105)

提 要 语言接触引发语言演变是变异社会语言学关注的核心内容。人口迁移使不同国家的人接触日趋频繁,当使用两种或以上语言的人相互交流和影响时,可能产生各种语言结果。本研究重点考察我国两代海外移民对普通话使用的维护与演变。第一代成年移民主要存在从方言向普通话转换及词汇借用现象,第二代年龄较大儿童则转向以英语为主的中英双语者。汉语维护总体乐观,但海外华人使用的普通话正发生一些词汇、语音或句法演变,一种普通话新变体正在海外华人社区中形成,年龄较大儿童是普通话使用创新的主力军。普通话新变体反映了中文在海外的传承、演变和发展情况。

关键词 变异社会语言学;城市接触语言与演变;移民;普通话;新变体

Immigration and Language Change: A Study of a New Variety of *Putonghua* by Two Generations of a Chinese Community in York of UK

Li Suqiong

Abstract Contact-induced language change has been the focus of Variationist Sociolinguistics. Along with migration, contact among people from various countries is becoming more frequent. When speakers of two or more languages interact and impact each other, various linguistic consequences may occur. This study focuses on the maintenance and change of the use of *Putonghua* overseas by two generations of immigrants from China. The linguistic consequences include a shift from regional varieties to *Putonghua* and lexical borrowing among the first-generation adults and a shifting tendency of older children to English-dominant bilinguals among the second-generation children. The maintenance of Chinese is optimistic, but *Putonghua* used by overseas Chinese immigrants is undergoing some lexical, phonetic, or syntactic changes. A new variety of *Putonghua* has been forming among the overseas Chinese Community, with older children as the main innovators of the new linguistic forms. The new variety of *Putonghua* reflects the inheritance, change and development of the Chinese language.

Key words variationist sociolinguistics; urban contact language and change; immigration; *Putonghua*; a new variety of language

作者简介:李素琼,女,湘潭大学外国语学院教授,中国语言学会社会语言学分会理事,加拿大渥太华大学社会语言学实验室访问学者(2008.09—2009.02),英国约克大学语言与语言科学系访问学者(2016.09—2017.08)。主要研究方向为语言变异与变化、语言接触。电子邮箱:leesuqiong@163.com。

国家社科基金一般项目"人口流动与柯因内化语言问题研究"阶段性成果(18BYY069)。

本文作者感谢英国国家学术院院士 Paul Kerswill 教授的指导,感谢田海龙教授提出的修改意见。

移民或人口迁移可受战争、自然灾害、教育、水利工程修建、新城镇建设等因素的推动。人口流动也意味着方言或语言迁移。当持两种或以上语言或方言说话人相互交流和影响时,可能产生各种语言结果。语言接触的结果取决于变体之间的语言关系及接触背后的社会条件(Kerswill 1994:3)。不同社会接触条件会导致不同类型的演变。华人社区由战后移民发展而来,是英国历史悠久的移民社区之一,说香港粤语或客家话的农民和劳工于 20 世纪 50 年代开始抵达英国从事餐饮等服务行业工作。20 世纪 90 年代以来,随着我国政治经济地位增强及移民人数增加,国家通用语普通话在华人社区中地位日趋重要,中文学校日渐增多,几乎所有粤语学校也同时开设普通话课程(Li & Duff 2008:228)。沈索超、王辉(2022)对我国华语研究现状进行了梳理,该文提及的"华语"特指海外华人所使用的华语,包含各种形式的华语变体。本文涉及的"华人社区移民普通话新变体"是该"华语"概念下的一种变体。以往的文献对英国华人社区语言使用研究(如:Li 1994;Watson 1975)多与香港华人有关,对更近期的内地移民关注不够。本研究重点考察我国两代移民对普通话使用的维护与演变。

一、研究背景

约克目前总人口为 202800。2001 年以来,移民增长速度加快,文化和宗教更为多样化。英国白人占 90.2%,其他人口(包括爱尔兰白人、其他白人和吉卜赛人在内的黑人和少数族裔人口)占 9.8%。华人社区是人口最高的少数群体,占 1.2%。近代最早移居约克的港裔华人早在"二战"时期就开办了中式洗衣店。但从我国到英国和其他国家的较大规模移民是在实行改革开放政策后。移民中有很大一部分出国接受学历教育,尽管也有部分因跨国婚姻或作为体力劳动者移民。中文祖传语(Chinese as a Heritage Language,简称 CHL) 学校的出现是华裔移民努力保护和传承汉语的一项成就。为满足华裔儿童普通话学习需求,约克于 2016 年开办两所中文学校。与多数英语国家的中文学校一样,约克中文学校是华人社区移民儿童的周末补习学校。

20 世纪 70 年代,英国社会语言学家在研究实践中发现,Labov 范式对英国一些言语社区并不合适(李素琼 2022a;李素琼 2022b;田海龙、赵芃 2021)。Milroy(1980)指出了 Labov 范式的不足,认为用"阶层"划分调查对象,范围太大,概念太抽象,不能反映纷繁复杂的语言实况(祝畹瑾 1985:5)。Milroy 改进了 Labov 和 Trudgill 的方法,尝试识别较小规模个人网络。Milroy 的方法被证明更适用于许多案例研究。

人口流动是语言接触引发语言演变不可忽略的因素,但 LVC 在最初阶段忽略了语言演变中的移民因素,Labov (1966)、Trudgill(1974)和 Milroy (1980)等都把非本地人口排除在其样本之外,以 Kerswill(1994)为代表的学者突出了样本中至关重要的移民因素,揭示移民,尤其是第二代移民(即第一代移民子女)在柯因内语或新方言形成等语言演变中的引导作用 (Holmes 1996;李素琼 2022b:24)。Kerswill (1996) 在米尔顿·凯恩斯案例研究中提出了一个通过人群传播变化的总体框架,重点关注三个关键的人与人之间的关系,通过这些关系可引导变化:(1) 看护人(caregivers)对婴幼儿的影响(从出生开始到 6 岁);(2) 同龄人(peer groups)对青春期前儿童(6—12 岁)的影响;(3) 对青少年(adolescents)(12—17 岁)的影响。这些关系可以被看作这三个生命阶段的典型二元组(prototypical dyads),很明显,柯斯威尔还考虑了关于儿童和年轻人如何获得方言特征,包括他们自己的社区和他们接触到的社区方言特征(李素琼 2022b:26;李素琼、姚亚玲 2023)。Kerswill 在复杂的语言背景下发现了新类型的新变体,拓展了人们对新方言(或语言)形成的理解(李素琼等 2021:185)。

在全球化的今天,大多数国家都出现了方言或语言濒危现象,人们逐渐认识到家庭语言管理对社会弱势语言维持和语言传承的重大意义(方小兵 2018a:18—19)。在我国,许多少数民族语言和地区方言变体也存在衰退现象,总的来说,呈现向普通话靠拢趋势。人口流动促进了普通话推广(张璟玮,徐大明 2008)。Dong & Blommaert(2009:47)以北京一所公立小学为例,探讨中国境内因移民而产生的语言后果,报告在我国境内及融入全球化进程发展的经济和社会快速变化背景下,普通话在该小学的地位不容置疑。俞玮奇(2017)通过对上海农民工子女与其父辈两代人语言生活状况的调查,发现农民工子女在城市适应过程中向普通话转用趋势比其父辈更明显。方小兵(2018b)基于对南京某小学的调查发现,外来务工人员子女的语言适应行为呈现较明显的阶段性发展模式。基于对西安坊上回族社区的调查研究,董洪杰(2020)发现,普通话对单元楼回族社区的语言影响力较明显,其坊上话带普通话色彩。

据中国国际移民年度报告[①],全球有 6000 万海外华侨。虽然 CHL 被标记为近年来兴起的研究领域,但其以"家庭语言(home language)"、"母语(mother tongue)"、"环境双语(circumstantial bilingualism)"或"社区语言(community language)"等名称存在已有悠久历史(He 2008:1)。Li(1994)在纽卡斯尔泰恩赛德(Tyneside)对华人社区移民语言转换的社会机制和选择模式进行研究,重点关注华人家庭三代(祖父母、第二代父母和在英出生的孩子)的语言行为。该地区 5000 多华人中 80% 以上以香港粤语为母语,其中 1/4 在英出生。该研究报告移民从中文单语到以英语为主的双语快速转变。他确定 6 种类型双语说话人,从单语社区语言使用者(主要是妇女和老年人)到功能性主流单语(functionally monolingual host language)使用者(主要指在英出生的儿童)(Li 1994:181—182)。在语言接触背景下,借用、语码转换、语码混合、方言调平、柯因内化和语言更换等是常见语言演变现象。城市接触方言或语言变体是语言景观的合法组成部分(Kerswill & Wiese 2022)。张天伟(2020:57)指出,在全球化背景下,海外华人社区语言景观具有超多样性特征,涉及语言选择、文字使用等内容,有待深入研究。对海外华人社区普通话新变体的案例研究能揭示语言使用多样性,为国家语言政策和规划提供参考。

二、研究方法

基于 Kerswill(1996)提出的儿童与青少年语言演变三阶段模型,本研究提出假设:约克华人社区移民使用的普通话因长期与英语接触而发生了一定程度的变异与演变,在英出生

---

① 2015 年的《中国国际移民年度报告》将"海外华人"定义为两类人群:(1)在东道国拥有永久居留身份 2 年并在该国居住累计不少于 18 个月,或(2)未获得永久居留权但具有连续合法居留身份 5 年,并且在这 5 年内在东道国实际居住不少于 30 个月。https://www.iom.int/countries/china。

的第二代年龄较大儿童是普通话使用创新的主力军。

　　本研究的语料搜集时间是 2016 年 9 月至 2017 年 8 月作者在英国约克大学访学期间。采用参与和非参与观察法搜集移民自然谈话语料。作者最初因其访学指导老师引荐与华裔学者建立联系,后以"朋友的朋友"(Milroy 1980)方式逐渐与更多华裔移民接触,大部分谈话语料是作者应邀在移民家里吃饭、喝茶等休闲状态下获取,也有部分语料是作者不在场的情况下,移民朋友对其家庭成员之间的自然谈话做的录音记录。谈话语料真实记录了移民家庭父母和孩子、孩子之间及成年家庭成员之间的日常语言使用状况。此外,作者多次深入 CHL 学校,获家长许可后记录儿童课间时的说话。最终分析基于 9 名 35—50 岁第一代成年移民、12 名 4—14 岁第二代儿童(男女各 6 名)15 小时自然谈话录音语料。部分语言演变情况基于对随意谈话和非正式访谈录音语料的定性分析。除成人组外,4—14 岁儿童细分为 3 个年龄组(4—5、7—10 和 12—14 岁),以观察不同年龄组儿童的语言行为,检验年龄较大儿童在语言演变中起主导作用的假设。

　　作者对 1177 个语言选择模式实例做定量分析。使用"语言选择"(Li 1994)指代语码转换模式,以回避与存在争议的"语码转换"术语混淆。文中所指借用涵盖既定借用(Haugen 1950)和临时借用(nonce borrowing)(Weinreich 1953;Poplack et al. 1988)。无论单个词还是较长片段(指两个或多个词),中文句子中嵌入的英文成分遵循中文语法规则,则归类为借用;若遵循英文语法,则属于句内语码转换(Poplack & Meechan 1998)。此外,还有一种类型被划分为"一人一语",指对话中一人说中文,一人用英文回应。将所有数据转写成 Excel 语料库,然后编写代码并使用 Goldvarb X 软件处理数据。

三、研究结果与讨论

　　成年移民迁居到新城市,也把家乡方言带到新居地,但很快发现面临不同程度语言压力,第一代移民的整体社会语言(或语言)地位对于形成可能出现的新变体至关重要(Kerswill 1994:163)。

(一) 华人社区移民语言使用总体情况

　　我国移民在异国他乡同一城市定居,具有深厚的祖国情结,形成较密集的社交网络,一个特殊的言语社区由此产生。但移民来自领土辽阔国家的不同地区,虽所说方言多为同一语言(汉语)相关的方言变体,但口音迥异,需有一种通用语使交流更顺畅。因此,成年移民主动扬弃方言而转用接近标准语的普通话变体,这对其子女的中文习得和使用产生较大影响。一个 4 口之家女主人提到,在英出生的 2 个女儿既不会说、也听不懂山东祖父母的方言。只能和会普通话的北京外祖父母交流。因祖父母不说普通话,除简单问候,孩子无法与其正常对话。语言朝标准语发展是全球语言发展共性,Kerswill (2001)指出,方言调平(dialect levelling)和标准化是 20 世纪英式英语的特点。方言调平指在特定区域内语音与词汇形态的语言单位指数数量减少(Kerswill & Williams 2005),即具有地方特色的语言特征逐步减少。越来越多家庭扬弃传统农村方言,转用在语音、语法和词汇上接近标准语的变体。

　　除第一代移民扬弃家乡话,第二代儿童(即第一代移民后代)在英语使用上则表现出明显年龄分层。在 3 个年龄段儿童中,7—10 岁和 12—14 岁年龄较大儿童英语水平与 4—5 岁年龄较小儿童存在明显差异。4—5 岁儿童英语说话能力有限,通常只能使用单词或简单句。年幼儿童尚未掌握英语,主要使用普通话,他们每天仅在幼儿园待 2 小时,在家则基本无听说英语环境。例 1 是移民家庭母亲(A)和 5 岁儿子(B)的对话:

例 1. A. 不是 *Easter holiday* 吗? 有没有去市中心玩? 看了什么?

B. 看 *pig*, *chick*。

A. 跟那个又高又大的 *horse* 在一起的是什么? *Don*—什么?

B. *Donkey*。

母亲启发儿子看到的动物用英语怎样表述:"*Don*—什么?",儿子接着把动物"驴"的英文词 *donkey* 补充完整。当母亲问看到什么动物,他回答"看 *pig*, *chick*"。在这里,儿子未按汉语法规则在"看"后加表达动作助词"了"。此外,他在 *pig* 和 *chick* 间未使用连接词 *and*。年幼儿童习得的母语是中文,只能说简单英文词,尚未习得英文语法概念。但年龄较大儿童已上小学或中学,长时间沉浸在英文语境中,对英国文化和语言有更多了解,他们在家外也与同龄人接触多,因此,在这些移民社区,子女通常迅速转向主流语言(Cheshire et.al. 2011:4)。以下对话发生在中国母亲(A)和 14 岁中英混血儿子(B)之间:

例 2. A. 那你一个 *good player* 也不至于这样子。

B. *Basically*, *if you think of champion*,...*want* 10 *hours* 40 *games*, *then other players will have* 30 *or* 40.

A. 讲中文啦,讲中文,我问你一个问题。

B. 什么?

A. 你最近又在招什么兵,买什么马呢?

B. *I didn't buy anything.*

A. *Buy* 你的 *player* 啊,还有那些 *team*。

B. *I sold my player.*

晚餐后儿子在玩游戏,这是一段生动的对话,因为男孩很兴奋,仍沉浸在游戏里。母亲用中文夹杂英文词和他说话,但儿子总以英文作答。母亲要求他说中文,于是男孩转用中文"什么",之后又回到英文。儿子听懂中文没有问题,也能说中文,但更习惯说英文。他使用主流语言英语作为在所有重要社会环境中的交流语言,属于"功能性主流单语使用者"(Li 1994)。例 3 是母亲(A)和 12 岁女儿(B)晚餐时谈话片段:

例 3. A. 这个菜中文叫什么名字?

B. 不知道。

A. 英文叫什么名字?

B. Lettuce.

母亲问女儿是否知道"生菜"的中文名,女儿说不知道,但对"生菜"的英文名 *Lettuce* 却脱口而出,女儿对英文更熟悉。这种语言表现与一项在纽约开展的近期中国移民研究(Jia 2008)的发现类似。CHL 熟练程度与说话人英语沉浸度相关。CHL 使用者英语能力呈稳步提升趋势,但与此同时,CHL 技能却因与英语接触增加和英语技能提高而下降。儿童年龄越大,对英语沉浸度越深,英语水平就越高。

因此,华人社区语言状况体现在两个方面:成年人从地域方言转向普通话,第二代年龄较大儿童则有向以主流语言英语为主的中英双语者转变趋势。这和泰恩赛德华人社区语言研究(Li 1994)报告的情况类似,泰恩赛德华人儿童也呈现向主流语言英语转变趋势,不同的是泰恩赛德儿童并未转说普通话,因他们是香港粤语说话人后代,在 1997 年前香港华人移民对普通话使用还较为有限。此外,成年移民词汇借用现象较突出(见例 2),和在我国使用的普通话有明显区别。

(二)第二代儿童普通话使用演变

虽生活在以英语为主流语言的国家,移民大多重视对母语中文的维护,第二代儿童 CHL 使用情况乐观,但年龄较大儿童使用的普通话在词汇、语音和语法上发生了一些变化,明显区分于第一代成年移民。

1. 词汇演变

从例 4—例 6 可看出年龄较大儿童词汇使用演变情况。例 4 是作者(A)与两名 7、8 岁儿童(B 和 C)的对话:

    例 4. A.(对 7 岁女孩说)你今年几岁了?

        B.(有点犹豫)嗯……

        C.(插话)你今年几个"年[niæn³⁵]"?

询问 7 岁女孩年龄时,她犹豫片刻,性格更活泼的女孩立即用普通话重复"你今年几个'年[niæn³⁵]'?"。她使用"年[niæn³⁵]"而非"岁[suei⁵¹]"来表达年龄,显然受到英文词 *year* 影响。以下是 14 岁儿童与母亲晚餐后谈论游戏话题时的录音转写:

    例 5. 你看,这是我的 *team*,现在我有两个。242 千 [tɕʻian⁵⁵],这要是买它,这很多了,这是 50 千 [tɕʻian⁵⁵]。现在,现在我还有 200 千 [tɕʻian⁵⁵]。

男孩 3 次用到中文数量词"千[tɕʻian⁵⁵]",这与中文表达大额数量正常方式相悖,是中英混杂数量表达。英文和中文表达大额数量方式不同,9999 以内中文数字遵循英文数字相同模式,但数字高达 10000 或更高时则有较大差异。在英语中,大于 10000 仍使用 *thousand*(千)。然而,大额数量的读和写在中文中以 10000 为单位区分。10000 的汉字为"万[wän⁵¹]"。任何大于 10000 的数字都以"万"计算。年龄较大儿童创造"千"的数字表述可证明英语数字表述对其中文使用的影响。在英出生的第二代年龄较大儿童在其使用的普通话中不断引入和创造新的词汇。

由于对中文学习需求不断增加,华人儿童大多会去周末中文补习学校。由于移民对中文的重视,第 2 代儿童的中文传承情况乐观,尽管其中文语言能力因人而异,但儿童使用中文词汇的特点可证明迁居地主流语言对其习得的普通话所产生的影响。

2. 语音演变

语言接触引发语言演变也体现在语音上,例 6 是 12 岁女孩(A)和父亲(B)谈话录音片段:

    例 6. A. 爸爸[Pa⁵¹Pa³⁵],那个 *physical education*,还有一个叫什么? *Religious education*. 还有一个叫什么呢?

        B. 那个 *geography*.

女儿用普通话夹杂英文词的方式向父亲询问科目名称。她对父亲的称谓"爸爸"的语调是 $[Pa^{51}Pa^{35}]$，不同于标准声调 $[Pa^{51}Pa]$。语言可分为声调语言和非声调语言，中文有 4 个声调和 1 个中性声调，属于典型声调语言，而英语是无声调语言。标准声调 $[Pa^{51}Pa]$ 是降调加轻声，而女儿第 1 个词用降调，第 2 个词调值是阳平 35。她的声调并不能像中文声调那样逐字区分，有点类似于英语的降升调模式 $[\searrow\nearrow]$。而她 4 岁妹妹的声调却更接近标准音。这是因为年龄较小儿童"仍受其父母口音特征的强烈影响"(Kerswill & Williams 2005:1029)。年龄较大儿童音调特色退化是常见现象，他们能用普通话听和说，但说话方式不同于父母及年龄较小儿童，明显受英语语调的影响。年龄较大儿童易受周围说话人口音影响，因为他们在家外与英语说话人的互动交流多。中文声调很重要，很多时候声调不同，词义便不同，所以声调改变或缺失可给中文使用带来影响。

此外，有两个家庭父亲或母亲是北京人，说带有北京话口音的普通话，与其子女或其他儿童的口音有明显差异，除带北京话地方特色词"爷儿俩 $[i?^{35}\mathfrak{a}\ lia^{214}]$"的"儿化词"现象，很多单词词尾都带有 $[\mathfrak{a}]$ 音。北京话和普通话音韵在基本结构上一致，因为普通话发音以北方方言语音为基础，但从一些细微差异可判断说话人是不是地道北京人。这些差异有时是惊人的，其中最突出的是无韵元音扩散。在普通话或其他方言中也会出现这种情况，但相比北京话要少很多。这种现象被称为"儿化"，被认为是北京普通话的标志性特征之一。第一代移民在使用普通话时保留典型的地方口音，但第二代儿童却未习得这些标志性语音特点，发生了语音简化和调平。几乎所有第二代儿童习得的均为不带 $[\mathfrak{a}]$ 音的普通话，$[\mathfrak{a}]$ 音丧失可能是孩子与父母来自我国其他地区儿童长期接触而导致。

3. 句法演变

年龄较大儿童使用普通话的演变在句法结构上也有所体现。例 7 摘自母亲(A)与 14 岁儿子(B)晚饭后关于复习课程的谈话。

例 7. A. 那你平时为什么不多复习呢？

B. 因为我时间……

A. 你时间儿很多啊！你看你平时游戏打得不多啊？

B. 没有打多。

当母亲批评儿子花太多时间打游戏时，儿子回答"没有打多"，意思是没有玩太多游戏，和中文正常词序"没有多打"不同，男孩把中文词序倒置，遵循英文句子 *I don't play much* 的词序。

再看一位 8 岁男孩的说话，有一次他和母亲谈论教会搬地方的事情，他说"我们会搬教会吗？"，中文说话人通常会说"教会会搬吗？"，"搬教会"并非常规表述。当话题转到讲故事，男孩说"等一下稍微"，再次出现词序问题，正常语序是"稍微等一下"，而男孩把"稍微"放句末。对等的英文句子 *Wait a moment* 中的 *a moment* 在句末，男孩使用中文语序受到英文句子结构影响。例 8 是 14 岁儿子(A)和母亲(B)关于打网球的对话：

例 8. A. 我不弄网球星期四。

B. 不能玩，能说不弄吗？我不打。不打网球。

儿子想对母亲说他星期四不打网球。母亲指出"弄网球"的说法是错误的，"弄 $[nu\eta^{51}]$"与"网球 $[wa\eta^{214}\ t\wp^{\cdot}iou^{35}]$"搭配不合适。除词语搭配错误外，儿子的句子还出现语序错误，"星期四"通常不能放句末。正确的语序是"我星期四不弄网球",对等的英文是 *I don't play tennis on Thursday*,*Thursday* 在句末,男孩使用中文的错误也受到英文语序的影响。例 9 是 8 岁男孩和作者聊天时说的一段话:

> 例 9. 我有一个朋友,买很小的桌子,可是他们是大人。他们买很小的凳子,就坐在那里。可是他们有一个在地上的 *coffee table*,但是有 *party* 的时候,他们就摆那里,因为有 mat,还有那个 *cusions*。

男孩两次提到买桌子和凳子,可动词"买"后缺少完成时态标记词"了"。在英语中,*buy* 的过去式 *bought* 表示动作完成,但在中文中,动词"买"无词形变化,而是在动词后加"了"表达动作完成。儿童对"了"的使用与其在句中位置有关。如,男孩还使用了这样的句子:"其实,妈妈,我已经在 *recording* 你们的时候就放到这里了。"男孩在句末使用"了"。这与一项在美国开展的研究(Jia & Bayley 2008)报告的情况一致,学习者更可能在句末使用"了",而非动词后。随着在美居住时间增加,学习者的中文水平有所下降。

以上关于词汇、语音和句法变化的实例主要来自第二代年龄较大儿童的说话语料,这些"年龄较大儿童比年幼儿童更偏离成人语言"(Kerswill & Williams 2005:1026)。除[ɚ]音丧失外,4—5 岁年幼儿童和成人语言无明显区别。因此,主要是年龄较大儿童在创造新的普通话说话方式。

(三)华人社区移民语言选择模式

两种不同语言混合使用是双语社区独有特征,华人社区移民的语言选择有句际语码转换、句内语码转换、语言借用和"一人一语"等多种模式。表 1 展示在未考虑其他因素情况下语言选择模式总体分布情况。

表 1　语法变化类型

语法变化类型	因子权重	百分比(%)	总数(N)
遵循中文语法规则	.87	31.5	371
遵循中、英文语法规则	.70	29.7	349
遵循英文语法规则	.10	38.8	457
总数		**100**	**1177**

在 1177 个实例中,语言借用占比最高(63.0%),这类英文词按中文语序插入句中。句际语码转换、"一人一语"和句内语码转换等模式占比分别为 18.1%、14.4% 和 4.6%,这些模式则遵循英语语法规则。移民均为英汉双语混合说话人,尽管其语言选择会因各种社会和语言因素而呈现不同程度和模式。语言选择模式存在明显代际、年龄和社会阶层等差异。

第二代儿童能在 4 种模式间自如切换,但成人很少使用除借用外的其他模式。成人借用(85.1%)频率远高于句际语码转换(10.1%)、句内语码转换(4.6%)和"一人一语"模式(0.1%)。儿童"一人一语"模式(33.1%)和句际语码转换(28.6%)频率明显高于成人。儿童习惯于句间语言切换,但成人大多在中文句子中混合使用英文词汇。"一人一语"是常见模式,通常是父母用中文说话,而儿童则直接以英文(见例 2)或英汉混合模式回应。这与

Zhang & Koda(2011：14)的发现类似，父母大多使用中文与孩子交谈，而 CHL 学习者更喜欢使用英语或英语和 HL 混合模式与其父母交流。

　　不同年龄组儿童的语言使用呈明显差异。12—14 岁儿童使用"一人一语"模式最多(45.7％)，7—10 岁儿童次之(29.6％)，4—5 岁儿童使用最少(23.5％)。值得关注的是，12—14 和 7—10 岁年龄组使用的实例大多是更长、更流利的英语句子，有时由较长段落构成。但从 4—5 岁年龄组搜集到的语料只是简短句子或单词，且基本不符合英文语法规则。虽然4—5 岁组的借用比例较高(69.1％)，但其说话语境与其他年龄组明显不同。许多英文词汇借用都在父母询问儿童物体名称语境下发生(见例 1)。说话语境和正常谈话有所区别，更像是父母在帮孩子复习英文词。而 12—14 岁和 7—10 岁年龄组的语料均为流利的自然谈话。移民后代习得的第一语言是传统语言中文，但随着上学及与同龄群体接触增多，其英语水平迅速提高，甚至变得比其 HL 更流利。Zhang(2008) 报告，第二代华人儿童通常在最开始能很好地掌握中文，但随着在美国学校对主流语言学习的不断进步，许多儿童对 HL 学习兴趣有所减退。如能认识到"英语作为主流学校社会语言和教学媒介的地位及孩子们在进入主流学校学习后，第二语言英语能力越来越强"(Zhang & Koda 2011：14)，就较易解释年龄较大和较小儿童的语言使用差异。

　　第一代移民生长于国内，中文是他们的第一语言，更确切地说，地区方言是最早习得的语言，普通话是社区成员交流的通用语，英语是第二语言。虽然英语是英国官方语言，但普通话是成人在华人社区中使用的主要语言，成人大多是中英双语说话人。但对于年龄较大儿童就不同了，他们在英出生、成长并接受教育，在家使用中文，在外(如幼儿园、小学)接触英语，英文是在家外使用的主要语言。在此背景下，儿童学习第二语言就像第一语言一样，即使出生后未接触过该语言 (Thomason 2001：51)。因此，年龄较大儿童大多能说流利英语，能在英汉句间自如切换。

　　社会阶层是语言变异的重要社会变量。在 LVC 研究早期，Labov 根据人们受教育程度、职业和收入的综合指数来划分社会阶层。Trudgill 在此基础上增加父亲的职业、住房和地理位置。这种社会阶层划分方式缺少对一些文化和社会因素的考虑(李素琼 2022a：106)。Kerswill(1994)提出的"巢居"言语社区模型揭示了言语社区错综复杂的状态，并允许存在不同规范。他在 LVC 框架下讨论诸如社会地位和阶层等概念性问题，这是对 Labov 社会阶层概念的挑战(Holmes 1996：303)。本研究遵循 Kerswill(1994)的社会阶层概念，根据研究受教育程度、职业和其他爱好或兴趣(不考虑 Labov 和 Trudgill 社会阶层概念中的收入、住房等因素)对其社会阶层进行分类。4 个家庭中有 1 个家庭的夫妻只接受过中学教育，都在中餐馆工作，爱好和兴趣不同于其他受过高等教育的家庭。虽然其经济收入和住房条件不错，但还是将其划分为工人阶层，而其他 3 个家庭归类为中产阶层。4 个家庭在 12 分钟录音谈话中出现的选择模式对比分析呈现明显的语言使用模式社会阶层差异。

　　工人家庭 4 与其他中产阶层家庭 1、2、3 的选择模式存在较大差异。在中产阶层家庭谈话中，各种模式都会出现，当父母用中文与孩子交流，年龄较大儿童能非常流利且频繁地切换到完整英语句子或简短英语段落。但在工人家庭，未出现句内和句际转换模式，当父母和孩子坐下来用餐时，孩子用英语说 *what can do this*，他在这个句子中漏掉了 *I* 和 *with*，符合英文语法规范的句子应该是 *what can I do with this*，工人家庭的英语水平远落后于中产阶级家庭。工人家庭父母也有只有学好英语才能提高生活水平的紧迫感,因此父母和孩子周末都去补习学校学英语。这可从家庭4母子间谈话中反映出来,谈话中出现的英语成分更像在学习英文单词,而非自然聊天(见例1)。

此外,通过对在中文说话中混合使用英文成分语法变化类型的分析(见表1),也可发现第一代移民和第二代移民,特别是年龄较大儿童语言使用的区别。

表1展示4种混合语言模式语法变化类型的因子权重、百分比和实例总数。符合英语语法规则的实例包括句内语码转换、句际语码转换和"一人一语"模式。符合中文语法规则的主要指中文句中的英文借词,第一代移民在中文说话中使用最多的是混合模式。如,一位中年妇女说:"可是我看报纸说约克空气不好,需要把所有的 bus 都换成 electric train"。说话人在该句中插入英文成分 bus 和 electric train,但她未按照英语语法规则在两个英文成分前使用冠词 a 或 the,她遵循中文语法规则。另外一句是"你说谁 change 表情",说话人在汉语句中插入英文动词 change,但未使用表过去式时态的-ed,明显违反英语语法规则。当在接收语言中文中插入英文借词时,由于受中文语法限制,会发生许多变化。汉语与英语语法体系不同,中文几乎无语法词形变化,未通过词形变化表示时态、语态、数(单数、复数,尽管也有人称代词表达复数概念)和性等。成年说话人在将英文成分插入中文句时,大多遵循中文语法。而年龄较大儿童在中文句中插入英文成分时通常会遵循英语语法。如例9所示,年龄较大儿童使用 cusions,已习惯接受英文语法规则,在 cusion 后很自然地加"s"表复数形式。

通过分析谈话中使用英语成分的语法结构,可看到成人和年龄较大儿童语言使用差异。年龄较大儿童主要遵循英语语法,而成年人则遵循汉语语法。约克华人移民语言选择模式大多和Li(1994)报告的模式类似,但缺少汉语单语使用者(monolingual Chinese speakers)模式,主要原因是迁移时间相对较晚,目前还只有两代人。特别是,英国普通话社区和广东话社区移民的英语水平和成年移民的受教育程度也不同。普通话社区成年人大多为来自中国的学者和专业人士(Li & Duff 2008:237)。本研究的语言证据表明,第二代年龄较大儿童在语言演变中发挥重要作用。

(四)多变量分析

表2展示语言因素语法类别和社会因素年龄组、代际的多变量分析结果。以下从4个语言选择模式中选取任意模式(如,词汇借用)来观察语言模式选择受相关语言和社会因素制约情况。

表2 多变量分析

校正均值(Corrected mean)		.63	
对数似然值(Log Likelihood)		−160.951	
总数		1177	
因子组(Factor groups)	因子权重(Factor weight)	百分比	数量
语法类别			
遵循中文语法规则	.88	31.5	370

遵循中、英文语法规则	.70	29.7	349
遵循英文语法规则	.10	38.8	456
极差(Range)	78		
年龄组			
4—5 岁	.83	5.8	68
成年人	.69	56.9	670
12—14 岁	.32	11.7	138
7—10 岁	.15	25.6	301
极差(Range)	68		
代际			
第 1 代	[ ]	56.9	670
第 2 代	[ ]	43.1	507

结果显示,词汇借用模式与语法类别、年龄组和代际等因语言或社会变量相关,其中语法类别和年龄组具有统计学意义(Significance = $0.628, P < 0.05$)。在语法类别因子组,语言模式选择受中文语法制约最高,因子权重为.88,然后依次为遵循中、英文语法(.70)和遵循英文语法(.10)。年龄组中,模式选择受 4—5 岁组限制最高(.83),其次为成年人(.69)、12—14 岁(.32)、7—10 岁(.15)组。语法类别和年龄组极差为 78 和 68,说明语法类别和年龄因子组对模式选择有明显制约作用。代际组不具统计学意义,这并不说明代际对选择模式无制约作用,不具备统计学意义的原因是数据出现了百分之百的单一变量,单一变量的出现同样能说明两代人语言选择模式存在明显差异。

(五)讨论:柯因内语或普通话新变体的形成

第二代年龄较大儿童使用的普通话在词汇、语音和句法等方面发生了一些演变,华人移民语言模式选择会受语言和社会因素的制约。那么,能否把海外华人移民使用的普通话视为普通话的新变体或柯因内语? 从约克华人移民口语语料中选取的例证表明,第二代较大儿童使用的普通话在词汇、语音和句法上明显区分于其父母,语言选择模式差异较大,尽管尚未有足够证据表明这些语言变化是否已发生稳定传播和扩散。第二代较大儿童使用的是以普通话为基础、融入一些英语成分的新的普通话变体。年龄是与新兴语言形式出现相关的重要社会变量。尽管语言衰退是变化趋势,但新语言变体也在世界各地不断涌现,且主要是年轻人,尤其是移民孩子在引领语言变化。Kerswill & Williams(2005)的研究证明,柯因内语或新方言形成是年龄较大儿童的天赋。新方言形成取决于年龄较大儿童,而非低龄儿童。年龄较小儿童的语言会与其父母或看护人语言接近,但随年龄增长会逐步发展为同龄人说话风格,而这种风格在说话人达到中小学阶段后,可呈现一种新的创新交流形式。第二代年龄较大儿童将中文和英文的语音、词汇、句子结构融合,从而创造出各种新的普通话形式。许多研究已证明,儿童和青少年在语言变化方面最具创新性。多元文化伦敦英语

(Multicultural London English，简称 MLE）研究是城市接触方言的经典案例（李素琼等
2021)。MLE 是伦敦市中心出现的新的、主要基于少数群体的语言演变案例。从本质上讲，
MLE 最初使用者是母语为其他语言的移民后代。华人社区移民儿童习得英语的情况与
MLE 说话人相似。年龄较大儿童有更多机会与说英语的老师和同龄人交流。他们在家没有
说英语的榜样，只能在外部环境中习得英语。此案例研究表明，海外华人社区移民使用的普
通话是因语言接触导致的普通话新变体。移民在新居地中形成的新变体是移民型柯因内语
(an immigrant koine)，该变体一旦定型，将成为新言语社区的通用口语。

四、结语

移民是语言演变中不可忽略的因素。由于华人移民对中文高度重视，普通话在海外的
使用和维持较为乐观。这是海外移民在语言实践中的一种自下而上的规划行为，这类语言
规划的中心在于个人与社区，移民有意识地让中文得到很好的传承。方小兵（2018a：24）指
出，语言规划是每一个家庭和社区甚至个人都参与其中的过程。但与第一代移民相比，第二
代年龄较大儿童的普通话说话方式，无论是在词汇、语音还是语法等方面，都发生了一些演
变，他（她）们是创新性语言使用的主力军。一种具有鲜明词汇、语音和句法特征的普通话新
变体正在海外华人社区中形成。就海外华人社会而言，家庭语言规划的研究重点是面对社
会多语状况，父母在家里如何为孩子制造语言学习环境，以及如何维护自己的祖语，进而影
响孩子的语言态度（王晓梅 2017：64）。当今，处于弱势的民族语言正面临强势语言、全球化、
互联网等的冲击，有逐渐消失的危机，有关机构和语言学界都在采取积极而有效的措施，抢
救濒临消失的民族语言。如，联合国教科文组织为保护语言多样性不但扩展了其保护范围
和传播渠道，还逐渐将工作重心转移到保护项目的本地化和少数语言的可持续发展上（张慧
玉等 2020）。但与此同时，也应看到，人类语言充满活力，由于人口流动与语言接触日益加
深，各种新语言变体也在不断产生。海外华人普通话新变体反映了中文在海外的发展、传承
和传播情况。

参考文献

董洪杰　2020　《西安坊上回族居住空间与言语社区的分化》，《贵州民族研究》第 3 期。

方小兵　2018a　《从家庭语言规划到社区语言规划》，《云南师范大学学报（哲学与社会科学版）》第 6 期。

方小兵　2018b　《进城务工人员子女小学阶段的语言适应与语言认同》，《陕西师范大学学报（哲学社会科学版）》第 6 期。

李素琼　2022a　《英国社会语言学五十年述评》，《语言政策与规划研究》第 4 期。

李素琼　2022b　《方言接触与语言演变——从特鲁吉尔到柯斯威尔》，《山东外语教学》第 5 期。

李素琼，黄千智，何　菁　2021　《城市语言接触经典案例 MLE 研究述评》，《湘潭大学学报（哲学与社会科学版）》第 4 期。

李素琼，姚亚玲　2023　《〈城市接触方言与语言变化：全球南北部视角〉评介》，《语言政策与规划研究》第 1 期。

沈索超，王　辉　2022　《我国华语研究的知识图谱分析（1998—2020 年）》，《中国语言战略》第 1 期。

田海龙，赵　芃　2021　《社会语言学新发展研究》，北京：清华大学出版社。

王晓梅　2017　《全球华语国外研究综述》,《语言战略研究》第 1 期。

俞玮奇　2017　《上海农民工子女的城市语言生活融入趋势与代际差异研究》,《语言学研究》第 1 期。

张慧玉,邵钰岚,俞晔娇　2020　《联合国教科文组织保护语言多样性的举措与成效》,《语言文字应用》第 3 期。

张璟玮,徐大明　2008　《人口流动与普通话普及》,《语言文字应用》第 3 期。

张天伟　2020　《语言景观研究的新路径、新方法与理论进展》,《语言战略研究》第 4 期。

祝畹瑾　1985　《社会语言学述评》,《外语教学与研究》第 3 期。

Cheshire, J., P. Kerswill, S. Fox, et al. 2011. Contact, the feature pool and the speech community: The emergence of multicultural London English. *Journal of Sociolinguistics* 15 (2), 151–196.

Dong, J. & J. Blommaert. 2009. Space, scale and accents: Constructing migrant identity in Beijing. In S. Slembrouck & M. Baynham(Ed.), *Globalization and Language in Contact: Scale, Migration and Communicative Practices*, 42–61. London: Continuum.

Haugen, E. 1950. The analysis of linguistic borrowing. *Language* 26 (2), 210–231.

He, A. W. 2008. Chinese as a heritage language: An introduction. In A. W. He & Y. Xiao(Eds.), *Chinese as a Heritage Language: Fostering Rooted World Citizenry*, 1–12. Honolulu: University of Hawaii Press.

Holmes, J. 1996. A review of Paul Kerswill's dialects converging: Rural speech in Urban Norway. *Language in Society* (2), 301–305.

Jia, G. 2008. Heritage language development, maintenance, and attrition among recent Chinese immigrants in New York City. In A. W. He & Y. Xiao (Eds.), *Chinese as a Heritage Language: Fostering Rooted World Citizenry*, 185–199. Honolulu: University of Hawaii Press.

Jia, L. & R. Bayley. 2008. The (re) acquisition of perfective aspect marking by Chinese Heritage Language learners. In A. W. He & Y. Xiao (Eds.), *Chinese as a Heritage Language: Fostering Rooted World Citizenry*, 205–224. Honolulu: University of Hawaii.

Kerswill, P. 1994. *Dialects Converging: Rural Speech in Urban Norway.* Oxford: Clarendon Press.

Kerswill, P. 1996. Children, adolescents, and language change. *Language Variation and Change* 8(2), 177–202.

Kerswill, P. 2001. Mobility, meritocracy and dialect levelling: The fading (and phasing) out of received pronunciation. In P. Rajamäe & K. Vogelberg (Eds.), *British Studies in the New Millennium: The Challenge of the Grassroots*, 45–58. Tartu: University of Tartu.

Kerswill, P. & A. Williams. 2005. New towns and koineization: Linguistic and social correlates. *Linguistics* 43(5), 1023–1048.

Kerswill, P. & H. Wiese. (Eds.). 2022. *Urban Contact Dialects and Language Change: Insights from the Global North and South*. New York: Routledge.

Labov, W. 1966. *The Social Stratification of English in New York City*. Washington: Center for Applied Linguistics.

Li, D. & P. Duff. 2008. Issues in Chinese heritage language education and research at the postsecondary level. In A. W. He & Y. Xiao (Eds.), *Chinese as a Heritage Language: Fostering Rooted World Citizenry*, 13–33. Honolulu: University of Hawaii.

Li, W. 1994. *Three Generations, Two Languages, One Family: Language Choice and Language Shift in a Chinese Community in Britain*. Clevedon: Multilingual Matters.

Milroy, L. 1980. *Language and Social Networks*. Oxford: Blackwell.

Poplack, S. , D. Sankoff & C. Miller. 1988. The social correlates and the linguistic processes of lexical borrowing and assimilation. *Linguistics* 26, 47 – 104.

Poplack, S. M. & M. Meechan. 1998. How languages fit together in code-mixing. *International Journal of Bilingulism* 2(2), 127 – 138.

Thomason, S. 2001. *Language Contact: An Introduction*. Edinburgh: Edinburgh University Press.

Trudgill, P. 1974. *The Social Differentiation of English in Norwich*. Cambridge: Cambridge University Press.

Watson, J. L. 1975. *Emigration and the Chinese Lineage: The Mans in Hong Kong and London*. Berkeley, CA: University of California Press.

Weinreich, U. 1953. *Languages in Contact: Findings and Problems*. New York: Linguistic Circle of New York.

Zhang, D. 2008. *Between Two Generations: Language Maintenance and Acculturation Among Chinese Immigrant Families*. El Paso, TX: LFB Scholarly.

Zhang, D. & K. Koda. 2011. Home literacy environment and word knowledge development: A study of young learners of Chinese as a Heritage Language, *Bilingual Research Journal* 34 (1), 4 – 18.

数字经济视域下语言资源的实践路径

梁京涛[1]，张宏杰[2]

(1. 河北中医药大学　人文管理系　河北　石家庄　050200；2. 邢台学院　教务处　河北　邢台　054001)

提　要　语言资源是从资源科学观察、研究语言的结果，是语言研究的视角之一。语言资源的发展在于满足社会需求。数字经济以数字化信息与知识为关键要素，以数字技术为驱动力，以提升经济效率、优化产业结构、推进社会治理为目标。数字经济为语言资源研究、开发提供了机遇。语言资源在数字经济中的作用主要包括：基于语言资源挖掘的知识，可以辅助决策，也能以符号匹配推送、关联信息推送的方式，预测用户偏好；基于语言资源训练的模型，可以优化外贸领域的无障碍环境，可以解决汉语方言区老年人就医中的语言问题；语言资源及其产品可用于社会治理。

关键词　数字经济；语言资源；作用

On Practical Path of Language Resource from the Perspective of Digital Economy

Liang Jingtao, Zhang Hongjie

Abstract　Language resource is the result of language study based on Resource Science, and offers one of the language study perspectives. The development of language resource needs to meet the social demands. Digital economy contributes to the economy efficiency promotion, economy structure optimization and social governance promotion with digital information and technology, which provides opportunities for language resource research and development. Language resource contributes to the digital economy in the following ways: knowledge mined based on language resource can assist decision-making, and predict user preferences by products push based on symbol matching and the correlation information. The model based on language resource training can contribute to the optimization of barrier-free environment of external trade, and solve the language communication issues during the health care of the elderly patients. Language resource and its products can be used for social governance.

Key words　digital economy; language resource; functions

一、研究缘起

资源通常指的是具有价值、稀缺性和可获取性的物品或要素，语言资源是一种特殊类型

作者简介：梁京涛，男，河北中医药大学人文管理系讲师，主要研究方向为语言资源、语言经济学、文化语言学等。电子邮箱：liangjtblcu@foxmail.com。张宏杰(通讯作者)，男，邢台学院教务处讲师，主要研究方向为文化语言学、教育经济学等。电子邮箱：18032962058@163.com。

国家社会科学基金项目"国家语言治理能力研究"(20BYY058)。

的资源,它是基于资源概念的一种比附。自从该概念提出四十多年来(李宇明 2019),人们从学术、规划、活动三个层面对其进行了探索。

从学术层面来看,学界主要开展了以下研究:(1) 结合语言在语言教学、文化、文学、经济等领域的功能,认为语言是资源(邱质朴 1981;Ruíz1984;邵元宝 1997;李宇明 2002);(2) 从资源定义、类型、特征、有用性等角度,来论证语言是不是资源(邱质朴 2000;张普 2007;王世凯 2009;李宇明 2019;梁京涛 2024);(3) 从语言资源理念出发,理解和研究各种语言现象(包括各种语言或语言变体)及其现实表现,如通用语言、方言、民族语言、外语及其相关的产品,探索什么是语言资源(詹伯慧,黄家教 1985;王远新 1994;陶原珂 1996;图格木勒 2007;李宇明 2009;王世凯,张亮 2011;赵世举 2016);(4) 立足文化、教学、计算机等领域,探索语言资源有什么用(李宇明 2008,2019,2022a;梁京涛 2020);(5) 研究语言资源的治理问题,探索语言资源物尽其用的制度保障(李宇明 2020,2022b;梁京涛 2023;梁京涛,张振达 2023)。

从规划层面来看,以语言资源观为理念,国际国内开展了语言规划。澳大利亚制定了《国家语言政策》(National Policy on Languages),提出"保护、开发澳大利亚的语言资源"(王辉 2010:75—94)。中国从 2004 年起,先后开展国家语言资源监测与研究、推动语言保护。2021 年,中国制定、发布了《国务院办公厅关于全面加强新时代语言文字工作的意见》(以下简称《意见》),提出"大力推进语言资源的保护、开发和利用"[①]。自 2020 年起,全国两会期间,代表委员的提案涉及语言资源保护、语言资源建设、语言资源调查、语言资源合理配置等内容(张智义,倪传斌 2022)。

从活动层面来看,国际国内业界、学界、非政府组织、政府基于语言资源观,设立了多个语言资源组织机构,例如:欧洲语言资源联盟(European Language Resources Association,简称 ELRA)、语言资源联盟(The Linguistic Data Consortium)、国际中文语言资源联盟(Chinese Corpus Consortium)、中文语言资源联盟(Chinese Linguistic Data Consortium)、国家语言资源监测与研究中心、北京语言大学语言资源高精尖创新中心等。国内还在政府的主导下,先后实施了中国语言资源有声数据库建设(2008 年)与中国语言资源保护工程(2015 年),基于不同结构,建设语言资源,保存自然语言。

2023 年 3 月,习近平总书记在二十届中央政治局第四次集体学习时的讲话中提出"理论在一个国家实现的程度取决于理论满足现实需要的程度,理论作用发挥的效度取决于理论见诸实践的深度"[②]。基于语言资源的语言政策的制定、实施,契合了推进语言规划与传承弘扬中华民族优秀文化的数据化、现代化的现实需求。如何持续满足现实需求,直接制约着语言资源研究的不断完善。《意见》提出的"大力推进语言资源的保护、开发和利用"[③],为语言资源研究提供了指导与方向。以实现中国式现代化发展的目标任务为导向,语言资源如何接续发挥作用,保障支撑数字经济发展,助力社会主义经济强国建设,是当下亟待语言规划学界思考探索的重要问题。本文先界定语言资源与数字经济概念,再探索语言资源在数字经济中的作用,以求教于方家。

---

① 参见中国政府网:https://www.gov.cn/gongbao/content/2021/content_5661979.htm。
② 参见中国政府网:https://www.gov.cn/yaowen/liebiao/202305/content_6857837.htm。
③ 参见中国政府网:https://www.gov.cn/gongbao/content/2021/content_5661979.htm。

二、概念界定

资源来源于经济科学，指"作为生产实践的自然条件和物质基础"（封志明 2004：35）。《现代汉语词典（第 7 版）》把资源定义为"生产资料或生活资料的来源，包括自然资源和社会资源"（中国社会科学院语言研究所词典编辑室 2016：1732）。由此来看，资源是与生产活动密切相关的。

（一）语言资源

学界从学科实际出发，对语言资源进行了不同的界定。ELRA 把语言资源定义为"用于训练、测试算法等的机读格式的语言数据"[①]。该定义提出了语言资源的格式与功能，这与经验主义思潮回归、自然语言处理重新注重数据有关（冯志伟 2007）。

张冬茉等（2001）立足自然语言处理，认为语言资源是"各个语种中表达特定语义所需的相关知识"。张冬茉等人的定义关注语言知识，是对 ELRA 定义的举例。

陈章太（2008a，2008b）认为"广义的'语言资源'是指语言本体及其社会、文化等价值；狭义的'语言资源'是指语言信息处理用的各种语料库和语言数据库，以及各种语言词典等"。陈章太先生的定义既关注了语言资源在自然语言处理中的作用，又将语言资源从自然语言处理中的语料库等类型拓展到语言本体及其价值（李宇明 2019）。该种拓展还把语言资源的功能域从自然语言处理推向文化乃至社会等。

王世凯（2009：381—282）从结构主义角度，把语言资源定义为"世界各种语言的要素资源、结构资源、规则资源和范畴资源的总和"。该定义以陈章太先生定义的语言本体为基础，从语言结构的角度，对语言资源进行了底层和高层的划分。

侯敏（2010）认为"语言资源是以声音、文字为载体，起着传递信息、维系社会等重要作用，具有浓郁的人文特点的一种非物质形态的社会资源"。该定义首先指出了语言资源的社会资源属性；其次把语言资源依托的媒介物，透过机用语言（李宇明 2023），回归口语、书面语。

李现乐（2011：14）认为"语言资源是一种看待语言属性的新理念"。把语言资源定义成理念，就将其纳入了语言观范畴，丰富了看待语言的观念。

整体来看，学界立足于不同的学科和视角，论述了语言资源的各种现实表现形式。综合来看，或许语言资源可以分为两个层面：认识层面为语言资源观，存在层面主要包括语言学资源与话语资源。语言资源观是把语言看作资源的观念，可以丰富语言的认识、研究视角，为语言规划提供方法论指导。语言学资源是语言符号体系及其应用的基础资源，包括文字资源、词汇资源、语音资源、语法资源、百科知识等。话语资源是人类语言运用形成的资源。语言学资源、话语资源是具备多用性的社会资源，储存着信息与知识，是自然语言处理、语言保护、语言教学、语言研究、社会生产等的基础资源。由于语言资源观的主要作用在于丰富语言认识、指导语言规划，本研究关注的语言资源主要是语言学资源和话语资源。

---

① 参见欧洲语言资源联盟网站：http://www.elra.info/en/about/what-language-resource/。

（二）数字经济

数字经济是信息科技革命发展的新阶段催生的业态，"是'信息经济'时代的新阶段"（黄少安 2022）。国际组织、国际文件、国际学术文献在概念表述时，使用的术语有"digital econo-my""digital economics""data economy""economics of data"。立足中国语境，"数据经济属于数字经济，准确来说数字经济应称作数字化经济；但出于约定俗成，用数字经济指代数字化经济也不是不可以"（黄少安 2023）。

数字经济的概念于 2016 年在二十国集团杭州峰会提出。"数字经济是以使用数字化的知识和信息作为关键生产要素、以现代信息网络为重要载体、以信息通信技术的有效使用作为效率提升和经济结构优化的重要推动力的一系列经济活动。"（孙毅 2021:6）该定义的核心信息包括"用什么""做什么"：用数字化的知识和信息，来提升经济效率、优化经济结构。语言资源承载着信息与知识。以其为基础，一方面可以挖掘信息、知识，开发、训练模型；而知识挖掘、模型开发的专门化，会催生相应的产业，有助于优化经济结构。另一方面，信息、知识与模型的运用，有助于提升经济效率，为经济发展增质提效（梁京涛 2022）。

在经济实践中，数字经济不断发展。信息、知识与模型的运用范围不断扩大，已经超出了既有数字经济概念范畴。学界、政府也逐渐认识到调整概念的必要性。2023 年 4 月，《中国数字经济发展研究报告（2023 年）》把数字经济的概念表述为"以数字化信息与知识为关键生产要素，以数字技术为核心驱动力量，以现代信息网络为重要载体，通过数字技术与实体经济的深度融合，不断提高经济社会的数字化、网络化、智能化水平，加速重构经济发展与治理模式的新型经济形态"[1]。该定义还关注信息、知识与模型在社会治理中的应用。由此来看，基于数字经济的语言资源研究就是要关注三个层面：基于语言资源的知识挖掘、基于语言资源的模型开发、基于语言资源的社会治理[2]。

三、数字经济中语言资源开发创新路径

2023 年我国数字经济核心产业不断发展壮大，算力总规模全球第二，信息技术管理方法、计算机技术发明专利分别同比增长 59.4%、39.3%。数字经济核心产业销售收入，同比增长 8.7%，在全部销售收入的占比达到 12.1%。全国企业采购数字技术同比增长 10.1%，数字经济与实体经济进一步融合（苏德悦 2024）。2023 年 12 月，习近平总书记在中央经济工作会议发表重要讲话，提出"要大力推进新型工业化，发展数字经济，加快推动人工智能发展"[3]。31 省市在政府工作报告中，提出了"2024 年数字经济发展的重点规划与举措"[4]。习近平总书记的讲话精神与数字经济发展的良好态势，要求语言规划学界将语言资源积极融入数字经济时代，加强基础探索。本部分将从知识挖掘、模型开发与社会治理三个方面，探索语言资源在数字经济中的作用。

---

[1]　参见中国信息通讯研究院网站：http://www.caict.ac.cn/kxyj/qwfb/bps/202304/P020230427572038320317.pdf。

[2]　该观点系 2023 年 12 月 29 日笔者向山东大学苏剑教授请教数字经济问题时，受他启发。深表谢忱。

[3]　参见中国政府网：https://www.gov.cn/govweb/yaowen/liebiao/202312/content_6919834.htm。

[4]　参见数字经济观察网：https://www.szw.org.cn/20240130/64994.html。

（一）基于语言资源的知识挖掘

数字经济以数字化信息与知识为关键要素。语言资源是信息、知识的表达工具、传播工具与储存仓库（梁京涛，张宏杰 2020）。用户在使用网络平台时，使用、生成了语言资源。数字经济的发展，要求利用语言资源，挖掘信息、知识，一方面辅助决策，降低成本，例如：IBM 基于近 30 年蛋白质有关的论文（话语资源），分析蛋白质之间、蛋白质与癌症的关系，为机构资助治疗癌症的蛋白质研究提供决策建议，极大地提高了研究经费的利用效率（车品觉 2017：101）。另一方面，最大限度地还原用户的真实需求（车品觉 2014：21），促进经济高质量发展。

目前，我国经济高质量发展的主要矛盾在结构性问题，决定了其主线为供给侧结构性改革。根据政治经济学观点，生产决定消费，消费对生产具有反作用。供给侧改革就是要淘汰过剩低端同质化产品，根据消费者需求提供个性化、差异化的高端产品。语言资源已经成为分析消费者需求的重要依据。用户在使用网络平台时，生成的语言资源有录音资源、检索词资源等。这些语言资源是机读格式的，依托的媒介物为机用语言（李宇明，梁京涛 2024）。网络平台一般会利用它们，提取信息，分析、预测用户需求，推送相关商品或推荐检索词。推送模式至少包括基于符号匹配的推送与基于关联信息的推送。

1. 基于符号匹配的推送

平台以提取的信息为基础，将其当作符号与商品名称进行匹配，并推送名称包含该符号的商品。例如：笔者某次与同事参加文化产业学术研讨会时，提到了"文创"，随后打开淘宝 APP 时，发现平台推送了"故宫风文创"与"中国风文创"商品（见图 1）。推送的原因就是"故宫风文创""中国风文创"商品名称中包含"文创"这一符号。

2. 基于关联信息的推送

平台以提取的信息为基础，基于其关联信息，推送推荐检索词与商品。图 1 中的推荐检索词"法学生礼物"中包含的"礼物"是"文创"的功能。它是平台基于"文创"的关联信息（文创有形式与功能）进行的推送。该例中的推送是单维度的推送，不能满足人们的多样化需求。多样化需求需要多维度推送。接下来仅以"失眠"为例，来论述多维度推送问题。

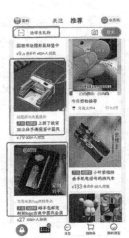

图 1　淘宝基于"文创"符号匹配的推送

失眠是"夜间睡不着或醒后不能再入睡"（中国社会科学院语言研究所词典编辑室 2016：1176），属于科技名词。在医学知识体系中，失眠是一种疾病，主要临床表现为：入睡困难、醒后难以入睡、早醒、多梦等（江丽杰 2014：44）。西医治疗失眠的药物多为化学药物（如褪黑素等）（张丽萍，夏猛 2011），虽然有疗效，但是容易产生依赖性，甚至产生健忘等副作用（李峰杰等 2017）。中医治疗失眠一般使用中草药、中成药、推拿、足浴等方法，具体为：

中草药中最常用的为酸枣仁（李峰杰等 2017）。酸枣仁的关联信息为酸枣及酸枣制品。由此，酸枣仁的关联商品为：酸枣、酸枣汁、酸枣面、酸枣饼等。

中成药使用的为天王补心丹、柏子养心丸等（田广秀 1979：768、782）。

推拿可以取穴神门、足三里、内关、三阴交等（罗仁瀚等 2005）。

足浴可以按照药方抓药，经过浸泡，武火煮沸、文火煎煮一定时长后，取汁若干与温水混合，恒温泡脚 30 分钟（何婷婷 2018）。

基于上述医学知识，可以试图归纳失眠的关联信息（见图 2）。如用户在日常聊天中谈到失眠的临床表现，平台就可以将其映射到失眠，再基于上述关联信息，进行多维度推送。

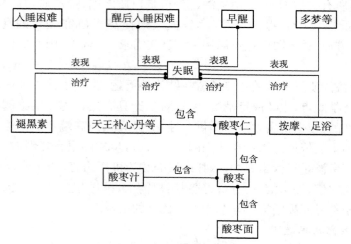

图 2　失眠的关联信息

第一，药物类商品推送。推送褪黑素（西药），天王补心丹、柏子养心丸（中成药），酸枣仁（中药材）等。

第二，食物类商品推送。推送酸枣、酸枣面、酸枣饼等。

第三，饮品类商品推送。推送酸枣汁等。

第四，保健类服务推送。推送助眠式按摩、足浴。

需要注意的是，在实际经济活动中，上述两种推送方式协同发挥作用，并不对立。而基于该种推送的市场营销方式，不仅成本低于过去各类广告的投入，还有以用户需求为导向、商品类别广等优点，可以满足用户的多样化需求。

（二）基于语言资源的模型开发

数字经济以模型等数字技术为核心驱动力。语言资源是模型训练、开发、测试的基础原料。Open AI 开发的 ChatGPT 是多用型大语言模型。它的走红让人类开始认识到模型的强大功能。该公司今年发布的 Sora 模型，可以基于文本提示生成视频[1]。基于语言资源的模型的开发、训练，会发展成独立的行业，是数字产业化发展的必然趋势。该类行业属于高科技产业，宏观上有助于优化产业结构，寻求新的经济增长点；中观上与其他产业的结合，有助于提高它们的智能化水平，促进产业数字化发展，提高经济发展质量；微观上与其他产品的结合，可以提高产品科技含量，提升产品的使用价值。例如：科大讯飞基于语言资源研发的

---

[1]　参见 Open AI 网站：https://openai.com/sora。

智能语音技术,支持多语种、多方言60秒以内音频的实时听写,准确率高达98%[1]。该技术与耳机融合后成为智能产品,可提供智能语音人机交互,实现语音打字、语音上网、语音翻译等任务[2]。该种融合不仅实现了耳机制造业的升级、改造,还拓展了耳机功能,为耳机增值,创造了消费需求。

语言资源可以用于开发专门用途的语言模型,优化信息无障碍环境。2023年6月28日,十四届全国人大第三次会议审议通过了《中华人民共和国无障碍环境建设法》[3],为无障碍环境建设的构建与优化提供了法律保障。信息无障碍环境可分为国际与国内两个层面。

从国际层面来看,应利用语言资源,训练翻译模型,深化对外开放。世界上有224个国家与地区。囿于配套资源,不可能同步推进每个国家的翻译模型训练。这就需要根据需求来确定。需求的分析可结合领域来研究,以外贸领域为例。一般情况下,商务部每年均会公布《中国对外贸易形势报告》(春季、秋季),目前最新版为2023年春季[4]。该报告列出了中国十大主要贸易伙伴。经过对2006—2023年报告列出的十大贸易伙伴进行去重分析,本研究发现:过去的18年里,澳大利亚、东盟、韩国、美国、欧盟、日本、巴西、俄罗斯、印度、沙特阿拉伯、加拿大是中国最为重要的贸易伙伴。因此,应将上述国家通行的语言(如英语、法语、阿拉伯语、马来语、越南语、泰语等),列为外贸领域翻译模型的优先训练语种。据此,应有针对性地搜集上述国家的语言资源,训练外贸领域专用的翻译模型,促进对外贸易的开展,推动建设开放型世界经济,更好地惠及各国人民。

从国内层面来看,应利用语言资源,训练翻译模型,解决不具备普通话能力的老年人就医问题。以汉语方言区为例。立足国家通用语言文字在全国范围内基本普及的语情,应聚焦重点区域(民族地区、农村地区)与重点群体(学前儿童、在校学生、中小幼教师、青壮年劳动力和基层干部),提高国家通用语言文字推广普及的质量(刘朋建2022)。据此来看,老年人不在上述范围。实际上,汉语方言区的有些老年人不掌握国家通用语言文字,也不具备使用普通话进行交际的能力。他们在某些场景下,例如就医,就会遭遇交际问题。“望闻问切”中的“问”,是通过言语交际了解病情,是医生掌握患者病情的重要途径。语言交际壁垒的存在,阻碍着医生掌握不具备普通话能力的老年人的病情,影响着医生对病情病因的判断与治疗方案的拟定。因此,首先要和医院合作,采集该类老年患者在就医过程中产生的语言资源,以及陪同家属在翻译、解释中产生的语言资源。其次,在保证患者隐私的前提下,以众包的形式(黄居仁,王世昌2016),接续采录相关的语言资源。再次,基于上述三类语言资源,训练、开发医用老年人方言通。然后,再根据使用过程中生成的语言资源,对该模型进行迭代、升级,不断提高其准确度。总之,就是要以语言资源为基础,以县域为单位,训练医用场景的翻译模型,保障老年人的生命健康权,积极应对老龄化社会带来的挑战,助力健康中国建设。

(三)基于语言资源的社会治理

基于语言资源的社会治理,指的是语言资源及其产品应用于社会治理,其中语言资源产

---

① 参见科大讯飞网站:https://www.xfyun.cn/services/voicedictation。
② 参见科大讯飞的咪鼠智能电竞耳机:https://www.aifuwus.com/onstage/cmddetail? id=703。
③ 参见中国政府网:https://www.gov.cn/yaowen/liebiao/202306/content_6888910.htm。
④ 参见商务部商务数据中心:http://data.mofcom.gov.cn/article/report/201710/36824.html。

品包括基于语言资源挖掘的知识、训练的模型。本部分将从语言资源之于社会治理与语言资源产品之于社会治理两个方面,论述语言资源在社会治理中的作用。

1. 语言资源之于社会治理

人类将语言资源用于社会治理,有着较长的历史。首先,语言资源是制度表达、阐释的工具(张卫国 2008)。制度是"人们制定的规则",为共同体共有,旨在调节、约束个体的行为,提升整体社会福利(柯武刚等 2018:36—43)。人们通过筛选、组合语言学资源,生成话语资源,来表达、阐释、传播制度文本。其次,语言资源是社会问题的窗口,例如:"语言污染"是语言安全的重要命题。它是"外部强势语言的渗透和冲击",与"文化殖民"密切相关(方小兵 2018)。再如,语言资源是流行性疾病监测的窗口。新冠疫情防控期间,疫情监测机构通过用户在美团等网络平台使用的感冒类药名资源来监测疫情。用户通过网络平台购买感冒类药物,必须实名登记。疫情防控机构获取上述信息后,通过健康码来限制该用户出行。用户核酸检测合格后,经过一段时间的健康监测,正常后恢复绿码。此外,基于中医知识,金银花、蒲公英等中药材同样具备清热解毒的功效(田广秀 1979:388—401)。金银花、蒲公英这一类的中药术语资源,也可用于未来的流感监测。

2. 语言资源产品之于社会治理

基于语言资源训练的语言模型,可用于社会治理。首先,语言模型可用于公共卫生治理。2007—2008 年,美国疾控中心的科学家与谷歌工程师,基于用户在谷歌使用的流感相关的关键词资源,分析流行病传播与各地区搜索量变化的关系,开发了预测流感的模型,准确率高达 97%(吴军 2016:23—24)。其次,语言模型可用于司法治理。2011 年,美国黑石发现(Blackstone Discovery)公司,利用其开发的语言模型,在数天内帮助客户分析了 150 万份卷宗。该项分析服务仅收取了客户 10 万美元。而 1978 年,客户雇佣律师团队整理 600 份卷宗,耗时数月,花费高达 220 万美元①。最后,语言模型可用于科研资助决策,例如:前文提到的 IBM 开发语言模型,分析蛋白质与癌症的关系,为机构资助蛋白质研究提供参考,就属于该类情况。

四、余论

本文通过对语言资源研究的回顾,认为契合社会发展需要是语言资源不断发展、完善的内因。在界定语言资源与数字经济概念的基础上,本文立足数字经济时代背景,从知识挖掘、模型训练与社会治理三个方面,探索了语言资源的作用,有助于从经济、生产要素的视角去观察、研究语言资源。语言资源是数字经济中的基础性资源。因而应积极加强探索,充分发挥语言资源的生产要素功能。但是产权的不明晰,阻碍着语言资源的流通、汇聚,制约着它在数字经济中作用的充分发挥。语言资源是战略性资源。语言资源的掌握、开发与利用直接关系到综合国力的发展与国际话语权的提升。因此,还应结合国家战略需求,重点关注语言资源的领域需求、功能开发、科学治理等问题。这些问题的解决,直接关系着中国语言资源理论体系的发展与完善,需要语言规划学界、经济学界、制度经济学界持续关注。

---

① 参见第 1 财经网站:https://www.yicai.com/news/709453.html。

参考文献

车品觉　2014　《决战大数据：驾驭未来商业的利器》，杭州：浙江人民出版社。

车品觉　2017　《数据的本质》，北京：北京联合出版公司。

陈章太　2008a　《论语言资源》，《语言文字应用》第 1 期。

陈章太　2008b　《我国的语言资源》，《郑州大学学报（哲学社会科学版）》第 1 期。

方小兵　2018　《语言安全的内涵、特征及评价指标》，《辞书研究》第 6 期。

封志明　2004　《资源科学导论》，北京：科学出版社。

冯志伟　2007　《基于经验主义的语料库研究》，《术语标准化与信息技术》第 1 期。

郜元宝　1997　《文学发展的语言资源》，《当代作家评论》第 5 期。

何婷婷　2018　《中药足浴方治疗心肾不交型围绝经期失眠 30 例临床观察》，《湖南中医杂志》第 11 期。

侯　敏　2010　《语言资源建设与语言生活监测相关术语简介》，《术语标准化与信息技术》第 2 期。

黄居仁，王世昌　2016　《众包策略在语言资源建设中的应用》，《语言战略研究》第 6 期。

黄少安　2022　《"数字化"技术将大幅度提升"语言数据"的经济价值》，《语言战略研究》4 期。

黄少安　2023　《关于"数字化经济"的基本理论》，《经济学动态》第 3 期。

江丽杰　2014　《多医师辨证论治失眠有效治疗方药的发现研究》，中国中医科学院博士学位论文。

柯武刚，史漫飞，贝彼得　2018　《制度经济学：财产、竞争、政策　第二版（修订版）》，柏克，韩朝华，译，北京：商务印书馆。

李峰杰，何　萍，赵　乐，等　2017　《酸枣仁、石菖蒲、夜交藤、百合、郁金 5 味中药对对氯苯丙氨酸致失眠模型大鼠睡眠作用的影响》，《中国药业》第 6 期。

李现乐　2011　《语言服务与服务语言——语言经济视角下的语言应用研究》，南京大学博士学位论文。

李宇明　2002　《推进语言文字工作　为建设小康社会作贡献》，《中国教育报》12 月 5 日第 3 版。

李宇明　2008　《当今人类三大语言话题》，《云南师范大学学报（哲学社会科学版）》第 4 期。

李宇明　2009　《公民语言能力是国家语言资源——序〈母语·文章·教育〉》，《中国大学教学》第 2 期。

李宇明　2019　《中国语言资源的理念与实践》，《语言战略研究》第 3 期。

李宇明　2020　《数据时代与语言产业》，《山东师范大学学报（社会科学版）》第 5 期。

李宇明　2022a　《语言规划学说略》，《辞书研究》第 1 期。

李宇明　2022b　《语言资源与语言资源学》，《语言教学与研究》第 2 期。

李宇明　2023　《人机共生时代的语言数据问题》，《华中师范大学学报（人文社会科学版）》第 5 期。

李宇明，梁京涛　2024　《语言数据的生产要素功能与产权制度构建》，《语言教学与研究》第 2 期。

梁京涛　2020　《语言资源功能研究》，北京语言大学博士学位论文。

梁京涛　2022　《语言数据生产要素功能的实现路径刍议》，《制度经济学研究》第 4 期。

梁京涛　2023　《语言数据研究》，教育部语言文字应用研究所、北京师范大学博士后出站报告。

梁京涛　2024　《论语言资源研究对象》，《语言规划学研究》待刊。

梁京涛，张宏杰　2020　《语言资源研究中的知识观刍议》，《语言规划学研究》第 2 期。

梁京涛，张振达　2023　《知识产权视角下的语言数据产权问题研究》，《制度经济学研究》第 4 期。

刘朋建　2022　《新阶段国家通用语言文字推广普及的三大重点》，《语言战略研究》第 5 期。

罗仁瀚，源援基，谭金庆　2005　《按摩治疗亚健康状态下的失眠症疗效观察》，《按摩与导引》第 2 期。

邱质朴　1981　《试论语言资源的开发——兼论汉语面向世界问题》，《语言教学与研究》第 3 期。

邱质朴　2000　《应用语言学的新概念》，《镇江师专学报（社会科学版）》第 3 期。

苏德悦　2024　《多部委发布会提及数字经济　数字经济点亮发展成绩单》，《人民邮电报》1 月 29 日第

3 版。

孙　毅　2021　《数字经济学》,北京:机械工业出版社。

陶原珂　1996　《应注意开发利用澳门社会的语言资源》,《学术研究》第 4 期。

田广秀　1979　《河北省赤脚医生教材　中医学基础分册》,石家庄:河北省卫生局。

图格木勒　2007　《蒙古语语言资源库建设相关技术研究》,内蒙古大学硕士学位论文。

王　辉　2010　《澳大利亚语言政策研究》,北京:中国社会科学出版社。

王世凯　2009　《语言资源与语言研究:修辞与语体风格问题》,上海:学林出版社。

王世凯,张　亮　2011　《论"中国语言资源有声数据库辽宁库"的建设》,《渤海大学学报(哲学社会科学版)》第 6 期。

王远新　1994　《论中国民族语言学的地位》,《西南民族学院学报(哲学社会科学版)》第 1 期。

吴　军　2016　《智能时代:大数据与智能革命重新定义未来》,北京:中信出版社。

詹伯慧,黄家教　1985　《有关汉语方言工作的一些认识》,《韩山师专学报(社会科学版)》第 1 期。

张冬茉,葛　永,姚天昉　2001　《多语种自然语言生成系统中的预映射句子规划器》,《计算机研究与发展》第 4 期。

张丽萍,夏　猛　2011　《失眠症的治疗现状分析及思考》,《环球中医药》第 1 期。

张　普　2007　《论国家的语言资源》,嘎日迪、吾守尔·斯拉木、德熙嘉措编《民族语言文字信息技术研究——第十一届全国民族语言文字信息学术研讨会论文集》,北京:西苑出版社。

张卫国　2008　《作为人力资本、公共产品和制度的语言:语言经济学的一个基本分析框架》,《经济研究》第 2 期。

张智义,倪传斌　2022　《全国两会语言类提案分析(2020—2022 年)》,《中国语言战略》第 1 期。

赵世举　2016　《跨境语言的资源价值》,《语言政策与规划研究》第 2 期。

中国社会科学院语言研究所词典编辑室　2016　《现代汉语词典(第 7 版)》,北京:商务印书馆。

Ruíz, R. 1984. Orientations in language planning. *NABE Journal* 8(2), 15 - 34.

从"他塑"走向"自塑":《民法典》术语系统特征及法治形象建构

刘谕静[1,2],魏向清[2,3],沈家豪[2]

(1. 滨州医学院 外国语与国际交流学院 山东 烟台 264000;

2. 南京大学 外国语学院 江苏 南京 210023;

3. 南京大学 中国语言战略研究中心 江苏 南京 210023)

提 要 长期以来,中国的法治形象由西方"他者"的话语进行塑造,无法准确、完整地表达和阐释中国的法治实践。要"自塑"中国当代法治形象,关键是有效地传播中国的法治话语。《民法典》是"自塑"中国法治形象的重要话语资源,其术语系统是话语建构的基础。《民法典》的核心术语系统、权利术语系统、多源术语系统和文本术语系统分别呈现出语符表征性、知识系统性、概念丰富性和形态生成性的系统特征。这些术语系统特征从话语主题凸显、话语逻辑构建、话语内容充实和话语形态生成四个方面,对《民法典》话语体系的建构发挥了基础性作用,塑造了具备人文之性、系统之态、多彩之色和科学之形的中国当代法治形象。

关键词 《民法典》;术语系统特征;法治形象;他塑;自塑

From "Other-construction" to "Self-construction": Characteristics of Term System in *Civil Code of the PRC* and Its Construction of China's Image of Rule of Law

Liu Yujing, Wei Xiangqing, Shen Jiahao

Abstract For a long time, China's image of the rule of law has been constructed by the western discourse, which cannot accurately and completely express and explain China's practice of rule of law. The key to "self-constructing" China's contemporary image of the rule of law is the effective dissemination of China's discourse. The *Civil Code* is an important discourse resource for "self-constructing" China's image, and its term system is essential for discourse formation. The central term, the right-centered term, the multi-source term and the text of the term system of the *Civil Code* show the systematic characteristics of thematic representation, knowledge systematization, concept pluralism and textual generation respectively. These systematic characteristics have played a fundamental role in the construction of the discourse system of the *Civil Code* from four aspects: the prominence of discourse theme, the construction of discourse logic, the enrich-

作者简介:刘谕静,女,滨州医学院外国语与国际交流学院副教授,南京大学外国语学院博士研究生,主要研究方向为术语与翻译跨学科研究。电子邮箱:2305525191@qq.com。魏向清,女,南京大学外国语学院教授,博士生导师,中国语言战略研究中心研究员,主要研究方向为术语与翻译跨学科研究。电子邮箱:dicweixiangqing@163.com。沈家豪,男,南京大学外国语学院博士研究生,主要研究方向为术语与翻译跨学科研究、国别区域研究。电子邮箱:jiahaosnju@163.com。
山东省社科联 2023 年度人文社会科学课题"山东非遗术语知识内涵挖掘及翻译过程研究"(2023WHLC036);江苏省研究生科研创新项目"中国翻译学习者术语翻译能力构念"(KYCX23_0048)。

ment of discourse content and the generation of discourse form, and have constructed the image of China's rule of law with humanistic, systematic, colorful and scientific characteristics.

Key words   *Civil Code of the People's Republic of China*; characteristics of term system; image of rule of law; other-construction; self-construction

引言

编纂民法典是一个国家法律治理能力的重要体现。《中华人民共和国民法典》（以下简称《民法典》）是社会主义法治中国建设的重要成果，为中国式现代化道路提供了强有力的法治保障。据中国知网总库的数据（2022 年 4 月 15 日），以"民法典"为主题的文献有 2.9 万余篇，但是关注《民法典》对外传播及其影响的文献不多。从学科专业来看，目前研究主要从法学学科对《民法典》相关问题进行学理探讨，对与《民法典》对外传播密不可分的语言、话语的跨学科研究不充分；从传播方向来看，目前研究呈现出"内向型"的特征，主要关注《民法典》在中国社会的实施及影响，尚未探讨《民法典》的国际传播以及对中国国际法治形象的影响。

要有效地向世界传播《民法典》，塑造中国的法治形象，离不开对《民法典》话语系统的研究。《民法典》体例庞大，体系复杂，其术语系统是研究《民法典》话语系统的理想切入点。虽有学者探讨《民法典》单个术语或词语的翻译问题，但对《民法典》术语缺乏系统性的关注。系统性是术语极为重要的属性，术语是专业领域概念和知识的语符结晶，其概念和知识都是系统化的。相较于单个术语，对术语系统的研究对于知识体系和话语体系的建构更具有意义。如果把《民法典》看作一套由一系列词汇组成的法律话语，那么《民法典》术语系统则是话语体系的浓缩精华；如果把《民法典》看作一套由一系列概念构成的知识体系，那么《民法典》的术语系统则是知识体系的系统化表征。精准理解《民法典》术语系统是有效把握《民法典》话语系统以及话语系统建构的中国法治形象的基础。并且，研究《民法典》术语系统及其法治形象建构功能，对于有效地向外译介和传播《民法典》，讲好中国法治故事，加深国际社会对以法治为内在要求的中国式现代化道路的理解，"自塑"一个崇尚法治、践行法治的法治中国形象，加强我国在全球法治中的话语权，都具有重要意义。

一、中国法制形象"他塑"的历史背景

国家法制形象的塑造方式有"自塑"和"他塑"之别。秦朝至唐宋，中华法系凭借深厚的法律文化和严密的法律体系屹立于世界法律文化之林。此后的五百多年间，中国法律治理状况是西方"他者"崇拜的对象。1298 年，《马可·波罗游记》开启了"前近代西方人对中国法律形象的赞美与想象"（李栋 2017）。在马可·波罗笔下，中国是一个"皇帝贤明、官吏廉洁的'大中华帝国'的形象"（胡波，董晓波 2020）。1585 年西班牙人门多萨编写的《大中华帝国志》向世界塑造了一个法律制度完美的帝国，中国被描述为"世界上迄今为止已知的统治最为完善的国家"（周宁 2006）。16 世纪后期，《利玛窦中国札记》高度赞扬中国的社会治理，把中国塑造为法制先进的国家。17 世纪，德国人莱布尼茨高度评价中国的政治、法律制度，并

介绍给西方。18世纪，伏尔泰对中国的法律推崇备至，号召启蒙时代的欧洲全盘学习中国法律。同一时期，法国重农学派代表性人物弗朗斯瓦·魁奈在《中华帝国的专制制度》一书中，表达了对中国法律形象的崇敬和仰慕。

1750年前后，国际局势剧烈变化，丑化中国形象的趋势开始出现（周宁 2006）。鸦片战争之后，中国的法制形象由"先进"、"昌明"转变为"落后"、"野蛮"，关于中国法制的刻板印象在国际社会扎根（胡波，董晓波 2020）。20世纪以来，西方学者如阿拉巴德、葛兰言、安守廉等不断质疑中国是否存在法律。时至今日，西方国家仍旧基于意识形态偏见和利益谋略，不断抨击和贬损中国的法治状况，这不仅加深了西方世界长期存在的对中国法治的刻板印象，而且很大程度上掩盖和否定了中国法治发展的成果，直接或间接地影响着当今世界对中国法治的看法。

二、中国当代法治形象"自塑"的话语需求

历史表明，声音的缺席就会导致权利的缺席，一个国家如果不能顺畅地表达自己，就会在国际上处于不利地位。长久以来，西方国家通过其强大的国际传播体系，向世界输出本国的法治话语，建构了一套有利于自己的国际法治话语框架，掌握了法治话语权。西方国家基于自身的意识形态偏见和利益考量，对中国进行"法律东方主义"的"他者"话语建构。并且，由于中西方法治体系拥有不同的哲学基础和核心价值，西方法治话语无法准确、完整地表达和阐释中国的法治实践，甚至会误解或歪曲中国的法治状况。与此同时，中国由于长期缺乏有效自我表达，失去了法治话语权，导致西方的话语体系成为评判中国法治的唯一标准，以至于被西方塑造出"无法治"的中国形象。

要改变历史上"他塑"的中国法治形象，就要改变长期以来国际法治话语权"西强我弱"的态势（胡波，董晓波 2020），加强中国在形象塑造中的主体性地位，才能"自塑"真实、立体、全面的法治中国。要加强中国在国际法治中的话语权，就要发挥法律语言的作用，"让法律语言成为讲好中国法治故事、建构法治中国形象的利器"（张法连，蒋毓婧 2023）。国家法治形象归根到底是由知识、思想、理念和价值观所组成的法治话语体系所塑造的。拥有一套自主性的法治话语体系作为依托，中国法治形象的内涵才能得到承载和表达，中国才能深度参与国际法治讨论，与西方国家进行国际法治话语权的竞争，才能实现"自塑"中国法治形象的目标。

改革开放以来，中国经历了从"法治"到"法治国家"再到"法治中国"的理论深化过程（雷磊 2020），构建起富有本土性、自主性、原创性的中国当代法治话语体系，形成了中国特色社会主义法治理论的"自主表达方式"（付子堂，池通 2020）。这些自主法治表达，成为中国法治形象国际"自塑"的宝贵资源。《民法典》是中国特色社会主义法治体系的重要组成部分。《民法典》以其"鲜明的中国特色、充沛的时代精神、科学的规范设计、严谨的结构体系、精准的话语表达"（陈甦，谢鸿飞 2020），构建了富有逻辑张力、自成体系的法治话语体系，是中国立法话语的典范。因此，《民法典》话语体系的有效传播是"自塑"中国法治形象的重要途径。

三、《民法典》术语系统特征及话语构建功能

以术语系统为切入点研究话语的建构,是具有话语分析理据的。美国学者哈里斯是第一位明确提出"话语分析"这一学术概念的学者,他在《话语分析》一文中指出话语分析可以超越句子层面继续使用描写语言学(Harris 1952:1)。他还指出,"话语分析产生了大量关于语篇结构或语篇类型的信息,以及每个元素在这种结构中所起的作用的信息"(Harris 1952:30)。可见,话语分析要打破以句子为最大单位的语言研究局限,并关注话语的结构性成分在话语建构与分析中的作用。这种理念为从《民法典》术语系统进行话语研究奠定了基础。首先,《民法典》术语系统超越了《民法典》的句子层面,构建了完整的民法话语结构。其次,《民法典》术语系统是《民法典》话语系统高度抽象化的表征,对于话语的建构发挥了基础作用。对《民法典》术语系统进行分析,可以总结出《民法典》术语系统呈现出的语符表征性、知识系统性、概念丰富性和形态生成性的系统特征。这些术语系统特征在《民法典》话语建构中发挥着重要作用,具体表现为对《民法典》话语主题的凸显、话语逻辑的构建、话语内容的充实、话语形态的生成四个方面。

(一)核心术语系统的语符表征性对话语主题的凸显

术语不是天然存在的,术语是"思维的凝缩,是对人们长期思考成果的一种概括"(孙寰2011:36)。术语在术语系统中的位置、顺序都是人们思维的显化。《民法典》中术语的编排位置、术语之间的顺序关系,体现着立法者的立法理念和对立法价值的考量。《民法典》独创七编制的法典编纂模式,七编编名①构成了《民法典》的核心术语系统。在这个术语系统中,既可以看到大陆法系国家民法典②中的一些经典核心术语,如"总则"、"物权"、"合同"、"婚姻家庭"、"继承",也能看到中国立法者的创新,即把"人格权"和"侵权责任"与其他五个基本术语共同置于《民法典》话语体系的顶层概念系统,构成《民法典》话语体系的核心成分。

"人格权"是第四编的编名,在《民法典》体例编排中处于关键位置,凸显了人格权保护是《民法典》话语体系中非常鲜明的一个主题。话语通常围绕特定主题进行系统论述,包括主题和内容。人格权利保护的话语主题通过"人格权"语符表征得到凸显,人格权保护的话语内容则是通过人格权术语系统得到充实。以人格权术语系统为基础,《民法典·人格权编》构建了完善的人格权保护话语系统。从保护时间跨度来看,人格权话语系统不仅确认和保护自然人和法人存在时的人格利益,而且保护自然人死后的人格利益③;从保护空间维度来看,不仅确认和保护实体空间中的权益,而且保护网络空间的权益④;从权利类型来看,不仅

---

① 《民法典》七编分别是"总则"、"物权"、"合同"、"人格权"、"婚姻家庭"、"继承"、"侵权责任"。
② 如《德国民法典》的"总则"、"债务关系法"、"物权法"、"亲属法"和"继承法"五编制,《法国民法典》的"人法"、"物法"和"取得所有权的各种方法"三编制。
③ "死者人格利益保护规则"、"遗体捐献"、"禁止遗体买卖"。
④ "个人信息"、"信用信息"、"侵害隐私权行为"。

保护物质性人格权①和精神性人格权②,还设置了人格权保护的兜底条款,即"一般性人格权",使人格权的保护具有开放性。此外,人格权话语系统不但注重人格权的确认,也注重人格利益的利用③;从保护措施来看,不仅提供事后救济④,而且重视事前预防⑤和事中救助⑥。

　　"侵权责任"是第七编的编名,凸显了《民法典》较于传统民法典构建了更为完善的民事权利保障和救济话语体系。《民法典》前六编对民事权利进行了系统化确认。为了保障前六编民事权利的实现,第七编设置了"侵权责任"话语来确认对权利的救济,这对于实现《民法典》权利保护话语体系的价值显得尤为重要。围绕"侵权责任"这一主题,《民法典》第七编的相关术语建构了系统而丰富的话语内容。侵权责任话语系统确定了责任承担的一般性原则⑦,规范了损害赔偿内容⑧,明确了各类主体的责任认定和承担方式⑨,并进一步对七类常见侵权行为的责任⑩认定问题进行了详细的规定。一般性侵权责任承担原则与具体侵权责任的分配的有机结合,构成了既具备抽象指导性又具备实践操作性的侵权责任话语系统。

（二）权利术语系统的知识体系性对话语逻辑的支撑

　　术语表示专业领域的概念,是语言中知识性最强的成分。专业研究中形成的知识体系,通过术语系统中术语和术语之间的紧密形态关联和严密逻辑关系而表征。同时,术语具备认知功能,分析术语系统对于认知术语系统所代表的知识体系和思想体系具有重要意义。法治话语是法治的知识系统和思想系统,术语系统是法律知识和法律思想的浓缩。《民法典》话语体系表征着中国民法的思维方式和知识建构。《民法典》与传统大陆法系国家的民法典编纂思路不同。大陆法系的经典样本《德国民法典》以法律行为为中心构建话语体系,而中国的《民法典》以确认和保障民事权利为中心建构话语体系,这一点可以从《民法典》术语系统得到清晰的体现(拉伦茨 2020:421)。

　　《民法典》权利话语体系是由总则话语和分编话语构成的总分结构。《民法典》总则话语是权利保护的最高指导原则,各个分编话语是总则话语的细化,总则和分则构成了逻辑清晰的民事权利保护结构。总则部分以权利保护为主线,系统编排民事权利的基本要素,形成了完整的权利享有、行使、保障路线图。具体来说,总则界定了各类民事权利主体及其能力⑪、

---

①　"生命权"、"身体权"、"健康权"。

②　"姓名权"、"名称权"、"肖像权"、"名誉权"、"荣誉权"、"隐私权"。

③　"人格标识使用权"、"声音利益"、"临床试验规则"。

④　"人格权请求权"、"身份权请求权"、"救济措施"、"精神损害赔偿"、"强制履行"。

⑤　"民事保护令"、"禁止性骚扰"、"新闻报道、舆论监督行为人合理核实义务"、"信息处理者安全保障义务"、"国家机关及其工作人员的个人信息保密义务"。

⑥　"生物性人格权的法定救助义务"。

⑦　"过错责任"、"过错推定"、"无过错责任"、"过失相抵"、"自甘风险"、"自助行为"、"公平分担损失"。

⑧　"人身损害赔偿"、"精神损害赔偿"、"财产损害赔偿"、"惩罚性赔偿"等。

⑨　"监护人责任"、"用人者责任"、"个人劳务责任"、"定作人指示过失责任"、"网络侵权责任"、"教育机构损害责任"等。

⑩　"产品责任"、"机动车交通事故责任"、"医疗损害责任"、"环境污染和生态破坏责任"、"高度危险责任"、"饲养动物损害责任"、"建筑物和物件损害责任"等。

⑪　"自然人"、"法人"、"非法人组织"、"胎儿的民事权利能力"、"特殊群体"、"民事权利能力"、"民事行为能力"等。

民事权利种类①、取得和行使民事权利的方式②、民事权利的效果和救济③等内容。值得一提的是,《民法典》总则中专设"民事权利"一章,对《民法典》的基本民事权利进行概括,包括"人格权"、"物权"、"债权"、"知识产权"、"继承权"、"亲属权"、"股权"、其他"投资性权利"以及其他民事权利。在总则中概括民事权利的做法"在比较法上堪称罕见的",这种设计凸显了《民法典》总则和分编之间的逻辑关系,使民事权利保护的话语主题和线索更加清晰(谢鸿飞2020)。

《民法典》六个分编构建了"物权"、"合同"债权、"人格权"、"亲属权"、"继承权"和"侵权责任"的权利保护体系,显示出立法者遵循民事权利保护为中心的立法理念,构建以权利确认为核心、以责任承担为保障的完整权利保护话语。在五大类基本权利中,"物权"和"合同债权"的财产权属性与"人格权"和"亲属权"的人身权属性,以及"继承权"的人身权和财产权融合属性,形成一个涵盖人身权利和财产权利的完整的权利保护话语结构。

各个分编围绕各自的主题,采取总分结构,从一般到具体,形成逻辑严密的权利保护话语体系。例如,第二编"物权"包括"所有权"、"用益物权"和"担保物权"三种基本类型。其中,"所有权"可以细化为"国家所有权"、"集体所有权"和"私人所有权"三类;用益物权可以细化为"土地承包经营权"、"居住权"、"地役权"等十一类④;担保物权包括"抵押权"、"质权"和"留置权"三类。针对每一种具体权利的行使,都有相应的术语系统建构对应的话语来进行规范。例如,"土地承包经营权"术语系统构建了包括土地承包经营权的确立、互换、转让、流转⑤等话语系统,规范土地承包经营的各个环节。另外,该编还构建了"物权确认请求权"、"返还原物请求权"、"排除妨害请求权"、"消除危险请求权"、"恢复原状请求权"、"损害赔偿请求权"的权利救济话语体系,保障以上各类物权的实现。

《民法典》术语系统形成了充实的民生保障话语系统(陈东果 2022)。从时间维度来看,权利的保护贯穿过去、现在和未来,不仅保障人出生前的权利⑥,还规范人死亡后的问题⑦。从权利类型来看,不仅规范各种传统权利类型⑧,还重视科技发展产生的新型权利⑨,并对未来可能出现的各种权利类型⑩进行兜底保障。从空间维度看,从实体空间到网络空间,从居住权利⑪到自然生态环境保护⑫,顺应了强化生态保护的时代要求。从地域来看,不仅规范城

---

① "人身权利"、"财产权利"、"知识产权"、"继承权"等。
② "民事法律行为"、"事实行为"等。
③ "无效的民事法律行为"、"可撤销的民事法律行为"、"民事责任"、"诉讼时效"、"请求权"等。
④ "土地承包经营权"、"建设用地使用权"、"宅基地使用权"、"居住权"、"地役权"、"海域使用权"、"探矿权"、"采矿权"、"取水权"、"养殖权"和"捕捞权"等。
⑤ "土地承包期"、"土地承包经营权的确立"、"土地承包经营权的互换"、"土地承包经营权的转让"、"土地承包经营权的流转"等。
⑥ "个人基因"、"人体胚胎"、"胎儿的民事权利能力"等。
⑦ "遗嘱"。
⑧ "知识产权"、"股权"。
⑨ "数据"、"网络虚拟财产"。
⑩ "一般人格权"。
⑪ "建筑物区分所有权"、"优先续租权"。
⑫ "绿色原则"、"环境污染"、"生态破坏责任"、"惩罚性赔偿"、"生态修复责任"。

市居住问题①,而且调整农村土地的使用方式②。

（三）多源术语系统的概念丰富性对话语内容的充实

中国民法理论经历了漫长的发展过程,《民法典》术语系统的形成也不是一蹴而就的。每一个《民法典》术语的形成,都代表着法学知识的建构过程和法治话语的实践过程。通过术语溯源,可以发现《民法典》术语系统的概念来源是多样的。以《民法典·婚姻家庭编》为例,该编术语可以分为外来术语和国内术语,国内术语又可以分为本土传统术语和时代新创术语。首先,外来术语作为构建《民法典》术语系统的重要组成部分体现了《民法典》知识与话语体系的国际化和现代性。鸦片战争以后,西方的自由、平等的价值开始影响中国的婚姻领域,逐渐改变了重家族、等级差异严重和具有买卖色彩的传统婚姻习俗(李佳宇 2017)。外来术语奠定了中国近现代婚姻家庭立法"婚姻自由"、"男女平等"、"一夫一妻"的基调,规定了婚姻关系成立的形式要件和实质要件③,界定了婚姻的合法性范围④,规范了婚姻中的人身关系和财产关系⑤,规范了子女的合法权益⑥,以及离婚程序⑦,保护了离婚权益。这些外来术语为中国现代婚姻家庭立法搭建起基本框架。

其次,本土传统术语体现了《民法典》话语体系的中国文化特色。其中最能展现中国婚姻家庭价值选择的莫过于对"家风"和"家庭美德"的强调。在《民法典》话语体系中明确"树立优良家风,弘扬家庭美德"作为家庭生活的基本原则,体现了我国对中国优秀传统文化的传承(郑玉双 2021)。在女方怀孕期间或分娩后一年内对"男方离婚诉权限制",以及禁止对家庭成员的"虐待"和"遗弃",禁止"包办婚姻"和"买卖婚姻",禁止"有配偶者与他人同居",这些延续了几十年的本土概念,体现了对妇女、儿童、老人等弱势群体的保护一直是中国婚姻家庭立法的价值追求。这些本土概念把中国的传统价值和情感伦理融入立法话语中,体现了维持和谐的家庭关系的民族追求,形成了中国婚姻家庭法律独有的文化特色。

最后,新创术语使《民法典》话语系统充满时代气息。立法者秉承人文关怀精神,结合中国的社会现实问题,创新设立了"离婚冷静期"制度、"离婚经济补偿"请求权和在父亲或母亲死亡情况下(外)祖父母对(外)孙子女的"抚养优先权"。"离婚冷静期"的确立是为了最大限度预防轻率离婚,降低离婚对婚姻家庭的破坏和冲击。"离婚经济补偿"的设立旨在促进两性平等承担家务劳动,实现男女实质平等。"抚养优先权"一方面体现了对(外)祖父母的人文关怀,有利于未成年人在熟悉的环境中成长,也体现了国际社会对儿童利益最大化的保护原则。这些新创术语是立法者针对中国社会的新问题的回应,体现了鲜明的时代性。

---

① "物业服务合同"。

② "农村承包经营户"、"农村集体经济组织法人"、"城镇农村的合作经济组织法人"。

③ "婚姻成立"、"结婚合意"、"法定婚龄"和"结婚登记"。

④ "婚姻无效"和"可撤销婚姻"。

⑤ "配偶权"、"亲权"、"亲属权"、"日常家事代理权"、"夫妻共同财产"、"夫妻个人财产"、"夫妻法定财产制"和"夫妻约定财产制"。

⑥ "婚生子女"和"非婚生子女"。

⑦ "协议离婚"、"登记离婚"、"诉讼离婚"、"法定离婚理由"、"离婚后子女抚养教育"、"离婚经济帮助"和"离婚损害赔偿"。

（四）文本术语系统的叙事浓缩性对话语形态的生成

与自然科学术语偏重物质客观属性的描述不同，隶属于社会科学范畴的术语偏重于对行为和事件的叙述。《民法典》的目标是为了对民事主体的各种行为进行规范，《民法典》话语自然就会具备规范主体行为的叙事属性。《民法典》行为叙事话语通常包括主体、客体、程序、活动、后果五大要素，分别由术语进行表征①。《民法典》术语有一部分直接来源于《民法典》文本，包括《民法典》中的许多权利总称（"物权"等②）及其具体权利名称（"抵押权"等③），以及各编中的基本实体性概念（"法人"等④）、行动性概念（"代理"等⑤）和程序性概念（"登记"等⑥）。这类术语代表着《民法典》中基本而重要的概念，建构了《民法典》概念体系的顶层设计，对于《民法典》话语体系的构建具有基础性作用。据统计，《民法典》中此类术语共 462 例，占《民法典》术语总数的 48.53%⑦。

《民法典》术语的另一部分是由学者对《民法典》的具体话语内容进行概括和抽象加工而成，不是直接来源于《民法典》文本，也可称为学术型术语。这类术语共计 490 例，占术语总数的 51.47%。此类术语可以分为高度概括型和具体描述型。高度概括型又包括两类，一类是原则性术语，通常是对处理某类权利义务关系时所需遵循的原则的抽象命名，例如，"绿色原则"要求民事主体从事民事活动，应当有利于节约资源、保护生态环境；"依法行使权利原则"、"禁止权利滥用原则"、"权利义务相一致原则"是指导民事主体行使民事权利的基本原则；又如物权的保护要遵循"物权法定原则"、"物权公示原则"、"物权公信原则"、"一物一权原则"。另一类高度概括型术语是对基本的民事法律行为大类的术语进行细化分类的术语。例如，民事法律行为根据主体多少，可分为"单方民事法律行为"、"双方民事法律行为"、"多方民事法律行为"，根据是否需要形式要件，可分为"不要式民事法律行为"和"要式民事法律行为"；监护有"法定监护"、"指定监护"等多种类型⑧；代理可以表现为"共同代理"、"自己代理"等⑨各种情况。

具体描述型术语通常是对《民法典》中某一具体条文内容的概括，类似于小标题，其特征在于词组型术语的高频出现。具体描述型术语分为完整概括型和非完整概括型。完整概括型是指术语完整地表征了整条法律规定，明示了权利义务人的行为规范，例如，"新闻报道中合理使用他人人格标识"、"新闻报道、舆论监督行为人合理核实义务"、"病历资料记录和保

---

① 表征主体的术语如"人"、"法人"、"组织"、"机构"等；表征客体的术语如"动产"、"数据"、"人格权"等；表征程序的术语如"登记"、"期间"等；表征活动的术语如"代理"、"交付"、"结婚"、"转让"等；表征后果的术语如"效力"、"义务"、"请求权"、"撤销权"、"抗辩权"、"责任"、"赔偿"等。

② "人身权利"、"财产权利"、"物权"、"债权"、"知识产权"、"股权"、"人格权"、"亲属权"、"请求权"等。

③ "抵押权"、"居住权"、"探望权"、"撤销权"、"解除权"等。

④ "法人"、"业主"、"亲属"、"不动产"、"合同"、"遗嘱"等。

⑤ "代理"、"欺诈"、"结婚"、"监护"、"收养"、"继承"、"赔偿"等。

⑥ "登记"、"要约"、"承诺"、"保全"、"期间"等。

⑦ 48.53%这一数据是以《民法典术语》一书中统计的术语总数（952 例）为基础，人工筛选出《民法典》文本中直接包含的术语数量（462 例），计算而得出。下一段中的 51.47%采用同样方式得出。

⑧ "遗嘱监护"、"协议确定监护"、"意定监护"等。

⑨ 相关术语有"共同代理"、"不法代理"、"自己代理"、"双方代理"、"复代理"、"职务代理"、"无权代理"、"表见代理"等。

管义务"以及"国家机关及其工作人员的个人信息保密义务"等。通过阅读完整概括型术语,读者可认知术语所描述的法律条文内容,知晓权利义务人的行为内容。非完整概括型术语有"保管人的紧急处置权"、"建设工程价款优先受偿权"、"继承权丧失的恢复"、"认定侵害精神性人格权民事责任的考量因素"、"租赁物毁损、灭失风险负担"等。读者阅读非完整概括型术语后,只能认知其所指法条的话题,但是无法完整认知法律条文的具体内容及权利义务人的行为内容。

　　人文社科领域术语概念和概念体系的形成是在语言世界里(或者更专业化的表述是在话语世界中)发生的(邱碧华 2017)。法律语言是术语的起源,术语也可以复原为法律话语。具有叙事浓缩性特征的《民法典》术语具备生成《民法典》话语的功能。直接来源于《民法典》文本的术语,是《民法典》话语的直接组成要素,具有显性的话语生成功能;非直接来源于《民法典》文本的术语,是《民法典》话语的间接组成要素,具有隐性的话语生成功能。从术语在术语系统中所处的位置来看,直接来源于《民法典》文本的术语搭建了《民法典》话语的框架结构,非《民法典》文本术语构成了《民法典》话语的主要内容,两类术语为《民法典》话语形态的生成打下了基础。

四、《民法典》术语所建构的中国法治形象

　　我国形象学奠基人徐国定在其著作《形象学》(1998:30)中指出,国家形象包含政治、经济、法律、科学技术、文化艺术、文教卫生等具体形象。法治形象是国家形象的重要方面。法治形象包括法律的制定、实施、监督、保障等各个方面,《民法典》主要从立法层面塑造中国法治形象。无论是哪种具体的形象,都具有复合性,即形象是外在表现和内在精神的复合,是客观表现和主观感知的复合,是"形"、"色"、"态"、"性"四个基本要素的多层次内涵的复合(徐国定 1998:27)。"形"是指事物的形状、大小和结构;"色"是指事物有色的表征;"态"是指事物所处的状态或环境;"性"是指事物的本性或本质。如果把《民法典》构建的法治形象作为研究客体,那么《民法典》话语的结构、句式、词汇的逻辑性和科学性构成法治形象之"形",《民法典》话语的概念来源即是法治形象之"色",《民法典》话语所构建的健全的民事权利保护系统构成法治形象之"态",《民法典》话语的本质属性即是法治形象之"性"。四个要素由表及里,构成多层次复合的法治形象。

　　要对形象进行分析,可以采用直观法、归类法、解析法、抽象法、比较法、检验法等六种研究方法(徐国定 1998:83)。上文已对《民法典》术语系统特征进行分析,概括出《民法典》话语体系的内容和特点。本部分基于以上内容,采用形象学的分析方法,勾勒出《民法典》所反映的中国法治形象。采用抽象法,可以对《民法典》核心术语和话语系统深度解析,明晰法治形象之"性";采用归类法和解析法,可以对《民法典》权利术语和话语系统进行体系构建,勾勒出法治形象之"态";采用解析法和比较法,可以对《民法典》术语进行历时和共时解析及中外概念对比,探索《民法典》术语和话语的发展与演变,描绘法治形象之"色";采用直观法,可以分析《民法典》文本特征,构建法治形象之"形"。

（一）核心术语系统塑造的人文之性

《民法典》核心术语系统是立法者立法思想的最直观体现。"人格权"和"侵权责任"进入《民法典》的核心话语系统,体现了《民法典》人文主义的立法本质,塑造了以人为本的当代中国法治形象。这一立法本质成为《民法典》立法的亮点,具有鲜明的时代特色和中国特色。首先,人文主义的立法理念是现代立法的时代要求。第二次世界大战结束以后,世界范围内的民法立法思想从之前对财产关系的强调,转变为全面关心人的地位、尊严和权利。我国《民法典》是 21 世纪的民法典,顺应世界保障人权之大局势,发扬人权属性的民法精神和立法思想。同时,人文主义的立法理念也是中国特色社会主义的本质要求。中国法治强调尊重人民主体地位,"要把体现人民利益、反映人民愿望、维护人民权益、增强人民福祉落实到依法治国全过程,使法律及其实施充分体现人民意志"①。《民法典》的人本主义本质属性与中国特色社会主义以人民为中心的本质特征是一致的,与中国共产党坚持人民主体地位,实现好、维护好、发展好人民群众对美好幸福生活的向往的理念是一致的。立法者把"人格权"和"侵权责任"提高到《民法典》话语体系的顶层设计之中,进行"人格权"和"侵权责任"的话语建构,切实强化对权利的保障和救济。这种话语建构折射出中国立法者创新人权保护的中国道路,凸显了中国立法坚持人民的主体地位,彰显了中国法治形象的人文主义本质属性。

（二）权利术语系统塑造的完整之态

《民法典》术语体系以民事权利为主线贯穿整部法典,通过总分结构设置了民事权利保护的总体框架,为民事权利的享有、行使和救济提供了系统化的制度支撑,建立了逻辑紧密且内容丰富的权利保护体系。总则的术语系统构成了民事权利保护的基础性话语,设计了民事权利保护的基本规范,为各分编的具体权利内容奠定了基础。各分编的术语和话语系统针对各类民事主体和关系做出了细致而具体的权利划分与规范。总则与分则逻辑严密,环环相扣,构成了"逻辑自洽、前后呼应的民事权利体系"(贾邦俊,包志会 2020)。

《民法典》分编既确认了各项具体民事权利,建立了内容全面、体系周延、层次清晰的民事权利体系,也提供了完整、多样、便捷的权利保护方式。围绕民事主体之权利的确认与保护设计出一系列法律机制,为民事权利之平等享有、合理行使与实现保障提供制度支撑。分编权利话语范围涵盖群众生活方方面面,从完善产权保护,促进交际公平、维护交际秩序和交际安全,到促进家庭和睦,规范遗产传承,并且注重对人格尊严的保护,真正落实宪法中"人格尊严不受侵犯"宣言。分则的内容庞杂但思路清晰,为人民权利的确认与实现提供精细的保障。综合来看,《民法典》建构了体系完整的权利保护话语体系,塑造了中国法治形象系统、全面、完整的权利保护之态。

（三）多源术语系统塑造的多彩之色

《民法典》术语概念来源丰富,构建了丰富的话语资源,塑造了中国法治形象的多彩之色,具体表现为国际开放之色、本土民族之色和时代创新之色。首先,国际开放之色是指中

---

① 摘自 2020 年 11 月 16 日至 17 日,习近平总书记在中央全面依法治国工作会议上的讲话内容。

国以开放的态度对待西方现代价值理念的引入和外国立法经验的移植、借鉴。中国的近代民法启蒙于晚清的西学东渐，经历了北洋、民国、苏维埃、中华人民共和国成立及改革开放的各个历史时期，不断学习各国民法体例和制度，搭建了中国民法的"物权"、"债权"、"婚姻家庭"、"继承"等基本框架。其次，在具体的法律建制和规则设定方面，中国立足于国情，总结中国的理论和实践智慧，解决中国的现实问题。正如民法学者王轶教授所言，"《民法典》要从中国的土壤中生长出来，要体现民族精神、文化传统、生活方式、价值取向"（王轶 2011）。本土化的民族性反映了中国对本土价值观的坚守，对中华民族传统美德的弘扬，对传统文化中善良风俗的尊重。把"公平原则"、"诚实信用原则"、"家风"、"家庭美德"这些本土色彩浓郁的指导原则纳入《民法典》的话语体系，表明中国人以自己的方式践行中华民族的价值观，实现依法治国与以德治国相结合。这些本土性的话语资源构成了法治的中国元素，塑造了中国法治的民族之色。

同时，《民法典》要跟上时代发展的步伐，以法律规范的创新来解决社会发展中的新问题。王利明教授曾说过："如果说 1804 年《法国民法典》是 19 世纪风车水磨时代的民法典的代表，1900 年《德国民法典》是 20 世纪工业社会的民法典的代表，我国的民法典则应当成为 21 世纪民法典的代表之作。"要回应 21 世纪的新问题，中国立法必须进行创新。"绿色原则"进入《民法典》话语体系，网络时代对"数据"和"网络虚拟财产"的认可和保护，对"个人信息"的合理使用的要求，都是《民法典》回应时代需求的创新之举，彰显了中国基于新时代国际人文关怀共识、对社会发展中的新问题做出的创新性回应，这使得中国法治形象呈现创新之色。

（四）文本术语系统塑造的科学之形

科学立法要求《民法典》体系完整、逻辑严谨、规则精密、制度完善，要求《民法典》建构完备而严谨的话语体系，直观地体现在严谨而完备的术语系统中。术语的系统性要求"特定领域的各个术语，必须处于一个层次结构明确的系统之中"，即术语系统具备层级性和关联性（冯志伟 2011：167）。《民法典》术语系统包含一部分基础性术语。在这些基础性术语之上，就会派生出基于这些基础术语的下级复合术语，这些派生术语在命名时就会体现出与基础性术语的逻辑相关性。例如，"法人"作为描述民事主体的基础性概念，会派生出"法人的合并"、"法人的分立"、"法人的破产"、"法人的清算"等一系列词组型术语。术语的派生产生增加了词语型术语的构成频率，提高了术语系统的经济指数，提高了术语系统的科学性。

《民法典》的科学性是中国立法能力的重要体现，作为《民法典》话语系统核心要素的术语系统的质量会影响到对《民法典》科学性的判断。目前《民法典》术语系统在逻辑关联上具备科学性，也在术语经济性方面存在一些问题，其中最显著的问题就是术语的长度稍长。据统计，《民法典》术语的长度跨度范围较大，最短一个汉字，最长为 22 个汉字，5 个及 5 个以上字符数量占总术语的 54.2%（见图 1），术语系统整体长度偏长。从术语经济原则来看，术语长度过长，不便于使用和记忆，更不利于传播。术语长度偏长一部分原因是法学术语主要用于规范行为，经常需要通过较长的表达以明确权利、义务、责任关系，另一部分原因在于术语在定名时没有处理好简明性与理据性的关系①,造成表达拖沓冗长。

据统计,《民法典》术语系统中非法典文本术语长度明显大于法典文本术语,人格权编和侵权责任编中尤为明显(见图2)。此两编的内容是《民法典》的创新内容,业已存在的固定术语相对较少,新创的术语较多。术语命名者为了能够较为清晰完整地对术语内涵进行概括,倾向于采用描述或定义的形式,导致术语较长。例如,人格权编的"认定侵害精神性人格权民事责任的考量因素"、"与人格标识请求权相对应责任适用中的比例原则""新闻报道、舆论监督行为人合理核实义务"等超长术语,及侵权责任编的"侵害人身权益的财产损失赔偿"、"产品生产者、销售者第三人的追偿责任"、"环境污染和生态破坏责任中的因果关系推定"等超长术语②。从传播和交流的角度来看,一个术语越简单,被记忆和接受的机会就越大;反之,术语越长,越不容易被理解或使用。《民法典》作为中国法治发展的重要成果,立法文本的科学性是体现我国立法能力的重要维度。长度较长的术语有损于《民法典》立法语言的科学性,不利于《民法典》的传播和交流,在一定程度上影响了中国法治形象的塑造。要解决这一问题,法学专家和术语学家要通力合作,综合考虑,合理定名。

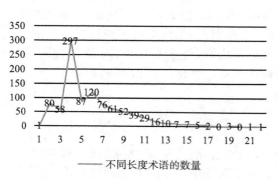

图1 《民法典》术语字符长度统计

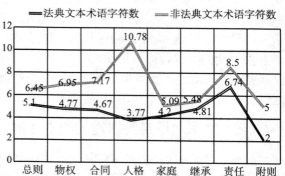

图2 《民法典》各编术语字符平均长度统计

五、结语:中国法律语言研究之使命

当前,法治是"各国参与利益博弈所不可或缺的武器"(顾培东 2012),法治原则成为"全球治理的重要原则"(何志鹏 2015),法治在很大程度上主导着全球化的进程。法治活动本质上是语言活动,"法治思想的实现必须通过语言这一媒介"(张法连,蒋毓婧 2023:29)。与国外法律语言持续稳定的发展态势相比,近几年国内法律语言研究开始呈现低迷状态,这与我国急需加强国际法治话语权、塑造法治中国形象的战略需求是相违背的。法律语言研究基于特定社会环境而生发。国外法律语言研究重视探究"如何通过语言解决法律问题"以及"法律语言的背后的权利问题"(张法连,蒋毓婧 2023:36),而目前国内法律语言研究还是以

---

① 术语的简明性是指术语要"易懂、易记、易读、简洁"(冯志伟 2011:167)。术语的理据性是指术语要能够做到"望文生义、顾名思义"(冯志伟 2011:167)。

② 本研究中所引用的术语皆来自《民法典术语》一书,该书编者为民法学研究学者,至于学者们是否认同这些术语,不是本文讨论的重点。

传统语言学视角,对法律语言进行本体研究,还不能充分发挥法律语言研究服务国内和国际法治重大战略需求的作用。本文以法律术语为切入点,通过对《民法典》术语系统特征及话语建构效果的分析,探索法律术语系统的法治形象塑造功能与价值,是法律语言研究服务于展示中国法治建设成就、讲好中国法治故事、助力法治中国形象"自塑"的一次有益尝试。

参考文献

陈东果　2022　《〈民法典〉的人民性与习近平法治思想中"以人民为中心"的统一》,《信阳师范学院学报(哲学社会科学版)》第 2 期。

陈　甦,谢鸿飞　2020　《民法典评注·继承编》,北京:中国法制出版社。

冯志伟　2011　《现代术语学引论》,北京:商务印书馆。

付子堂,池　通　2020　《新中国法治话语之变迁:1949—2019》,《上海政法学院学报(法治论丛)》第 3 期。

顾培东　2012　《当代中国法治话语体系的构建》,《法学研究》第 3 期。

何志鹏　2015　《国际法治的中国表达》,《中国社会科学》第 10 期。

胡　波,董晓波　2020　《从他塑到自塑——"东方主义"视角下中国法律形象的域外传播》,《法治现代化研究》第 4 期。

贾邦俊,包志会　2020　《民法典:民事权利布满全篇》,《天津法学》第 4 期。

卡尔·拉伦茨　2020　《法学方法论》,黄家镇译,北京:商务印书馆。

雷　磊　2020　《探寻法治的中国之道——中国法治理论研究的历史轨迹》,《法制与社会发展》第 6 期。

李　栋　2017　《19 世纪前中西法律形象的相互认知及其分析》,《学术研究》第 8 期。

李佳宇　2017　《中国传统婚姻法律的近代转型研究》,上海师范大学博士学位论文。

邱碧华　2017　《社会科学和人文科学中的术语标准——以克罗地亚人类学术语工作为例》,《中国科技术语》第 5 期。

孙　寰　2011　《术语的功能与术语在使用中的变异》,北京:商务印书馆。

王　轶　2011　《论中国民事立法中的"中国元素"》,《法学杂志》第 4 期。

谢鸿飞　2020　《〈民法典〉制度革新的三个维度:世界、中国和时代》,《法制与社会发展》第 1 期。

徐国定　1998　《形象学》,海口:南海出版公司。

张法连,蒋毓婧　2023　《国内外法律语言研究现状对比分析(1998—2021)——基于可视化技术和文献计量分析方法》,《当代修辞学》第 2 期。

郑玉双　2021　《法律保卫家庭:重构孝道的法治形象》,《河南大学学报(社会科学版)》第 5 期。

周　宁　2006　《天朝遥远:西方的中国形象研究》,北京:北京大学出版社。

Harris, Z. S. 1952. Discourse analysis. *Language* 28(1),1-30.

我国言语社区研究现状与趋势的可视化分析

——基于 CNKI 与 WoS 文献数据的对比

苏锦河，汪　磊

(广东外语外贸大学　中国语言文化学院　广东　广州　510080)

提　要　以 1998—2022 年中国知网期刊数据库 210 篇、Web of Science 核心合集 296 篇言语社区文献为研究对象，借助 CiteSpace 软件从研究人员、研究机构、关键词、突现词等方面对我国当前言语社区的理论建设和调查实践现状进行分析，同时对比分析国外研究现状，以期为国内言语社区相关研究提供参考。研究显示，我国研究人员在言语社区的理论探索和调查实践方面已形成了稳定的合作网络；研究主题主要集中在言语社区要素的关系与层次、地域方言和社会方言的语言变异或语言变体、大华语社区等方面。由此提出，未来的研究可以借鉴国外热点，着力发展具有我国特色的言语社区理论。同时，我国言语社区研究仍需加强新生人才培养、理论创新和高校合作网络拓展等。

关键词　言语社区；CiteSpace；可视化分析；文献研究

Speech Community Research in China: Based on the Comparison of CNKI and WoS Indexed Literature

Su Jinhe, Wang Lei

Abstract　The study takes 218 articles on Speech Community published from 1998－2022 in China National Knowledge Infrastructure (CNKI), and 296 articles in Web of Science (WoS) as research objects, and produces a visual analysis in terms of researchers, institutions, keywords and bursts with the analytical tool CiteSpace, to illustrate the evolution trends and state concerning research of speech community. The study finds that domestic researchers have formed stable collaboration networks. And research themes focus on elements of language community relationships, regional and social dialect variations, and the global Chinese language community. It is suggested that future research can draw from international hotspots or develop language community theories with Chinese characteristics. Additionally, efforts are needed to enhance talent cultivation, and theoretical innovation, and expand university collaboration networks in Chinese speech community research.

Key words　speech community; CiteSpace; visualization study; literature research

　　作为社会语言学研究的重要理论和方法，言语社区先在国外兴起，引入国内后，得到学界广泛关注，发展出具有本国特色的研究热点，如大华语社区和网络语言。为厘清国内言语

作者简介：苏锦河，男，广东外语外贸大学中国语言文化学院硕士研究生，主要研究方向为汉语方言学。电子邮箱：Su_baoqin@163.com。汪磊，男，广东外语外贸大学中国语言文化学院教授，硕士生导师，主要研究方向为社会语言学、网络语言传播。电子邮箱：wbs03147@aliyun.com。

社区研究的发展动态和整体脉络，本文利用 CiteSpace 可视化软件，挖掘、分析中国知网和 Web of Science 上的相关论文，对国内言语社区研究现状、研究热点及其发展趋势等绘制出可视化图谱，以期为今后的研究提供有益参考。

一、研究现状

言语社区（speech community）这一概念最早在 1926 年由布龙菲尔德引入。在国内，"言语社区"一词最早见于桂诗春先生 1980 年的《我国应用语言学的现状和展望》一文。对于 speech community，国内多译为"言语社区"，亦有"言语社团""言语共同体"等。本文采用"言语社区"这一译名，同时采取徐大明《社会语言学研究》中对言语社区的定义：一个讲话人的群体，其内部某种同一性构成其与其他群体之间的差异而区别于其他类似群体……具有人口、地域、互动、认同、设施这五要素。[①] 有学者（曹德和，王萍 2014）从历史流变讨论了社会语言学"言语社区"与"言语共同体"两个常用术语。此外，由于言语社区相关期刊研究文献中包含理论研究、理论引介与实践调查等研究，一概称为言语社区研究过于笼统，故本文将研究对象明确为"言语社区期刊文献"。

（一）研究工具

CiteSpace，全称为 Citation Space，可译为"引文空间"，为陈超美教授于 2004 年开发。该软件的主要功能包括：分析文献中的潜在知识，通过可视化的手段呈现科学知识的结构、规律和分布情况，实现知识单元之间的共现分析，如作者、机构、国家等。

根据中国知网检索信息，国内对于 CiteSpace 的应用始于 2007 年，发文量逐年稳步上升，至 2022 年末共有 9642 份文献。语言学相关领域研究主要集中在机器翻译、语料库、语言景观，暂时没有专题研究"言语社区"的文献。而且相比发文量最多的学科图书情报与数字图书馆（6253 篇），语言学的可视化文献分析仍有很大的研究空间。

（二）数据来源

考虑到数据库大小与文献获取便捷度，本文以中国学术期刊网络出版总库（下称 CNKI）代表国内言语社区期刊文献现状，以 Web of Science（下称 WoS）代表国外研究现状。以"主题词＝言语社区/speech community"分别在 CNKI 与 WoS 核心数据库中检索，对于引文数据的选择，纳入与排除标准统一化，纳入标准：（1）以"言语社区"或"speech community"为主题词的文献；（2）类型为期刊；（3）检索发现，CNKI 在该领域最早收录的文献为杜艳红（1998），故本研究设定文献时间分布为 1998 - 01 - 01 至 2022 - 12 - 31；（4）对于 CNKI 只检索学科"中国语言文字"，语言选择汉语；对于 WoS 学科限制为"Linguistics"与"Language Linguistics"，语言选择英语。

排除标准：（1）重复发表的文献；（2）通报、会议通知、评论等文献；（3）实际与"言语社区"无关的文献。

---

① 徐大明：《社会语言学研究》，上海人民出版社 2007 年版，第 255—261 页。

笔者在 CNKI 共检索得到 229 篇文献,最终有效文献数据为 210 篇;在 WoS 检索出 970 篇文献,经筛选得到 296 篇。截至 2022 年 12 月 30 日,CNKI 最新的一份期刊文献为周明朗《语言传播的双向性与大华语的特征》,发表于 2022 年 12 月 20 日。WoS 最新的一份期刊文献为 Luke Fleming 的 Dispensing with Europe:A comparative linguistic anthropology of honorific pronouns,发表于 2022 年 12 月 8 日。

二、文献外表特征分析

文献信息的外表特征,即文献的著者、来源、卷期、页次、年月、号码、文种等信息①。文献信息外表特征的分析,有助于发掘国内言语社区知识领域已取得的成就和动态发展线索。基于此,下文将从年发文量、研究人员与研究机构分布三个角度展开分析。

(一)年发文量

在确定数据来源的基础上,我们绘制了 CNKI 与 WoS 中言语社区研究期刊论文的发文量曲线图,实线表示 CNKI 的年发文量数据,虚线表示 WoS 的数据,同时标记发文量峰值所在年份,以便对照(见图 1)。

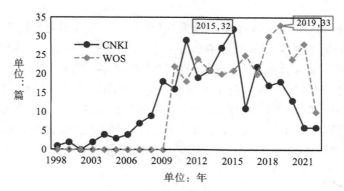

图 1　CNKI 与 WoS 言语社区文献年发文量

由图 1 可知,虽然 WoS 未收录 2010 年以前的相关文献,总体上,进入 21 世纪,国内外言语社区相关文献的发文量都有较为稳定的增长。2006—2018 年为国内外言语社区文献的增量期,此后,国内言语社区文献发文年增长速度有所放缓。

我们在搜集文献数据时发现,2006—2018 年间,国内外均有大量高质量论文发表,如夏历(2009)、张媛媛(2017)等。这些高质量的理论探索与研究范式为其他研究人员提供了理论支持与方向探索。2018 年之后,国内言语社区的高质量文献相对上一阶段匮乏,或许与发文量的增速放缓有一定关系。

---

① 乔好勤、潘小明、冯建福等:《信息检索与信息素养》,华中科技大学出版社 2022 年版,第 23 页。

（二）研究人员

CiteSpace 操作面板中选择节点类型（Node Types）为作者，可视化分析后得图 2、图 3，具体数据保留于图中左上角。其中"N＝199，E＝60"，"N"代表作者的位置节点，字号越大，则该作者在笔者所选取的文献数据中出现的频率越高。"E"代表作者之间的联系，连线越粗，说明他们出现在同一篇文献中的频率越高，可看出作者之间的合作关系。

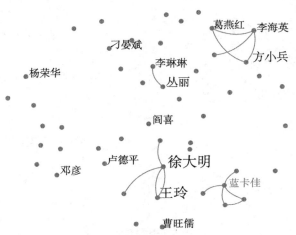

图 2　CNKI 作者联系图谱（共现＝3）

图 2 共有节点 199 个（仅取关系紧密的研究者以便显示，下同），连线 60 条；图 3 则有节点 323 个，连线 198 条。可以看出，在我国言语社区的相关研究中，"研究关系网络"尚未完全成熟。当下联系紧密的"研究群体"，主要有徐大明与王玲，方小兵与李海英、葛燕红等。国外言语社区文献中则有成规模研究关系网络，如 Jürgen Bohnemeyer[①]，却缺乏联系紧密的研究群体，多为独立的研究个体，如拉波夫。

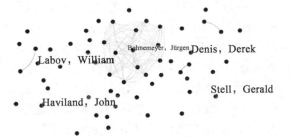

图 3　WoS 作者联系图谱（共现＝3）

对比以上信息可知，第一，国内言语社区的"研究群体"已具雏形，同时领先研究者也较好地发挥了引领作用；第二，相比国外，国内研究者尚未形成合作网络，不同研究群体之间的合作还有较大的提升空间；第三，在研究引领、人才吸引与培养方面上，领先研究人员、研究群体还有很大的发挥空间。

---

① Jürge Bohnemeyer，现就职于纽约州立大学布法罗分校（University at Buffalo），教授。主要研究方向为语义类型学，同时研究文化在认知过程中的作用。

（三）研究机构

在 CiteSpace 对所选数据的发文机构进行可视化分析,得出图 4 与图 5,从图谱中可以较为明显地看到,不同研究机构之间的合作关系,以及有哪些研究机构发挥着引领作用。

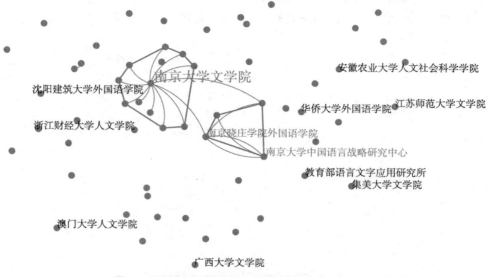

图 4　CNKI 言语社区研究机构联系图谱(共现＝3)

从上图可明显看出,南京大学及其直属单位在国内言语社区的研究中较好地发挥了引领作用,串联了国内多家研究机构。考察发现,这得益于南京大学建立的社会语言学实验室①。2003 年 6 月 27 日,南京大学文学院举行社会语言学实验室成立仪式暨"城市语言调查专题报告会",宣告我国首家高校社会语言学实验室成立②,其研究重点为语言变异、语言变化,以及社会现实中的语言和交际问题。后期实验室承担的关于言语社区研究的重要项目有徐大明主持的"言语社区理论研究""进行中的变化:包头言语社区 15 年后的再调查",祝晓宏主持的"包头言语社区语言变异研究"等。

结合上节的研究人员分析可知,国内研究机构已形成了一大一小两个研究机构团体:一是以南京大学为中心的研究团体,汇聚了徐大明等学者及其所带领的团队成员;二是南京晓庄学院外国语学院与南京大学中国语言战略研究中心引领的研究团体。粗略看来,这两个研究机构团体均以南京大学为中心,从中可以看出南京大学社会语言学实验室对引领言语社区研究的人才培养、聚集和研究方向所起到的积极作用。③ 可以说,国内言语社区研究形成了以南京大学为核心,其余研究机构共同发力的局面,也即单核心模式。

---

① 社会语言学实验室,如宾州大学社会语言学实验室,是应用科学实验的原理来进行社会语言学研究的科研机构,同时致力于培养人才,集科研与教学于一体。本文在写作时得到了南京大学文学院王玲老师的指导,援引了她对南京大学社会语言学实验室的评介,在此深表感谢。

② 南京大学文学院:《图文:我系成立国内高校首家社会语言学实验室》,https://chin.nju.edu.cn//xyxw/xyxw/20030628/i34765.html。

③ 南京大学文学院:《社会语言学实验室》,https://chin.nju.edu.cn//xsyj/xsjg/20130626/i35297.html。

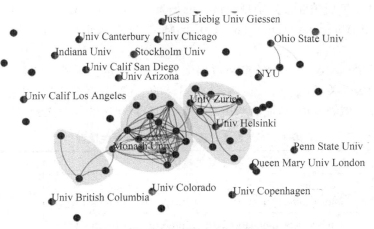

图 5　WoS 言语社区研究机构联系图谱（共现＝3）

　　与研究人员图谱相似，国外的研究机构明显形成了 3 个较大的合作团体，以及为数不少的合作群体。图示中的这些合作团体，字号明显较大的节点其发文量、被引量均列前茅，且连线数较其他节点多，可认为是发挥中心作用的研究机构。如 Univ Zurich、Univ Helsinki、Monash Univ 等，均在所在研究团体中占有重要地位，甚至起着引领作用。此外，不少研究机构虽然已搭建合作网络，形成合作群体，但合作密度稍显不足。不过从发文量、被引量上看，这些合作群体也对言语社区的研究与人才培养起到了一定的推进作用，如 Ohio State Univ、Michigan State Univ、Univ British Columbia 等。由此可见，国外言语社区的研究形成了三核心、多研究点的局面，即多核心模式。

　　相比国外的多核心结构，国内言语社区研究机构之间的合作图谱仍显单薄，主要表现在：第一，研究机构单核心化，南京大学独执牛耳；第二，研究机构合作网络稀疏，且主要合作对象为南京大学，合作对象单一化；第三，其他院校之间的合作交流较少，且大多数院校之间没有展开合作研究，未能发挥体量优势。

三、文献内容特征分析

　　与外表特征不同，文献信息的内容特征包括了题名、主题词和文摘等信息，相比外表特征更为复杂。通过分析文献信息的外表特征，可以进一步剖析言语社区的研究现状与研究趋势、研究热点，下文将从主要文献、研究主题、突现词三个方面展开分析。

（一）国外言语社区文献的研究主题

　　我们将 CiteSpace 的操作界面节点类型选为关键词（Keyword），可视化分析后得关键词共现图谱。为总结研究领域，笔者在关键词图谱的基础上进行聚类分析。由分析结果可得，国外学者关注方向较国内丰富。就关键词而言，其中受广泛关注的研究点有：English，speech community，language contact，youth language，education 等。同时，小的研究点如 Spanish，African American vernacular English（AAVE），behavior，variety，generation shift 等也为国外学者所关注。其中规模最大的是聚类 interacting representing；影响度较大的是聚类 African American vernacular English，该聚类中，关键词 language 与 AAVE 共现频率较高。

我们截取了规模和影响较大的聚类数据汇入表中，以定位国外言语社区的主要研究领域。对聚类内代表性关键词整合分析后，结合图谱的关键词、聚类信息，可将 WoS 言语社区相关文献的研究领域划分如下，同时给出 CiteSpace 分析得出的代表文献（见表1）。

表1 WoS 言语社区文献聚类代表性关键词

聚类名	主要关键词	代表文献
interacting representing	interacting representing; multilingual discourses; recent language change; age-based variation; lexical intensifier	Dorner, Lisa (2014)
phonetic accommodation	phonetic accommodation; social preference; structural consequence; encroaching exogenous influence; Michigan's Marquette County	Babel, Molly (2014)
African American vernacular English	African American vernacular English; social equity; Labov's contribution; dialogic construction grammar; resonance activation	Rickford, John (2016)
minority language	minority language; Barcelonan Spanish; Catalan lateral; prior experience; actual situational context	Davidson, Justin (2022)
linguistics-based SLA	linguistics-based SLA; other side; American English's-retraction; actuation problem; social stratification	Leung, Alex (2013)

（二）国内言语社区文献的研究主题

在国内言语社区文献的图谱分析中，我们发现，语言变异、语言态度、语言认同等大字号关键词共现频率和影响较大。此外还有一些小字号的关键词，如大华语、社区词、双言制等，说明学者对上述话题也保有关注。不过，最为突显的仍是言语社区，从学者、发文机构再到关键词共现图谱，均为单核心模式，此为国内言语社区文献的一大特点。

为更清晰地显示各聚类的主要关键词，我们截取了 CiteSpace 中最具有代表性的聚类数据，即表2。表中的"主要关键词"为聚类中代表性最强的关键词，借助这些关键词有助于确定国内言语社区的主要研究领域。完成对聚类内代表性关键词的整合分析后，我们采用二次文献法，分析前8个聚类的主要关键词与相应文献，总结我国言语社区相关文献的主要研究方向。

表2 CNKI 言语社区文献聚类代表性关键词

序号	聚类名	规模	平均轮廓值	主要关键词（LLR 算法）
0	言语社区	65	0.987	言语社区;农业转移人口子女;语言态度;语言变异;语言变体
1	语言变异	36	0.974	语言变异;一致性;语言态度;语言使用;北京
2	普通话	17	0.965	普通话;大华语;言语社区;外地方言;顺向传播

序号	聚类名	规模	平均轮廓值	主要关键词（LLR 算法）
3	语言变体	17	0.981	语言变体；要素；比喻话语；五要素；语社区理论
4	语言认同	16	0.986	语言认同；建构主义；语言意识；语言观；认同行为
5	语言辨义	14	1	认同；互动；言语社区规划；二语习得；意大利
6	原因	10	1	原因；方言；方式；"一对多"式话轮；渭南
7	语码转换	9	0.999	语码转换；后；海外华人；表情包；博客

1. 言语社区的理论建设

这方面的研究集中反映为聚类 0、3、5，主要在探讨言语社区的构成要素，一个方向是探讨言语社区构成要素的数量，同时阐释各个要素的内涵，有三要素说（杨晓黎 2006），或五要素说（徐大明 2004；王玲 2009），亦有四要素说。王玲（2009）指出：语言学家进行社会调查常以言语社区为单位，而工作之前如何发现和鉴定一个言语社区却是必须首先解决的问题。所以，讨论言语社区构成要素的数量是为了确定某社区是不是言语社区。当下学界主流是应用徐大明（2004）的看法，持五要素说，遵循"社区第一，语言第二"的原则，以"区"定"语"。

另一个方向是探讨言语社区五个构成要素之间的辩证关系与层级性，如周明强（2007）、李现乐（2010）。此外，夏历（2009）针对言语社区的研究范围进行开拓探索，发现在京农民工这一群体在语言行为和语言态度上表现出趋同性。这一发现加深了研究人员对"社区"这一概念的思考，一定程度上摆脱了地域的限制，启发研究者对抽象层面的言语社区展开研究的思路。

还有学者（如方小兵 2015，2018）从语言规划的角度审视了言语社区这一概念，认为传统的语言规划概念存在"见语不见人"的缺陷，所谓的"语言规划"本质是"言语社区规划"，强调要从言语社区规划这一维度来看待母语安全和家庭语言规划。

2. 地域方言与社会方言

地域方言和社会方言可视为语言在地域条件和社会条件下的变体，加之二者在言语社区的文献中也有交织讨论，故合并作为一个研究方向讨论。研究体现为聚类 0、1、2、4、6。在地域方言上，研究人员应用言语社区理论，将某地确定为言语社区，从言语社区的各个要素出发，分析地域方言的变化原因；调查某城市的语言生活状况，以及强/弱势方言在家庭环境中的变化；或从语言认同出发，调查母语方言认同感对方言（岛）的影响，并讨论濒危方言的保护问题。

在社会方言上，调查对象主要有：(1) 网络生活中使用的语言，如李杨（2010）以"XX 死"为例，分析网络模因的病毒式传播特点，同时指出网络语言的存续需要时间检验，不能轻易下结论。此外，网络语言的研究对象还包含网络语言中的方言词。(2) 现实生活中，某类社会群体使用的语言，如校园中学生使用的语言（曹旺儒 2011），白领群体、粉丝群体使用的语言（刘艳 2011），还有农民工群体使用的语言（夏历 2007；何丽 2015），这也是较受关注的一类研究话题。此外，在社会语言的调查研究方面，理论应用目的呈现多元化，如语言识别、语言转用考察、语言景观分类等。例如张媛媛（2017）从香港招牌的语言景观角度出发，进一步说明言语社区中区分设施与认同要素的必要性；同时将言语社区理论应用于语言景观分类，进一步完善了语言景观的分类标准。

3. 大华语研究

这方面的研究体现为聚类2、4，主要从双言制、语码转换、语言态度和语言识别等研究方向展开。陆俭明将其定义为：以普通话为基础而在语音、词汇、语法上可以有一定的弹性，有一定宽容度的汉民族共同语①。主要文献首先是徐大明、王晓梅（2009）从言语社区角度对全球华语社区展开分析。此后刁晏斌在2012年发表多篇文章研究跟进，例如《从"华人社区"到"全球华语社区"——两岸四地语言差异与融合研究观念的演进》。总体上，从言语社区角度研究海外华人语言生活和社区语言的文献目前数量较少，而大华语社区以其超地域、超国别的特性，需要言语社区理论的支撑，这方面的探索还需更多努力。

（三）国内外言语社区文献的研究趋势与热点

在 CiteSpace 操作界面，将排序标准更换为"Top N"，使用"Burstness"算法进行"突现词检测②（Burst detection）"。为便于展示的同时保留准确性与客观性，我们将探测值 γ（区间为 $[0,1]$）调整为 0.5，从 CNKI 与 WoS 的言语社区文献中分析如下突现词③。

表3　CNKI 与 WoS 言语社区文献突现词表

CNKI					WoS				
Keywords	Year	Strength	Begin	End	Keywords	Year	Strength	Begin	End
语言变体	2004	1.91	**2004**	2010	identity	2010	2.45	**2012**	2015
网络语言	2005	1.63	**2005**	2009	style	2012	1.45	**2012**	2016
语言变异	2005	1.28	**2005**	2008	community	2013	2.28	**2013**	2014
语言使用	2007	2.01	**2007**	2011	perception	2014	1.72	**2014**	2019
语言态度	2007	1.86	**2007**	2010	relational work	2015	1.47	**2015**	2017
语码转换	2009	1.55	**2009**	2011	Spanish	2017	1.59	**2017**	2020
语言认同	2009	1.81	**2017**	2018	speaker	2014	1.46	**2019**	2020
方言	2011	1.29	**2017**	2019	variety	2019	1.42	**2019**	2020

从表3我们发现国外言语社区相关文献中，近年出现的突现词有 speaker 和 Spanish，variety；突现持续时间较长，突现强度较高的热词有 perception 和 identity。虽然部分相关方向国内已有期刊文献发表，这些研究热词仍可作为国内言语社区相关研究的借鉴。

就突现持续时间来看，语言变体是国内言语社区期刊文献讨论时间最长的热点，且讨论

---

①　徐大明主编：《中国社会语言学新视角——第三届中国社会语言学国际学术研讨会论文集》，南京大学出版社2007年版，第19页。

②　参考《引文空间分析原理与应用》与奉国和等（2020），笔者倾向于将"Bursts"译为突现词，另有研究热点、爆发词、突发词等译名。

③　参考奉国和等（2020），突发词是指词频量较低但增长势头不断增强的关键词，表明该关键词在学科领域受到越来越多的学者关注，未来发展为研究热点概率较大。

热度也较高。可以认为,语言变体是国内言语社区理论建设和调查实践的主要课题之一,相关文献也较为充足,这与国外的长期突现词 variety 高度重合,一定程度上体现了国外研究的互鉴互动。而语码转换、方言这两个突现词则是突现持续时间较短、突现强度较弱的研究热点,这说明这方面的研究还有一定的讨论空间。建议研究者多关注这两个领域,同时也可借鉴语言学其他方向,如方言学的研究成果。

四、结语

本文使用可视化软件 CiteSpace,对比国外研究,探究国内以言语社区为主题的文献所呈现出的研究现状和趋势,梳理了国内外言语社区文献的高产作者、作者合作网络、研究机构、研究领域和研究热点等关键研究线索。对比 CNKI 与 WoS 数据库的引文,初步得出以下结论:

一是在研究者与研究机构方面,国内呈现单核心发展模式。对比图 2 至图 5,可知国外言语社区的研究已形成多核心研究网络,各个研究群体有着不同的特色与关注点,同时也保有一定的联系与合作。单核心模式下,国内部分领先机构、高产研究者虽实现了引航,但在发挥研究团体优势、机构特色、地域特色和人才培养等方面仍有上升空间。国内外对比可见,在保有现有势头的基础上,形成多核心研究态势,更有利于形成良性循环以推进国内言语社区研究的发展。

二是在研究领域和热点方面,国内言语社区的研究也呈单核心模式,研究领域略显单薄:一方面有发展较晚的原因,另一方面也可能是受研究圈的单核心模式的影响。值得注意的是,国内对于言语社区的应用也探索出了自己的特色主题,包括语言生活、大华语社区、网络语言等。

除此,对比国外言语社区研究现状,国内的研究可参考借鉴的方面还包括:核心研究圈的学者和机构加强合作,着力培养后进,全面提升该领域学术成果水平等。研究者也可结合我国语言生活实际寻找新的热点,密切关注跟进国外持续突现的研究热点,加强对薄弱环节的研究,如国外研究将言语社区应用于二语教学的趋势。

参考文献

曹德和,王　萍　2014　《"言语社区"与"言语共同体"——从历史流变谈社会语言学两个常用词》,《学术界》第 2 期。

曹旺儒　2011　《渭南方言及其地域文化的社会语言学解读》,《长春理工大学学报(社会科学版)》第 1 期。

刁晏斌　2012　《从"华人社区"到"全球华语社区"——两岸四地语言差异与融合研究观念的演进》,《云南师范大学学报(哲学社会科学版)》第 2 期。

杜艳红　1998　《大学生言语社区特色探究》,《修辞学习》第 5 期。

方小兵　2015　《言语社区规划与母语安全》,《语言政策与规划研究》第 1 期。

方小兵　2018　《从家庭语言规划到社区语言规划》,《云南师范大学学报(哲学社会科学版)》第 6 期。

奉国和,武佳佳,莫幸清　2020　《多测度的突发词探测及验证研究》,《图书情报工作》第 11 期。

何　丽　2015　《言语社区与农民工子女社会身份的建构》,《广西民族大学学报(哲学社会科学版)》第 4 期。

李海英,方小兵,葛燕红　2013　《论母语与母语规划》,《云南师范大学学报(哲学社会科学版)》第 6 期。

李现乐　2010　《试论言语社区的层次性》,《东北大学学报(社会科学版)》第 3 期。

李　杨　2010　《从"XX 死"看网络语言的病毒式传播》,《东南大学学报(哲学社会科学版)》第 S2 期。

刘　艳　2011　《言语社区构成要素的探讨——以超女语言和白领群体招呼语使用调查为例》,《语言教学与研究》第 2 期。

沈索超,王　辉　2022　《我国华语研究的知识图谱分析(1998—2020 年)》,《中国语言战略》第 1 期。

王　玲　2009　《言语社区基本要素的关系和作用——以合肥科学岛社区为例》,《语言教学与研究》第 5 期。

王　玲,徐大明　2009　《合肥科学岛言语社区调查》,《语言科学》第 1 期。

夏　历　2007　《农民工言语社区探索研究》,《语言文字应用》第 1 期。

夏　历　2009　《"言语社区"理论的新思考——以在京农民工言语共同体为例》,《语言教学与研究》第 5 期。

徐大明　2004　《言语社区理论》,《中国社会语言学》,曹志耘,北京:北京地大彩印厂。

徐大明,王　玲　2010　《城市语言调查》,《浙江大学学报(人文社会科学版)》第 6 期。

徐大明,王晓梅　2009　《全球华语社区说略》,《吉林大学社会科学学报》第 2 期。

杨晓黎　2006　《关于"言语社区"构成基本要素的思考》,《学术界》第 5 期。

张媛媛　2017　《从言语社区理论看语言景观的分类标准》,《语言战略研究》第 2 期。

周明强　2007　《言语社区构成要素的特点与辩证关系》,《浙江教育学院学报》第 5 期。

濒危手语保护：国际经验与中国路径

郑　璇，张梦雨

（北京师范大学　教育学部　北京　100875）

提　要　语言是文化的载体，任何语言的濒危和灭绝都是全人类的共同损失。濒危语言已成为国际社会语言学界高度关注的议题，但目前的研究成果多集中于有声语言领域，聋人手语濒危问题尚未获得足够关注。作为聋人群体使用的主要沟通工具，手语近年来受医疗、科技的进步和早期干预的普及影响，使用范围不断缩小，生存空间日渐逼仄，濒危态势渐趋明显。本文回顾了目前手语濒危的现状、原因，总结了对濒危手语的评估手段和手语保护的国际经验，对我国的手语保护工作提出建议。

关键词　语言濒危；语言保护；语言规划

Preservation of Endangered Sign Languages: International Experiences and Chinese Paths

Zheng Xuan, Zhang Mengyu

Abstract　Language is the carrier of culture. The endangerment or extinction of any language is a shared loss for all mankind. Language endangerment has become a topic of great concern in the field of sociolinguistics across the globe, but most of the current research outcomes have focused on the field of spoken languages, and the issue of the endangerment of sign languages has not yet received sufficient attention. As the main communication tool used by the Deaf community, sign languages have been affected by medical and technological advances and the popularity of early intervention in recent years. The scope of its use has been constantly shrinking, the living space is becoming increasingly cramped, and the endangered situation has become more and more apparent. This paper reviews the current status and causes of sign language endangerment, summarizes the assessment tools for endangered sign languages and international experiences in sign language preservation, and makes suggestions for the protection of sign languages in China.

Key words　language endangerment; language preservation; language planning

　　语言不仅是重要的表达和沟通工具，也是个体身份的象征以及民族文化的重要载体。语言多样性对人类文化遗产至关重要。任何语言的灭绝都是全人类的损失。据统计，当前全球约有 7168 种存活的语言，其中 3045 种语言濒临灭绝。[1] 基于此，近年来国际社会已充分认识到语言濒危问题的重要性和紧迫性并展开了一系列倡导行动。2018 年 9 月，联合国教科文组织在华发布了首个以"保护语言多样性"为主题的《岳麓宣言》，呼吁各国政府、私人机构、

作者简介：郑璇，女，北京师范大学教育学部教授，博士，主要研究方向为特殊教育、手语语言学。电子邮箱：zhengxuan@bnu.edu.cn。张梦雨，女，北京师范大学教育学部硕士研究生，主要研究方向为感官障碍教育。电子邮箱：1280859761@qq.com。

北京市教育科学 2020 年度重点课题"视听双重障碍儿童沟通能力的干预研究"（CDAA2020042）。

① 参见 https://www.ethnologue.com/insights/how-many-languages-endangered/。

非政府组织、学术界和其他相关者为保护濒危语言提供资金资助和相关资源。[①]

当前对于有声语言中土著语言、方言、民族语言的濒危议题,学界研究成果已不鲜见,而对手语濒危的研究仍较为匮乏。手语是聋人群体使用的主要沟通工具,也是聋人文化的核心与载体(郑璇 2015),对手语的语言学研究发端于 20 世纪 60 年代,其研究成果证实,手语具有空间结构和独特的语法系统,可借用有声语言但并不依赖有声语言而存在(刘鸿宇等2018)。相较于口语,手语的使用群体主要局限于聋人社群及其相关亲友、手语翻译服务人员,近年来随着医疗技术的进步和早期干预的普及,使用手语的聋人数量不断减少,从而导致手语的使用范围不断缩小,生存空间日渐逼仄,濒危态势越来越明显。迄今,关于手语语言学的研究已取得丰硕成果,但是关于濒危手语语言学的研究仍相当有限。早在 20 世纪末,Washabaugh(1981)就报告英国凯尔曼岛的一种土著手语由于教育实践的变化逐渐被年轻一代的聋人群体抛弃。虽然这篇文章被广泛引用,但并未激发深入的后续研究。直至 21 世纪初期,Johnston(2004)基于国内耳聋发病率的降低、聋人寄宿制学校的缩减以及人工耳蜗的普及等现象,预测澳大利亚手语(Australian Sign Language)的使用人数会迅速减少,这将威胁到澳大利亚手语的发展,他的这一论断引发了学界关于手语保护的必要性和维持条件的讨论(Mckee 2017)。随后,英国中央兰开夏大学国际手语和聋人研究所(International Institute for Sign Languages and Deaf Studies)在 Ulrike Zeshan 的领导下与世界聋人联合会(World Federation of the Deaf,WFD)及其他手语专家合作,对联合国教科文组织的语言活力评估工具进行改编,使其适合调查手语的状况,这一举措也提高了聋人社区、语言学家和决策者对保护手语多样性的认识(Safar et al. 2014)。此后,各国学者从手语发展历史、濒危原因、保护工作等方面开展研究,产出了一些成果。但从数量上来看,相关研究并不充分。在我国,近年来虽有个别研究者关注手语保护问题(张帆 2016;郑璇,赵勇帅 2020),但未见与手语濒危直接相关的成果。

基于此,本文试图探究目前手语濒危的现状、原因、评估手段,结合国际上已有的濒危手语保护经验,对我国的手语保护工作提出建议。

一、手语濒危现状

自从 Krauss 在 1992 年首次呼吁关注世界范围内语言的流失状况起,语言学家们对濒危语言的研究兴趣不断提升。然而,由于手语在历史上很长一段时间未进入传统语言学研究视野,其语言地位未得到公认,从而导致研究人员普遍将手语排除在研究范围之外,对濒危手语的系统性调查迟迟未能起步。

较早对濒危手语进行的研究是由中央兰开夏大学国际手语和聋人研究所发起的"Endangered Sign Languages in Village Communities"项目(2009—2012 年),该项目首次对规模较小的"乡村手语"进行了实质性的比较研究,结果显示快速的社会、人口和经济变化正严重威胁着乡村手语的生存,有些甚至已经完全消失,如乌鲁布卡普尔手语(Urubu Kaapor Sign Language)和玛莎葡萄园手语(Martha's Vineyard Sign Language)(Webster & Safar 2019)。

---

① 参见 http://ling.cass.cn/xshd/qita/202111/t20211111_5373704.html。

2011 年，iSLanDS 主任、手语语言学家 Zeshan 率先与联合国教科文组织合作收集了 15 种手语的信息，并对其进行濒危等级评估，这是世界范围内首次较系统的对手语划分濒危等级的研究（Safar et al. 2014）。这些手语按濒危程度被分为四个等级，其中，"1"代表极度濒危；"2"代表严重濒危；"3"代表绝对濒危；"4"代表不安全/脆弱。15 种手语中，阿尔及利亚犹太手语（Algerian Jewish Sign Language）、因纽特手语（Inuit Sign Language）和马尔丁手语（Mardin Sign Language）被评为极度濒危，班科尔手语（Ban Khor Sign Language）、奇琴手语（Chican Sign Language）、芬兰-瑞典手语（Finland-Swedish Sign Language）和尤卡坦玛雅手语（Yucatec Maya Sign Language）被评为严重濒危，埃塞俄比亚手语（Ethiopian Sign Language）、阿里普尔手语（Alipur Sign Language）、赛义德-贝都手语（Al-Sayyid Bedouin Sign Language）和卡塔科洛克（Kata Kolok）被评为绝对濒危，奥地利手语（Austrian Sign Language）、巴西手语（Brazilian Sign Language）、丹麦手语（Danish Sign Language）和新西兰手语（New Zealand Sign Language）被评为不安全/脆弱语言。

Ethnologue 是记录、研究世界语言的权威网站，记录了 7000 多种语言的基本信息，包括地理位置、人口、濒危程度、国际代码等，为科研人员和国际组织提供了重要的语言资料。截至 2024 年 2 月，该网站登记在案的手语共有 159 种[①]，其中包括 129 种聋人社群手语（Deaf community sign language）[②]，29 种共享手语[③][④]（Shared sign language）和国际手语。该网站共统计了 28 种濒危手语（见表 1）。

表 1　Ethnologue 网站收录的濒危手语

聋人社群手语（12 种）	共享手语（16 种）
欧洲：加泰罗尼西亚手语（Catalan Sign Language）、芬兰-瑞典手语（Finland-Swedish Sign Language）、西班牙手语（Spanish Sign Language）、巴伦西亚手语（Valencian Sign Language） 北美洲：新斯科舍手语（Maritime Sign Language）、哈威手语（Hawai'i Sign Language） 亚太地区：雪兰莪手语（Selangor Sign Language）、清迈手语（Chiangmai Sign Language）、新西兰手语（New Zealand Sign Language）、槟城手语（Penang Sign Language）	亚洲：奄美古屋手语（Amami Koniya Sign Language）、阿尔及利亚犹太手语（Algerian Jewish Sign Language）、甘德鲁克手语（Ghandruk Sign Language）、久姆拉手语（Jumli Sign Language）、马尔丁手语（Mardin Sign Language）、班科尔手语（Ban Khor Sign Language） 北美洲：平原印第安手语（Plains Indian Sign Language）、博鲁卡手语（Brunca Sign Language）、布里布里手语（Bribri Sign Language）、因纽特手语（Inuit Sign Language）、康奇里-塞恩手语（Konchri Sain） 大洋洲：澳大利亚土著手语（Australian Aborigines Sign Language）、美里雄手语（Miriwoong Sign Language）、约恩古手语（Yolngu Sign Language）、延楠古手语（Yannhangu Sign Language） 南美洲：西维亚手语（Sivia Sign Language）

----

① 参见 https://www.ethnologue.com/subgroup/2/。

② 参见 https://www.ethnologue.com/subgroup/4395/。

③ 参见 https://www.ethnologue.com/subgroup/4397/。

④ 共享手语也称"乡村手语"，通常出现在耳聋发生率较高的地区，由于它通常是当地聋人社群的第一语言和绝大多数听人的第二语言，成为当地听人与聋人的主要沟通工具，形成听人和聋人以手语无障碍交流的独特语言现象。

我国地域辽阔、人口众多,根据第六次全国人口普查和第二次全国残疾人抽样调查数据,至 2010 年末我国有 2054 万听力残疾人①,其中以手语为主要语言者不在少数。聋人群体数量庞大而地域分布不均衡,受地理、历史等因素的影响,形成了丰富的反映了地域特色的地方手语,也即手语方言。大体上,全国可分为两个主要方言区,即"南方手语区"和"北方手语区"(吕会华 2019)。地方手语呈现多样化的发展态势,但学界尚未对南北方手语之间的差异开展深入研究(张帆 2016)。我国主体多样性的语言政策同样适用于手语领域(袁伟 2020),相关部门在推动国家通用手语发展的同时也高度重视地方手语资源的保护工作。但是,地方手语的保护与传承仍然面临挑战。尤其是少数民族地区如西藏自治区等,还存在着手语师资匮乏、科研力量不足等实际困难,其地方手语面临的濒危态势可能更为突出。

二、手语濒危的原因

(一)外在原因

1. 医疗技术进步造成手语使用者人数锐减

手语诞生的前提是近代以来聋校成立和城市化进程所带来的聋人群体的聚集和互动,兼之许多聋人偏好"基于手语交流能力择偶",聋聋婚姻模式极为普遍(Cotton & Nance 2004),这从客观上促成了遗传性耳聋的高发,也产生了手语的代际传递现象。随着时代的发展,医疗和科学技术不断进步,使聋人数量持续减少,手语也因此受到冲击。例如,近年来各国推广的产前基因筛查技术和基因咨询服务在很大程度上降低了遗传性听力损失的可能性,抑制了聋童的出生(Lattig et al. 2008;Blankmeyer et al. 2016),Johnston(2004)甚至认为基因检测技术能够彻底消除遗传性耳聋。遗传性耳聋患者数量的减少可能会对当地手语产生重大的威胁,因为聋人父母所生的聋人子女在手语的维系与发展中发挥着关键作用(Stamp et al. 2014)。

2. 早期干预和康复技术发展推动教育融合

有研究证实,如果在 6 个月大之前对聋童进行早期诊断和干预,他们就有可能发展出与健听同龄人相匹配的沟通能力(Yoshinaga-Itano 2004)。因此,许多国家都构建了完备的婴幼儿听力筛查和早期干预体系,以减轻耳聋对聋童社会生活带来的挑战。无论聋童接受早期干预与否,大多数听人父母选择将他们送进普通学校接受融合教育,而普通学校既不能为聋童提供高质量的手语教学,也不一定能满足他们对手语译员的需求。有研究者认为融合教育在一定程度上造成了聋人群体的分散,威胁到以手语为纽带的社交网络,限制了聋人接触手语的机会(Goico 2019),这种情况对手语的冲击是毁灭性的。在校园内与听人同学的交往也会令手语受到有声语言的影响,客观上阻碍了手语的传承与保护。

3. 政策支持力度不足弱化手语的社会地位

语言的传播需要政府政策的支持,法律、经济、功能、实用、道德、惯例和技术等因素都会影响政策对语言的支持力度(Berezkina 2018)。相较于有声语言,手语在使用人数和权力关

---

① 参见 https://www.cdpf.org.cn/zwgk/zccx/cjrgk/15e9ac67d7124f3fb4a23b7e2ac739aa.htm。

系方面都属于弱势语言（Krausnecker 2003），很容易被顶层设计忽视。中国的聋教育曾长期实施以口语为主导的政策，尽管手语在事实上是聋校的主要教学语言和沟通语言，但至今未进入特殊教育的课程标准。顶层设计的倾向性导致马太效应，使不同语言使用者之间的权力不平衡越来越明显，强大的语言变得越来越强大，而弱小的语言则逐渐萎缩和消失。手语由于地位较低、使用人数较少、高度依赖视觉的传播模式和极度有限的学习材料，处于岌岌可危的境地。尽管有些国家已然意识到了手语保护的重要性，并颁布了相应的法律法规，但这种保护未必从法律文本层面真正落实到社会实践中，产生的实际效益微乎其微。

4. 研究工作不足客观上加重语言濒危态势

从研究层面反思，语料记录和研究分析工作开展不足也是造成手语濒危的重要原因。关于有声语言的记录和研究工作已经开展了几个世纪，然而手语的研究工作才开始几十年，世界上共有多少种手语尚不可知。在关于手语语言学的田野调查中，以较大规模的国家手语为主，而乡村手语由于地理位置较偏僻、环境受限等原因较少得到记录。Nonaka（2004）描述了乡村手语如何突然出现，经历短暂的繁荣后迅速消失，这使得对它进行研究和记录更为艰难。事实上，在我们开展研究之前，许多地方手语可能早已濒危了。

（二）内在原因

1. 强势语言的影响和渗透

任何语言都无时无刻不处于和其他语言的相互接触、相互影响中。在此过程中，弱势语言必然受到强势语言的影响，具言之，有声语言会影响手语。以芬兰-瑞典手语为例，由于教育系统中以口语为主要教学语言，这种手语失去了主要的传播场所，受到了严重威胁（Hoyer 2004）。而使用人数多的手语也会影响使用人数少的手语，正如 Zeshan & de Vos（2012）所言，"乡村手语面临濒危往往是由于受到来自较大城市的手语或国家手语的压力"。又如，Ban Khor 手语本是泰国东北部地区一个小村庄的家庭手语，较高的耳聋遗传率、对劳动力需求较大的农作物经济以及当地听人村民对聋人较高的接纳度等一系列有利的生态环境，共同助推其从最初的家庭手语发展为一种较成熟的手语。但到了 21 世纪初，Ban Khor 手语开始从泰国手语（Thai Sign Language）中借鉴一些自己的语言体系中不存在的词汇，后来扩展到借鉴核心词汇（Nonaka 2014），现在 Ban Khor 手语已被评为濒危手语。此外，从文化资本的国际网络来看，美国文化向全球的渗透使得美国手语也或多或少影响了其他国家和地区的手语，并成为其他国家多语言生态的一部分（Braithwaite 2019）。例如，由于历史原因，西非许多国家的大部分聋校都由美国协助建立，因此境内大部分少数民族手语都受到了美国手语的极大影响，现已难以分辨其原有的手语系统（李恒，吴铃 2014）。

2. 手语的社会接受度不足

手语是语言学意义上的语言，这一事实在学界已广获公认。但手语的使用主体主要限于聋人社群内部，这在一定程度上限制了手语的社会传播，手语的社会接受度普遍不如口语。逾九成聋人生于听人家庭（Mitchell & Karchmer 2004；Mitchell et al. 2006），部分家长对手语缺乏了解，受社会刻板印象影响，对手语持回避态度，在早期听力筛查发现问题时就选择第一时间给孩子佩戴助听器或者植入人工耳蜗，以便更好地学习口语（Okalidou 2010），将手语视为迫不得已的最后选择；也有部分家长担心孩子习得手语后会沉浸于聋人文化之中，无法适应主流社会生活（Humphries et al. 2012）；即使是一些会手语和口语的家长，也尽力避免让孩子接触手语。一些家长甚至认为手语会延缓聋童的口语和认知发展，因此在早期干预和教育安置上不给手语留下空间。值得注意的是，甚至连一些相关专业人员也不认可手语的价值。既往研究表明，当植入人工耳蜗之后言语康复的效果较差时，会有部分医生和家长将此归因于聋童使用手语进行交流（Charroó-Ruíz et al. 2013），认为手语会抑制口语能力的发展。专业人士的态度与选择会直接影响家长对手语的态度，威胁手语的传承。

三、手语濒危评估工具

（一）语言活力和濒危调查问卷的改编

2003年，联合国教科文组织开发的"语言活力与语言濒危"（Language Vitality and Endangerment）指南是评估语言活力和濒危程度的重要工具。该指南包括"语言活力与濒危"和"语言多样性指标"两部分。由于最初的问卷设计是针对有声语言的，其中一些表述无法直接用于手语评估，因此，一些手语学者提出对其进行改编。

1. Zeshan等学者对问卷进行的改编

2010年，中央兰开夏大学国际手语和聋人研究所与世界聋人联合会手语专家委员会、欧洲手语联盟合作开始了问卷改编工作。次年，该团队率先开发了一个新版本的调查问卷。改编后的问卷包括十个主要评估指标：参考社群中手语使用者的比例；手语的代际或年龄群组使用；手语使用的领域；手语使用的新领域；手语传播和教育的材料；政府和机构对手语的态度和政策；目标手语在聋教育中的应用；参考社群成员对自己所使用的手语的态度；文献的类型和质量；语言项目的状况。这些指标大多取自原始的口语问卷，并依据这些指标的组合来计算手语的活力得分。评分结果包括0—5六个等级，分别代表：灭绝、极度濒危、严重濒危、绝对濒危、不安全/脆弱、安全。

问卷对一些不适用于手语的原始指标进行了修改：由于研究人员难以获取聋人手语用户的精确数据，新问卷将"说话者的绝对人数"改为"参考社群中手语者的比例"；因为手语难以像口语一样得到代际传承，之前的"代际传承"被改为"代际或年龄群组的语言使用"；为了体现两种语言的模态差异，将之前版本中的所有"说话者"的表述改为"使用者"，将"说"改为"使用"。另外，问卷增加了两个指标，即"目标手语在教育中的应用"和"语言项目的状况"，强调教育和手语保护项目的重要性，这些项目包括暑期学校、带有语言元素的儿童夏令营以及与表演手语相关的文化活动等。

2. 联合国教科文组织对问卷进行的改编

2018年，联合国教科文组织发布了最新的《世界手语调查》问卷①，首次将手语纳入语言濒危情况调查，体现了手语地位的提升。调整后的问卷包括四个评估指标（见表2）。

---

① 参见 https://uis.unesco.org/en/files/unesco-questionnaire-world-languages-sign-2018-en-xlsx。

表2　世界手语调查问卷

指标	具体问题
语言地位	是否在立法层面承认手语的地位
语言状况	语言材料的可用性 语言词汇和语法描述的可用性 语言的不同步性 语言的标准化程度
语言用户	用户的地理分布、用户群体的规模、用户在国家总人口中的占比、用户在参考社群中的占比、用户的年龄分布和代际分布、用户的教育背景、用户的职业、用户的语言能力以及用户在电子沟通中使用手语的比例。
语言使用	语言使用的社会地理层面,经济层面,功能域层面,行政层面,教育层面,民族文化层面,公共健康层面,信息、沟通和文化产品层面,电视层面,法律系统层面

相较于2011年的问卷,该问卷有了较大的调整:每个指标下的问题更加细化,答案选项明显地体现了信息时代特点,如强调手语记录和传播的现代科技手段;在语言的使用领域方面,细分到社会地理等10个层面,每个层面下又有相关的等级和类别;此外,它还强调了回答者的社会地位和政治经济情况,关注其教育背景、地理位置、职业等,这些因素可能会影响问卷结果。

但是,这次发布的手语问卷本身并没有可用的手语视频版本,只有英语、法语、西班牙语和俄语四种有声语言版本。这实质上将不会读写、只会手语的聋人群体排除在调查之外,使他们无法以被调查人的视角为决策者和相关机构制定手语振兴措施提供建议。

(二) 代际中断分级量表的改编

Fishman(1991)开发的代际传承中断分级量表(Graded Intergenerational Disruption Scale),是语言濒危的开创性评估框架,这个八级量表强调代际传承在语言维护中的关键作用,为大多数语言复兴的实践者提供了理论支撑。

Lewis和Simons于2010年在此基础上开发了扩展分级代际中断量表(EGIDS:the Expanded Graded Intergenerational Disruption Scale)(Bickford et al. 2015)。这是一个更有区分度的13级量表,同样重视代际传承在保持语言活力工作中的重要性,但其中一些描述并不符合手语这一视觉语言的特征,因此,Bickford等(2015)针对手语和口语的相似性和差异性对该量表做了一些调整:首先是修改了特定于口语的措辞,如将"说话人"(speaker)改为语言的"使用者/用户"(user);将"口头交流"的提法改为"面对面交流",这种"面对面"的表达不仅展示了聋人手语用户在交流中依靠读唇的特点,也对手语和书面语做出了区分;其次是考虑到手语的书面系统尚未普及,问卷强调了教育机构、文学材料和手语标准化对手语的支持;最后,由于聋童往往是在聋人学校、聋人协会等聋人聚集地方的同龄人那里习得手语,问卷将原始版本中"(父母)将其传递给子女"改为"(语言)没有传递给儿童",将侧重点置于代际传承本身,而不必说明是从哪里习得手语。

以上评估工具为全面有序地认定濒危手语、分析手语濒危原因和制定切实的保护措施提供了科学依据。Hofer采用iSLanDS与WFD合作改编的工具评估了西藏手语的活力状态,最终得分为 2.6 分,据此认为西藏手语处于"严重濒危"和"绝对濒危"之间。Ethnologue 网站将我国的西藏手语①和台湾手语认定为濒危手语②。除此之外,未见研究者运用这些工具对我国范围内的其他手语地方变体进行测评。

四、对濒危手语的保护

(一)通过立法保障手语地位

法律的保驾护航是手语得以平等自由发展的根本保障。手语立法不仅是对手语语言地位的直接认可,也是对作为手语使用者的聋人群体的地位确认。随着聋人社群对自身语言权的意识觉醒和积极倡导,许多国家和地区陆续通过立法确认手语的语言地位,手语立法已经成为保护手语和提高手语使用者积极性的重要手段(Meulder 2015)。世界聋人联合会的数据显示,截至 2023 年 12 月共有 77 个国家和地区通过立法手段承认本地手语的语言地位,其中亚洲 10 个,欧洲 37 个,北美洲 9 个,南美洲 11 个,非洲 6 个,大洋洲 4 个。③ 立法类型包括宪法(如新西兰、芬兰)、一般性语言立法(如瑞典、冰岛)、手语专门法律或法案(如乌拉圭)、手语法律和其他交流方式(如西班牙、哥伦比亚)以及通过立法承认国家语言委员会的职能(如智利、墨西哥)等。

我国早在 1988 年经国务院批准的《中国残疾人事业五年工作纲要(1988—1992)》中就提出"做好盲文、手语的研究、推广和应用工作",拉开了中国手语规划工作的序幕(魏丹 2022)。2015 年颁布的《国家手语和盲文规范化行动计划(2015—2020 年)》明确提出"手语和盲文是国家语言文字的重要组成部分",2021 年 8 月颁布的《第二期国家手语和盲文规范化行动计划(2021—2025)》同样明确了这一定位。这表明我国已承认手语的"法律"地位(冯泽华 2021)。但我国并未对手语进行专门立法,语言文字相关法律也没有直接提及手语的地位。

诚然,立法的动机并非必然和手语濒危挂钩,很大程度上是为了保护聋人社群的语言权和教育权,但无可否认,通过立法保障手语地位的确是避免手语走向濒危的最有力的手段。韩国手语本属于韩国的一种弱势语言,2016 年颁布的《韩国手语法》明确规定"韩国手语是大韩民国聋哑人的通用语(官方语言),具有与韩国语同等的地位""国家和地方自治团体通过开办聋人学校,使韩国手语成为和韩国语同等地位的教学语言",从根本上保证了韩国手语的法律地位;而且,该法规定每五年要制定一次《韩国手语发展的基本计划》,每三年对聋人的手语使用环境进行实地调查,并向国会汇报计划的执行情况;对手语研究、手语教育、手语信息化和手语翻译等都做出了具体的规定和要求,切实推动了韩国手语的标准化、信息化发展(尹悦 2018)。然而,即使是通过宪法确认手语地位,也未必能有效维系手语的活力。以新西兰手语为例,2006 年颁布的《新西兰手语法案》肯定了其语言地位,并规定了诸多保障措施。但是新西兰人权委员会 2013 年的调查结果显示,该法案的实施中缺少支持聋童早期学

---

① 参见 https://www.ethnologue.com/language/lsn/。
② 参见 https://www.ethnologue.com/language/tss/。
③ 参见 https://wfdeaf.org/news/the-legal-recognition-of-national-sign-languages/。

习新西兰手语的教育资源，政府部门对手语翻译服务的资助呈零散化，缺乏对资助资金的去向监控和报告，从而得出结论认为该法案保护新西兰手语的目标并未完全实现（McKee & Manning 2015）。近年来，有学者采用扩展分级代际中断量表和联合国教科文组织的语言活力与濒危问卷框架对新西兰手语的活力进行了研究，结果显示新西兰手语处于濒危状态：被不同几代人面对面地使用，但其用户正在逐渐减少（McKee 2017）。

（二）通过记录夯实手语研究

手语属于视觉空间语言，难以用文字记录，只能以视频形式保存，这给手语研究带来了独特的挑战。早在 20 世纪初，美国国家聋人协会（National Association of the Deaf）便提倡利用电影宣传、保护手语和聋人社群（Morse 2014）。特别是在聋人俱乐部衰落后，视频技术、社交媒体、数字社群在手语传播和维护方面发挥了关键作用。

收集机器可读的手语语料、建设具备一定规模的手语语料库，是记录和研究手语的重要途径。目前，英国、美国、芬兰及其他一些发达国家都建设了全国性的手语语料库，为手语保护和手语研究提供了丰富的参考资料。以加拿大为例，新斯科舍手语（Maritime Sign Language）是该国最东部的一种手语，受贝尔口语主义教育和美国手语的影响而处于濒危状态，该国一些学者建立了语料库以保存手语资料（Buchanan 2021）。我国由复旦大学龚群虎教授主持的通用手语语料库研究项目"基于汉语和部分少数民族语言的手语语料库建设研究"涉及部分少数民族地区手语调查、语料采集和语料库建设。由南京特殊教育师范学院承担的国家语委重点科研项目"国家手语词汇语料库建设"也对西藏手语进行了初步整理和呈现（任媛媛，赵晓驰 2023）。这些项目为学者收集濒危手语语料提供了平台和支撑。但是我国手语语料库的研究起步时间较晚，已建立的语料库规模较小，技术参与不足，未来还有着很大发展空间。

此外，高校在手语研究中也扮演了重要角色。如中央兰开夏大学国际手语和聋人研究所以赋予聋人社区权力为核心理念，在濒危手语保护和聋人教育研究领域取得了卓越成就；夏威夷大学马诺阿分校语言学系成立的手语文献培训中心，为美国手语和极度濒危的夏威夷手语使用者提供讲习班和语言培训，鼓励手语使用者批判性地思考手语复兴。2010 年，教育部、国家语委、中国残联共建的"国家手语和盲文研究中心"在北京师范大学揭牌成立，为手语研究和推广提供了有力的理论支撑和人才资源；2013 年，南京特殊教育师范学院成立"中国盲文手语推广服务中心"，并创建了国内第一个地方手语词汇语料库和国内第一个手语语料库网站。

（三）依靠教育维系手语传承

从手语传递模式来看，手语是聋人能够自然和自发获得的唯一语言（Jokinen 2000），但单有积极的态度而没有具体措施并不足以保存手语。前文已提到，聋童的家长以听人居多，寄宿制聋校是聋童聚集和手语传播的主要场所。可见，在手语的动态传递过程中，教育系统不可或缺。以冰岛为例，由于科技发达，当地绝大多数聋童都配备了助听器、人工耳蜗等辅听设备，而这些辅听设备的普及又加速了手语的濒危。为了保护冰岛手语，同时也为了保障当地聋童获取文化知识的权利，该国于 2013 年发布的《义务教育国家课程指南》（The

Icelandic National Curriculum)指出,"扎实的语言知识是持久教育的主要基础",而冰岛手语的重要性不亚于冰岛语,家庭和学校应合作"培养和保持学生学习冰岛手语的兴趣"[①]。根据规定,冰岛议会有责任资助位于首都的"聋人和重听人交流中心",该中心的主要职责之一是帮助学校、家庭、政府等利益相关方学习冰岛手语,向他们提供专业理论咨询。中心还创建了冰岛手语评估工具,为家庭提供冰岛手语课程,为聋童成立游戏小组以丰富他们的手语技能。这些政策通过教育干预有力地推动了手语的发展。反观我国,自20世纪中期起,受苏联影响,聋教育中盛行"口语为上"的教学理念。21世纪以来,手语的地位、意义在教育系统内逐渐得到普遍认可。2016年教育部颁发的《聋校义务教育课程标准》提出"要从聋生的生理现实与未来发展需要出发,确定适合的教学目标、教学内容、教学组织形式和教学评价方式"[②],手语被作为主要内容纳入沟通与交往课程;2018年,新编义务教育聋校教材开始使用国家通用手语,手语规范化的发展直接推动了聋校手语教育的发展,并保护了手语的延续。

五、对我国手语保护工作的建议

中华人民共和国成立后,党和政府高度重视手语的规范化工作,在短时间内相继出版了《聋人手语草图》《聋哑人通用手语草图》《聋哑人通用手语图》和《中国手语》等工具书;党的十八大以来,手语的规范化工作步入了新阶段,手语被纳入国家语言文字工作大局,相继颁布的国家语言文字事业"十三五""十四五"规划和国家手语和盲文规范化第一期、第二期行动计划强调"手语盲文规范是国家语言文字工作的重要内容","加快研制国家通用手语和通用盲文系列规范标准,规范和推广国家通用手语、通用盲文","加快手语和盲文规范化、标准化、信息化建设"。在党和政府的领导下,中国手语事业切实朝着"规范化,标准化,信息化"的工作目标努力。在推广国家通用手语的同时,政府也鼓励开展地方手语研究和保护,并在科研规划和经费投入上给予一定支持。展望未来,我们可以在借鉴国际经验的基础上,针对以下方面进一步加强手语保护工作。

(一)加强顶层设计,确保贯彻落实

1. 完善语言规划,制定发展措施

我国亟须通过专门立法的形式确认手语的语言地位及国家通用手语在国家通用语言文字中的地位,正面回应广大听障群体和手语工作者的需求,给实际工作的开展提供便利。此外,有关部门还需进一步加强手语发展的保障措施,为其提供足够的人力、物力和财力支持。

2. 发展手语教育,保障手语传承

手语与口语不同,难以通过家庭实现代际传承,主要通过有组织的教育系统传播。因此国家和社会应加大对手语教育的投入,将手语纳入特教学校甚至普通学校的课程标准,明确制定各个年级的手语课时数和评价标准。我国台湾地区在此方面已有先例。此外,在制定聋童早期干预计划时应重视手语的地位和作用,向家长科普和宣导手语对聋童认知发展的

---

① 参见 https://www.government.is/topics/education/curriculum/。
② 参见 http://www.moe.gov.cn/srcsite/A06/s3331/201612/t20161213_291722.html。

重要性，消除对手语的偏见。

（二）开展科研工作，重视人才培养

1. 统筹研究机构，整合专业力量

国家手语和盲文研究中心是由教育部、国家语委、中国残联主管的国家级手语研究机构，承担着主导开展科研、整合全国研究力量、优化手语资源配置的任务。当前，全国各地也陆续成立了一些手语研究组织，但总体上缺乏统一管理和有效的质量监督。建议充分发挥国家手语和盲文研究中心的主导作用，形成以中心为龙头、各地协同并进的研究网络，建立有效的工作机制，推动手语保护工作稳步前行。

2. 培养聋人学者，回应聋人诉求

培养具有胜任力的聋人学者，促进聋人真正主导手语研究，是提升手语地位的重要手段，也是过去工作中往往忽视的一点。为了防止聋人在手语研究中"缺位"，可以依托国家手语和盲文研究中心、中国盲文手语推广服务中心以及特殊教育院校等相关主体，有针对性地加大对聋人研究者和聋人译员的培养力度，打造一支精通手语和热衷研究的聋人专家队伍，积极招募基层聋人骨干作为助理参与研究。只有这样，才能真正代表聋人权益，切实回应他们的语言需求。

（三）利用现代科技，加强手语宣传

1. 善用媒体力量，优化手语服务

我们一方面要充分利用广播、电视等主流媒体和抖音、快手、小红书等自媒体，鼓励精通手语的聋人和健听人以短视频、微电影和纪录片等鲜活生动、丰富多样的形式分享手语，加大对国家手语政策和手语服务的宣传力度，提高公众对国家通用手语的社会认知；另一方面也要鼓励学界、科研机构和企业三方携手合作，积极开发手语学习软件和网络课程，向群众提供内容和形式多样化的手语课程资源，满足他们的学习需求，此外还可以研发便捷的手语翻译软件，为聋人群体打造信息无障碍环境。

2. 利用信息技术，建库记录手语

信息化建设是我国语言文字工作的主要目标之一，科技助力手语保护工作是未来的大趋势，也是重点工作方向之一。手语语料库是记录手语、实现手语信息化的重要工具，虽然我国目前已有个别项目支持大规模手语语料库的构建，但相较于国外，国内关于手语语料库的研究和实践成果较少且单一，存在很大的发展空间。我们可以借鉴国内外已有成果，依托高校组织力量，调动语言学家和聋人研究者积极参与，举国家之力建设更大规模的、面向社会开放的手语语料库。

21 世纪见证了"世界各地手语的各种语言规划活动的真正爆炸式增长"（Reagan 2010），手语在面临独特发展动力的同时，其传承和发展也面临着全球性的威胁。手语的濒危和消亡和有声语言一样，是全人类文化多样性的损失，不利于建构具有更强凝聚力和包容性的社会。为更好地保护手语的语言生态环境、增强濒危手语的抗压力，政府、高校、民间组织和聋人群体应携手合作，以资源视角看待手语，将手语保护工作纳入语言资源保护工作的大框架，共同致力于手语的研究、发展、宣传和推广。

参考文献

冯泽华　2021　《我国手语和盲文的法律地位：发展进程与制度进路》，《人权》第 5 期。

李　恒，吴　铃　2014　《世界少数民族手语保护：现状与启示》，《世界民族》第 3 期。

刘鸿宇，曹　阳，付继林　2018　《中国手语动词隐喻调查研究》，《中国特殊教育》第 12 期。

吕会华　2019　《中国手语语言学》，北京：知识产权出版社。

魏　丹　2022　《关于我国手语语言地位规划问题的思考》，《北京联合大学学报》第 4 期。

任媛媛，赵晓驰　2023　《手语语料数据的类型及其采集方法综述》，《现代特殊教育》第 14 期。

王志强　2012　《聋校口语教学与双语教学述评》，《中国特殊教育》第 7 期。

尹　悦　2018　《韩国手语政策、手语教育的发展及其启示》，《语言政策与语言教育》第 1 期。

袁　伟　2020　《我国主体多样的语言政策》，《中国民族教育》第 11 期。

郑　璇　2015　《手语基础教程》，上海：华东师范大学出版社。

郑　璇，赵勇帅　2020　《语言权视角下的聋人手语保护：挑战与应对》，《人权》第 6 期。

张　帆　2016　《通用手语建设与地方手语保护的思考》，《现代特殊教育》第 16 期。

Berezkina, M. 2018. "Language is a costly and complicating factor": A diachronic study of language policy in the virtual public sector. *Language Policy* 17 (1), 55 – 75.

Bickford, J., M. Albert, P. Lewis, et al. 2015. Rating the vitality of sign languages. *Journal of Multilingual and Multicultural Development* 36 (5), 513 – 527.

Blankmeyer, B. T., K. Snoddon & E. Wilkinson. 2016. Genetics and deafness: A view from the inside. *Genetics of Deafness* 7 (20), 1 – 8.

Braithwaite, B. 2019. Sign language endangerment and linguistic diversity. *Language* 95 (1), 161 – 187.

Buchanan, B. 2021. The success in creating an international perspective on sign language policy. *Society for American Sign Language Journal* 5(2), 5.

Charroó-Ruíz, L. E., T. Picó., M. C. Pérez-Abalo, et al. 2013. Cross-modal plasticity in deaf child cochlear implant candidates assessed using visual and somatosensory evoked potentials. *MEDICC Review* 15 (1), 16 – 22.

Cotton, B. A. & M. L. Nance. 2004. Penetrating trauma in children. *Seminars in Pediatric Surgery* 13 (2), 87 – 97.

Fishman, J. A. 1991. Reversing language shift: Theoretical and empirical foundations of assistance to threatened languages. *Multilingual Matters* 76 (4), 542.

Goico, S. A. 2019. The impact of "Inclusive" education on the language of deaf youth in Iquitos, Peru. *Sign Language Studies* 19 (3), 348 – 374.

Hoyer, K. 2004. The sociolinguistic situation of Finland-Swedish Deaf people and their language, Finland-Swedish Sign Language. In van Herreweghe, M. & M. Vermeerbergen (Eds.), *To the Lexicon and Beyond: Sociolinguistics in European Deaf Communities*. Washington, D. C.: Gallaudet University Press.

Humphries, T., P. Kushalnagar, G. Mathur, et al. 2012. Language acquisition for deaf children: Reducing the harms of zero tolerance to the use of alternative approaches. *Harm Reduction Journal* 9 (1), 1 – 9.

Johnston, T. 2004. W(h)ither the deaf community? Population, genetics, and the future of Australian sign language. *American Annals of the Deaf* 148 (5), 358 – 375.

Jokinen, M. 2000. "The linguistic human rights of sign languageusers". In R. Phillipson (Ed.), *Rights to*

Language: Equity, Power and Education. London: Lawrence Erlbaum Associates.

Krausnecker, V. 2003. Has something changed? Sign languages in Europe: The case of minorized minority languages. *Deaf Worlds* 19 (2), 33 – 46.

Krauss, M. 1992. The World's Languages in Crisis. *Language* 68(1), 4 – 10.

Lattig, M. C. , N. Gelvez, S. L. Plaza, et al. 2008. Deafness on the island of Providencia-Colombia: Different etiology, different genetic counseling. *Genetic Counseling (Geneva, Switzerland)* 19 (4), 403 – 412.

McKee, R. L. 2017. Assessing the vitality of New Zealand Sign Language. *Sign Language Studies*, 3 (17), 322 – 362.

McKee, R. L. &. V. Manning. 2015. Evaluating effects of language recognition on language rights and the vitality of New Zealand Sign Language. *Sign Language Studies* 15 (4), 473 – 497.

Meulder, M. D. 2015. The legal recognition of Sign Languages. *Sign Language Studies* 15 (4), 498 – 506.

Mitchell, R. E. &. M. A, Karchmer. 2004. Chasing the mythical ten percent: Parental hearing status of deaf and hard of hearing students in the United States. *Sign Language Studies* 4 (2), 138 – 163.

Mitchell, R. E. , T. A. Young, B. Bachleda, et al. 2006. How many people use ASL in the United States? Why estimates need updating. *Sign Language Studies* 6 (3), 306 – 335.

Morse, T. A. 2014. *Signs and Wonders: Religious Rhetoric and the Preservation of Sign Language*. Washington, D. C: Gallaudet University Press.

Nonaka, A. M. 2004. The forgotten endangered languages: Lessons on the importance of remembering from Thailand's Ban Khor sign language. *Language in Society* (33), 737 – 767.

Nonaka, A. M. 2014. (Almost) everyone here spoke Ban Khor Sign Language—Until they started using TSL: Language shift and endangerment of a Thai village sign language. *Language & Communication* 38 (1), 54 – 72.

Okalidou A. 2010. What is needed in education for long-term support of children with cochlear implants?. *Cochlear Implants International* 11 Suppl (1), 234 – 236.

Reagan, T. 2010. *Language Policy and Planning for Sign Languages*. Washington, D. C: Gallaudet University Press.

Safar, J. &. J. Webster. 2014. Cataloguing endangered sign languages at iSLanDS. *Preston: University of Central Lancashire*. Unpublished report.

Stamp, R. , A. Schembri, J. Fenlon, et al. 2014. Lexical variation and change in British sign language. *PLOS ONE* 9(4), 1 – 14.

Washabaugh, W. 1981. The Deaf of Grand Cayman, British west indies. *Sign Language Studies*, (31), 117 – 134.

Webster, J. M. &. J. Safar. 2019. Scoring sign language vitality: Adapting a spoken language survey to target the endangerment factors affecting sign languages. *Language Documentation & Conservation* (13), 346 – 383.

Yoshinaga-Itano C. 2004. Levels of evidence: Universal newborn hearing screening (UNHS) and early hearing detection and intervention systems (EHDI). *Journal of Communication Disorders* 37(5), 451 – 465.

Zeshan, U. &. C. de Vos (Eds.). 2012. *Sign Languages in Village Communities: Anthropological and Linguistic Insights* (1st ed.). Berlin: De Gruyter.

《语言政策与规划的认识论和理论基础》评介

张乔童

（北京外国语大学　专用英语学院　北京　10089）

Michele Gazzola, Federico Gobbo, David Cassels Johnson, Jorge Antonio Leoni de León. 2023. *Epistemological and Theoretical Foundations in Language Policy and Planning*. Switzerland：Palgrave Macmillan. 140pp. ISBN 978 - 3 - 031 - 22314 - 3.

　　语言政策与规划（LPP）研究越来越呈现出学科交叉，乃至超学科的发展态势。这导致了其理论基础和研究方法的多样性，但同时也使得关于语言政策与规划的方法论和理论基础问题没有明确的答案。由 Michele Gazzola, Federico Gobbo, David Cassels Johnson 和 Jorge Antonio Leoni de León 共同编著的书籍《语言政策与规划的认识论和理论基础》重点从认识论和理论基础层面关注了 LPP 的起源与发展、LPP 与其他学科的交叉融合、现存研究领域亟待解决的问题和未来发展潜在的挑战。本书介绍了语言政策与规划领域一些重要的认识论和理论方法，并补充了实际的应用案例。其主旨不仅在于展现 LPP 领域的多元化和丰富性，更在于激发读者尤其是 LPP 领域相关研究者的思考，呼吁更多人在认识论和理论层面上涉足和致力于语言政策与规划的研究。本文将分章介绍各部分内容，并在此基础之上做出简评。

一、内容简介

　　全书共分为六章。第一章为引言部分，回顾了语言政策与规划领域的历史发展，概述了本书的篇章结构，介绍了贯穿本书各章的概念问题。作者以经典语言规划理论回顾了该研究领域的基础，并考察了学科内和跨学科方法的演变。书中的各个章节涉及（社会）语言学基础、批判性实证研究、公共政策方法、现代语料库规划、语言政策与规划和技术以及语言振兴等方面。

　　第二章探讨语言政策与规划研究中批评性实证研究方法的认识论和理论基础。20 世纪八九十年代的研究反映了社会语言学的发展趋势，语言科学更加广泛地涉及语言权力、语言学习和语言政策过程中的批评性概念。这种批评性的观点对 21 世纪新一代学者产生了深刻

　　作者简介：张乔童，男，北京外国语大学讲师，主要研究方向为话语语言学、媒体话语研究、外语教学等。电子邮箱：zhangqiaotong001@bfsu.edu.cn。
　　中央高校基本科研业务费专项（2021QD026）。

的影响,大多集中在语言政策如何影响少数民族语言使用者的教育机会和公平等问题。21世纪初,*Current Issues in Language Planning* 和 *Language Policy* 两本期刊更是将扎实有效的理论背景和具体严格的实证研究的实证主义观念植入 LPP 的研究中。本章还考察了民族志和话语分析研究的发现,以及这些研究结果对语言政策与规划研究领域的价值,同时讨论了批评性实证研究方法对语言政策与规划领域未来的作用。基于理论发展和实证研究的结果,未来研究尤其需要关注语言机构与结构、宏观及微观的理论视角、研究者立场等问题。

　　第三章以公共政策视角来看待语言政策与规划的研究。本章批判性地指出每个人都可以成为语言政策的制定者,并阐明了个人语言实践和公共语言政策之间的差异。从地方到中央,甚至超越国家层面的各级政府在语言政策制定的过程中承担着核心任务,但它并不是决定语言政策的唯一角色。因此,我们可以换一个视角来看待语言政策与规划。语言政策属于公共政策中的一种特殊形式,政策循环模型作为公共政策研究领域的标准分析框架,可以用来审视和检验语言政策。该模型包含五个阶段:社会中语言问题的出现、议程的设置、政策的制定和采用、政策的实施以及最后的评估。本章介绍了该周期模型中的五个阶段以及它们之间的关系,并阐明了语言政策与规划研究中涉及的各个学科如何帮助其发展。该章提出了一些在语言政策设计中至关重要的概念,如方案政策(programme theory)、政策工具(policy instrument)和指标(indicators)。本章还讨论了该模型的局限性,强调了语言政策与规划的政治因素和务实方面,以及参与决策者实际关切的必要性。从这个角度来讲,它有助于重新建立语言政策与规划研究和公共政策研究之间的理论和认识论联系。

　　第四章探讨了语言规划在语言政策与规划领域中的角色,以及在更广泛的应用语言学领域的作用。借鉴以往内部语言学和外部语言学的传统区分,语言规划的核心在于语言政策与规划领域的内部维度。当考虑语言规划研究中的实证数据时,就会使得语言政策的设计有迹可循而不会犯严重错误。本章阐述了源于信息哲学的抽象层次方法(levels of abstraction),用以指导分析世界语和希伯来语这样的案例,重点关注认识论层面的立场问题,列举的实例也说明了抽象层次方法的实践要独立于地位、管理和政策等方面的因素。

　　第五章探讨自然语言处理、理论语言学和语言政策与规划的融合。本章提出了三十个方法论和伦理道德层面的基本问题,这些问题的解决将有助于确定其他研究项目的概况并提高研究成功的概率。在任何与技术相关的语言项目中都应该考虑语言使用者的态度、期望和需求,以便提供更好的解决方案。在过去的几年里,语言和技术之间的关系相互交织,信息技术以压倒性的态势影响着语言发展。因此,我们需要意识到信息技术的发展增强了一定语言的主导优势,然而在主导语言中应用和发展的有利技术条件放置在少数和濒危语言当中并不一定完全适用。除此之外,我们需要克服现行标准是由少数个人利益而制定的这种现状,需要意识到少数民族语言和濒危语言的利益往往得不到关注和保障。同时,语言应用软件的发展需要语言社群自身的认可和使用。

　　第六章为结语。本书的结尾指出了值得关注和研究的五个议题。第一,研究者要充分利用领域内的各种资源,丰富语言政策与规划在认识论和理论基础层面的多样性。虽然该领域最初是(社会)语言学的一个专业领域,但它已经扩展到经济学、教育学、人类学、政策研究、政治理论和法律等领域。这代表着该专业已形成多领域多学科的交叉研究,为各学科发展的研究提供新的视角和思路。第二,在何种条件下语言政策与规划能够充分地影响语言变化,以及这种变化发生的背景。作者强调政府公共部门在现代社会中扮演着愈发重要的作用,无论显性还是隐性的语言政策都可以影响语言变化,特别是少数民族语言,比如扩大或限制这些语言的使用范围。而语言的变化总是在一定的社会和政治环境中产生,这种环境由政府直接或间接的语言政策所塑造和影响。第三,呼吁语言政策与规划领域的研究者们在认识论与理论基础层面要形成鲜明的立场和明确的观点,以确保可信度和减少偏见的产生。虽然不能一概而论,但如果实证研究的数据及理论框架是明确的,则案例的研究分析可以用来与其他情况进行比较,从而使结论更加明确可靠。第四,信息技术在基于语言的各类软件及应用程序中大规模使用,这种比例在不断的攀升和统计当中。事实上,世界上只有一小部分语言经历了这样的增长,大部分语言在网络世界中是不可见的。因此,我们要诉诸新的方法和手段来研究这样的语言现实,对新兴技术的理解已经逐渐成为一种必要的知识。第五,关于语言政策与规划的学术研究和现实世界语言政策与规划的制定与实施之间的差异,要求语言政策制定者做出有理论指导的政策行为,进而加深对于语言政策与规划的理解。

二、简要评析

随着科学技术的不断发展,社会科学与自然科学相互交叉、融合的趋势愈加明显。语言政策与规划作为跨学科的研究领域,其研究内容及范畴也在不断发展变化,本书从理论与应用相结合的角度,从认识论和理论基础层面分析了语言政策与规划的相关问题,具有很强的理论和实践指导意义。

首先,本书在理念上强调语言政策与规划的认识论,结合多学科背景和跨学科领域的理论视角和方法,如民族志的理论基础与研究方法,数据库的建立和使用,网络技术和产品的应用等等。尤其是民族志研究与批评话语分析方法的结合,在对于制定、解释、实施等语言政策活动的多个层次颇有贡献。作者认为从认识论和理论基础层面思考,是解决当前语言政策与规划研究领域发展所面临问题的根本所在。语言规划的历史可以追溯到 20 世纪 50 年代。在这个领域中,许多早期的研究往往忽略了社会政治变量,将其以客观主义的名义先验地排除在外。然而,随着该领域研究的深入,学者们开始意识到语言规划并不是一个纯粹的技术性问题,而是涉及复杂的社会、政治和文化因素的综合性问题。该书从认识论的层面分析以往语言规划存在的三个方面问题:一是缺乏充分的理论基础和认识论指导;二是缺乏对语言本质属性的理解;三是缺乏对社会、政治、经济及文化变化的考量,乃至未能制定出切实可行的语言政策和规划的方案。认识论的历史发展地位与当代研究方法之间的关系同样产生了一定的错位,而当代研究更需要社会科学与自然科学在思想指导和实践层面的结合。同时,许多历史研究也表明语言政策与规划的实证转向都是通过其他领域和学科的发展而得到推动,如语言教育、课堂话语、民族志研究等等。语言规划的成功与否取决于它是否能够被接受并被广泛使用。这需要对语言使用的实际情况进行深入的研究和充分的理解。因此,在进行语言政策和规划研究时,正确合理的认识论显得尤为重要。

其次,本书主张加强对语言政策与规划过程中的系统结构认识。从内部结构来看,语言政策与规划的系统结构与个体的能动性两者更多地被看作互相对立的关系。语言政策是一种处于支配地位的系统结构,而人则执行政策和反馈于这种结构,处于一种被动地位。人们很容易将结构等同于宏观层面的社会过程或系统,将能动性等同于微观层面的人类行为。然而,宏观和微观话语,以及结构和个人,都应当放置在具体的语境中来考察,不可孤立静止地来看待。因为社会互动的多重维度在不同时期会随着时间的推移而改变。虽然语言政策与规划是一个多层次的过程,但并不总是自上而下的,能动性同样是社会参与过程中必不可少的一个因素。两者之间关系的动态发展变化要求研究者以更加客观和融合的视角及态度来看待。其研究已经更加关注实践和过程,将语言政策视作文本转变为话语实践,从批评、反思和能动性的视角进行。

从外部系统来看,语言政策属于公共政策的一种。本书介绍了公共政策研究中的核心概念,并解释了如何将它们应用于语言政策与规划。作者强调了语言政策研究与公共政策研究之间的理论和认识论联系,并提倡重新建立和深化与当代公共政策研究的联系。公共政策是对目标和实现这些目标手段的选择,因此公共政策是有目标导向的。在手段和目标之间建立逻辑联系是公共政策设计的重要环节。而语言政策旨在解决与特定领域语言多样性管理有关的社会、经济、政治及组织问题,并且语言政策的目标不仅是语言本身,还与特定区域语言使用群体的政治和文化权利相关联,如保护和促进少数民族语言群体的政治文化权利。就特定区域的政府和企业的语言政策而言,政府的语言政策与企业的语言政策在执行目标的使用上就存在着差异。政府的语言政策目标更为广泛,而企业的语言政策目标较为集中,通常是为了追求企业的核心目标而选择使用的。由此,该书通过对公共政策与语言政策的深入分析,可以更好地规划和解决与语言政策相关的各种问题。

最后,本书重视技术驱动对语言政策与规划的研究与实践的深刻影响。现如今的语言政策与规划研究需要更多地关注技术的快速变化,特别是自然语言处理技术的发展和应用。在数字化与技术转型的过程中,自然语言处理的适应性能够应用于多学科领域,而不同语言环境对语言使用的需求存在差异,因此在开发产品时应该充分考虑语言环境的适应性特点,有针对性地进行语言规划。同时,也需要考虑到网络环境中语言使用的特点和发展趋势,以便更好地制定和实施语言政策,促进语言的振兴和发展。事实上,尽管网络上的语言多样性不断增加,以英语为主导地位的语言在网络上的统治地位仍然远远高于其他语言,这导致了网络上的语言不平等。为了创建一个真正的多语言网络,尊重语言多样性和语言权利,需要在创建资源和产品时考虑到每种语言的语法特征以及相关社区的特点和期望,通过协商和合作共同推动语言的发展和振兴。例如从语言学的角度考虑,术语和习惯表达在不同语言背景的网络产品使用者认知中大相径庭,语言所传递的意义并不总能够被合理地翻译和理解,缺乏较好的可译性和便捷性。此外,许多用户在使用产品时缺少语言选择的权利,被迫使用对于自身不熟悉的语种,外加网络多语种词典的不准确而常常导致误解,所以需要不断强调基于网络的语言产品要符合使用者的实际需求,增强语言的质量和信息相关性,促进语言的多样性和多语种在网络上的发展。

总的来说,本书在 LPP 研究领域有着不可忽视的理论贡献和学术价值,同时对于国内 LPP 研究的推动和发展有着启示性作用。本书不仅较为全面地梳理了 LPP 领域的历史发展脉络,更重要的是在现有理论的基础上叙述了其跨学科的演变进程,提出了从认识论基础和理论方法层面重新审视 LPP 研究领域,观点新颖且富有洞见,为 LPP 研究开辟了新的路径,为分析 LPP 研究提供了全新的视角。本书还对具有争议的一些研究焦点问题提出了具有批判性的见解,例如从认识论上充分理解具体问题,是进行语言政策与规划制定和实施的重要前提条件;要辩证地从不同宏微观理论视角对语言现状进行分析,研究者的立场同样会影响语言政策的决策;建立公共政策和语言政策与规划间的辩证关系,从宏观把握 LPP 研究的地位与发展方向;正确认识网络技术对于语言政策实施的影响以及不同语言使用所面临的现实情况;通过实证研究总结而来的研究焦点和共性问题有助于 LPP 研究者借鉴。这些观点和批判性意见不仅从理论层面丰富了人们对 LPP 研究领域的理解,还激发了学术界对这些问题的进一步探讨以及提出问题的解决方案。

该书同时具有现实的指导意义,尤其对于国内 LPP 领域研究的发展有着启示和借鉴性作用。通过阅读本书我们不难发现,LPP 的发展脉络、各研究视角的补充以及批判性问题的提出都激发了我们对本土问题的深入探索。该书提供了诸多 LPP 研究在不同国家、地区的实证研究案例,为我们对具体语言社区和本土情况的研究提供了全新的思考,启示我们以更加全面和深入的方式理解国内 LPP 研究的现状和挑战。语言政策的制定需要深入透彻地了解当地实际情况,同时语言政策与社会各层面的互动关系和地位都影响了政策制定和最终实施。这对于我国少数民族地区语言使用现状的研究和政策的实施制定有着非常珍贵的借鉴作用。本书提供的实证案例不仅关注了研究中的普遍问题,更深入探讨了其与本土文化、社会背景、经济状况等紧密相关的特殊问题。这种对本土问题的关注使我们能够更加深入地理解国内研究的独特性和复杂性,同时也为国内研究提供了更加丰富的素材和案例。与此同时,在新兴技术日新月异的背景下,对于网络技术的掌握、语言与技术相融合等已成为 LPP 领域研究者必须具备的技能和意识,例如正在蓬勃发展的机器翻译、人机对话、人工智能语言等等都无时无刻不在影响着人们的语言实践和意识层面的语言习惯。国内研究者需要清醒认识语言政策与规划在时代背景下的发展变化,做到与时俱进,从而促进不同学科之间的交流和合作,推动国内研究的多元化发展。本书对未来研究方向的展望与憧憬也为国内学者指明了前进的方向和目标。因此,这本书对于推动国内研究的发展和创新具有重要的价值和意义。

该书的不足之处在于其聚焦语言政策与规划认识论和理论研究的深度不足。这是一个跨学科、跨领域的重大课题,虽然从理论和实践层面都有着重要的指导和借鉴意义,但由于本书是由不同作者对各领域的研究和阐述汇总而来,因此具体研究显得不够深入,问题间的关联程度和学科融合的深度有待进一步加强,从而更好地为语言政策与规划现阶段发展和未来的问题做出更多有益的解释和解读。总体来讲,本书是一本从认识论的层面系统分析语言政策与规划的学术著作,适合新时期语言政策与规划相关研究者阅读和反思,以更好地从认识论和理论基础上做出更多的贡献。

评《中东欧国家转型进程中的"国家语言"建构研究》

曹 佳

（中国民航大学　外国语学院　天津　300300）

《中东欧国家转型进程中的"国家语言"建构研究》（中国社会科学出版社，2023，ISBN：978-7-5227-2877-3)一书是扬州大学何山华教授关于中东欧地区语言政策研究的新著，在研究内容、研究框架和研究方法上都有较高的原创性。

该著作的研究内容可以分为四大模块，共9章，全面描述和分析了中东欧国家开展国家语言建构和消解的时空背景、个案操作、群像行为和时代特征，系国内首个此类研究。在第1章绪论之后，第2章深入分析了中东欧地区国家语言建构的三大时空和社会背景，一是复杂的语言和民族成分结构，二是悠久的民族主义传统和深厚的语言民族主义土壤，三是波澜壮阔的社会大转型。第3章介绍研究方法和描述框架后，第4—7章作为著作的主体部分，系统地梳理了斯洛伐克、拉脱维亚、塞尔维亚和北马其顿等四个典型国家在国家语言建构方面的建构理念、建构主体、建构措施以及建构效果。第8章对上述四国情况进行横向比较，分析了中东欧地区国家语言建构和消解机制。第9章提出中东欧地区民族国家的建构，包括国家语言的建构，具有区别于过去的时代特征，需要遵循新的意识形态，采取新的措施方法。

该著作在研究框架上有较大的创新。著者综合"语言管理理论"和经典语言规划研究框架的核心内容，构建了国家语言建构的描述和分析框架。该框架包括国家语言建构的社会文化背景、国际国内语言关系、国家语言建构的主体、理念、策略、效果等六个方面。该框架是国家语言建构研究的首个综合性描述和分析框架，具备较高原创性。在研究方法上，该著作在理论视角上结合了语言政策研究的经典理论和语言权利、多语主义等较新的理论思潮；分析视角上结合了历时和共时两大维度，将中东欧国家的国家语言建构置于各自民族—国家建构的历史背景和社会经济大转型之中；观察视角上结合了宏观层面和微观层面的互动管理，既关注国家层面的管理举措，又关注地方政府的配合或抵制；研究方法上结合了语言政策研究和历史学、政治学、国际关系学等学科的数据采集和分析方法，综合运用文献研究、远程访谈、线上调查等方式获得数据；研究对象上结合了国别和区域两个层面，既有对四个代表性国家的深入分析，也有对整个中东欧地区国家语言建构特征的横向比较和群像勾勒。本著作的部分开拓性做法，是对现有语言政策和规划研究方法的创新性发展。

总体而言，该著作独立于西方视角，以客观的视角和原创的方法，对欧洲语言政策进行了深入研究和探讨，是语言政策研究和国别区域研究领域的又一创新力作。

作者简介:曹佳，女，中国民航大学外国语学院副教授，主要研究方向为语言规划学。电子邮箱:caojia105@163.com。
中央高校基本科研业务费中国民航大学专项重点项目"'一带一路'视阈下巴尔干国家近30年语言教育与语言认同研究"(3122020022)。